BIBLIOTHÈQUE GIDIENNE
sous la direction de Peter Schnyder
6

Les Anthologies du *Bulletin des amis d'André Gide*

Tome I

Ouvrage publié avec le soutien de la Fondation Catherine Gide

André Gide

Les Anthologies du *Bulletin des amis d'André Gide*

Tome I

Textes inédits et pages retrouvées

Édition critique par Pierre Masson

PARIS
CLASSIQUES GARNIER
2018

Pierre Masson, professeur émérite de l'université de Nantes, a codirigé le Dictionnaire Gide (Paris, 2011), édité les quatre derniers volumes des œuvres de Gide et une douzaine de ses correspondances. Il a publié *André Gide. Voyage et écriture* (Lyon, 1983), *Lire Les Faux-Monnayeurs* (Lyon, 1991), *Le Roman-somme d'André Gide* (Paris, 2012) et *Les Sept Vies d'André Gide* (Paris, 2016).

ISBN 978-2-406-07071-9 (livre broché)
ISBN 978-2-406-07072-6 (livre relié)
ISSN 2492-9697

ABRÉVIATIONS

BAAG *Bulletin des Amis d'André Gide.*
CPD Maria Van Rysselberghe, *Les Cahiers de la Petite Dame. Notes pour l'histoire authentique d'André Gide*, 4 vol., Paris, Gallimard, 1973-1977.
EC A. Gide, *Essais critiques*, édition présentée, établie et annotée par Pierre Masson, Paris, Gallimard, « Bibliothèque de la Pléiade », 1999.
J1 A. Gide, *Journal*, t. I : *1887-1925*, édition établie, présentée et annotée par Éric Marty, Paris, Gallimard, « Bibliothèque de la Pléiade », 1996.
J2 A. Gide, *Journal*, t. II : *1926-1950*, édition établie, présentée et annotée par Martine Sagaert, Paris, Gallimard, « Bibliothèque de la Pléiade », 1997.
ŒC A. Gide, *Œuvres complètes*, notices de Louis Martin-Chauffier, Paris, Gallimard, 15 vol., 1932-1939.
RR1 A. Gide, *Romans et Récits. Œuvres lyriques et dramatiques*, vol. I, édition publiée sous la direction de Pierre Masson avec, pour ce volume, la collaboration de Jean Claude, Alain Goulet, David H. Walker et Jean-Michel Wittmann, Paris, Gallimard, « Bibliothèque de la Pléiade », 2009.
RR2 A. Gide, *Romans et Récits. Œuvres lyriques et dramatiques*, vol. II, édition publiée sous la direction de Pierre Masson avec, pour ce volume, la collaboration de Jean Claude, Céline Dhérin, Alain Goulet et David H. Walker, Paris, Gallimard, « Bibliothèque de la Pléiade », 2009.
SV A. Gide, *Souvenirs et Voyages*, édition présentée, établie et annotée par Pierre Masson, avec la collaboration de Daniel Durosay et Martine Sagaert, Paris, Gallimard, « Bibliothèque de la Pléiade », 2001.

PRÉFACE

En près de cinquante ans d'existence, le *Bulletin des Amis d'André Gide* n'a cessé de proposer à ses lecteurs des textes inédits ou peu connus de Gide, au gré des trouvailles dans des revues oubliées, ou étrangères, des recherches dans les fonds des bibliothèques, et de la générosité de certains collectionneurs qui voulaient bien nous ouvrir leurs archives.

Dans ces conditions, il serait vain de prétendre trouver une unité dans les textes ici rassemblés. Ce qui saute aux yeux, au moins, c'est que leur grande majorité a été produite dans la deuxième moitié de la vie de Gide. Cela s'explique peut-être en raison d'une conjonction, et de sa conséquence : la conjonction, ce fut celle de la notoriété de l'écrivain, à son zénith dans cette période, et de la multiplication des événements sociaux et politiques ; d'où son besoin de réagir, de manifester ; et, en conséquence, la production de textes de circonstance, liés à une nécessité extérieure, qui ne méritaient pas forcément de passer à la postérité, en particulier à ses propres yeux.

On le voit bien au moins en deux circonstances, en 1933 et en 1935, quand Gide se demande s'il convient de publier deux textes restés en souffrance dans son tiroir, le *Journal du Foyer franco-belge* et *Solidarité*, et qu'il a recours à l'arbitrage de Maria Van Rysselberghe. À chaque fois, l'impitoyable Petite Dame obtient de Gide qu'il renonce à son projet, sans pour autant obtenir qu'il détruise les feuillets dédaignés. Ce qui nous permet de les lire aujourd'hui, et d'y trouver, en plus de leur valeur documentaire, bien des passages où Gide resurgit, toujours actuel, toujours vivant.

Apparemment, le journal du Foyer franco-belge aurait pu avoir le même traitement que les souvenirs de la cour d'assises et les notes du voyage au Congo ou du voyage en URSS, même si la matière était plus ingrate, en particulier en raison de son caractère répétitif. Mais la grande différence, c'était qu'en relatant ses expériences de juré et de voyageur, Gide savait qu'il pouvait produire un effet sur les consciences, faire évoluer la justice et la politique. Dans le cas du Foyer, cela n'aurait été qu'un témoignage de plus sur un événement historique, voire une rétrospection qui aurait pu sembler narcissique.

D'autres textes ont le même caractère d'opportunité, personnelle ou politique, écrits pour leur seule efficacité immédiate. Certes, ils ont été publiés, mais sur des supports périssables et bientôt introuvables. Les deux « Billets à Angèle » de 1936 sont des protestations, aussi bien contre le protectorat français en Syrie que contre les démons de la guerre réveillés par le nazisme. Les encouragements au « vaillant peuple grec » en 1940 sont une manière de braver le régime de Vichy, tout comme la « Réponse à une enquête » de 1944 est une forme d'allégeance à de Gaulle. Et quand Gide se rend en Allemagne après la guerre, il ne cherche même pas à recueillir ses allocutions plus ou moins improvisées, étant soucieux avant tout de répondre à l'attente d'une jeunesse anxieuse. Comme les Noirs qu'il appelle à trouver leur voix par delà celle de leurs colonisateurs, les jeunes Allemands doivent éviter de laisser leur pensée écrasée par le poids de la défaite. Il y a aussi les urgences ponctuelles, quand il s'agit de protester contre la condamnation d'un militant communiste, Edgar Andrée, ou contre la persécution des Juifs en Allemagne, après la Nuit de cristal.

Quant aux deux articles donnés par Gide au *Gaulois* en 1920, ils relèvent de la stratégie éditoriale : celui qui présente *La NRF* est une façon de marquer sa suprématie par rapport à Jacques Rivière, et celui qui fait l'éloge d'Ida Rubinstein en interprète d'*Antoine et Cléopâtre* est une réclame pour la pièce qu'il a traduite.

Cependant, malgré ce caractère périssable, ces textes disparates constituent un message assez homogène, marqué par l'accueil de l'autre et l'incitation à ce qu'il s'affirme à son tour. S'adressant aux Syriens, aux Grecs, aux Allemands ou aux Africains, Gide, fidèle à son propre idéal de vie, les invite à faire de la quête d'eux-mêmes leur programme pour l'avenir. Dans le même esprit, on le voit, dans plusieurs textes des années 40, dénoncer le totalitarisme, d'où qu'il vienne, comme la principale menace pesant sur le développement individuel. Quand il fait, à plusieurs reprises, l'éloge de la littérature anglaise, c'est encore pour y voir une école d'individualisme (« Aucune littérature mieux que la leur ne l'enseigne et c'est peut-être ce que j'y admire surtout : une école d'individualisme »), et pour regretter que sa méconnaissance de la langue anglaise, encore plus souvent déplorée, ne lui ait pas permis d'en suivre encore mieux les leçons.

L'intérêt pour ce que l'homme a de plus particulier, voilà précisément ce qui se manifeste dans beaucoup d'autres textes, certains n'apparaissant que comme des notes à usage personnel, fruits de l'observation immédiate, peut-être préparatoires à des approfondissements fictionnels. On voit comment Gide, vers la trentaine, en posture désormais de se passer de tuteur, et d'en être un à son tour, étudie les pas hésitants de son jeune cousin Paul qui peine à s'affirmer face à la personnalité écrasante de son père Charles Gide. Durant les quinze mois de mobilisation au Foyer franco-belge, ce qui lui permet de tenir, c'est souvent l'extrême intérêt qu'il prend à observer le comportement de certains réfugiés, comme le jeune Teughels, en dépit ou à cause de son tempérament excessif et de sa marginalité ; et cette marginalité est pour lui un stimulant :

> Nous nous sommes trouvés forcés d'accueillir ceux que toutes les autres œuvres repoussaient, tous les cas d'exception, les plus difficiles, les inclassables, tous ceux qui ne comportaient qu'une solution particulière ; c'était celle-là que je m'ingéniais à trouver.

Plus tard, c'est avec le même regard acéré qu'il observe, cette fois sans aménité, le numéro d'excentricité qu'Arthur Cravan vient exécuter devant lui. Quelques années auparavant, il avait suivi avec passion toutes les phases de la relation entre une jeune fermière et le soldat allemand qu'elle avait embauché, dans *Solidarité.* Dans toutes les situations, c'est la recherche du naturel qui le préoccupe et le rend proche de tout individu. Et il est intéressant de remarquer qu'il peut pousser cette proximité jusqu'à une identification temporaire, qu'il s'agisse d'un personnage inventé ou d'un parent pourtant bien différent de lui. Dans l'évocation de son oncle Charles, un passage étonnant nous montre Gide fendre cette statue du Commandeur et la faire parler de l'intérieur. Dans l'un des brouillons de *La Porte étroite*, la tante Bucolin n'est pas encore la prédatrice des mains de laquelle Jérôme doit s'arracher, elle est une jeune femme qui s'ennuie désespérément, étrangère au milieu d'une famille conventionnelle. Dans les deux cas, c'est une forme de monologue intérieur qui révèle la compréhension de Gide à leur égard. Et il faut alors comprendre comme une stratégie délibérée le fait qu'il n'ait pas publié ces textes sur son oncle, et surtout qu'il ait finalement transformé la tante Bucolin en un repoussoir objectif. Il n'y a pas de frontière pour Gide entre son intérêt pour les hommes et son travail d'écrivain destiné à construire le sens de sa vie.

Qu'ils soient restés à l'état de brouillons, de feuillets oubliés ou de textes fugacement publiés, ces écrits de Gide témoignent de cette préoccupation : comment faire œuvre d'art, ou permettre à autrui de le faire à son tour ? Les ratures de certains manuscrits, les débuts de mise en forme des notes du Foyer franco-belge, les infatigables reprises de *La Porte étroite* et de *L'Intérêt général* en témoignent. Mais aussi ses efforts pour rendre justice à la beauté de la langue de Shakespeare, tout comme ceux qu'il revendique pour avoir voulu, avec Marc Allégret, faire du film *Voyage au Congo* une œuvre d'art. On retrouve d'ailleurs, dans ses remarques sur l'acteur de cinéma, l'interrogation sur le rapport entre l'art et le réel qui dominait dans *Les Faux-Monnayeurs* : « Tout l'effort du cinéma tend, sinon à écarter de l'art, du moins à confondre art et réalité. » Et c'est bien par ses efforts que se définit le véritable artiste, comme il l'écrit à propos de Jean Vanden Eeckhoudt dont les tableaux reflétaient « l'inquiétude d'une âme insatisfaite et assoiffée de perfection » ; c'est aussi par son exigence de perfection que se caractérisait le groupement de *La NRF* ; et au nom de cette exigence que Gide se permet de critiquer des romans de Simenon, écrivain dont il proclame par ailleurs le génie, mais qui risque d'être « victime de cette paresse d'esprit du public » qui attend de lui la répétition des mêmes intrigues ; et pour la même raison qu'il récuse Arthur Cravan et les Dadas, coupables à ses yeux de pratiquer une provocation facile.

Enfin, c'est cette vertu de résistance que l'artiste doit mettre en pratique, aussi bien envers la tentation des bons sentiments, comme a su le faire Laclos, qu'envers une soumission facile aux évolutions du langage : « Rien à faire contre l'usage ; il prévaut ou prévaudra tôt ou tard ; tout au plus les bons écrivains peuvent-ils, doivent-ils, par le cramponnement aux anciennes formes, mettre un frein à l'évolution trop rapide du langage. » Toujours la pente se doit d'être ascendante. Dans une sorte de testament écrit à l'occasion de ses 80 ans, Gide parle de « nous, les insoumis »…

Il n'empêche, parmi ces textes majoritairement toniques, une nostalgie se devine ; au moment où Gide peut considérer sa vie comme près de s'achever, ce n'est pas le désir de l'allonger qu'il ressent, mais plutôt de l'élargir, préférant lui aussi le champ des possibles à la vie éternelle. À celle-ci, il oppose un esprit résolument sceptique, invoquant des auteurs comme Fielding et Swift, Laclos et Descartes. En revanche, il regrette de n'avoir pas voyagé davantage, à la fois dans l'espace géographique et dans l'espace culturel, la Chine d'un côté, la littérature anglaise de l'autre. Et évoquant ses passages par Annecy, il retrouve surtout le souvenir de Pierre Louÿs, dont la mort semble avoir en lui débarrassé le souvenir de toute son ancienne rancœur.

Surtout, certains de ces textes, précisément ceux qui n'ont jamais été publiés, fonctionnent comme des demi-aveux, la formulation détournée ou gardée secrète de désirs inassouvis. On peut lire ainsi l'histoire du trio conjugal de *Solidarité*, souvenir de 1916 ou 1917 rédigé près de vingt ans plus tard, comme une ultime manifestation du candaulisme de Gide, en l'occurrence un regret de ne pouvoir vivre aussi publiquement la relation triangulaire qu'il entretenait avec son épouse Madeleine et Élisabeth, la mère de son enfant. Les textes qui constituent un véritable dossier consacré à l'oncle Charles sont davantage troublants. Tour à tour ils expriment une distance critique assez sévère, quand il s'agit de l'attitude de l'oncle envers son fils, une objectivité ironique lorsqu'il est question de sa vie conjugale, une proximité presque émue, enfin, quand Gide imagine le jeune Charles contemplant des gamins et leurs jeux auxquels il ne peut pas se mêler. C'est la même hantise de la solitude que Gide dit avoir éprouvée, au tout début de ses Mémoires, qui donc le rendait proche de son oncle, et qui devait au cours de sa vie l'amener à éprouver une attirance que la froideur de ce penseur austère ne lui permit jamais de manifester.

Reste le texte le plus ancien, demeuré lui aussi à l'état de manuscrit, et qui relate l'agonie de l'oncle Émile, le père de Madeleine. De cette mort, on ne trouve dans l'œuvre de Gide que des transpositions, dans *La Porte étroite* et surtout dans *Les Cahiers d'André Walter*, où Gide reprend la même donne en changeant sa distribution : le mourant est une mourante, c'est la mère du héros, et au pied du lit sont réunis Emmanuèle et un certain T***, main dans la main, dont l'union est ainsi consacrée. Dans le *Journal*, l'épisode est réduit à quelques lignes, l'oncle mourant semblant compter beaucoup moins que la rencontre de deux âmes, celles d'André et de Madeleine : « Nos mains après se sont serrées – je m'évanouissais de tendresse. » Et encore, ce passage ne figurait-il pas dans la version publiée par Gide en 1939. Notre texte correspond ainsi à un trou du *Journal*, un texte dont par ailleurs les romans confirment l'importance en s'efforçant de subvertir sa signification. Comme si Gide avait toujours voulu tenir secrète une scène fondatrice de son amour, d'abord pour la préserver, plus tard, peut-être, pour tenter de la nier...

Bien d'autres regroupements sont possibles, à l'intérieur de ce livre ou en direction du reste de l'œuvre de Gide ; c'est le hasard qui a fini par constituer ce volume, et il appartient à chaque lecteur d'établir sa propre méthode de lecture, fidèle en cela à Édouard qui voudrait, dans *Les Faux-Monnayeurs*, que son livre puisse « être continué ».

PREMIÈRE PARTIE

SOUVENIRS

1890

L'ONCLE ÉMILE[1]

Rouen

J'en suis sorti tout autre, avec l'impression d'un abîme qui me sépare de ma vie passée. Certes je songeais bien à la mort, j'y songeais beaucoup… mais avoir pendant trois jours le spectacle devant les yeux d'une agonie prolongée, n'avoir pas d'autres pensées dans la tête que cette mort à côté de vous, cela vous entre cette pensée, brutalement, dans la vie – pour toujours ; on se l'assimile, on y subordonne beaucoup d'autres ; elle devient un des facteurs de toutes les résolutions…

Pendant ces cinq jours à Rouen, et surtout pendant les trois d'agonie, les émotions se sont groupées si pressées, si intenses, qu'on ne se sentait plus bien différent d'elles ; on ne s'y opposait pas, on les devenait.

Les deux premiers jours, mon oncle se levait encore ; il courait de son lit à son fauteuil où il tombait essoufflé ; tout le jour, il haletait, poussant à chaque respiration un geignement d'enfant qui souffre… Aux premiers, le cœur se fendait, puis on s'y habituait, comme à tout.

Nous savions que c'était la fin, mais lui croyait encore vivre ; il regimbait contre la maladie, ne lui reconnaissait pas de droit sur lui et, malgré elle, lançait en avant des projets d'avenir.

Cela dura deux jours ; puis, une nuit, une congestion au cerveau lui paralysa tout à coup un côté du visage, l'autre coté du corps. Mes tantes et maman furent appelées aussitôt[2] : il était quatre heures du matin… Pour moi, on me laissa dormir ; je ne sus rien que le lendemain à mon

1 Publié dans le *BAAG* n° 20, octobre 1973.

2 Au côté de Juliette Gide, sa sœur Claire Démarest et sa belle-sœur Lucile Rondeaux.

réveil ; et je me souviens de mon désespoir, de ma rage de songer que je dormais pendant que là-bas tous pleuraient ensemble.

Quand j'arrivai, mon oncle était dans son lit, maintenu par quatre personnes. Je pris la place de l'une d'elles. Il fallait maintenir les couvertures qu'il rejetait d'une jambe et d'un bras restés libres, par un geste obstiné, inutile, épuisant.

Sa tête un peu brouillée s'affolait de cette résistance... Ces couvertures toujours ramenées sur lui, après qu'il les avait de nouveau écartées, et cela sans un mot, sans qu'il comprît seulement..., cela l'exaspérait, et d'une voix d'abord indistincte puis plus claire peu à peu, il demandait qu'on le laisse, qu'on laisse ces couvertures rabattues, qu'on lui donne un peu d'eau à boire, et qu'alors il s'endormirait, tout seul – il avait tant besoin de dormir. Cela, c'était au matin. Dans l'après-midi, la voix lui était revenue, forte, quoique encore indistincte à cause de la langue un peu rigide. Sa connaissance aussi s'était faite plus claire, il nous reconnaissait fort bien.

C'est alors qu'a commencé cette torture – pour elles[3] surtout, cruelle, accablante, de voir mourir l'être chéri, tout près de soi, vous suppliant, puis en colère, furieux des refus, pourtant nécessaires mais pour lui incompréhensibles, de le voir mourir, et de ne pouvoir rien faire.

Sa voix maintenant était très forte ; il ne cessait pas de parler... et cela le tuait de parler, et nous le savions tous ; mais qu'y faire ?

Et quelles paroles, grand Dieu !

II appelait ses enfants, Madeleine surtout : « Mon enfant bien aimé », il implorait une goutte d'eau, mourant de soif, brûlant de fièvre – et nous ne la donnions pas, car il ne pouvait pas la boire. Il suppliait à genoux.

« André, je t'en supplie, mon enfant ! André, dis à ta mère, au nom vénéré de ton père, au nom de notre amitié, s'il est vrai qu'elle soit sincère ! oh ! qu'elle me donne à boire, à boire ! »

Alors on pleurait auprès de lui, mais on continuait de ne rien faire.

Il continuait : « Vous ne m'aimez point, vous ne m'avez jamais aimé. Vous ne savez rien faire pour moi. Oh ! n'y a-t-il donc personne ? » – et longtemps sa voix répétait : « personne ! personne ! » Et tout à coup : « Eh bien ! allez-vous-en ! allez-vous-en tous ! fichez le camp d'ici ! je veux être seul ! je vous maudis ! je vous maudis tous ! »

Puis il reprenait ses supplications, et c'était maintenant pour qu'on le tourne un peu sur son lit... – il serait si bien, si bien ! alors il pourrait

3 C'est-à-dire les trois filles d'Émile Rondeaux, Madeleine, Jeanne et Valentine.

s'endormir, tout de suite ! Puis c'était, se perdant dans un bruit de sanglot, cette plainte : « Ah ! mon pauvre frère Charles, que je te plains si tu as souffert comme moi[4] ! »

Et toute la journée s'est passée ainsi, et toute la nuit qui suivait. Et ses filles, qui l'entendaient dans la chambre voisine, pleuraient et suppliaient aussi, suppliaient Dieu que la mort fût très prompte !

Lui-même, au milieu de la nuit, a commencé d'implorer Dieu, de le délivrer de ses souffrances ; il priait en anglais, à voix haute... Et comme dans sa détresse il cherchait vainement quelqu'un qui pût le secourir, il s'est tout à coup écrié : « *My friend Allégret*[5]*, my friend ! Komm*[6] *!* »

J'étais parti la nuit ; je suis revenu le lendemain dès le matin. Les deux garçons sont arrivés[7]. Édouard s'est approché du lit. Et d'abord les regards de l'oncle se détournaient comme effrayés de ce grand soldat qu'il ne reconnaissait pas. Puis un gémissement très douloureux à entendre – mon oncle se souvenait, mais la joie de la reconnaissance semblait une lamentation. « Mes enfants ! que je suis heureux de vous revoir ! vous ici ! quel bonheur ! »

Je me souviendrai de ces instants : Georges écoutait mon oncle. Madeleine lui mouillait le visage avec un peu d'eau de Cologne. J'étais à genoux près d'elle, pressant de la main le côté du malade où son cœur le fatiguait de battements trop rapides.

Nous ne disions rien ; notre pensée s'absorbait dans le seul désir de le sauver – rien que cela, cette pensée seule, mais nous la sentions à nous deux commune et cela nous était très doux.

La respiration de mon oncle, d'abord haletante, peu à peu s'apaisait, ses traits devenaient plus calmes, ses yeux se fermaient, il allait dormir.

Alors, c'était fini, nous le savions bien, mais comment s'en défendre, l'espoir a chanté dans notre âme[8]. Et cela est étrange, qu'après une douleur prolongée, sans cesse en éveil, sans abandonnée[9] presque, les plus timides espoirs envahissent l'âme d'une joie démesurée.

---

4 Charles Rondeaux, frère aîné d'Henri, était mort la semaine précédente à Paris, le 17 février, dans sa soixante-dixième année.

5 Le pasteur Élie Allégret, précepteur d'André Gide, devenu ami de toute la famille.

6 *Sic*, pour *Come*. Gide n'apprendra l'anglais que tardivement. Voir *Voyage en littérature anglaise* (1938).

7 Édouard (né le 23 novembre 1871) faisait alors son service militaire et Georges (né le 29 décembre 1892) était pensionnaire au Lycée Saint-Louis.

8 Phrase biffée dans le manuscrit.

9 Néologisme de Gide, pour « rémission » ou « relâche ».

Pendant quelques instants, nous avons été heureux, heureux malgré les larmes, malgré les tristesses qu'on entendait se plaindre dans la chambre à côté, un bonheur insensé, irrésistible, qui nous prenait toute l'âme.

Nous ne disions toujours rien, mais nous lisions dans nos âmes sans qu'il fût besoin de paroles.

Nous avons pensé ce jour-là – mais c'était une folie – que si l'on nous laissait tous deux auprès de lui, seuls à le soigner, la force de notre amour l'arracherait peut-être à la mort.

Son visage rayonnait de tendresse.

NOTICE

Ce texte inédit évoque la mort d'Émile Rondeaux, oncle d'André Gide et père de Madeleine, survenue à Rouen le 1er mars 1890, dans sa cinquante-neuvième année (il était né à Bolbec le 8 mai 1831). Ni la nature de ces pages, ni l'écriture ou le papier (cinq feuillets de petit format réunis sous une couverture de même papier, écrits à l'encre violette) ne laissent de doute sur la date à laquelle Gide les écrivit : dès son retour à Paris, retour qui eut lieu le 8 ou le 9 mars, puisqu'il nota dans son *Subjectif*, sous la date du 10, avoir lu *La Bête humaine* « immédiatement après l'enterrement de l'oncle Émile. Le soir dans la chambre de Fernand [son cousin Fernand Rondeaux] [...]. Puis en voyage, à côté de tante Claire, pour rentrer à Paris[10]. »

Il convient de lire ces pages en se rappelant ce que Gide a écrit, dans *Si le grain ne meurt*, à propos de la mort de son oncle : « [Madeleine] et moi nous l'avions veillé, penchés, rejoints sur ses derniers instants ; il me semblait que dans ce deuil s'étaient consacrées nos fiançailles[11]. »

Claude MARTIN

10 *Les Débuts littéraires d'*André Walter *à* L'Immoraliste, Paris, Gallimard, 1969, « Cahiers André Gide », 1, p. 108.

11 *SV*, p. 241.

1900-1936

Autour de l'oncle Charles

PAUL GIDE[1]

1900
Octobre

Nous dinâmes ce soir-là (vers le 6 oct.) à l'Exposition, le petit Paul Gide et moi. C'était un des derniers jours que je devais passer à Paris ; [le lendemain] je faisais à l'Exposition mes adieux. – À peine avais-je pu causer avec Paul jusqu'alors ; je me promettais une conversation sérieuse ; et je ne l'eus pas plus tôt rejoint sous les galeries, près de la Seine, devant le restaurant où nous devions dîner aussitôt, que je lui dis : « J'espère que nous allons pouvoir causer très sérieusement. » Sa figure, très joyeuse alors se rembrunit. « Ô ! ajoutai-je, ne t'effraie pas ; si je savais une conversation plus amusante, c'est celle-là que je voudrais avoir ce soir. Je n'ai pas plus le désir d'embêter toi que moi-même. » – « Alors, parlons, dit-il. »

Moi – J'ai beaucoup causé de toi avec ta mère. Elle s'inquiète et prétend que tu te fermes. Je pense qu'elle se serait mieux exprimée si elle eût dit que tu lui échappais.

Paul – Cela est juste. Me le reproches-tu ?

Moi – Non ; pas précisément ; je pense que ta façon de te fermer à elle vient de ce que tu sens instinctivement qu'elle ne comprendrait pas, ou pas bien, certaines de tes pensées nouvelles, et qu'alors, de peur que son incompréhension ne leur nuise, tu les protèges par ton silence. Est-ce cela ?

Lui – Oui, tout à fait.

La conversation, ainsi bien aiguillée, continue.

1 Publié dans le *BAAG* n° 12, juillet 1971.

Paul, un certain moment, rougit, sentant qu'il peut parler, l'osant à peine, se penche et murmure craintivement :

« Mon secret, c'est que je suis très ambitieux. »

Cette révélation, car c'en est une, m'émeut beaucoup, – et j'insiste : je veux savoir de quel ordre est cette ambition. Quelle est la sorte de pouvoir qu'il ambitionne ?

Lui – avoir de l'influence…

Moi, très ému – Encore cela ne me suffit pas. Écoute : j'estime qu'il y a deux sortes d'influences[2], ou plutôt deux classes de gens qui peuvent désirer d'en avoir. D'une part les convaincus, ceux qui croient que leur pensée est la vraie et qui, convaincus qu'il y faut croire, tâchent d'y pencher tous les esprits qu'ils peuvent. C'est l'influence des pasteurs ; celle, je pense, un peu, de ton père ; c'est besoin de prosélytisme, c'est…

Paul, m'interrompant – Ce n'est pas la mienne.

Moi – Je le pensais… L'autre – ah ! l'autre est bien différente ; elle naît d['un besoin de]e la sympathie ; c'est un besoin… sympathique de pénétrer dans l'intelligence, dans la vie d'autrui, de modeler selon soi sa pensée, son sentiment, ses mœurs ; c'est un besoin de ressemblance et de créer à son image.

Paul – O ! c'est tout à fait cela.

Moi – Oui, peut-être – : mais fais attention qu'alors on se soucie fort peu que cette influence, pourvu qu'elle soit forte, soit ou « bonne » ou « mauvaise ». Au bout d'un peu de temps on ne comprend même plus bien ce que d'autres peuvent entendre par là.

Paul, ravi – Oui ! c'est cela, c'est cela…

Et la conversation se prolonge, plus importante encore parfois…

[1904]

Mon cher Oncle

[La présence de ma tante, l'heure tardive, ma surprise] Je n'ai pu ni voulu te répondre hier devant ma tante, et suis parti avec l'ennui profond de sentir que les quelques vagues et maladroites phrases que

2 Dans *De l'influence en littérature*, on lit : « Donc deux classes d'influences, les influences communes, les influences particulières [...]. Les premières tendent à réduire l'individu au type commun ; les secondes à opposer l'individu à la communauté. » (*EC*, p. 404.)

j'ai su dire n'ont pu qu'augmenter encore ton mécontentement. Je ne veux pas attendre de te revoir pour m'expliquer. Il est vrai que j'ai prêté *Les 1001 Nuits* à Paul. Ça n'a été qu'après les lui avoir d'abord refusées, qu'après avoir temporisé pour voir s'il persisterait dans son désir de les lire – mais enfin je les lui ai prêtées (choisissant d'ailleurs de mon mieux le volume le moins hardi). Je t'en prie : que devais-je faire ? Perdre un peu la confiance – ou mieux la confidence de Paul – par un refus qui n'eût servi qu'à lui faire acheter ou qu'à faire acheter par ses camarades [de Gaillon] ce livre ?

J'ai systématiquement refusé à Paul, l'an passé, tous livres que je considérais comme pouvant être pour lui une mauvaise lecture (fût-ce mes *Nourritures terrestres* qu'il ne s'est pourtant pas fait faute de me demander). Cela ne l'a pas empêché de lire les pires choses durant cette dernière année de lycée. Ma réprobation n'y put rien faire et tout ce que j'aurais pu obtenir si je l'avais exagérée, c'eût été de l'amener à ne plus rien me dire.

Cette année, étant donné le régiment et le caractère de Paul, j'estimai, je l'avoue, que je n'avais plus à lui refuser des livres. J'ai tâché, précédant ses demandes, de lui prêter de préférence des [bons] livres de valeur – mais c'est tout.

Pour ces *Mille et une Nuits* en particulier – encore une fois j'ai résisté tant que j'ai pu – j'ai même fait valoir le mécontentement où tu serais contre moi si tu venais à surprendre le livre – et affirmé à Paul que cela ne manquerait pas d'arriver, [il m'a répondu : « Papa ne regarde jamais les livres que je lis. »]

À présent permets-moi de te dire, mon cher oncle, que je crois que tu t'exagères beaucoup l'influence que ce livre ou d'autres peuvent avoir sur Paul. Paul est entamable par bien peu de choses [et les émotions d'autrui ne pénètrent pas profondément en lui ; sa curiosité est plus aiguë, très vive, mais n'est pas ardente, et l'excitation] [Nous aurons plus d'une raison] [occasion] [de le déplorer sans doute]. Il n'en reste pas moins que je suis désolé d'avoir pu m'attirer ton [mécontentement] blâme ; je souhaite de tout mon cœur qu'à la réflexion tu le reconnaisses plus grave que je ne le mérite.

Ton neveu très affectionné

*

Paris, mardi.

Mon cher André,

C'est moi qui suis le premier coupable en cette histoire : d'abord pour avoir innocemment loué devant mes enfants autrefois *Les Mille et une Nuits*, sans prévoir qu'un docteur Mardrus dévoilerait la nudité de ces contes charmants pour s'en faire des rentes et en rendrait la lecture impossible à des hommes de civilisation chrétienne ; ensuite pour n'avoir pas su moi-même résister à la tentation de les relire, et de leur avoir ainsi donné l'exemple, quoique en m'efforçant de le leur cacher.

Tout ce qu'on peut dire, c'est que cela devait arriver un jour ou l'autre, mais j'aurais préféré n'y être pour rien.

Voici les billets que tu m'as demandés.

Bien à toi,

Ch. Gide

NOTICE

Paul Gide (1884-1915) était le fils de Charles et Anna Gide. À la suite de la nomination de l'économiste en 1898 à la Faculté de Droit, la famille était venue s'installer à Paris, et Gide avait pu commencer à fréquenter son cousin, à l'égard duquel il pouvait jouer un rôle de mentor et de confident. Il pouvait sentir le besoin de tenir auprès de son neveu le rôle que l'oncle Charles avait tenu pour lui, mais en même temps d'orienter ce rôle vers une action émancipatrice, une manière de revanche contre cet oncle à la fois admiré et redouté pour son intransigeance morale. Le 7 octobre, il écrit à Rouart : « Je m'occupe de Paul aujourd'hui[3]. » Ce faisant, il est amené à prolonger en travaux pratiques la théorie de l'influence qu'il avait exposée quelques mois plus tôt, le 29 mars, à Bruxelles, devant le public de la Libre Esthétique. En août 1901, ils vont ensemble à Étretat. En janvier 1902, Gide consacre une

3 André Gide, Eugène Rouart, *Correspondance*, Lyon, PUL, 2006, t. I, p. 595-596.

bonne partie d'un dimanche à Paul : « L'espoir d'une conversation plus curieuse, c'est-à-dire : plus indiscrète, m'a fait retenir le petit Paul jusqu'à 4 heures, mais je suis près de lui comme le chat de la fable, qui veut voir l'autre côté du miroir. Ce qui semble ici profondeur ou mystère, est reflet[4]. »

En février, ils vont passer deux jours à Bruxelles. En décembre, il parle à Ghéon des répétitions de philosophie qu'il donne à son jeune cousin, mais parfois son *Journal* révèle qu'ils ont aussi d'autres préoccupations : « J'attendais le petit Paul, avec qui j'eusse encore causé vérole et autres agréments de l'amour – l'observant d'ailleurs plus que lui ne m'écoute[5]... »

En 1903, Paul fait son service militaire à Évreux, puis est transféré à Gaillon, village de Normandie où il est complètement dépourvu de distractions. C'est alors que Gide le ravitaille en lectures, et va s'attirer les foudres de l'oncle Charles pour lui avoir procuré la version « licencieuse » des *Mille et une Nuits* traduites par Mardrus, dont lui-même avait chanté les louanges dans *L'Ermitage* en 1899. On mesure, aux ratures de ce brouillon de lettre, la diplomatie dont Gide devait faire preuve devant ce puritain intraitable.

En 1905, Gide va devenir le conseiller de Paul dans le domaine amoureux, allant jusqu'à jouer à contrecœur les intermédiaires pour l'aider à se rapprocher de l'actrice Ventura dont il s'est entiché. Paul devait mourir à la guerre. Sa mère ne pardonnerait pas à Charles Gide de n'avoir pas usé de son influence pour tenter de le retirer du front.

De cette relation, Gide allait se souvenir lorsqu'il inventerait dans ses *Faux-Monnayeurs* le personnage du petit Georges Molinier, et ses relations avec son oncle Édouard.

Pierre MASSON

4 *J1*, p. 329.
5 *J1*, p. 317.

L'ONCLE CHARLES[6]

1916

Pendant longtemps, mon grand-père occupa à Uzès un appartement donnant sur la place de l'église ; il prétendait que le bedeau sonnait les cloches beaucoup plus de temps que de raison, à seule fin de l'exaspérer. Des fenêtres de sa chambre, mon oncle Charles pouvait voir les galopins jouer à midi sur la place ; il y avait le long de l'église, à un mètre du sol, un rebord de pierre sur lequel les gamins s'amusaient à poser leurs pieds nus. L'étroitesse de la corniche faisait la difficulté, et, partant, l'amusement de ce jeu ; il s'agissait de gagner ainsi le porche en se glissant le long du mur chaud de soleil. Et mon oncle me racontait [que ce jeu lui paraissait plus passionnant que tous ceux qu'on lui permettait]. Il enviait ces gamins, et surtout de marcher pieds nus. Jamais je ne me suis senti si proche de mon oncle que lorsqu'il racontait cela.

(Ceci est mon 4e brouillon.)

Sur cette étroite place où l'ombre de la maison Gide portait, s'assemblaient vers le milieu du jour les jeunes galopins de la ville. Le petit Charles, quand il levait la tête de dessus son travail, les voyait. Certes, il avait ses amis, ses camarades, des compagnons de sa classe et de son rang ; avec eux il avait pleine licence, il jouait tant qu'il lui plaisait et, parmi ces malpropres enfants, aucun particulièrement ne lui paraissait beaucoup plus sympathique que les petits fils de famille qu'il fréquentait. Mais il était un jeu auquel Charles, avec les amis de son rang, ne jouait pas, ne jouerait jamais. Voici :

Le long du mur de l'église qui faisait face à notre maison, une légère saillie de la pierre circulait à hauteur d'appui. Il en restait juste assez par endroit pour y coller obliquement des pieds nus. Effaçant le poids de son corps et se coulant au ras du mur, s'agrippant aux moindres détails, chaque enfant s'efforçait à son tour de franchir sur cette cimaise effritée

6 Publié dans *Le Républicain d'Uzès et du Gard*, 19 juillet 1969 ; repris dans le *BAAG* n° 5, octobre 1969.

l'espace entre le porche et le bas du transept. La pierre, vers midi, recevait le soleil... On sentait qu'elle était douce aux pieds. Le petit Charles imaginait la sensation délicieuse. S'il avait pu ! Mais quoi ? Descendre pieds nus sur la place ? Se déchausser là-bas, parmi les rires des gamins ?... Et tristement, décemment, il ramenait ses regards éblouis vers le livre, tandis que sur le mur de l'église l'ombre de la maison montait.

*

[écrit après 1936[7]]

On m'a souvent demandé de parler de mon oncle Charles Gide ; comme s'il m'était possible de le faire sans banaliser lamentablement sa figure. Je garde pour lui une admiration dont il ne s'est jamais rendu compte (et dont, à vrai dire, il se souciait fort peu ; car j'imagine difficilement un être plus insoucieux du jugement d'autrui), mais ma tante avait fait de moi son confident[8]. J'étais alors beaucoup trop jeune pour juger sainement les accusations que lui dictaient des considérants d'ordre pathétique, que ne venait tempérer aucune considération pour ce qui faisait la valeur extraordinaire, comme abstraite, de cette quasi inhumaine figure. Mon oncle avait pour autrui, pour l'individualité d'autrui, une incompréhension quasi totale. Incapable non certes de dévouement, de charité, d'enthousiasme, mais de discrimination psychologique : les êtres humains entre eux ne différaient pas plus que les gouttes d'eau d'une averse. Peut-être les procès de Moscou avaient-ils fini par l'éclairer sur les dangers moraux d'un totalitarisme vers quoi l'acheminait son impossibilité de ne point uniformiser tout l'humain[9].

7 Publié dans le *BAAG* n° 35, juillet 1977.

8 Quand la brouille s'installa dans le ménage, Gide devint comme le messager entre son oncle et sa tante, Anna Im Thurm, originaire de Suisse, que Charles Gide épousa en 1877. Dès les années 1880, les deux époux ne s'entendaient plus, au point qu'Anna, en 1894, envisagera de divorcer. En 1932, Gide évoque dans son *Journal* le drame de ce couple : « Ce portrait, si sévère soit-il, ne porte que bien peu de reflets du terrible réquisitoire que ma tante me forçait d'entendre, chaque fois que je la voyais, et presque jusque dans les derniers temps de sa vie. [...] Ces deux êtres également admirables sous plus d'un rapport, également maladroits au bonheur conjugal, également incompréhensifs, aussi peu faits que possible pour s'accorder, sont restés toute leur vie déplorablement aheurtés l'un à l'autre. » (*J2*, p. 336.)

9 Ces procès furent organisés par Staline pour éliminer ses rivaux politiques ; ils se tinrent entre août 1936 et mars 1938, bien après la mort de Charles Gide, survenue en 1932.

Ses trois enfants[10] étaient parfaits pour lui de gentillesse et de soumission ; mais tout devenait comédie de ce que chacun d'entre eux eût pu présenter de spécial, dont mon oncle ne voulait pas entendre parler. Il en allait de même avec ma tante ; mais chez elle avec révolte et besoin de revendication. C'est dans cette famille si proche que j'appris de bonne heure combien l'apparence peut différer de la réalité. Il y avait là, également estimables, estimés et aimés, des inconciliables. Dans combien de familles n'ai-je pas vu le beau précepte : « Aimez-vous les uns les autres » devoir céder la place à cet autre, plus modeste et plus résigné : « Supportez-vous les uns les autres » !

Lorsque j'écris ceci, maints traits viennent à la traverse, des souvenirs de mon oncle prodigieusement ingénieux pour inventer de petits jeux avec ses enfants tout petits. Oh ! j'en pourrais également trouver (encore que plus difficilement) de gentillesse envers sa femme. Un portraitiste ne peut chercher à faire également valoir tous les traits d'un visage ; il importe de faire d'abord saillir les plus marquants : chaque être est riche d'inconséquences ; le plus permanent n'est pas toujours le plus important ; c'est le plus distinctif qu'il importerait d'abord de dégager ; ce qui précisément restait le plus insensible à mon oncle.

Je me souviens de l'avoir entendu me dire un jour que son premier désir l'avait porté vers l'astronomie. Et je crois que c'est cela surtout qu'il était : un astronome ; à l'insu de tous.

Ajoutons aussitôt qu'il était particulièrement attiré par certaines figures irréductibles, en marge de la société. Je songe particulièrement à celle de Fourier qu'il fut, je crois, l'un des premiers à remarquer et à mettre en honneur[11]. Mais son intransigeant puritanisme le dressait à l'encontre de cette admiration amusée. Sur le terrain de la morale (sexuelle, en particulier), mon oncle n'admettait, ne tolérait, ne comprenait aucun écart[12]. Lorsque j'eus, beaucoup plus tard, à tâcher de lui ouvrir les yeux

Mais les purges avaient commencé en décembre 1930, avec le procès du Parti industriel. Charles Gide avait effectué un voyage en URSS en novembre 1923, à l'occasion du jubilé de la Fédération des coopératives russes. Il est alors favorablement impressionné pat les réalisations soviétiques et publie en 1924 une brochure allant en ce sens.

10 Jeanne est née en 1879, Paul en 1884 et Édouard en 1889.

11 Charles Gide fut initié aux idées de Fourier, son « premier maître », par un ami, entrepreneur à Uzès.

12 Charles Gide était président de la Fédération française des Sociétés anti-pornographiques.

sur l'anomalie psychologique qui amenait son fils aîné aux confins de l'impuissance, je me heurtai à une surdité, un refus d'écouter, de se prêter, total, irréductible. Tout ce que je disais n'existait que dans mon imagination malsaine de romancier. Rien n'existait, il voulait que rien n'existât, que la « norme ». Cherchez donc à causer avec ces gens-là ! Ma tante y avait renoncé depuis longtemps. C'est à moi, si jeune que je fusse encore, qu'elle exposait ses doléances ; intarissablement. De griefs d'ordre de fidélité conjugale, il n'y en avait pas le moindre ! Ah ! plût au ciel ! comme tout alors eût été plus simple... Non ! Ces deux êtres n'avaient, sous le rapport conjugal, rien, absolument rien à se reprocher. Tout restait sur le plan du caractère, de la totale incompatibilité. Et comme ma tante n'était pas des plus intelligentes, elle en venait à nier tout ce qui faisait la valeur de mon oncle : tout, à l'en croire, n'était plus que simulacre, que faux-semblant, que chiqué. De quoi alimenter une haine féroce, invétérée, qui, dès que le retrait n'était plus possible, se manifestait dans les moindres détails. Les enfants, qui gardaient un égal amour et respect pour l'un et l'autre, eurent beaucoup à en souffrir. Mais, puisque j'en suis là, je voudrais aborder aussitôt le sujet le plus tragique : celui de la mort de leur fils aîné. Sa mère me l'avait à peu près confié et je m'occupais de lui comme d'un jeune frère : je me désolai de voir Paul donner, durant un long temps, dans une société que je considérais comme des plus dangereuses pour lui : acteurs, joueurs, parieurs, je dus l'abandonner à lui-même pour un assez long temps. Je n'étais du reste pas sans reproches à m'adresser à moi-même, car c'est moi qui l'avais, au début, introduit auprès de Ventura, dont, durant longtemps, j'avais espéré qu'il pourrait faire sa maîtresse. Il s'y efforça longtemps, mais en vain. La guerre vint, interrompant enfin ces vains ébats. Paul fit son « devoir », patiemment, vaillamment... J'ai la collection complète de ses lettres d'alors à son père et ne connais pas de lecture plus poignante et plus désolée. Paul restait en première ligne, constamment exposé, jusqu'à bout de forces morales et physiques.

« Toi qui connais X et Y intimement, écrivait-il à son père, fais en sorte, je t'en supplie, pour m'obtenir quelques jours de repos, de répit. Je ne désire nullement me dérober. Mais authentiquement, depuis quelque temps, je n'en peux plus. Comprends-tu ce que cela veut dire : je n'en peux plus. Peut-être que trois ou quatre jours de détente, de sommeil, me suffiraient pour me remettre. Je ne demande, sitôt ensuite, qu'à retourner. Mais je crois bien que, aujourd'hui, je reste le seul qui, depuis le début, depuis le premier jour, soit resté constamment exposé. On ne s'en est pas rendu compte, parce qu'on me sait "bien apparenté" et que cette situation paraît paradoxale ; de sorte que, autour de moi, j'ai vu l'un après l'autre relevé, relayé. Je suis le seul qui n'ait pas bougé… » (Je ne garantis pas l'exactitude parfaite du texte, mais peut-être ces lettres, à les relire encore, me paraîtront-elles valoir une publication particulière.)

Inutile de dire que ma tante, que tous les amis de mon oncle abondaient en ce sens. Mais mon oncle n'admettait pas ce qu'il considérait comme du « favoritisme » ; et je suis bien forcé de reconnaître que je l'admire beaucoup – en ceci comme en bien d'autres choses encore ; il avait en horreur les « passe-droits ». Le plus clair résultat de cette sommaire intransigeance fut que Paul Gide mourut enseveli dans un abri de première ligne, peu de temps après. Ce que ma tante ne pardonna pas à mon oncle ; car évidemment le moindre mot de lui à son ami D. eût pu mettre son fils à l'abri pour un temps. Mais c'est précisément ce mot que mon oncle ne put se décider à écrire… De sorte que ce deuil affreux, loin de réunir les deux époux, ne servit qu'à accuser et accentuer leurs divergences sentimentales. Lors du pèlerinage que l'un et l'autre, peu après, entreprirent vers la tombe de leur fils aîné, ce fut ensemble, je veux dire : le même jour, mais séparément et sans s'adresser la parole.

Mon oncle était croyant, comme il était patriote. Avec une ténacité inflexible, il restait attaché à ce qu'il avait hérité d'ancêtres qui, je pense, restèrent aussi cramponnés que lui. Je n'en admire que plus l'extraordinaire souplesse d'esprit dont il sut faire preuve lorsque, dans le remarquable exposé qu'il entreprit des diverses doctrines économiques, il fit valoir, pour chacune de celles-ci (ce fut, je crois, l'objet de douze leçons), les arguments qui militaient en sa faveur, avant de démontrer leur faiblesse. Le public en restait fort déconcerté, comprenant mal l'enseignement supérieur de liberté de pensée qui, en fin de compte, ressortait de cette constante critique… Et pourtant mon oncle restait un convaincu : je crois (mais je ne m'y connais guère) que, dans ce domaine social, il a solidement établi certaines vérités d'ordre moral et pratique que l'on ne peut que très difficilement battre en brèche. (Par exemple, au sujet des sociétés coopératives et de leur fonctionnement.) Je crois qu'il a souvent raison. Est-ce que je dois reconnaître en lui déjà cette faculté (mais je voudrais trouver un mot qui ne parût pas d'avance un éloge) de pénétrer, au point de les épouser et faire siennes, les vues d'un adversaire – qui me fut si souvent et si fort reprochée par la suite ? Avec lui, disait-on de Charles Gide, comment savoir à quoi s'en tenir ? Et pourtant il avait des convictions ; même, il lui plaisait de faire figure *d'opposant* ; mais pas avant d'avoir compris. Je soupçonne même ses oppositions d'avoir été plus fortes que ses adhésions (ainsi qu'il advient dans des figures analogues à celle de Calvin) ; de sorte que ce que l'on sentait d'abord et surtout, chez lui, c'est la résistance. À vrai dire, pour bien portraiturer mon oncle, je ne sais par quel côté le prendre, ou mieux : sur quelle face l'éclairer d'abord, ni si, pour mieux faire valoir ses traits, mieux vaut insister sur les lumières ou les ombres. Quantité de ceux qui l'ont connu et qui se sont le plus piqués de le bien connaître, n'auront été sensibles qu'à l'un ou qu'à l'autre ; de sorte que, devant deux portraits de lui, l'on en viendrait à douter, si ressemblant toutefois que fût chacun, s'il s'agit d'un même modèle. Non du tout par ondoyance et diversité, comme disait de lui-même Montaigne, mais parce qu'il y avait en lui des traits qui pouvaient paraître inconciliables ; et du reste je n'ai jamais senti chez lui nul effort pour les accorder. Et de même qu'il ne cherchait pas à comprendre autrui, jamais je n'ai senti chez lui le besoin de se faire comprendre en tant qu'homme : les idées seules lui importaient ; à chacune des siennes il restait cramponné : la conversation avec lui n'était possible que dans le domaine idéologique ; sur tout le particulier de chaque être, il opposait une totale fin de non-recevoir.

Sa mésentente avec ma tante était parfaite. Du moins devait-elle rester telle jusque dans les tout derniers temps de sa vie. Une sorte de très tardif apaisement vint enfin modifier un peu leurs rapports et, de part et d'autre, comme une sorte d'attendrissement, dû aussi à la maladie.

Les divers traits de caractère que je pourrais rapporter, qui firent de mon oncle une des figures les plus abruptes qu'il me fut donné de rencontrer, ces quelques traits, à y repenser, m'apparaissent si étranges… je vais paraître les inventer. Il y faudrait quelque préparation.

Ah ! qu'il s'inquiétait donc peu de séduire ! Il semblait ne présenter d'abord que falaises ; non pas précisément bougon, mais d'une sorte d'indifférence on ne peut plus rebutante pour le nouveau venu.

Mon oncle, n'ayant jamais été malade, ne croyait pas beaucoup aux maladies. Vis-à-vis d'elles, il avait un haussement d'épaules facile ; dans les plaintes il voyait volontiers de la simagrée. Ma tante, elle, n'avait pas de meilleurs ni de plus constants amis que le Dr Andreae[13], de Genève, et que le Dr Bourget[14], directeur de l'hôpital-modèle de Lausanne. Elle-même souffrait d'une maladie de cœur, que je crois que mon oncle ne prit jamais bien au sérieux. Je me souviens particulièrement de certaine soirée où, plus de trois heures durant, ma tante, effondrée dans un fauteuil, entourée de ses trois enfants et de moi-même fort alarmé (je la croyais à l'agonie), n'arrêta pas de pousser d'énormes gémissements, comme de qui va presque aussitôt rendre l'âme. Mon oncle n'arrêta pas un instant d'arpenter la pièce, sans lui dire un mot ni même tourner vers elle un seul regard. Cette indifférence apparente me paraissait alors monstrueuse… Je ne sais plus trop qu'en penser aujourd'hui.

Ce n'est pas pour elle, mais pour son fils Paul, que ma tante fréquentait aussi assidûment le Dr Bourget. Ce remarquable praticien s'avisa très vite de la défectueuse conformation de l'estomac de cet enfant. S'il parvint à le guérir complètement, ce ne fut qu'à la suite d'un très long traitement, de soins constants, de séjours prolongés à l'hôpital de Lausanne. Bourget jouissait alors d'une considération européenne, et que mon oncle lui-même, je pense, estimait parfaitement méritée. Son animosité secrète émanait d'une région beaucoup plus profonde et qui sera sans doute très différemment appréciée. Mon oncle n'admettait pas qu'un enfant, qu'un être humain, coûtât si cher. Il s'agissait de son fils, il est vrai ; il eût pu tout aussi bien s'agir de lui-même. C'était une question de principes. Mon oncle n'admettait pas les « faveurs » particulières. Cette intransigeance puritaine révoltait ma tante et je crois que leur fils, dès sa première enfance, demeura la plus constante source de griefs, le plus incessant objet de conteste entre eux. Cette intransigeance de mon oncle, vais-je en tempérer un peu l'atrocité si je suggère que tout en ne croyant peut-être pas bien sérieusement à la maladie, il ne croyait peut-être pas non plus que

13 Édouard Andreae (1850-1930) joua un rôle important dans la vie d'André Gide, qui allait le consulter lors de ses périodes de dépression.

14 Louis Bourget (1856-1913), médecin et pharmacien, occupa la chaire de pathologie interne à la Faculté de Lausanne, avant d'ouvrir une clinique, se spécialisant dans la lutte contre la tuberculose et les affections gastriques.

son fils pût réellement et complètement guérir[15]. C'est ainsi que cet homme intègre et entier restait tout de même partagé : importait-il (moralement) de guérir un enfant pour en faire un infirme, de dépenser une fortune pour obtenir un état précaire qui nécessiterait une fortune encore et sans cesse à renouveler ?...

Nourriture ou vêtements, mon oncle dépensait très peu pour lui-même : il avait l'aspect d'un moujik, et si débonnaire ; amusé, certain jour, d'entendre le garçon de la gargote où il était entré pour un repas, recommander tel plat comme « plus avantageux ». Je ne suis pas sûr qu'il fût beaucoup plus généreux pour les autres. Il tenait fort peu compte d'eux et ne faisait rien pour les attirer ou leur plaire. Toutefois, dans les conférences de sa meilleure époque, il savait tenir sous le charme de sa parole, de son humour et d'une sorte de bizarre fantaisie qui l'amenait à présenter ses plus rigides pensées sous leur angle le plus aigu (j'allais dire le plus piquant) un auditoire très nombreux qui n'était pas seulement composé de jeunes gens, et qui comptait des fanatiques.

Je ne sais plus précisément quand ni où l'on décida de l'inviter à un dîner d'honneur. J'étais beaucoup trop jeune pour y assister, mais il me fut redit, par la suite, ceci qui le peint à merveille. Mon oncle, durant tout le repas, ouvrit à peine la bouche, que pour manger. On pensait : il se réserve pour le moment où, de retour dans le salon, des invités plus nombreux pourraient l'entendre. Mon oncle alors se dirige vers une table, dans un coin de la pièce, avise une revue et, sans aucun souci de ceux qui n'étaient venus que pour l'entendre, se plonge, à la consternation générale, dans la lecture d'un article. On respecte son *a parte* ; on se dit : l'article n'est peut-être pas bien long. Mais la consternation redouble quand mon oncle, s'adressant au maître de maison, déclare avec le plus grand calme et de son ton le plus naturel : « Il est fort intéressant, cet article ; du moins cette seconde partie... Vous n'auriez pas le numéro précédent ? »

15 C'est pourtant pour la santé de son fils que Charles Gide acceptera de quitter Montpellier et de s'installer à Paris.

NOTICE

Il y aurait beaucoup à dire sur la figure de l'oncle Charles (1847-1932), personnalité remarquable par elle-même, mais aussi en raison du rôle qu'elle put jouer pour André Gide. Professeur d'économie politique à la faculté de droit de Bordeaux, puis de Montpellier et enfin de Paris, il fut l'auteur d'une œuvre importante où il développait une pensée humaniste qui ne fut pas sans influencer son neveu (voir, par exemple, *Essais critiques*, p. 192-199 et 1032-1034). Mais surtout, après la mort de son frère, le père d'André, en 1880, Charles Gide va, sur la demande de Juliette Gide, assumer le rôle de tuteur moral de son neveu. De là sans doute les sentiments ambivalents d'André, alternant entre la révolte contre cet homme austère et apparemment insensible, et l'admiration pour son exigence intellectuelle. En avril 1895, il écrit à sa mère : « L'oncle Charles m'a écrit une lettre admirable ; je l'aime profondément, et il commence à s'en douter. [...] Nous nous comprenons, c'est vrai, mais nous voyons le monde en lui tournant le dos ; nous ne nous retrouvons qu'aux antipodes[16]. »

On voit ainsi qu'à la parution de *Si le grain ne meurt* en volume, Gide amputa son récit d'une phrase importante. Évoquant l'indifférence de son oncle devant ses simulations de crise nerveuse, il avait d'abord écrit : « Que me restait-il à faire, que me relever, secouer la poussière de mes vêtements, et détester mon oncle ; à quoi je m'appliquai de tout mon cœur. Est-il besoin d'ajouter que je l'en aimai d'autant plus par la suite[17] ? »

Il avait même ajouté, à l'intention de Jacques Rivière : « Au fond, mais tout au fond, nos caractères se ressemblaient étrangement[18]. » Mais donc, en 1923, il supprima la dernière phrase, condamnant l'oncle Charles au rôle de repoussoir, contrastant avec la belle image de son frère, le tendre et rêveur Paul Gide.

Malgré ces détours, il est assuré que Gide eut pour son oncle un attachement considérable, car en définitive il préférait la remontrance à

16 *Correspondance avec sa mère*, Paris, Gallimard, 1988, p. 584.
17 *SV*, p. 154 et 1131.
18 André Gide, Jacques Rivière, *Correspondance*, Paris, Gallimard, 1999, p. 624.

la flatterie. Ces diverses tentatives de revenir sur le portrait à charge de *Si le grain ne meurt* sont ainsi autant d'aveux avortés ; en particulier on est frappé de voir la focalisation du récit se déplacer, Gide se mettant à la place de son oncle, enfant à Uzès, et suggérant l'existence d'une sensibilité refoulée. Revenant sur son portrait vers 1936, il semble enfin vouloir lui rendre justice, ce qui l'amène à souligner des traits de caractère qui sont aussi les siens. On peut enfin remarquer l'importance des oncles dans *Les Caves du Vatican* et *Les Faux-Monnayeurs*, Gide rendant ainsi hommage à cette fonction, dont il bénéficia avant de l'assumer à son tour.

Pierre MASSON

1922

UNE VISITE D'ARTHUR CRAVAN[1]

Cuverville, novembre 1922

J'ai rencontré Cravan deux fois quelques années avant la guerre. Il m'avait écrit qu'il désirait me connaître. Il se recommandait d'Oscar Wilde, dont il se disait le neveu. Le ton de sa lettre m'amusa et j'étais assez excité quand j'allai le relancer un beau matin, dans le petit logement qu'il occupait près de la rue des Écoles (rue du Cardinal Lemoine peut-être, ou non loin). J'avais en ce temps la tête pleine de mon imaginaire Lafcadio et me persuadais que j'allais enfin voir en Cravan un Lafcadio réel… Cette première entrevue fut assez gênée, de part et d'autre, par la présence d'une femme qui s'amenait un peu trop au premier plan. Cravan me dit qu'il viendrait me voir le surlendemain à la Villa Montmorency où je vivais alors. Il me donna à emporter, ou m'envoya sitôt après, je ne me souviens plus bien, un assez long poème auquel il m'affirmait qu'il n'attachait aucune importance – mais je vis bien par la suite qu'il en attachait quelqu'une à mon jugement et ne me pardonnait pas qu'il ne fût pas très favorable. Ses vers n'étaient ni particulièrement bons, ni particulièrement mauvais ; ils étaient (et c'est ce que je leur reprochais précisément, lui dis-je) très peu particuliers. Un évident souci de modernisme les guindait. Il était dans le ton – comme tant d'autres. À vrai dire ce qui me déplaisait surtout dans ses vers c'était que ce fût lui qui les eût écrits. J'imaginais si peu Lafcadio faisant des vers. De retrouver de la littérature où j'espérais ne rencontrer que de la vie… oui, c'est cela qui me déçut.

Au demeurant Cravan était beau, grand, fort, bien découplé. Mais un peu trop conscient de ses avantages, et pourquoi ne pas dire, un peu

1 Publié dans le *BAAG* n° 167, juillet 2010.

fat (tandis que nous causions, ou tâchions de causer, un petit chien de ma femme fit irruption dans la pièce en aboyant. « Je ne vous imaginais qu'avec un chien énorme et féroce, me dit Cravan. Vous ne devriez pas avoir un petit chien comme ça »), – un peu poseur.

J'ai eu depuis l'occasion de rencontrer d'autres exemplaires d'une sauvagerie moins apparente et plus réelle. Je crains qu'il n'y ait en Cravan moins de sauvagerie que de brutalité.

NOTICE

Neveu par alliance d'Oscar Wilde, Arthur Cravan (1887-1918), de son vrai nom Fabian Lloyd, se distingua à la fois comme poète et boxeur, cette alliance faisant plus pour sa gloire que ses qualités dans chacune de ces deux disciplines. Il vint à Paris en 1909. Le 4 juillet 1911, Jacques Copeau annonçait à Gide une visite qui allait plus tard faire quelque bruit : « Porto-Riche m'a écrit pour me demander de vous présenter un M. Fabian Lloyd, peintre, neveu d'Oscar Wilde, lequel désire vous soumettre les poèmes d'un ami défunt, M. Albert Lénod. J'ai écrit à M. Fabian Lloyd (67 rue Saint-Jacques) qu'il me fasse tenir ces poèmes ou qu'il vous les envoie directement à Cuverville. Vous voilà prévenu[2]. »

Le 31 octobre, Copeau servant toujours d'intermédiaire, la menace se précise : « Je vous envoie une lettre d'un monsieur Lloyd (parent je crois d'Oscar Wilde) qui souhaite vous voir. Je vous ai déjà écrit cet été, à son sujet. Voulez-vous bien lui écrire un mot pour lui fixer le jour et l'heure où vous pourrez le recevoir. Je lui écris dans ce sens[3]. »

Un accord est conclu, Gide s'étant le premier rendu chez Lloyd. Celui-ci va à son tour rendre visite à Gide, à la Villa Montmorency, probablement au début de 1912 : dans son récit, il écrira : « Je pris surtout en grippe M. Gide le jour où [...] je me rendis compte que je ne tirerais jamais dix centimes de lui, et que, d'autre part, cette jaquette râpée se permit d'éreinter, *pour des raisons d'excellence*, le chérubin nu qui a nom Théophile Gautier. »

2 André Gide, Jacques Copeau, *Correspondance*, t. I : *Décembre 1902-mars 1913*, Paris, Gallimard, 1987, p. 505.

3 *Ibid.*, p. 523.

Or c'est dans « Propositions », article paru dans *La NRF* de décembre 1911, que Gide avait dénoncé l'étroitesse de l'idéal de Gautier, ce qui permet de dater approximativement l'épisode. Mais c'est seulement en juillet 1913, sous le nom d'Arthur Cravan, qu'est racontée cette visite, de manière fantaisiste et déplaisante, dans le numéro 2 de la revue *Maintenant* que Lloyd avait créée, et dont il allait rédiger seul les 4 numéros. C'est ainsi que dans son pseudo-récit s'accumulent les inexactitudes : il parle des « murs nus » de la villa d'Auteuil, alors qu'entre autres tableaux y trônait depuis 1901 l'immense *Hommage à Cézanne* de Maurice Denis ; il évalue la taille de Gide à 1,65 m... Et il y a surtout une insolence soigneusement mise en scène : « Monsieur Gide, commençai-je, je me suis permis de venir à vous, et cependant je dois vous déclarer tout de go que je préfère de beaucoup, par exemple, la boxe à la littérature. » Et d'accumuler les poses avantageuses : « Je jetais d'abord négligemment... », « dis-je assez drôlement... », « M'étudiant à ressembler à un Bouddha... », ce qui ne l'empêche pas d'écrire que Gide « pourrait être pris pour un cabotin »...

En 1912, le personnage de Lafcadio était déjà assez bien constitué dans l'esprit de Gide, et l'on ne peut pas dire, comme cela se fait parfois, que Cravan lui servit de modèle. Il y a loin du frêle Lafcadio au géant qu'était Cravan, encore plus loin de la volonté du premier de ne pas se faire remarquer, à la provocation ostentatoire du second. Tout au plus, on peut noter que, comme Julius de Baraglioul venant trouver Lafcadio dans son modeste logement, Gide se rend à celui de Cravan, les deux étant situés dans le Quartier latin.

En revanche, il est clair que Cravan, par sa parenté, raviva en Gide le souvenir de Wilde. Dans les *Caves du Vatican*, parmi les cinq oncles de Lafcadio, un se distingue par l'influence qu'il a eue sur l'adolescent, et même par l'affection qu'il en reçut. Il s'agit de l'oncle Faby. D'abord, son nom complet, Fabian Taylor, lord Gravensdale, peut se lire comme un écho assez net de Fabian Lloyd – Cravan, Taylor étant en outre le principal co-accusé du procès Wilde, condamné pour avoir été un pourvoyeur de rencontres homosexuelles. Ensuite, l'oncle Faby est présenté comme un homme « d'un type anglais très accusé » ; il n'est pas nécessaire de trop jouer sur les mots pour trouver là l'évocation de l'Anglais le plus accusé que Gide ait connu, en la personne de Wilde. On apprend d'ailleurs que, seul des cinq oncles, il est mort, grâce au carnet où Lafcadio reconnaît qu'il n'a pu s'empêcher de pleurer à cette nouvelle. Enfin, c'est Faby qui a éveillé Lafcadio à l'homosexualité, au cours d'une randonnée entre Alger et l'Aurès. Bien entendu, la réécriture romanesque est en action, qui brouille les pistes, mais il est certain que le couple Wilde-Douglas se devine en filigrane derrière le couple Faby-Lafcadio, à la faveur du pseudonyme d'Arthur Cravan, ironiquement récupéré.

Finalement, si les propos et l'attitude provocatrice de Cravan eurent un écho dans l'œuvre de Gide, il faut plutôt le chercher dans *Les Faux-Monnayeurs*, où Strouvilhou, en visite chez Passavant, fait preuve de la même insolence. Le regret de Cravan de ne pas s'être vu offrir « quelque liqueur » est repris par Strouvilhou réclamant de goûter l'« inestimable porto » de Passavant ; et l'ouverture en fanfare de Cravan sur la supériorité de la boxe par rapport à la littérature annonce cette déclaration de Strouvilhou : « À vrai dire, mon cher comte, je dois vous avouer que, de toutes les nauséabondes émanations humaines, la littérature est une de celles qui me dégoûtent le plus[4]. »

Cependant, quand Gide rédige à son tour sa version des faits, cet épisode des *Faux-Monnayeurs* est loin d'être écrit. S'il se remémore, à dix ans de distance, la visite de Cravan, c'est peut-être parce que, en cette année 1922, il est devenu la cible de divers ennemis, en particulier des surréalistes et de leur chef, André Breton qui avait, dans le numéro de mars de *Littérature*, publié le récit d'un faux entretien avec Gide. La mystification de Breton ne pouvait que réveiller en Gide le souvenir de celle de Cravan, et susciter le désir de lui donner un prolongement littéraire.

Pierre MASSON

4 *RR2*, p. 420.

1924

LUGNÉ-POË[1]

C'est à Lugné-Poë que mon *Roi Candaule* doit le baptême des feux de la rampe. S'il put par la suite connaître certain succès sur quelques scènes étrangères, il est à croire que sans *l'Œuvre* aucun théâtre parisien n'aurait monté ma pièce.

Quel bon souvenir je garde de ce temps ! Comme on travaillait bien ! et avec quel amour, quelle joie ! Le public qui venait à ces représentations demandait à être surpris, indigné même. Il était bien servi. L'auteur également, qui cherchait dans le public un adversaire. On s'empoignait. Et quand le spectateur dompté s'en allait « battu et content[2] », alors seulement Lugné-Poë, content de même, savourait les fruits amers d'une victoire bien gagnée.

J'ajoute que ma reconnaissance ne va pas seulement à lui, mais également à De Max, dont le dévouement fut inépuisable et qui rendit la figure de Gygès admirable – et à Mme Roggers, dont la reine Nyssia fut un des premiers rôles, et que j'applaudis encore en pensée.

NOTICE

Gide et Lugné-Poë (1861-1940) furent rapprochés par leur convergence esthétique et leurs relations communes, comme Maeterlinck et Maurice

1 Publié dans *La Nervie*, Bruxelles et Paris, 1924, n° 4 ; repris dans le *BAAG* n° 35, juillet 1977.

2 Allusion probable à une pièce de Christian Beck, *Adam battu et content*, publiée en 1898 à Bruxelles (voir André Gide, Christian Beck, *Correspondance*, Genève, Droz, 1994, p. 58).

Denis. Dès 1893, Lugné-Poë réclame à Gide une œuvre qu'il puisse monter dans son *Théâtre de l'Œuvre.* Ce sera *Le Roi Candaule*, joué une unique fois le 9 mai 1901, avec Lugné-Poë dans le rôle de Candaule et De Max dans celui de Gygès. Plus tard, Gide sera l'introducteur de Claudel à *l'Œuvre*; puis, en 1914, il soutiendra la Ligue d'Art dramatique et littéraire fondée par Lugné-Poë. De son côté ce dernier, assez critique à la représentation de *Saül*, accueillera avec enthousiasme celle d'*Œdipe* en 1932.

Pierre MASSON

1925

AVANT-PROPOS POUR UNE ÉDITION ANGLAISE DE *SI LE GRAIN NE MEURT*[1]

Ces récits d'une enfance française sauront-ils intéresser de jeunes Anglais ? Lorsqu'ils me furent demandés pour former un livre de classe, je fus non moins étonné que flatté. Puis je réfléchis à tout l'attrait qu'avait pour moi, à cet âge, ce que l'on me racontait des enfants des autres pays – de l'Angleterre en particulier. Un des regrets de ma vie (où je ne regrette que peu de choses, encore que j'en puisse déplorer beaucoup) c'est de ne pas avoir passé quelques années de ma jeunesse dans un collège d'outre-Manche. La pratique des sports surtout m'y eût plu ; et certaine façon de camaraderie, qu'à Paris nous ne connaissons guère. Je pense que les écoliers anglais qui me liront n'envieront guère la vie que menait alors un petit écolier de France ; mais la peinture que j'en fais les aidera peut-être à mieux apprécier leur bonheur. Les mœurs, il faut le dire, ont changé, les jeux, les costumes, et bien des choses dont j'ai souffert ont été heureusement réformées, certaines à l'instar de l'Angleterre. Du reste je n'ai garde de penser que, dans cette comparaison, l'Angleterre ait partout l'avantage, et que nous n'ayons rien ici qui soit digne de l'inspirer. J'estime qu'entre peuples civilisés il est utile de se connaître, que chaque nation trouve à gagner dans la fréquentation de ses voisines, que le profit des bonnes relations est presque toujours réciproque, et qu'il n'est jamais bon de se cantonner à soi.

Un autre regret, corollaire du premier, c'est de n'avoir appris l'anglais que très tard. Si je puis le lire à présent sans peine, j'ai dû renoncer à l'espoir de le parler jamais couramment ; et cela me désole, car j'aime

1 Publié dans *Si le grain ne meurt*, Oxford, Clarendon Press, 1925 ; repris dans le *BAAG* n° 118, avril 1998.

beaucoup l'Angleterre, et certains de mes meilleurs amis sont anglais. Il est vrai qu'ils parlent le français à merveille ; mais n'est-il pas mortifiant de ne pouvoir leur rendre la politesse ?

La dernière année de la guerre, revenant du Havre à Paris, je me trouvai au wagon-restaurant, assis en face d'un officier de l'armée anglaise, encore jeune ; son beau visage exprimait une si douce et souriante sympathie, que j'aurais donné je ne sais quoi pour pouvoir m'exprimer couramment dans sa langue. Je le regardais en souriant aussi, mais ne pouvais trouver rien à lui dire. Il n'avait plus qu'un bras. Je songeais aux horreurs de la guerre. Visiblement, lui de même cherchait à me parler, mais sans doute ne savait-il pas le français. Le train traversait des vergers que bordait la Seine ; et, comme on était au printemps, la campagne était toute fleurie. À la fin, dans un grand effort, et se penchant vers moi :

– *A very nice country to fight for*[2], dit-il.

Les larmes me montèrent aux yeux. Mais il ne put savoir, parce que je ne pus l'exprimer en anglais, combien m'avait ému sa simple phrase.

Jeunes écoliers français, apprenez vite l'anglais ; jeunes Anglais, apprenez tôt notre langue, pour ne pas rester cois, comme je fis, hélas, et bien péniblement, ce jour-là.

NOTICE

Ce texte est l'avant-propos que Gide écrivit en 1924 pour une édition à usage scolaire de *Si le grain ne meurt* (voir André Gide, Dorothy Bussy, *Correspondance*, t. I : *Juin 1918-décembre 1924*, Paris, Gallimard, 1979, p. 495), qui parut en 1925 (Oxford, Clarendon Press, 1925). Le texte de Gide, intitulé *Jours d'enfance*, était accompagné de notes, d'un lexique français-anglais, de cartes du Calvados et du Gard et d'une photo de Gide.

Ce regret de ne pas mieux maîtriser la langue anglaise, Gide l'exprima souvent, et encore en 1938 dans son article de *Verve* (voir plus loin *Voyage en littérature anglaise*). Il avait eu l'exemple d'Élisabeth Van Rysselberghe, qui avait fait en Angleterre une partie de ses études, et qui veillerait à

2 « Un pays très agréable pour lequel il faut se battre. »

rendre bilingue leur fille Catherine. Lui-même avait encouragé Marc Allégret à séjourner en Angleterre après son bachot. Enfin, il avait aussi le regret de n'avoir pas connu une éducation moins contraignante à l'égard du corps ; dans ses Mémoires, il parle du « carcan » qu'étaient ses vêtements, en particulier lors des exercices sportifs.

L'épisode qu'il évoque est difficile à situer. L'année 1918, il séjourna presque tout le temps à Cuverville, à l'exception de son escapade amoureuse en Angleterre, du 18 juin au 28 septembre. À l'occasion de ce voyage, il dut passer par Le Havre, à l'aller comme au retour, mais on ne peut pas assurer qu'il ne fit pas le même déplacement à un autre moment de l'année.

Pierre MASSON

1930

VOYAGE AU CONGO[1]

Dans ma jeunesse, les Français ne voyageaient guère. Particulièrement les écrivains. Ceux que je fréquentais alors, presque exclusivement des poètes, à sang pauvre, ravagés par l'esprit et passablement grisés d'idéologie allemande, qu'elle vînt de Kant ou de Schopenhauer, se complaisaient, sans en avoir pourtant trop nettement conscience, dans une attitude de méfiance et de dédain à l'égard du monde extérieur ; ils prenaient leurs rêves pour plus importants que la réalité. Cette réalité leur paraissait vulgaire et quelque peu pénible ; ils tenaient pour le premier devoir du poète de lui tourner le dos, et de n'en laisser transparaître dans leurs écrits que quelques reflets ingénieusement stylisés. À cette époque (je n'avais guère plus de vingt ans), désireux d'offrir à notre littérature un roman selon les règles du Symbolisme, qui jusqu'ici n'avait produit que des poèmes, j'écrivis le *Voyage d'Urien.* Un voyage que j'avais imaginé en toute liberté. Je me souviens des inquiétudes de Mallarmé, notre maître vénéré, lorsque je lui apportai la troisième partie de l'ouvrage. Elle venait de paraître dans un journal sous le titre de « Voyage vers une mer glaciale[2] ».

« Vous m'avez fort effrayé[3] », dit-il après lecture. « Je craignais une relation de voyage. Par bonheur, vous avez tout inventé. »

Peut-être n'a-t-il pas utilisé ces mots, mais au moins telle était sa pensée. Et je me réjouis intérieurement de n'avoir point fauté.

---

1 Publié dans *Die Koralle*, [Berlin], juin 1930, p. 116-121. Texte retraduit de l'allemand par Daniel Durosay et J.-R. Nataly ; repris dans le *BAAG* n° 89, janvier 1991.

2 Le chapitre en question avait paru en prépublication dans la revue dirigée par Albert Mockel, *La Wallonie*, n° 5-6, mai-juin 1892, sous le titre « Vers une mer glaciale ».

3 Ces propos sont rapportés, légèrement différents, par Jean Delay dans sa *Jeunesse d'André Gide*, Paris, Gallimard, 1957, t. II, p. 193.

Combien l'autorité d'un maître, le souhait de nous conformer à son éthique, peuvent nous entraîner et fausser nos intentions les plus sincères, je ne le comprenais pas encore. Je me tenais encore pour très audacieux, lorsque j'abandonnai les livres et ma paisible cellule, dans laquelle mon univers mental s'étiolait, et partis pour l'Algérie. De quel prix pouvait être pour moi le contact avec une civilisation étrangère, un peuple, qui avait d'autres mœurs et d'autres vêtements, qui honorait un autre dieu, je n'osais pas alors le faire savoir si rapidement. J'aurais souhaité ramener de là-bas des observations précises, qui eussent répondu à quantité de questions géographiques, ethnologiques et économiques, qui s'imposaient alors à moi[4]. Mais insuffisamment indépendant encore, encore embarrassé dans les théories de notre école littéraire, et surtout manquant par trop de confiance en moi-même, je craignais de montrer trop d'intérêt pour les « contingences » et de découvrir une relation entre celles-ci et la vraie poésie, en raison de la signification qu'elles devaient revêtir pour moi : « J'avais grand plaisir à examiner tous les produits qu'on trouvait ici d'un coup rassemblés ; cependant l'élan, l'inquiétude qui m'entraînent, ne me laissent pas de repos, et je repars aussitôt. Je peux me consoler à l'idée que dans notre époque statisticienne tout cela est déjà couché noir sur blanc, et qu'on peut à l'occasion s'en informer dans les livres. Il ne s'agit pour moi que d'emmagasiner les impressions sensibles qu'aucun livre, qu'aucune image ne peuvent donner. Le fait est que je m'intéresse de nouveau au monde, que j'exerce et éprouve mon esprit d'observation, pour savoir jusqu'où il va avec mes lumières et mes connaissances, si ma vue est claire et nette. Combien, en plein mouvement, je peux encore être moi-même, et si les rides qui ont marqué ma sensibilité et s'y sont imprimées, peuvent être effacées. Maintenant que je suis à mon propre service, que je dois être toujours attentif, toujours présent, ces quelques jours passés ici me donnent une tout autre élasticité d'esprit[5]... »

Cette « élasticité d'esprit » – combien me l'a-t-on reprochée ! Née de la curiosité, de l'appétit de vivre, de l'indifférence à l'égard de soi, d'une

---

4 Ce projet est évoqué dans l'introduction au *Renoncement au voyage (1903-1904)* : « Quand, pour la sixième fois, je m'embarquai pour l'Algérie, le livre que j'espérais en rapporter était tout autre que celui que j'offre aujourd'hui. Les plus graves questions économiques, ethnologiques, géographiques, devaient y être soulevées. Il est certain qu'elles me passionnèrent. J'emportai des cahiers que je voulais remplir de documents précis, de statistiques. » (*Amyntas*, Paris, Gallimard, 1924, p. 87.)

5 Citation non référencée par Gide.

réceptivité, d'une horreur de l'habitude et du repos quiet – nulle part ne la pouvais-je mieux pratiquer que lors de mon récent voyage au Congo.

Si pendant ce voyage Goethe en quelque manière m'accompagna (ce qui veut dire que je relus là-bas une nouvelle fois le *Second Faust*[6] et les *Affinités électives*[7]), je sacrifiai tout cela, et ne laissai paraître dans les articles que je publiai après mon retour[7], qu'un pur intérêt artistique.

Mais par chance, tout esprit garde la liberté de choisir et de chercher son aliment au-delà de ses premiers engagements, fût-ce même très au-delà. Bientôt un autre maître, dont j'écoutai de plus en plus le conseil, m'incita à me libérer des influences de l'« École », pour revenir sans détour à moi-même. Quand j'ouvre aujourd'hui le *Voyage en Italie* de Goethe, que je lus alors, je vois quelques phrases soulignées dans l'enthousiasme. Cela surtout qui n'allait pas dans son sens. Je me figure qu'il ne serait pas allé à l'aventure dans des contrées si lointaines, où, selon toute vraisemblance, il aurait moins admiré la beauté de la végétation tropicale que souffert de la voir encore si peu explorée. Et moi-même, au fond, qu'est-ce donc que je cherchais là-bas ? Très exactement le sauvage, le primitif; une humanité nue et sans histoire, une nature vierge de tout asservissement ; le spectacle de la terre et de l'homme en deçà de la culture. Rien que des possibilités et des promesses au lieu de réalisations. Si déjà le spectacle d'une civilisation qui diffère de la nôtre est de grand profit, de quelle instruction incomparablement plus substantielle est la considération d'une humanité sans la moindre civilisation. Mais point n'est besoin de répéter ici les observations qu'on trouve disséminées dans ma relation de voyage (*Voyage au Congo*, paru chez Deutsche Verlags-Anstalt[8]). À la place, je préfère présenter quelques brefs commentaires sur les photographies de mon compagnon Marc Allégret, que reproduit ici la *Koralle.*

Les quatre premières furent prises dans la région du Tchad. J'ai décrit dans le détail l'architecture de ces cases en forme d'obus[9], au dessin parfaitement régulier, qui ne sont faites que de terre, d'un simple argile solide – sans aucun mélange de sable – pris aux rives du Logone, dans

---

6 En février 1926, sur les bords du lac Tchad, Gide note : « Je plonge dans le *Second Faust* avec le plaisir le plus vif. » (*SV*, p. 488.)

7 Le 23 novembre 1925, lors de la grande marche en forêt : « Lu avec ravissement quelques pages des *Affinités électives*. » (*Ibid.*, p. 438.)

8 *Kongo und Tshad*, trad. Gertrud von Müller, Stuttgart, Deutsche Verlags-Anstalt, 1930.

9 Voir *SV*, p. 528-530.

une aire très circonscrite. Elles ne reçoivent de lumière que par une étroite ouverture circulaire à leur sommet, et par la porte, qui donne sur une cour généralement entourée de murs (voir p. 116).

Alors que dans certaines régions basses, et tout particulièrement dans le bassin du Bas-Congo, des maladies de peau souvent épouvantables sont très répandues, les tribus des rives du Logone et des voies d'accès au lac Tchad paraissent être saines et robustes. Les taches blêmes que l'on observe sur la peau de la baigneuse sont uniquement dues à ses ablutions (p. 117).

Le premier cliché montre une rue de Goulfeï, curieux village situé sur la rive gauche du Chari, lequel reçoit les eaux du Logone avant de se répandre dans le lac Tchad (p. 116 en haut).

Sur les rives du lac, on rencontre ces bœufs aux énormes cornes creuses, dont ces animaux s'aident pour nager, et qui leur tiennent la tête hors de l'eau, lorsque les troupeaux passent d'une île à l'autre (p. 121).

Pour franchir ces courtes distances, les indigènes ont coutume de chevaucher des poutres faites d'un bois d'une rare légèreté qui croît sur les rives du lac, ou bien ils utilisent une sorte de canoë à fond plat dont la partie avant, surélevée et constituée de tiges de papyrus reliées entre elles, rappelle les gondoles vénitiennes.

Les jeunes danseuses, photographiées de dos à l'occasion d'une fête à Léré, portent des ceintures de perles et de coquillages qui retombent par devant sous forme de pagnes courts. Leur danse n'est qu'un sur-place monotone traçant de légers sillons parallèles dans le sable. Elles danseront sans interruption jusqu'au soir et bientôt la sueur ruissellera le long de leur buste dénudé. Elles dansent, sérieuses, la tête inclinée et le regard fixé avec obstination sur leurs pieds. Rien ne saurait être moins lascif que cette danse ; elle correspond dans une certaine mesure à une cérémonie rituelle qui se renouvelle à chaque festivité. Les hommes dansent de leur côté, à l'autre extrémité de la grande place, vêtus d'immenses jupes qui s'éploient à chaque tournoiement. Leur danse – de longs sauts qui rappellent le « pas des archers » du *Prince Igor*[10] – est très différente de celle des femmes. (Voir l'illustration de la page 118.)

Je ne connais pas le nom de cet arbuste aux larges feuilles, à l'ombre duquel, dans un enclos de Fort-Archambault, se reposent deux jeunes filles de race Sara, une des plus belles de l'Afrique intérieure, comme le montrent leurs portraits. Les femmes de cette race ne sont jamais plus

10 Les « danses polovtsiennes » du *Prince Igor* furent créées en 1909 par les Ballets russes.

vêtues que celles-ci. Presque tous les hommes portent une peau de chèvre attachée aux hanches qu'ils laissent flotter à l'arrière, alors que la partie avant de leur corps est presque entièrement dénudée. Pratiqués sur le front et les joues des jeunes filles assises on discerne des tatouages, qui sont une caractéristique de la race des Saras (p. 119).

Les femmes Baguirmi ont de longs cheveux tressés. Un enduit huileux donne à leurs tresses l'apparence du goudron ainsi qu'une odeur de poisson qui ne paraît pas incommoder les indigènes, mais qui pour nous, tout du moins pour moi, est extrêmement désagréable. Les femmes Baguirmi sont vêtues de tissus en coton que les indigènes de la région tissent de leurs propres mains en bandes étroites. Chaque bande a une largeur de dix à quinze centimètres seulement. Ces bandes sont ensuite cousues les unes aux autres jusqu'à ce qu'elles forment un morceau de tissu de la largeur souhaitée. Les hommes sont nus pour la plupart, ou vêtus d'un pagne étroit, comme celui qu'on voit sur le cliché ci-contre porté par les deux enfants devant le campement d'étape.

Après avoir lu les notes auxquelles je m'assujettissais chaque soir malgré ma lassitude et le manque de confort, certains seront tentés de croire que ce voyage fut une déception. Pourtant, rien ne me tenterait davantage que le recommencer. Les fatigues mêmes, et la satisfaction de les avoir victorieusement surmontées, laissent un souvenir infiniment enrichissant.

C'est justement là où la civilisation est absente que l'on peut le plus parfaitement honorer la culture. Mais une fois revenu en Europe, mêlé à l'affairement de nos contemporains, je ne pense pas sans regrets à ces journées sans heures et aux longues marches vers l'inconnu, au sein de peuplades encore indifférentes à toutes les voix qui nous harcèlent.

NOTICE

Oublié à Berlin depuis sa parution, ce « Reise zum Kongo » fut publié par *Die Koralle* dans son numéro de juin 1930. Mensuel illustré, de grand format, et pour grand public, ce magazine paraissait à Berlin depuis 1924. L'article de Gide était annoncé en couverture par la photo d'une femme noire couverte de bracelets et de colliers d'or. L'article lui-même était imprimé sur deux colonnes, accompagnant huit clichés de Marc Allégret, d'assez grands formats, honorablement reproduits. Le prix payé pour ces travaux devait s'élever à 455 marks. Il s'agissait en effet d'un texte de circonstance, rédigé pour accompagner et faciliter la publication en Allemagne de ces clichés de Marc. L'existence du texte était attestée jusqu'ici par un passage du *Journal*, contemporain de la rédaction : « Je n'ai pu m'attarder à Cuverville que quatre jours : les trois premiers empoisonnés par un article promis à une revue allemande (*Die Koralle*) pour accompagner des photos de Marc Allégret. Rien à dire sur le Congo que je n'aie déjà ressassé. Horreur du travail sur commande[11]. »

Il serait illusoire, par conséquent, d'attendre merveille d'un document rédigé en trois jours et presque à contrecœur. D'autre part, l'absence de la version originale en français ne permet pas de vérifier l'exactitude du texte publié en allemand. Enfin, la retraduction en français ajoute un facteur supplémentaire de dépérissement.

Pourtant, malgré ces difficultés, malgré l'usure redoutée du « ressassement », dans ce dernier des textes sur le voyage au Congo, le lecteur trouvera matière à réflexion. Avec le recul, Gide y pratique un esprit de survol qui ne retient que l'essentiel, quand bien souvent le journal de voyage, plus près du vécu, fourmillait de détails. Pour confectionner en trois jours ce texte de commande, Gide a cousu deux morceaux : un « chapeau » générique – méditation sur l'esprit de voyage et sa pratique – précède une série de commentaires photographiques. Dans son introduction, Gide rattache le Congo à ses origines personnelles, à sa métamorphose intérieure ; il fait voir la continuité avec la révolution que constitua pour lui son premier voyage en Algérie. En deçà, même, il reprend plusieurs caractérisations disséminées dans le dernier chapitre de la première partie de *Si le grain ne meurt*, celui de la stagnation dans le Paris étouffant de l'École symboliste.

L'esprit du voyage est donc présenté comme un retournement. Une émancipation par rapport à une certaine conception désincarnée de la poésie, et par rapport au Maître, Mallarmé. Pourquoi cette inflexion, paradoxale dans le cadre d'un magazine illustré, si peu propice à la littérature ? C'est que dès le départ de son argument, Gide prévoit qu'un texte adressé au public allemand passera nécessairement par Goethe. D'où l'idée d'opposer les deux Maîtres, l'ancien et le nouveau,

11 14 avril 1930, *J2*, p. 198.

et d'établir que l'esprit de liberté qui souffle sur le voyage conduit à dépasser tous les maîtres, dès lors qu'on s'est délivré du premier. Car l'aventure du Congo ne s'envisage pas, dans un esprit goethéen, comme une conquête européenne sur une nature encore vierge, mais bien comme son contraire : non pas une possession, mais une communion extatique avec le primitif. Pour chimérique qu'ait été cette quête, et désavouée par les faits, dans l'enfer de la colonisation, elle demeure ancrée comme une motivation essentielle du voyage au Congo ; elle survit, est-il dit *in fine*, dans la nostalgie, l'appel d'un nouveau grand voyage – qui ne se concrétisera jamais, peut-être afin que le rêve soit sauvé.

La deuxième partie du texte, il faut le reconnaître, marque une baisse de tension et, par son pêle-mêle, trahit la hâte d'en finir, mais aussi la désinvolture de la *Koralle* dans le traitement du matériau confié. Consacrée aux commentaires de clichés, cette seconde partie révèle au lecteur attentif plusieurs approximations.

Plutôt qu'à ces bévues, mieux vaut s'intéresser aux choix, étroitement liés à ceux de Marc et à ses réussites. Ils épousent la prédilection du jeune homme pour les nus féminins, pour la grâce et la perfection de corps tout juste pubères ; ils confirment par ailleurs ce que déjà son film donnait à voir : que le sommet du voyage, attendu, au départ, de la marche en forêt dans l'Ouest de l'Oubangui-Chari, s'est déplacé, dans le registre du spectaculaire et de l'exotique, vers la pointe Nord du périple, aux alentours du lac Tchad.

Tel se présente ce texte composite : un développement général sur l'« élasticité d'esprit », qui pourrait être la forme nomadique de la disponibilité gidienne ; une allusion à ce livre fantôme sur la colonie, qui hante l'écrivain depuis les années 1890, et qu'il ne réalisa qu'imparfaitement avec le *Voyage au Congo* ; puis un brassage de photos, d'une main distraite, et des souvenirs qui débouchent, fatalement, sur la nostalgie.

Daniel Durosay

1934

SOUVENIR D'ANNECY[1]

Il est vrai, je garde d'Annecy le souvenir attendri d'un amant. C'est sur les bords de son lac, à Menthon, que je passai ma lune de miel avec ce que les Romantiques appelaient : la Muse. Je veux dire que, pour la première fois, je connus cette parfaite ivresse de vivre seul avec mon travail. Rien ne m'en distrayait. La saison était peu avancée ; aucun touriste encore ; les hôtels, les villas étaient vides ; je m'installai à Menthon, non précisément au bord du lac, mais non loin de sa rive, et j'allais prendre mes repas chez un modeste traiteur, à l'endroit même du débarcadère actuel. J'écoutais inlassablement le conseil de ce pays à la fois grave et souriant.

Je l'avais déjà quitté lorsque Pierre Louÿs prit fantaisie de le connaître à son tour. C'était, en ce temps, le compagnon constant de ma ferveur. Il voulait voir les lieux dont mes lettres chantaient les louanges. Il fut ravi tout autant que j'avais pu l'être et m'écrivit, de Menthon même : « Si, dans un tel endroit, tu n'as pas écrit un chef-d'œuvre, je te tiens pour impardonnable. » Il sut pourtant me pardonner. Mais je lui savais gré de son exigence amicale, et surtout d'avoir su aimer un paysage qui me paraissait aimable entre tous.

J'ai revu le lac d'Annecy à plusieurs reprises, installé pour un temps assez long soit à Annecy même, dans un vieux petit hôtel charmant dont j'étais seul hôte avec l'amie que j'accompagnais, soit à Talloires. Et, plus récemment, lors d'une cure aux environs de Chambéry, j'y emmenai des amis pour contempler sa foire aux fromages. On n'imagine pas marché plus pittoresque ; tous les sens y sont conviés, car le parfum

1 Publié dans *Arcade*, n° 3, Annecy, printemps 1934 ; repris dans le *BAAG* n° 103-104, juillet-octobre 1994.

fouettant de la marchandise renseigne longtemps à l'avance sur la nature des produits. Ils viennent de toutes les régions avoisinantes. Quelle diversité ! Plus variés encore que les vins, les fromages racontent plus éloquemment encore leur origine, bien que s'écartant plus résolument de la vache ou de la brebis que le vin ne le fait de la vigne. Mais, à défaut de vin du pays, quel bon cidre je bus là-bas ! Meilleur me parut-il que celui de Normandie ou de Bretagne. J'admire combien le souvenir d'un pays reste lié, pour moi du moins, à celui des parfums, des boissons et des nourritures ; et, s'il s'agit d'Annecy, du contact avec l'eau du lac, menaçant ou riant, suivant les saisons et les heures, enseignant tour à tour l'abandon ou la résistance et la prose ou la poésie.

NOTICE

Annecy est un nom important dans la géographie personnelle de Gide, à condition de le considérer comme un tout englobant non seulement la ville, mais aussi le lac à qui elle donne son nom, et les localités qui bordent celui-ci. L'événement fondateur fut la préparation des *Cahiers d'André Walter*, ouvrage doublement décisif puisqu'il devait consacrer l'entrée de Gide dans la carrière littéraire, et lui gagner la main de sa cousine Madeleine. Dans ses Mémoires, il fournit ce récit : « Pour écrire mon livre, il me fallait la solitude. Un petit hôtel, au bord du minuscule lac de Pierrefonds, m'offrit un gîte provisoire. Le surlendemain Pierre Louÿs vint m'y relancer : force était de chercher plus loin. Je partis pour Grenoble, fouillai les environs, d'Uriage à Saint-Pierre-de-Chartreuse, d'Allevard à je ne sais où [...] lorsque je découvris, près d'Annecy et presque sur les bords du lac, à Menthon, un charmant cottage entouré de vergers [...]. Dans la complète solitude où je vécus, je pus chauffer à blanc ma ferveur, et me maintenir dans cet état de transport lyrique hors duquel j'estimais malséant d'écrire[2]. »

La réalité avait été un peu différente. Installé d'abord à Pierrefonds, début mai, il y avait bien reçu la visite de Louÿs, venu lui demander de l'accompagner à Cholet où il voulait retrouver une jeune fille aimée.

2 *SV*, p. 242-243.

Gide, évidemment, avait refusé et Louÿs avait vite reconnu qu'il lui en demandait trop. De Pierrefonds, Gide revint à Paris pour quelques jours, repartant le 27 mai pour Grenoble avec l'intention de prospecter les rives du lac d'Annecy et du lac du Bourget. Il se rend à Allevard, Uriage, Annecy, puis Talloires où il songe à s'installer avant de lui préférer Menthon, ne revenant à Paris que le 5 juillet, le premier jet de son roman terminé. Pierre Louÿs, qui était à Annecy début août, passa en effet par Menthon en ralliant Aix-les-Bains, écrivant à Gide, le 18 : « Ton Chalet-des-Bains est adorable ; si tu n'as pas fait là un chef-d'œuvre, je te renie[3]. »

Il est alors peut-être significatif de le voir choisir, pour l'accomplissement d'un autre épisode capital de son existence, la naissance de son enfant, le même décor de lacs et de montagnes. Le 23 février 1923, il note : « Huit jours à Annecy avec Élisabeth… Charmant petit hôtel de Savoie dont, vu la saison, nous sommes les seuls pensionnaires[4]. » Sa fille Catherine naît le 18 avril. Le 17 mai, il est de retour : « J'ai emmené Marc passer quatre jours à Annecy-Talloires. Premier contact avec l'enfant qui va entrer demain dans son second mois[5]. »

Quand il revint dans la région en juin 1930, pour une cure à Challes-les-Eaux, il commença à éprouver les effets de l'âge, se notant « fourbu par une course en montagne de trois heures en plein soleil[6] ». Mais c'était pourtant bien là ce qui l'attirait dans ces lieux, une incitation à l'effort, au dépassement, comme il le notait déjà avec amusement en 1923, à Annecy précisément : « Curieux : je n'aime point l'alpinisme, mais, explique ça comme tu peux, tout sentier qui grimpe m'aspire, et je monte comme l'eau descend[7]. »

Pierre MASSON

3 *Correspondance à trois voix*, Paris, Gallimard, 2004, p. 272.
4 *J1*, p. 1206.
5 *Ibid.*, p. 1215.
6 *J2*, p. 205.
7 *J1*, p. 1215.

1935

SOLIDARITÉ[1]

Les principes premiers de la solidarité, voilà ce qu'on devrait surtout et d'abord enseigner dans les écoles. Le sentiment de la solidarité, voilà ce que le maître devrait prendre à tâche de développer. Dans les villages du pays de Caux, où, selon le dicton, « pour voir les gens aux fenêtres, mieux vaut crier *Au feu* qu'*Au secours* », chacun vit pour soi et ne se soucie du voisin que pour lui chercher noise ou lui nuire. (Il y a des exceptions à cela, il va sans dire ; mais elles sont rares.) Quatre communes se refusent à conjuguer leurs intérêts, pour le forage d'un puits artésien qui les abreuverait toutes les quatre. Il faut dire que tout le pays manque d'eau et que, dans le profond des vallées, les rivières coulent sous terre, n'affleurant au pied des falaises ou parmi les galets qu'à l'instant de rallier la mer. Les lavandières d'Étretat ne peuvent laver le linge qu'à marée basse et lorsque se retire le flot. Un nouveau maire, sur le point de se faire élire, propose donc ce dont bénéficierait tout le pays : capter les eaux haut en aval et les forcer d'alimenter quatre villages. Mais allez donc secouer les gens de leur antique torpeur ! Impossible de leur faire admettre qu'ils bénéficieront eux-mêmes de l'aide apportée à autrui. Ils ne consentent à voir que les « centimes additionnels » qu'il faudrait voter et qui grèveront la commune. Chacun pour soi ; le *would be* maire est blaqueboulé ; le pays reste sur sa soif. Parfois ce désintéressement du voisin prend des formes sordides :

Une jeune femme mène à grand'peine et tant bien que mal, seule et sans aide, l'exploitation de la ferme que son mari vient de laisser, car nous sommes pendant la guerre, et il a été appelé en Argonne. Un

1 Publié dans le *BAAG* n° 172, octobre 2011.

matin, tandis que Marthe s'occupe de ses deux enfants en bas âge, une génisse s'échappe de l'enclos. Quand elle s'aperçoit de la fuite, la génisse est loin. Tous les voisins l'ont vue passer, l'ont reconnue ; aucun ni ne la ramène, ni même ne l'arrête. Marthe ne la retrouve que le soir, malmenée et avec une corne de moins. Marthe ne songe même pas à s'en plaindre. À qui ? De quoi ? Il n'est là rien que de naturel, de coutumier. Chacun pour soi. Pourtant Marthe est fort obligeante, prête elle-même à aider autrui, et du reste bien vue de tous. C'est une des plus jolies filles du pays, je devrais dire : une des seules jolies, accorte, sans cesse souriante malgré les soucis qui pèsent sur elle, car la ferme est lourde ; elle n'y peut suffire. Et voici venir la saison des labours, travail décidément trop dur pour une femme et auquel elle n'est pas habituée. Elle a bien avec elle un petit goujat de treize ans, qui couche dans l'écurie et qui prend soin de l'étable ; qui mènera le cheval lorsqu'on l'attelle à la charrue. Mais Marthe a beau peser de tout son poids, la charrue ne fait qu'égratigner la terre, ou s'achoppe en piquant du nez dans la glèbe... Aussi, lorsqu'il est question d'employer des prisonniers allemands comme ouvriers agricoles, elle se décide à en engager un. Elle aurait voulu consulter son mari, mais celui-ci ne sait pas écrire. Elle ne reçoit de lui, hebdomadairement, qu'une carte postale imagée sur laquelle un camarade, à côté de l'adresse, écrit : *Tout va bien. Baisers.*

D'abord personne, dans le pays, n'en voulait, de ces prisonniers. A-t-on idée d'inviter l'ennemi à venir cultiver nos terres ? Ils allaient faire en sorte de tout saccager. Les Boches étaient fourbes, malveillants, perfides, on le savait ; cruels jusqu'à couper les mains aux enfants[2] ; et, même étroitement surveillés, et même sans mauvais vouloir, ils n'avaient pas nos méthodes de culture, comment se faire entendre d'eux qui ne parlaient pas notre langue... ? On ne pourrait rien obtenir d'eux. Il fallut en envoyer d'office six sur la plus grande ferme du pays, pour l'exemple. Ces pauvres gens étaient si heureux de se retrouver en contact avec le sol, tirés de leur désœuvrement, qu'ils travaillèrent à merveille. À peu de temps de là, chacun en voulut. On n'y pouvait suffire. Marthe avait été une des premières à se décider ; elle refusait de croire aux on-dit, passait outre. Elle eut son prisonnier.

2 Gide se souvient ici de l'un des plus fameux bobards de la propagande « anti-boche » répandus au cours des premiers mois de la Guerre : la rumeur (que relayaient dans la presse, entre autres, Richepin et Cocteau...) affirmait que les Allemands coupaient la main droite des enfants des villages occupés. Gide avait alors vainement enquêté sur l'origine de ces fausses allégations (voir *J1*, 26 août et 15 novembre 1914, p. 851 et 880).

Karl était un Wurtembergeois : superbe gaillard aux yeux bleus, aux cheveux blonds, la face ouverte et souriante. Cultivateur lui-même, il avait laissé là-bas femme et enfants du même âge à peu près que ceux de Marthe. Il montrait à Marthe leurs photographies, et Marthe lui montrait celle d'Ernest son mari, soldat en Argonne. Karl dormait dans l'écurie, mais prenait ses repas avec Marthe, ainsi qu'il est d'usage dans nos campagnes. J'allais assez souvent causer avec lui, heureux de faire usage de mon peu d'allemand et de servir entre Marthe et lui d'interprète. Mais déjà par gestes et signes, ils s'entendaient fort bien, n'ayant rien de bien compliqué à se dire, car la besogne qu'on attendait de lui, déjà Karl l'eût faite de lui-même. Mais avec moi, bientôt, Karl ne se gêna plus pour critiquer beaucoup d'usages de chez nous : comment, par exemple, pouvait-on laisser se répandre au loin et se perdre le purin de la fumière ? En Allemagne on prend plus grand soin de ce précieux engrais naturel. Et puis, ici, en France, en Normandie du moins et pour autant qu'il en puisse juger, les hommes qui travaillent sont nourris sinon mal, du moins fort insuffisamment. Ce n'est point du tout qu'il se plaigne ; mais, mieux alimenté, le travailleur qu'il est serait d'un rendement supérieur. Il va jusqu'à parler de calories, oh ! du reste sans pédanterie, mais soucieux un peu de me montrer qu'il n'est pas sans instruction et qu'il sait raisonner tout comme un autre et surtout sait s'assimiler des théories. Il en a pour l'éducation des enfants, leur hygiène. Il voudrait obtenir de Marthe qu'elle laissât les siens courir pieds nus, je vous demande !... Pour un peu il lui apprendrait à les moucher. Du reste il s'occupe de tout dans la ferme, et Marthe lui fait confiance. Le visage de Karl, soucieux et triste d'abord, s'épanouit. Dans le pays, on commence à jaser. Les gens ont si mauvaise langue. Un Allemand ! Si ça n'est pas malheureux, tout de même ! Il se croit chez lui, ma parole ! Et la femme fait tout à sa guise. Ah ! ils ne s'en font pas, pour sûr, ces deux-là ! Et pendant ce temps, Ugène[3], le mari, se bat dans les tranchées. S'il se doutait, lui qu'on sait jaloux comme un tigre... On ferait peut-être bien de l'avertir. Mais chacun pour soi. Attendons seulement qu'il revienne. On rira bien.

Des semaines et des mois passèrent. Karl commençait à baragouiner un peu le français. La petite ferme prospérait. La guerre durait et Ugène

3 *Sic*. Ernest, devenu Ugène, sera nommé aussi Eugène. On sait les oscillations de Gide à l'égard des noms de ses personnages.

ne revenait toujours pas. Où le pays commença vraiment à rigoler, c'est quand Marthe devint enceinte. Ça ne se voyait encore pas trop ; ça se savait. Ah ! vous parlez d'un fin travail ! Quand Ugène rentrerait au pays, s'il revenait jamais, il trouverait ses terres gentiment cultivées, et même bien dûment ensemencées. Faudrait voir sa tête...

Je n'imaginais point quelle pourrait être la tête d'un Ugène furieux, mais savais fort bien qu'au naturel déjà il n'avait guère l'air commode. Déjà plusieurs fois je m'étais heurté à son caractère ombrageux. Peu de temps avant son départ pour le front, mon chien ayant, par jeu, mis à mal un de ses canards, encore que j'eusse aussitôt remboursé la bête et me fusse beaucoup excusé, Eugène, à quelques jours de là, n'avait pu se retenir d'envoyer à mon chien, avec son méchant fusil de braconneur, une volée de grenaille dont mon chien restait éclopé. Revêche, âpre, fermé, autant que sa femme était accorte et confiante, Eugène regardait à tout, rognait partout, grattant son profit jusqu'au-delà du légitime, récoltant bouses et crottins sur les routes pour en fumer ses champs, ce qui est permis à tous, mais allant jusqu'à cisailler les barbelés de son enclos voisin du mien pour permettre à son bétail d'allonger la tête au-delà et de broutailler un peu de mon herbe ; tout cela sournoisement, la nuit, et, de jour, s'en défendant avec force serments, le sourcil froncé, le regard noir... Je ne fus pas sans trembler quand j'appris, le temps de la moisson venu, qu'Ugène, ainsi que maint autre soldat cultivateur, allait bénéficier d'un congé d'un mois et revenir dans le pays à titre de permissionnaire agricole. Marthe était, me semble-t-il, un peu pâle en m'annonçant cette nouvelle et ses lèvres tremblaient un peu.

Elle alla à sa rencontre à la gare, distante de trois kilomètres, vraisemblablement non tant par impatience de le revoir que pour le préparer un peu. C'était du moins ce que je me disais, et, comme cela se passait le soir, j'en fus réduit à imaginer le retour d'Ugène, ses découvertes, ses surprises et ses réactions premières. La maison où j'habite est si proche que j'entends tous les bruits de la ferme. Toute la nuit je restai l'oreille tendue, épiant, m'attendant à quelques coups de feu, à des imprécations, des cris, et prêt à accourir au premier appel de Marthe. Le lendemain, d'assez bon matin, je sortis. Je gagnai cette large avenue de hêtres qui, selon l'usage du pays, entoure les fermes et les abrite du trop grand vent ; notre hêtraie enveloppe dans une même protection à la fois la ferme d'Ugène et ma demeure. Sitôt après s'étendent les champs d'Ugène, que, ce matin, Ugène et Karl arpentaient. Je les observai de loin, sans qu'ils me vissent. À défaut de paroles sans doute, Karl faisait force gestes, expliquant vraisemblablement son travail. Ugène hochait la tête, sans guère rien dire, me semblait-il, mais d'un air manifestement approbateur. Je restai longtemps à les observer ; puis me lassai ; me mis à lire, assis au pied d'un hêtre... Quand je relevai les yeux, Karl et Ugène s'en revenaient de leur tournée, bras dessus, bras dessous et riant.

Souvent j'avais entendu dire, dans le pays : Le véritable ennemi, ce n'est pas l'Allemand, c'est l'Anglais. Sous prétexte de nous secourir, le voici bien installé en Normandie et dans nos provinces du Nord que l'Allemand n'a pas envahies. Il ne les quittera pas de si tôt, voulez-vous parier ? Les Boches, après tout, c'est d'assez bons gars ; on les voit même, sur le front, aux moments de trêve, tout prêts à faire camarade. On se bat parce qu'il le faut bien, mais sans se détester beaucoup. Faut pas croire tout ce que racontent les journaux, tous des bourreurs de crâne, des blagueurs ; écoutez plutôt les permissionnaires... Oh ! parbleu l'on n'est pas souvent à son aise dans les tranchées ; mais c'est aussi dur pour eux que pour nous. Tous ces Fritz-là, faut croire, pas plus que nous n'ont voulu la guerre ; ça c'est l'affaire des dirigeants ; eux, les Fritz, c'est des hommes comme nous, du pauvre peuple, des braves gens, cultivateurs et autres, qui ne tiennent pas plus que nous à mourir.

Les Anglais, eux, restaient fiers et rogues ; valeureux sans doute, braves gens peut-être, mais distants ; avec eux l'on ne faisait jamais camarades. Et puis n'allaient-ils pas se targuer de nos victoires ? La guerre avec l'Allemagne pourrait finir, ce serait ensuite toute une affaire, vous verrez, de débarrasser le pays des Anglais.

C'étaient ces propos que j'entendais dans le pays de Caux ; c'étaient ceux que Jacques-Émile Blanche[4] entendait dans la région de Dieppe et qu'il me répétait alors, avec un peu d'inquiétude.

Le fait est que la présence dans le pays des prisonniers, ouvriers agricoles, avait assez vite eu raison de maints préjugés absurdes et de cette haine, prétendue instinctive, qu'entretenaient soigneusement les journaux.

---

4 Le peintre, ami de Gide, par ailleurs très anglophile, passait tous ses étés, notamment au manoir d'Offranville qu'il louait depuis 1902. Cuverville-en-Caux est à quelque 80 km de Dieppe, à l'autre bout du département de Seine-Inférieure.

Tout de même, entre Ugène et Karl, ce lien existait qui relie entre eux les marins, les mineurs, les cultivateurs. Tous deux ils aimaient leur métier et Ugène, si rustre et mal dégrossi qu'il pût être, restait extraordinairement sensible (du moins dans sa partie) à la besogne bien faite. Certainement il était fort attaché à sa femme ; mais à sa terre sans doute plus encore. Son grand souci, tandis qu'il combattait en Argonne, était d'imaginer ses champs en friche, son bétail mal soigné, sa ferme à l'abandon. Et voici que jamais, au contraire, la récolte n'avait été si belle, ni la ferme si bien tenue. Tout le reste ne venait qu'ensuite. Il donnait à Karl, qu'il appelait Fritz, de grandes claques joyeuses sur les fesses et dans le dos. Parbleu ! c'était du beau travail ; lui-même n'aurait pas mieux fait. Et Marthe n'en revenait pas de les voir tous deux si bien s'entendre ; elle était même un peu gênée, car à présent c'était entre eux que causaient toujours les deux hommes. De jalousie, il ne fut pas question un seul instant. Ah ! le pays pouvait bien rigoler ! Qu'importe ? Il savait bien qu'au fond ce n'était pas du mépris qu'on avait pour lui, mais de l'envie. Les seuls jaloux, c'étaient les autres. Lui, jaloux de Fritz ! Ugène qui n'avait jamais eu d'amis venait de se découvrir un frère. Et si Marthe avait un peu participé de ses soins, si Fritz n'avait pas fait attention rien qu'aux terres, s'il s'était un peu payé sur elle de sa peine, la belle affaire ! Ugène regardait le ventre de Marthe avec attendrissement. Un sentiment nouveau naissait en lui, dont je ne l'aurais point cru capable, car, vraiment, jusqu'à ce jour il s'était montré sans délicatesse aucune, comme une brute mal dégrossie ; mais, au contact de l'Allemand un peu langoureux, il découvrait en lui, comme par émulation, des ressources de sollicitude et se montrait plus prévenant pour Marthe, et plus attentionné qu'il n'avait jamais été. Les deux hommes rivalisaient entre eux de petits soins pour elle, de gentillesse ; tandis que le sentiment le plus fort, d'amitié, c'était entre eux deux qu'il se tissait.

Ugène cependant fut rappelé sur le front. Il me parut que Karl s'affectait de son départ plus encore que Marthe. Même, pour dire le vrai, je ne suis pas certain que celle-ci n'en fut pas un peu soulagée ; car, malgré les petits soins de ses deux hommes, entre eux deux elle trouvait mal son compte et restait mal à l'aise, était plus sensible qu'eux aux affronts des voisins, et ce ménage à trois ne lui plaisait guère.

Puis vint l'armistice. Karl dut quitter le pays avant le retour d'Ugène et la venue au monde de l'enfant qu'il avait semé. Celui-ci grandit à présent comme un fils d'Ugène, si différent de ses frère et sœurs qu'il pourra bien comprendre un jour que celui qu'il appelle *papa* n'est pas son père ; si déjà Marthe ou Ugène ne le lui apprennent pas d'eux-mêmes.

Karl a retrouvé les siens, de l'autre côté de la frontière.

NOTICE

En septembre 1932, Gide lit « avec un très grand intérêt » un livre paru deux ans plus tôt, « ouvrage qui n'a rien de littéraire, très chaudement recommandé par Malraux, qu'on sent profondément authentique et qui », reconnaît-il en écrivant à Roger Martin du Gard, « dépasse en horreur et en… véracité tout ce que j'ai lu jusqu'à présent[5] ». Ce livre d'Edwin Dwinger[6], jeune junker allemand engagé volontaire sur le front de l'Est, blessé et fait prisonnier au début de 1915 par les Cosaques en Courlande (en Lettonie actuelle), est en effet un effroyable témoignage sur les camps sibériens où il passa plus de trois années. Mais Gide ne s'appesantit pas sur le caractère insoutenable de ce récit : s'il en parle à Martin du Gard, c'est pour lui en citer un passage qui, selon lui, « vient en confirmation de ce que vous me disiez et de ce que je vous racontais au sujet de notre prisonnier allemand de Cuverville ».

Ni dans ses textes plus ou moins autobiographiques ni dans sa correspondance à ce jour connue, Gide ne semble avoir parlé de ce « prisonnier allemand de Cuverville », dont le souvenir lui a été rappelé par un bref épisode du livre de Dwinger : celui-ci, détenu dans un camp proche du lac Baïkal, se voit désigné pour aller travailler comme ouvrier agricole dans une ferme avec sept de ses camarades ; au moment de quitter le camp, l'un d'eux tombe malade ; un autre prisonnier, un « gros Berlinois » se propose alors pour le remplacer – pas seulement parce qu'on mange

5 Lettre du 27 septembre 1932, dans André Gide, Roger Martin du Gard, *Correspondance*, Paris, Gallimard, 1968, t. I, p. 538.

6 Edwin Erich Dwinger, *Mon journal de Sibérie 1915-1918 dans les camps de prisonniers*, traduit de l'allemand par M. de La Condamine, Paris, Payot, « Collection de mémoires, études et documents pour servir à l'histoire de la Guerre Mondiale », 1930.

mieux chez les paysans qu'au camp, mais surtout parce que, dit-il, « dans le camp, on peut facilement me repérer, et quelqu'un est à mes trousses[7] ». Ce quelqu'un dont il redoute la vengeance, c'est le mari de la paysanne chez qui il a précédemment travaillé comme ouvrier agricole et à qui il a fait un enfant (« Il n'y a là rien d'étonnant. Nous vivions en famille ; j'étais un coq en pâte... »). On l'accepte dans l'équipe, et le temps des moissons se passe bien à Golousnojé ; vient le jour où il faut rentrer au camp ; l'avant-veille du départ, arrive « un paysan, un fort individu, à l'allure de Hun [...]. À son côté droit pend un gourdin pointu » : il est à la recherche du Berlinois ; on le lui désigne : « Le lourd paysan s'ébranle, court, les mains levées, sur lui. "C'est toi, dit-il, c'est bien toi ? Voilà des semaines que je suis en route pour te trouver ! Comment te remercier de tout ce que tu as fait pour moi et pour ma ferme ! Les vaches ont force lait, les truies, des portées, il est né quatre veaux..., et, sais-tu, frère ? le petit est un enfant superbe[8]"... »

Quelque deux ans et demi après en avoir parlé à Martin du Gard, Gide s'est encore souvenu du prisonnier allemand qui, affecté à l'exploitation d'une ferme de Cuverville tandis que le patron était au front, avait vécu la même histoire que le « gros Berlinois » de Dwinger. Au printemps 1935, (du 21 mars à la mi-avril), Gide séjourne à Fès, chez Guy Delon (Si Haddou). Il y écrit *Acquasanta* dont, rentré à Paris, il fait lecture le 3 mai à la Petite Dame, qui juge sévèrement le petit récit : « touchant mais trop apprêté, fignolé pour des notes de voyage, et trop mince et noyé dans des détails superflus pour un récit isolé[9] ». Jugement qui fait sourire Gide : c'est exactement ce que vient de lui écrire Martin du Gard à qui, de Fès, il avait envoyé son manuscrit sitôt achevé... Comme toujours, il donne raison à ses censeurs, et se promet de remanier profondément son texte, de « n'en garder que quelques notations qui prendront rang dans des pages de journal ou souvenirs de cette époque, et se fondront dans un ensemble[10] ». Il n'en fera rien, et publiera *Acquasanta* sans y faire la moindre retouche, dès 1938 dans une édition confidentielle avec *Jeunesse*[11], puis après la guerre en 1948-1949, dans *Rencontres* et *Feuillets d'automne*.

7 *Ibid.*, p. 168.
8 *Ibid.*, p. 173.
9 *CPD*, II, p. 439 (3 mai 1935).
10 Lettre à Martin du Gard, 5 mai 1935 (*Corr.*, t. II, p. 27).
11 *Deux récits*, édition tirée à 21 ex. par Jacques Schiffrin.

Mais, ce 3 mai 1935, rentrant le soir au Vaneau, il revient chez Maria Van Rysselberghe ; à la main, le même carnet où il lui a lu *Acquasanta* : « Vous écouteriez encore un autre récit que j'avais l'intention de publier peut-être avec l'autre ? » Elle écoute ; ce nouveau récit (aussi écrit à Fès, dans la foulée du premier) n'a pas de titre, mais, note la Petite Dame, « pourrait s'appeler *Solidarité*, et je lui reproche à peu près tout : son manque d'unité, de signification, ses éléments éparpillés dans le *Journal* de la période de guerre eussent pu être intéressants, autrement je ne vois pas qu'on en puisse tirer parti[12] ».

Là encore, Gide ne cherche pas à défendre ses pages : « Tout à fait mon avis, dit-il, au fond, il n'y a qu'à déchirer ceci. » Arrêt de mort confirmé le surlendemain dans sa lettre à Martin du Gard : « J'ai déchiré hier (après lecture à la petite Dame) un autre récit (d'égale longueur – écrit à Fez – plein de qualités inutiles). » Et de fait, dans le carnet dont les treize premiers feuillets (numérotés) sont occupés par le premier jet très raturé *d'Acquasanta*, il a déchiré avec soin, par le milieu, les treize suivants (foliotés 14 à 26) où figure le récit qui « pourrait s'appeler *Solidarité* ». Ainsi soigneusement déchirées mais non détruites, ces pages s'en allèrent dormir dans l'obscurité d'un tiroir, soigneusement conservées…

Claude MARTIN

12 *CPD*, II, p. 439.

1944

HOMMAGE À LOUIS GILLET[1]

Après la récente mort de Focillon[2], celle aujourd'hui de Louis Gillet vient de nouveau nous assombrir. Ces deuils nous désolent plus encore en un temps où la France a si grand besoin de force, pour traverser la dure épreuve – besoin de toutes ses forces, et où celles-ci semblent si parcimonieusement comptées, dans l'ignorance où nous restons encore des vigueurs nouvelles qui attendent impatiemment l'occasion d'entrer en joute et de s'affirmer. Louis Gillet était une de ces forces actives, un représentant accompli de cette culture que la France, entre tous pays, semble avoir mission d'honorer, d'illustrer et de défendre. Son livre sur Shakespeare, et plus encore celui sur Dante, étaient pour le ravissement de notre intelligence une extraordinaire érudition jamais pédante, une curiosité sans cesse en éveil, un respect de notre bien propre, j'entends : de la chose française, à travers une sensible compréhension de l'étranger. Son personnage restait officiel, mais regimbait sous certaines contraintes et savait applaudir aux hardiesses et même aux incartades d'autrui, que lui ne croyait pouvoir se permettre. C'est ainsi que je m'explique la singulière amitié qu'il me témoignait, qui ne s'est jamais démentie et dont je lui garde une reconnaissance émue. C'est, de même ainsi qu'il se sentait attiré par Joyce et publiait récemment une très intelligente louange de ses œuvres dernières et les plus insoumises. Ce surprenant alliage de hardiesse et de décorum rendait la figure de Louis Gillet déconcertante et inquiétante pour les uns, les conventionnels, d'autant plus attachante pour les autres, pour ceux qui surent comprendre quelle

1 Publié dans le *BAAG* n° 134, avril 2002.

2 Henri Focillon (1881-1943), historien de l'art, s'était réfugié en Amérique au commencement de la guerre.

juvénile ardeur gonflait son cœur prêt à battre en brèche les conventions auxquelles se soumettait son apparence. Il sut transmettre à ses enfants sa belle énergie, son besoin de noblesse et son profond amour pour la France. C'est à eux aujourd'hui, à ses fils, qu'il appartient de nous rendre, sinon sa perte moins douloureuse, du moins de nous permettre que nous nous sentions moins appauvris par elle et de ne laisser point fléchir nos espoirs.

NOTICE

Le 6 septembre 1964, ouvrant à Cerisy-la-Salle la décade consacrée à André Gide, Anne Heurgon-Desjardins déclarait au cours de l'évocation de ses souvenirs : « J'ai gardé copie des textes qu'il écrivit pour commémorer les morts d'Henri Focillon et de Louis Gillet (émission de Radio-Alger du 5 juillet 1944), et aussi le manuscrit qu'il nous a offert d'une de ses *Interviews imaginaires*, "La Recherche du bonheur – Primauté de la raison[3]."

Nous devons à l'obligeance de Mme Édith Heurgon d'avoir pu prendre connaissance de ces feuillets. Ils sont constitués, pour l'essentiel, du texte de l'*Interview imaginaire* publiée dans *Fontaine* d'août 1943, de quelques notes en vue, semble-t-il, d'une allocution sur les valeurs traditionnelles de la France, et de cet hommage radiophonique rendu à Louis Gillet, et demeuré inédit.

Critique d'art, écrivain, polyglotte érudit, académicien, Louis Gillet, né en 1876, était mort à Paris le 1er juillet 1943, usé par un travail intense. Ses six enfants s'étaient tous engagés au service de leur pays. Il était lui-même en relation avec la plupart des chefs de la Résistance. À Montpellier où il s'était réfugié, le PPF de Doriot voulut interdire la messe qui devait être dite à sa mémoire.

Gillet était en relation avec Gide depuis 1931. Ils fréquentaient tous deux les librairies d'Adrienne Monnier et de Sylvia Beach. En mai 1931, Gide faisait état dans *La NRF* d'une traduction de George Moore, relative à Dostoïevski, que Gillet lui avait fait connaître. Gillet lui avait envoyé sa *Stèle pour James Joyce*, parue à Marseille en 1941 ; en

3 *Entretiens sur André Gide*, Paris, La Haye, Mouton et Cie, 1967, p. 2-3.

remerciement, Gide avait évoqué ce livre dans sa dix-septième *Interview imaginaire*, puis, de Sidi-bou-Saïd, il avait écrit à Gillet, le 9 juin 1942 : « À défaut de lettre de remerciement pour votre livre sur Joyce, vous aurez eu connaissance sans doute de la chronique du *Figaro* où je parle de votre Stèle. Il y avait bien plus à en dire et j'étais fort peu satisfait de ce faux Interview ; mais, à Tunis, je ne parvenais à écrire rien qui vaille[4]. »

Pierre MASSON

---

4 *Mercure de France*, février 1960, p. 285.

1950

L'AMI DE LÉON BLUM[1]

Le [*un blanc*] juillet 1900 (je retrouverai aisément la date[2]), comme nous allions partir pour la campagne, ma femme trouva moyen de se faire écraser tout d'un coup les deux bras. C'était en traversant la place de la Concorde ; elle était en voiture découverte ; une autre voiture vient à frôler la sienne ; et voyant se lever celui qui occupait l'autre voiture, ma femme prend peur, se dresse également sans prendre soin de se retenir à rien ; les voitures accrochent et voilà Madeleine précipitée sur la chaussée. Avant qu'elle ait eu le temps de se reconnaître un lourd camion qui passait et dont le cocher regardait ailleurs lui écrasait les deux bras qu'elle avait portés en avant. Si instinctivement elle n'avait un peu relevé la tête, c'en était fait d'elle ; elle garde encore la trace d'une légère éraflure au front. Mais ce n'est pas l'accident que je raconte…

Procès-verbal fut dressé de l'aventure ; mais je ne m'en préoccupai pas autrement, tout occupé à soigner et à plaindre ma femme. Cependant M. D[3]. qui venait prendre de ses nouvelles s'étonna lorsqu'il apprit que je n'avais pas porté plainte, et comme je m'écriais naïvement que je ne pouvais songer à réclamer rien contre un pauvre diable de cocher qui sans doute n'avait déjà pas trop pour vivre : « Il s'agit bien de lui, s'écria M. C'est la compagnie des petites voitures, la Compagnie de Saint-Gobain[4] ou la société d'assurances qui paiera, – qui doit payer. Les frais de chirurgien tout au moins ne doivent pas retomber à ta charge. »

---

1 Publié dans le *BAAG* n° 34, avril 1977.

2 Ce fut le 18 juin.

3 Probablement Marcel Drouin, beau-frère de Madeleine Gide.

4 Jean Lambert précise que le camion était « une de ces lourdes voitures qui transportaient des glaces de Saint-Gobain ».

Puis il partit sans m'indiquer rien davantage.

Le lendemain, rencontrant Blum, à qui je savais beaucoup d'entregent, tandis que j'en avais fort peu, de sorte que pour une affaire de ce genre je restais (et je reste encore) le plus dépourvu, désarmé, le plus naïf des êtres et à la merci du premier faiseur (mais Blum était mon vieil ami[5]) – je lui demandai donc s'il ne connaîtrait pas un avocat. Il connaissait Fischer, un excellent ami, que j'allai trouver de sa part.

Fischer occupait, dans l'immeuble qui fait le coin entre le boulevard et la rue Richelieu, un morceau d'appartement bizarre et dans lequel on accédait indifféremment par deux entrées (de même que l'on pouvait, pour l'aller voir, entrer par la rue de Richelieu et sortir par le boulevard, car l'escalier à hauteur du premier bifurquait, ou réciproquement entrer par le boulevard et sortir par la rue, ou sortir, ou rentrer sans être vu, etc. Ou, s'il me souvient bien (car j'eus soin d'oublier le plus possible cette désagréable histoire), une porte du palier ouvrait sur le domicile des parents, une autre porte, en face, sur ce qu'il appelait son cabinet, qui semblait plutôt le salon d'un dentiste ; où tables et consoles étaient couvertes de photographies d'actrices ou de dames de sa famille. Tout autre que moi se serait enfui aussitôt ; mais n'était-il pas l'ami de Blum ? Je restai. Fischer se montra des plus aimables, et pour m'épargner l'ennui des visites à l'avoué, il voulut bien l'instruire lui-même de l'affaire et toucher pour lui la provision de trois cents francs qu'il me demanda, en plus de la sienne, de trois cents francs également.

Puis du temps s'écoula. De loin en loin, je retournai voir Fischer qui déplorait avec moi les retards ; l'affaire était inscrite et passerait du reste bientôt… Je ne sais quelle impatience me prit un beau jour : je décidai d'aller trouver moi-même l'avoué. Dois-je dire qu'il avait nom : Aaron ; il habitait Bd Sébastopol, non loin de la place St-Jacques. Ah ! que de temps j'attendis là ! Je dus revenir trois fois avant de pouvoir parler au patron ; mais à présent rien ne m'eût rebuté. Quand je contai mon affaire au dit Aaron, il ne feignit même pas la surprise mais tout net déclara qu'il entendait parler pour la première fois de l'affaire et qu'aucune provision ne lui avait été versée.

5 Gide et Blum s'étaient connus en 1888 au Lycée Henri IV. L'orientation littéraire du second leur permit de rester en contact au sein de revues comme *La Conque* et *La Revue blanche*. Par la suite, l'engagement politique et intellectuel de Blum va les éloigner l'un de l'autre, mais quand Gide s'engage, retour du Congo, contre les Compagnies concessionnaires, il trouve en Blum, directeur du *Populaire*, un soutien important. Leur amitié ne se démentira pas jusqu'à la mort de Blum en 1950.

Quelques jours après, Fischer était traduit devant le Conseil de l'Ordre. Mais quand je racontai l'affaire à Blum, pensant le voir tomber de son haut en apprenant quel chenapan était celui qu'il appelait son ami et qu'il m'avait recommandé avec une si tranquille assurance... savez-vous ce qu'il dit ? Il prit un air vexé et s'écria : « Le malheureux ! Il a recommencé !! »

NOTICE

La mort de Léon Blum – son cadet de trois ans – le 30 mars 1950 affecta beaucoup Gide, qui ne cessa, les jours suivants, de penser à celui avec qui il s'était lié d'amitié soixante années plus tôt. Le dimanche 2 avril, au dîner, le souvenir de Léon Blum le conduit à raconter sa « plus belle histoire juive » à sa fille et à son gendre, et celui-ci, non sans hésitation mais encouragé par Catherine, la note aussitôt – et la publiera dans son *Gide familier* en 1958. La confrontation du récit mis par Jean Lambert dans la bouche de Gide, avec le texte rédigé par celui-ci et dont nous avons retrouvé le manuscrit, 4 feuillets de cahier d'écolier, fait d'ailleurs honneur à l'exacte fidélité de la mémoire du témoin.

L'histoire est amusante, conduite toute pour faire apprécier le mot final de Blum, savoureux. Toutefois, comme pour toute histoire de ce genre, on ne sourit pas sans un certain malaise, car elle ne prend tout son sel que si l'on participe, si peu que ce soit, au réflexe antisémite ; si, au moins, on admet l'existence de ce réflexe, en négligeant de s'en indigner. Gide antisémite ? Lui-même ne repoussait pas le mot, assurant aux Lambert que « cette histoire », précisément, avait « beaucoup contribué à nourrir [s]on antisémitisme[6]. »

Claude MARTIN

6 Jean Lambert, *Gide familier*, Paris, R. Julliard, 1958, p. 145.

« AVOIR 80 ANS[7] »

Le bruit court que j'ai 80 ans. On l'a tant dit et redit ces derniers temps que j'ai fini par le croire. Abandonné à moi-même, je ne m'en serais peut-être pas aperçu. D'ordinaire on ne sent pas que l'on vieillit ; mais bien soudain que l'on est vieux. Il y faut le rappel des deuils, des perplexités de tout ordre, des angoisses et des événements tragiques qui, ces dernières années, ne nous ont guère été épargnés. J'ai sinon souvent admiré l'accordance qui se faisait d'elle-même entre les désirs et les moyens de les réaliser. Une des plus grandes misères de l'homme est de continuer à souhaiter ce qui devient hors d'atteinte. Mais, en écrivant ces lignes, je me dis que, d'autre part, un des secrets de mon optimisme a été de ne pas arrêter mes vœux trop vite, d'avoir toujours continué de souhaiter au-delà de mes forces : c'est le meilleur moyen d'augmenter celles-ci.

Si je mets bout à bout les instants où j'ai vraiment vécu, il me semble que cela se réduit à peu de chose. Que de jours occupés simplement à vieillir ! Si je pouvais recommencer ma vie, j'emploierais mieux mon temps. Par exemple je voyagerais davantage, et surtout dans des pays plus divers. Il est peu de choses que je me reproche davantage que cette sorte de paresse qui m'a incité à retourner, pour plus de facilité, dans des endroits où je cherchais à raviver un passé qui n'avait plus grand'chose à m'apprendre. Je crois aujourd'hui que ce qui doit être le plus âprement recherché, c'est ce qui diffère le plus de soi-même et des expériences déjà tentées.

Après la paresse, je crois que le pire ennemi de l'homme, c'est la peur. Tout ce que la peur conseille (j'ai dit : la peur, et non pas la prudence) diminue l'homme et souvent même l'avilit. Chaque fois, au contraire, que l'homme triomphe de la crainte c'est pour se grandir. En général je crois que l'homme peut beaucoup plus qu'il ne sait, qu'il ne croit. Les tragiques événements de la guerre et l'entraînement des sports ont proposé à notre admiration maints exemples d'endurance dont nous n'aurions pas cru l'homme capable. L'idéal que nous proposaient des générations précédentes est glorieusement dépassé : nous pensons aujourd'hui qu'il y a quelque chose de supérieur à ce que l'on appelait la sagesse trop souvent faite de

7 Publié dans le *BAAG* n° 171, juillet 2011.

résignation. Je crois que ceci n'est nullement particulier à la France : en Angleterre aussi bien (et il me plaît particulièrement de voir ici nos deux peuples si différents se rejoindre) aucune religion, aucune croyance n'a prévalu contre cette conviction latente dont s'alimente notre meilleure jeunesse : l'homme, l'état d'homme, est appelé à être surpassé ; ou sinon, si nous nous contentons de l'état où voici que nous sommes, reconnaissons que l'humanité n'a su aboutir qu'à une effroyable et lamentable faillite et qui donnerait raison aux plus pessimistes auteurs d'aujourd'hui. Et ce qui m'assombrirait plus encore, si je laissais s'y attarder trop ma pensée, ce sont les moyens qui nous sont aujourd'hui proposés comme les seuls capables de sauver l'homme, de lui permettre d'échapper à cette faillite. Dans le domaine politique, aussi bien que dans le domaine religieux, je considère avec une crainte égale tout système qui cherche la satisfaction du plus grand nombre aux dépens de l'individu. J'ai longtemps cru, tâché de croire que l'un pouvait être protégé, défendu, sans que ce fût obligatoirement aux dépens de l'autre. La question très grave se pose à peu près comme au cours d'un accouchement difficile : Peut-on sauver à la fois la mère et l'enfant ? Et si le sacrifice de l'un pour l'autre est reconnu nécessaire, lequel mérite le plus de soins et nos prévenances suprêmes ? Je voudrais qu'à cette question angoissante entre toutes, chacun de nous cherchât à répondre par lui-même et par un examen particulier. Mais hélas, aujourd'hui, par peur et par paresse, un jeune esprit cherchera de préférence une solution toute mâchée, qui ne manquera pas de lui proposer aussitôt un parti. J'atteste qu'il lui est extraordinairement difficile de se défendre (les arguments qu'on lui propose sont d'apparence si nobles !). Il lui faut pour se défendre le plus difficile des courages : oser paraître (et à ses propres yeux) se préférer lui-même et sa propre personnalité, à une cause qui met en jeu le bien-être, le bonheur, le salut de *tous.* Il ne peut lutter contre le sophisme qu'on lui rétorque s'il n'a d'abord, et dans la solitude, longuement réfléchi à cette primordiale question : qu'est-ce qu'il y a pour moi de plus important dans la vie ; et que s'il a su répondre résolument : c'est moi-même. Je me suis bien mal fait comprendre si l'on voit aussitôt dans cette réponse une apologie de l'égoïsme : pour un peu je dirais que c'est tout le contraire. Mais comment faire admettre cela sans d'abord s'être convaincu de ce qui est devenu pour moi l'évidence et la réponse à la question de toute ma vie : chacun est plus précieux que tous. Il me semble pourtant que les Anglais sont particulièrement bien éduqués (et mieux que les Français) pour l'admettre et le comprendre. Aucune littérature mieux que la leur ne l'enseigne et c'est peut-être ce que j'y admire surtout : une école d'individualisme. Et je ne me retiens pas de citer ici la boutade audacieuse de Blake félicitant Milton d'être du parti du diable sans le savoir et y voyant une sorte de *preuve* poétique de sa grandeur[8]. L'histoire d'Angleterre apporterait, tout autant que sa littérature, maintes preuves de ce que j'avance. C'est aussi bien pourquoi l'Angleterre est sans doute, de tous les pays d'Europe (et je devrais dire : du monde entier), le plus réfractaire à toute tentative de « totalitarisme », lequel reste à mes yeux le plus grand péril qu'ait jamais encouru et que courre encore l'humanité.

Deux questions me sont posées : qu'est-ce que la France peut apprendre de l'Angleterre ? Qu'est-ce que l'Angleterre peut apprendre de la France ? Il m'est beaucoup plus difficile de répondre à la seconde ; mais ceci pour deux raisons psychologiques assez subtiles, qui risquent de ne pas être bien comprises et qui, mal entendues, risquent de me faire le plus grand tort. J'ai parlé de courage, tout à l'heure ; j'affirme qu'il en faut pour avouer la tendance de ma nature, soit naïve soit acquise par l'éducation puritaine à laquelle je fus longtemps soumis, à être beaucoup plus sensible à mes défauts et à mes manques qu'à ceux de mes voisins, ou qu'aux mérites que je peux avoir ; dont il m'arrive pourtant de me convaincre, mais bien plus à la réflexion que spontanément. Il en va de même pour ceux, mérites ou vertus, de mon entourage immédiat, de ma famille, de mon pays, etc… C'est ainsi que, surtout en voyage, les défauts qu'il me faut reconnaître aux Français me gênent et me choquent à l'ordinaire bien plus que leurs qualités ne me séduisent. C'est aussi que celles-ci me paraissent aussitôt naturelles au point de ne mériter plus de m'étonner. En général je prête plus volontiers attention à ce qui diffère de moi qu'à ce qui me ressemble, autrement dit, à ce qui m'instruit qu'à ce qui me confirme en moi-même. Des reproches que j'entends souvent faire aux Français, il en est peu dont je ne reconnaisse l'exactitude et dont je ne sois le premier à souffrir. Et pourtant (j'ai dû noter cela dans mon *Journal*) ceux des Français à qui je me suis lié par la plus étroite amitié n'ont aucun de ces défauts-là et n'en sont pas moins Français pour cela. Les Français diffèrent des Anglais non seulement par

8 « Milton […] était un vrai poète et du parti des Démons, sans le savoir. » (Blake, *Le Mariage du Ciel et de l'Enfer*, traduction d'André Gide, Paris, Charlot, 1947, p. 16.)

des traits de visage ou de caractère, qui parfois les rendent à peu près incompréhensibles les uns pour les autres. Il s'agit pourtant d'y arriver : le salut de l'Europe est à ce prix. Cette mésentente qu'il ne faut pour rien au monde permettre de s'établir entre nos deux peuples, il est au contraire bien qu'elle existe, totale, absolue, entre les peuples soumis aux mots d'ordre d'une part (que ceux-ci soient rouges ou blancs) et ceux qui prétendent demeurer libres. Du reste entre nous et eux (et ce *nous* comprend aussi bien les Anglais que les Français) l'entente n'est pas possible : ou mieux toute entente apparente ne peut être qu'un malentendu : un malentendu bénévole de notre part, conscient du leur, avec l'arrière-pensée constante de « nous fourrer dedans ».

Mais ici surgit une difficulté d'ordre des plus bizarres et qui peut bien paraître d'abord insurmontable : Ces peuples soumis s'accordent dans la reconnaissance d'un même credo, dans l'obéissance à un même mot d'ordre. Nous, les insoumis, notre force consiste au contraire à n'en reconnaître aucun, ou du moins à n'en accepter qui ne nous soit donné par nous-mêmes. On réunit en faisceaux des forces autour de mots d'ordre comme : *credere, obbedire, combattere*[9], qui couvraient les murs en Italie. Nous avons vu les funestes effets de ces abdications de l'individu peut-être capiteuses pour les jeunes esprits soucieux de se dévouer et de *servir* cette sournoise invitation au désistement de toute personnalité et, osons le dire : à la paresse, – tandis que l'individu soucieux d'être et de demeurer lui-même est et doit rester seul : nos forces, à nous les insoumis, sont dispersées. C'est un réseau qui reste épars sur notre vieux monde, menacé de partout, condamné semble-t-il ; mais qui comme les martyrs premiers chrétiens écrasés doit se convaincre que c'est dans sa défaite même qu'il triomphe.

NOTICE

Le 9 mars 1950, Jean Amrouche transmet à Gide une proposition d'article pour un hebdomadaire américain ou anglais : « *Life* est disposé à publier une réponse à un questionnaire que je suis chargé de vous soumettre. L'ensemble pourrait comporter 5000 mots environ. [...] En

9 Mot d'ordre fasciste, tiré d'un discours de Mussolini en 1939.

même temps que le texte paraîtrait le reportage photographique fait à Paris, et qui serait complété à Juan. » Amrouche projetait en même temps de faire de nouveaux entretiens enregistrés, prolongeant ceux qu'il avait déjà réalisés avec Gide. Il y avait deux projets distincts, et la Petite Dame se trompe quand elle suppose, le 10 avril, que le texte en revue se substitue aux entretiens : « Pierre [...] apprend par Jean Lambert [...] que les nouveaux interviews souhaités par Amrouche sont devenus un interview écrit, à paraître dans je ne sais plus quel journal étranger, avec force photos naturellement[10]. » Les photos étaient de Dominique Darbois ; les hebdomadaires étaient d'une part l'américain *Life*, qui devait publier un entretien avec Amrouche dont le sort nous est inconnu, et d'autre part l'anglais *Picture Post*, à qui fut transmis un texte rédigé par Gide et traduit par Dorothy Bussy. Le 16 mai, Amrouche écrit à Gide : « *Picture Post* : votre article (dont j'ai envoyé le manuscrit à Florence Gould) est traduit. Les photos et les légendes d'icelles sont prêtes, tout cela va partir pour Londres. » Puis les choses traînent un peu, et ce n'est que le 17 août qu'Amrouche peut annoncer à Gide : « Pris contact à Paris avec M. Guttmann (*Picture Post*). Accord conclu avec lui pour votre article. Le journal vous alloue 150 guinées (environ 150 000 francs), soit le double des honoraires alloués à Bernard Shaw pour un texte de même importance. Madame Bussy recevra 25 guinées pour sa traduction. [...] Je recevrai pour ma part 50 guinées destinées à rembourser mes frais de voyage, téléphone, etc., à payer mes services (légendes des photos) et la photographe touchera aussi 50 guinées. » De Nice, installé à l'*Hôtel d'Angleterre*, Gide exprima sa satisfaction. Cependant, il n'eut pas le plaisir de voir paraître cet article. *Picture Post*, pour le publier, attendit le 3 mars 1951...

Publié en anglais, ce texte nous est connu dans sa version originale par une dactylographie corrigée de la main de Gide, propriété de M. Bruno Roy que nous remercions de nous l'avoir fait connaître.

Pierre MASSON

10 *CPD*, IV, p. 176.

DEUXIÈME PARTIE

ENGAGEMENTS

1915

LE *JOURNAL DU FOYER FRANCO-BELGE*[1]

I

6 janvier 1915

Gide évoque les services rendus au début de la guerre par le Cirque de Paris envers le flot de réfugiés venus de Belgique, puis de France. Il y a fait une visite vers la mi-octobre 1914, découvrant une installation très anarchique ; le 25 octobre, la Petite Dame l'entraîne, avec Du Bos[2] *et quelques autres, dans une* « boutique de camelote autrichienne que notre groupement vient de louer pour un bureau, succursale du cirque, qui voudrait bien se détacher du cirque et opérer librement ».

On procède au déménagement de la boutique, et un accord est passé avec des restaurants du quartier pour assurer des repas à un franc.

C. Du Bos, qui prend aussitôt de l'autorité, me confie le service de réception, que je partagerai avec Mme V. R. [...]. Je m'absente trois jours [*biffé :* du 8 au 12] pour conduire et installer à Cuverville les deux soldats belges blessés que nous allons héberger.

Devant l'afflux des réfugiés, un réfectoire est organisé rue du Colisée ; Du Bos y installe un dortoir de soixante lits. Un autre dortoir de quarante places est organisé rue Pierre Nicolle grâce à des Américains amis de Du Bos. Un important immeuble, rue Taitbout, est mis à la disposition de l'association par l'entremise de la comtesse de Béarn. On procède à la répartition des services

---

1 Publié dans le *BAAG* n° 134, avril 2002.

2 Charles Du Bos (1882-1939) et Gide s'étaient rencontrés en mars 1911 et depuis entretenaient quelques échanges intellectuels. Leur collaboration au FFB, puis l'entrée de Du Bos à *La NRF* en 1920 les rapprochèrent temporairement.

(vestiaire, service médical). L'installation a lieu rue Taitbout, et un petit vestiaire est ouvert rue Lamotte-Picquet ; le comité y tient ses séances.

II

11 janvier 1915

Arrivée d'un réfugié antipathique ; originaire de Bruxelles, il cherche une place de dactylo ; on l'engage comme secrétaire ; portrait sévère de cet homme (Pibotte, appelé par Gide Galurain). Arrivée d'un autre Belge, Verbeke[3]*. Ces deux hommes ne se supportent pas ; à la suite d'incidents, Pibotte est renvoyé du comité. Est signalée la présence de Grosfils*[4] *dans ce comité ; il part un peu plus tard pour la Russie.*

Fin décembre, la situation financière du Foyer est désespérée. Gide préconise un système de subventions sélectives aux réfugiés, plutôt que l'attribution systématique de bons de repas, plus coûteuse. D'ailleurs, un trafic de bons incite à leur suppression. Le manque de fonds oblige à un examen des cas et à la sélection de quelques familles, Gide continuant d'assurer des subventions à ceux qu'il a déjà inscrits sous ce régime. Le budget mensuel du Comité s'élève à environ 20 000 f.

III

12 janvier 1915

En décembre, l'afflux des réfugiés continue. Certains sont d'anciens réfugiés qui avaient d'abord pensé pouvoir se suffire à eux-mêmes. D'autres arrivent de Reims. Ils composent une foule parfois antipathique, mais dont la misère est le plus souvent émouvante, « surtout pour les plus pauvres gens. Comme dans la vie ordinaire, la classe moyenne : les petits commerçants, les petits industriels, les comptables, les voyageurs de commerce, étaient les plus déplaisants ».

3 Probablement Édouard Verbeke, l'imprimeur de *La NRF* à Bruges, qui quitta son imprimerie au moment de l'invasion allemande et vint se réfugier à Paris jusqu'en 1918.

4 Paul Grosfils (1882-1941) avait été éditeur à Bruges ; en particulier, il éditait la revue *Antée*, ce qui faisait de lui l'ami de nombreux Belges amis de Gide, comme Henri Vandeputte et André Ruyters qui voulait l'associer à *La NRF.* En 1914, il se mit au service du gouvernement français ; le 26 octobre, Gide signale sa présence au Foyer (André Gide, Jean Schlumberger, *Correspondance*, Paris, Gallimard, 1993, p. 568) ; on perd sa trace durant les années de guerre. Voir V. Martin-Schmets, « Paul Grosfils », dans *BAAG* n° 97, janvier 1993, p. 43-56.

État lamentable des réfugiés. Cynisme du Comité central, qui rafle le produit de la vente du petit drapeau belge (plus de deux millions, placés en bons du trésor) et continue d'envoyer des réfugiés au Foyer. Un accord est alors passé avec le Comité pour garantir un secours en argent par tête ; c'est le triomphe du système des subventions préconisé par Gide, et dont la charge lui retombe sur les bras. On instaure un système de cartes que les réfugiés vont faire tamponner au Comité central, indiquant le nombre de personnes à secourir. Mais au bout de trois jours, des problèmes avec le Comité entraînent une explication avec son directeur, Bérardi[5].

IV

14 janvier 1915

Après le récit d'un marchandage long et pénible avec Bérardi, Gide dresse un portrait de Du Bos : « Il me paraît certain que Du Bos n'est pas entraîné par un mouvement de charité profonde et par l'amour des malheureux, mais bien plutôt par un besoin d'abnégation, de sacrifice, par une sorte d'ambition de sainteté, à laquelle le prédispose un tempérament plutôt frêle. »

Gide évoque encore les difficultés que Du Bos éprouve à communiquer avec autrui ; il raconte l'histoire d'un protégé de celui-ci, Louis, ancien domestique des La Rochefoucauld, homme stylé mais vraie canaille. Récit de deux autres déconvenues de Du Bos.

V

15 janvier 1915

Réflexions sur Bérardi, au lendemain de la rencontre. Récit des démêlés avec un réfugié exigeant :

Le plaisant et le désagréable de cette aventure, c'est la joie qu'elle cause à tous les autres réfugiés. Les réfugiés se détestent entre eux ; mais dans le cas présent, il apparut nettement aux plus pauvres que nous étions de leur côté et ne favorisions pas les riches, comme ils en ont de continuels soupçons, le plus souvent si justifiés.

---

5 Probablement Gaston Bérardi (1848-1929), patron de presse belge, également collaborateur du *Figaro* et du *Temps*, qui était introduit dans le Tout-Paris.

VI

22 janvier 1915

Élection d'un président. Gide refuse le poste.

Une fois de plus je puis voir combien est peu difficile l'organisation d'une œuvre qui part d'un nombre fixe de réfugiés à secourir, qui le choisit dans une classe de la société, les soigne, les favorise, et repousse tous les autres. C'est au-delà qu'a commencé pour nous le problème ; nous nous sommes trouvés forcés d'accueillir ceux que toutes les autres œuvres repoussaient, tous les cas d'exception, les plus difficiles, les inclassables, tous ceux qui ne comportaient qu'une solution particulière ; c'était celle-là que je m'ingéniais à trouver. Je n'admettais pas qu'aucune question restât ici sans réponse ; de là la longueur des conversations que je devais avoir avec chacun des réfugiés.

VII

Retour en arrière, avant l'installation rue Taitbout.

7 janvier 1915

Histoire des réfugiés de Bouffioulx : famille de Mme Cornet (évoquée dans une lettre à Mrs Wharton[6]*) ; famille Frank, à propos de qui est inauguré le système des subventions, plus souple que celui des allocations qui favorisait les fraudes. Histoire de réfugiés parasites.*

VIII

8 janvier 1915

Mi-décembre, arrivée d'un réfugié de Liège, soldat réformé pour blessures, qui se révèle être un filou :

---

6 Au moment où Gide participait à la fondation du FFB, la romancière américaine mettait sur pied The American Hostels for Refugees. Ainsi dispensatrice des subsides américains, elle allait devenir une interlocutrice indispensable, que ses relations avec Charles Du Bos allaient inciter Gide à contacter directement. En particulier, le 1er septembre 1915, il lui écrit une longue lettre pour lui exposer le fonctionnement et les besoins du FFB (voir Jacques Cotnam, « André Gide-Edith Wharton : *Correspondance 1915-1923* », *BAAG* n° 171, juillet 2011, p. 296-301).

Au récit que je fis plus tard de l'aventure, je vis qu'on s'indignait beaucoup contre ce malheureux garçon. J'estime que certains soldats, après les intolérables souffrances des tranchées, après ces fatigues surhumaines, se trouvent dans un état mental particulier, une sorte de folie spéciale, d'amnésie morale et qu'il ne faut pas les juger autrement que comme des malades ou des fous.

[20 janvier 1915]

Hier 19 janvier, *Gide déjeune avec Barrès chez Paul Escudier*[7]. Barrès m'a paru non point tant vieilli que diminué. [...] Une fois de plus j'ai admiré à quel point Barrès était maître de lui ; il ne dit absolument que ce qu'il veut dire et pas un mot de plus, de sorte qu'il se fait toujours écouter.

IX

[21 janvier 1915]

Le soir du 19, Gide dîne chez les Charles Gide, sa tante venant de rentrer de leur propriété des Sources. Présence d'Édouard, fils cadet de l'oncle Charles, et de Georges Lenoir[8] *qui raconte une histoire d'espionnage avant la guerre.*

Le soir du 21, assemblée des représentants de toutes les œuvres pour réfugiés, au Comité central. Gide s'y rend. Il est question du carnet des réfugiés. Gide choque l'assemblée en exposant le système des subventions en argent pratiqué au Foyer.

Réflexions amères de Gide sur les réfugiés, dont l'état d'esprit se détériore ; ils considèrent la subvention comme un dû.

X

[25 janvier 1915]

Problème de Mme Durand, qui fait fonction d'infirmière au Foyer. (Il s'agit du dispensaire, financé par Mrs Wharton qui se plaint justement de son

7 Paul Escudier (1858-1931), avocat et homme politique, député de Paris, était connu de Gide grâce à Eugène Rouart.

8 Georges Lenoir, banquier, était le fils de Charles Lenoir, lié à la famille Gide. (Voir *J1*, p. 738, note 1.)

fonctionnement.) Esclandre de Mme Durand. Au Foyer s'exerce la présence de Godebski[9]*, de Mme Ruyters*[10]*, Mme Du Bos, Mme Van Rysselberghe, Verbeke, Du Bos, parfois de Paul Laurens*[11]*.*

XI

[28 janvier 1915]

Évocation du cas Du Bos. Épisode de l'Américain qui offre une somme énorme pour avoir la preuve que les Allemands coupent les mains des enfants[12]*.*

XII

[29 janvier 1915]

L'équipe du Foyer est photographiée. Cas d'un Belge d'Audenarde, jamais content du logement qu'on lui trouve, et qui a obsédé le Foyer plusieurs mois.

XIII

[1er février 1915]

Gide a déjeuné la veille avec Paul Wenz[13] *et Firmin Roz*[14]*, secrétaire du comité chargé de répartir les fonds américains destinés aux réfugiés franco-belges. Dans* L'Intransigeant *de l'avant-veille est paru un article de Flament sur le Foyer, où Gide est appelé « directeur ».*

---

9 Cyprien Godebski (1875-1937), demi-frère de Misia Edwards, était peintre et ami de Gide.

10 Georgina Ruyters était restée à Paris, tandis que son mari était mobilisé.

11 Paul-Albert Laurens (1870-1934), peintre, ami de jeunesse de Gide, l'avait accompagné lors de son premier voyage en Afrique du Nord.

12 Sur ce sujet, voir *J1*, p. 912.

13 Paul Wenz (1869-1939) était un ami d'enfance de Gide ; écrivain, grand voyageur, il revoyait Gide lorsqu'il repassait par Paris. (Voir *SV*, p. 131, note 25, et l'article de Michael Tilby, *BAAG* n° 129, janvier 2001.)

14 Firmin Roz (1866-1957) était angliciste, traducteur et chroniqueur à *La Revue des Deux Mondes*.

Bouhélier est venu dimanche matin, après avoir fait préparer sa visite et l'avoir fait annoncer par une lettre de Fontainas[15].

Bouhélier est chargé de rédiger un opuscule, en réponse au manifeste des intellectuels allemands, destiné à rallier les pays neutres.

Dimanche après-midi le Foyer fut fermé. Que cette journée m'a paru longue ! Vers la fin du jour j'ai été rôder autour de la gare du Nord ; ce spectacle du flot des réfugiés m'a terrifié ; l'idée que tous ces gens allaient pouvoir venir quêter au Foyer franco-belge et que nous n'éviterions leur visite qu'à condition qu'ils ne fussent pas bien renseignés.

XIV

[3 février 1915]

Hier Vincent d'Indy est venu dîner, mais sans Bréville[16]. Je lui ai lu la très pathétique lettre de Paul Gide, que j'avais fait dactylographier[17]. Ce matin, déjeuner chez Arthur Fontaine, avec Madame Chausson et J. Copeau[18].

Gide s'exaspère sur un article à faire pour Le Figaro[19]. *Retour de Pibotte au Foyer. Gide ne supporte pas que les messieurs restent couverts quand ils viennent au Foyer et le leur fait remarquer ; il va même jusqu'à s'emparer du chapeau de l'un d'eux.*

---

15 Saint-Georges de Bouhélier (1876-1947), poète et dramaturge, un moment chef du mouvement naturiste, avait eu des relations difficiles avec Gide (voir *EC*, p. 20, note 7). André Fontainas (1865-1948), Belge installé à Paris, était poète et ami de Gide (voir *SV*, p. 260, note 50).

16 Vincent d'Indy (1851-1931), musicien, était connu de Gide grâce à Jacques-Émile Blanche. Pierre Onfroy de Bréville (1861-1949) était collègue de d'Indy à la Schola Cantorum. Ils venaient « dîner hebdomadairement au Laugier » (André Gide, Henri Ghéon, *Correspondance*, éd. Jean Tipy, Paris, Gallimard, 1976, t. II, p. 880), c'est-à-dire chez les Van Rysselberghe.

17 Paul Gide, fils de l'oncle Charles, venait d'être tué à Souchez, à 31 ans.

18 Arthur Fontaine (1860-1931), ami de Claudel, Jammes et Gide, était directeur de l'Office du Travail. Il était marié à Jeanne Chausson, veuve du compositeur, apparentée à Paul Escudier. Jacques Copeau, à cette date, est encore mobilisé ; hospitalisé en mars pour problèmes pulmonaires, il sera réformé en avril.

19 Il s'agit en fait de *L'Intransigeant*, qui publie, le 3 mars, l'article de Gide intitulé « Réfugiés ».

Problèmes avec le Comité central d'où les réfugiés, mal accueillis, reviennent furieux.

XV

[4 février 1915]

Le jeudi est un jour exténuant ; c'est mon jour ; c'est aussi celui où les autres services débordent sur le mien, où, depuis 9 heures du matin à 6 heures et demie du soir, avec une heure et demie de répit pour le repas du midi, chacun me harcèle pour me demander des renseignements, des conseils. Il me faut m'y reprendre à trois fois pour dresser une fiche ; je dois suivre à la fois douze idées, répondre au téléphone, etc... Vers la fin du jour j'ai la cervelle en bouillie et l'accumulation des petites notes dans mes fiches me donne le vertige ; les enveloppes de Madame Théo plus encore.

Copeau est venu déjeuner ce matin ; c'était sa fête. Nous étions trop pressés et n'avons pu presque rien nous dire. Combien eût pu nous rapprocher encore ce temps de guerre, si seulement il ne nous forçait pas à vivre les uns et les autres des existences si extraordinairement différentes et séparées. J'ai souvent rêvé ce qu'eût pu être le Foyer franco-belge, uniquement organisé par ceux de la *Nouvelle Revue française*. Gallimard n'eût plus eu le temps d'être malade[20] et tous ensemble nous eussions fait une œuvre admirable. Nous avions tous les éléments qu'il fallait.

XVI

[6 février 1915]

Il est question de concerts hebdomadaires au salon de l'Hôtel Crillon, donnés par Mme Edwards au profit du Foyer.

Lettre de Paterne Berrichon, qui cherche un secours, mais ne peut venir simplement le demander[21].

20 Gaston Gallimard avait été frappé, en septembre 1914, par une crise d'appendicite.

21 Paterne Berrichon (1855-1922) était le mari d'Isabelle Rimbaud.

XVII

[5 février 1915]

Journée « terrible » *(en raison de divers et continuels dérangements).*

XVIII

[15 février 1915]

Dîner la veille avec Jacques-Émile Blanche qui parle de Barrès. Problème des gens qui gardent leur chapeau sur la tête, ce que Gide ne supporte pas.

XIX

[17 février 1915]

La veille au Figaro, *pour accélérer la publication de son article. Gide y croise De Flers en permission*[22].

Copeau m'a reparlé avant-hier de son désir de voir figurer dans notre petite bibliothèque documentaire, à côté des récits de Ghéon et de Schlumberger un album faisant pendant à mes *Souvenirs de la Cour d'Assises*, où seraient transcrits les souvenirs du Foyer franco-belge[23]. Je ne sais si je pourrais le satisfaire, à cause des personnalités. J'entends non point celles des réfugiés, mais celles des membres du Comité dont j'ai été amené à parler sans cesse. Quant aux réfugiés, il m'est extrêmement difficile de dessiner nettement la silhouette d'aucun d'eux. Ce que j'eusse désiré, c'est de pouvoir les suivre ; si confiants qu'ils se montrent, ils prennent à cette sorte de confessionnal où je les interroge, une attitude d'emprunt.

Au demeurant, je ne doute pas que mon travail du Foyer franco-belge ne me soit d'un très grand profit pour plus tard ; mais ce n'est point tant

22 Robert de Flers (1872-1927), auteur de comédies à succès.

23 Il doit s'agir d'un projet resté sans suite. Ghéon et Schlumberger écrivaient à Gide de longues lettres sur leur vie de soldats, et l'idée de les rassembler avait peut-être été envisagée, comme le suggère une lettre de Gide apprenant à Schlumberger qu'il a fait dactylographier sa lettre et que Marcel Drouin l'a lue à ses élèves (Gide, Schlumberger, *Correspondance*, *op. cit.*, p. 575).

par l'accumulation de menus documents que par les réflexions auxquelles leur étude m'invite. Je perdrais tout à vouloir en tirer parti aussitôt.

XX

[18 février 1915]

Visite la veille de Maurice Denis[24] *au Foyer. Gide et lui discutent à propos de Kessler, suspect ou non d'espionnage, à propos d'un contact entre celui-ci et le sculpteur Maillol*[25]*. Gide soupçonne « autre chose » derrière les agissements de Kessler, impliquant un jockey-modèle proposé par Kessler à Maillol.*

Le merveilleux dans toute l'histoire de Kessler, c'est qu'il n'est aucun des menus faits de sa vie, aucune de ses habitudes, aucun de ses goûts qui ne puissent être interprétés de deux manières différentes. Toutes les précautions qu'il prenait pour cacher ses mœurs, qui dira s'il ne s'en servait pas précisément pour cacher à la fois autre chose ? De même son goût pour les œuvres d'art, était-ce motif réel ou prétexte ? Pour moi je crois volontiers que son « espionnage » se réduisait à ceci, qu'il connaissait admirablement bien les maisons où se trouvaient les œuvres d'art bonnes à remporter dans son pays.

XXI

[19 février 1915]

Difficultés avec le Comité central, qui renvoie au Foyer les réfugiés que celui-ci lui adresse ; coup de fil et lettre de Gide à Bérardi.

Ce soir je suis vraiment lassé, écœuré, presque désespéré, pensant que tandis que nous nous occupons des réfugiés, les autres ne s'occupent que d'intrigues profitables. Nous ne pourrons jamais lutter ; les autres œuvres,

---

24 Le peintre Maurice Denis (1870-1943) avait collaboré avec Gide à la réalisation du *Voyage d'Urien*. Une entente amicale se maintint malgré leurs divergences politiques et religieuses.

25 Harry, comte Kessler (1868-1937) avait rencontré Gide à Weimar en 1903. Kessler avait quitté Paris le 28 juillet 1914 ; depuis longtemps il connaissait le sculpteur Aristide Maillol (1861-1944) qui collaborait à l'atelier d'imprimerie que Kessler avait installé à Marly (voir Claude Foucart, *D'un monde à l'autre*, Lyon, C.E.G., 1985, p. 75).

qui comptent de puissants protecteurs et les cultivent, n'accepteront jamais que nous prenions plus d'importance et feront tout pour nous en empêcher. Notre discrétion même est un gain pour eux.

XXII

[20 février 1915]

Gide se rend rue Édouard VII, au bureau du Comité central, là où sont délivrés les carnets d'identité des réfugiés.

Le jeune homme auquel je me suis adressé m'a certifié qu'il ne renvoyait jamais à nous directement aucun Belge, mais bien au Comité central de la rue Louis le Grand. Il faut donc en conclure qu'ils reviennent ici à la faveur de n'importe quel prétexte, avec cette idée fixe d'être des nôtres.

Téléphoné interminablement à Canis [responsable du bureau de Hanovre où siège Bérardi], désireux d'obtenir de lui que les Belges que nous envoyons là-bas avec notre carte ne soient pas expédiés ailleurs, n'importe où.

Visite de Gide à André Lebey pour plaider la cause du FFB[26]*. Lebey promet d'en parler à Briand, Viviani, voire Poincaré*[27]*. Gide lui apprend que le roi Albert a refusé la présidence du FFB par discrétion. Lebey pense qu'il faut la proposer à Madame Poincaré.* « Si cette présidence de Poincaré ne nous rapporte pas la forte somme, il me paraît que ce sera la forte gaffe. »

XXIII

[24 février 1915]

Dimanche 21 février. Gide rapporte le projet Poincaré à Du Bos et à la Petite Dame, qui ne se montrent pas chauds. Visite à Guillaume, un réfugié malade. Retour rue Laugier, chez les Van Rysselberghe, où vient Du Bos avec

26 Le poète André Lebey (1878-1938), membre de l'équipe du *Centaure*, était le neveu d'Édouard Lebey, directeur de l'Agence Havas, dont le secrétaire particulier était Paul Valéry.

27 Poincaré était alors président de la République, Viviani président du Conseil et Briand ministre des affaires étrangères.

Darius Milhaud[28]*, que Du Bos a engagé comme secrétaire particulier. On discute de la présidence du Foyer.*

Lundi. Nouvelles difficultés avec le Comité central, d'où les réfugiés reviennent furieux. Quelques cas difficiles.

Dîner chez les Blanche, avec l'oncle de Lebey, Trouard-Riolle[29] *et la princesse de Polignac.*

J'ai senti qu'il [Lebey] se piquait légèrement de voir notre peu d'empressement à accepter le patronage d'honneur de Poincaré, tandis que nous accepterions volontiers celui du Roi des Belges.

XXIV

[25 février 1915]

Le 25, histoire héroï-comique de Gide et Madame Théo croisant un inconnu mystérieux qu'ils prennent pour un espion[30]*. Courent après lui inutilement. Cas d'une famille belge, les Van der Meuse, avec trois enfants, qui sont mal logés par une œuvre d'accueil. Refusés par le Comité central, ils sont inscrits quand même par Gide. Après de vaines recherches, on les loge rue Pierre Nicolle. Le soir, arrivée d'un avocat de Bruges, M. Desjardins, qui a été refoulé par le Comité central.*

XXV

[26 février 1915]

Admirable journée, toute gonflée d'événements. *C'est-à-dire :*

– Cas d'un agent de change de Bruxelles, qui profitait de deux œuvres à la fois.

– Cas de M. Libert, tombé sur une logeuse qui voulait faire de lui son concubin. Encore une scène à quoi j'aurais bien voulu assister.

28 Darius Milhaud (1892-1974), musicien, travaillait alors à un poème symphonique conçu sur un poème de Tagore traduit par Gide (*J1*, p. 891).

29 Jacques Trouart-Riolle était un ami de Jacques-Émile Blanche (voir *J1*, p. 817).

30 Maria Van Rysselberghe raconte en détail cette aventure héroï-comique dans le *Cahier* III *bis*, Paris, Gallimard, 2012, p. 50-51.

XXVI

[27 février 1915]

Histoire d'un jeune homme de 16 ans, fils aîné d'une famille d'acrobates de Liège ; ayant tenté de retourner à Liège, il a été forcé de revenir ; placé comme groom dans un hôtel. Il écrit à Gide pour avoir une place dans un théâtre ou un cinéma, ou au cirque, comme clown.

XXVII

[1er mars 1915]

À la mairie du [*illisible*] arrondissement, avec Du Bos et Del Marmol[31], le samedi matin, pour recevoir du maire des informations sur l'un des membres du Comité, jugé peu recommandable (M. de P..., dont le père a été condamné dans une histoire financière, lui-même étant impliqué ; de plus, il sert à fournir des agents au contre-espionnage).

XXVIII

[3 mars 1915]

Le 25 février, le jeune acrobate (Jean-Dieudonné Teugels) a écrit à Gide qui lui répond le 27.

Gide téléphone à Cocteau et lui communique la lettre de Teugels. Cocteau, qui prépare la représentation du Songe d'une Nuit d'été, *accepterait de l'engager ; mais voilà que Teugels est arrêté pour cambriolage. Gide alerte deux avocats qui se chargent de l'affaire. Plus tard, Gide va à l'hôtel voir les dégâts faits par Teugels ; description minutieuse du crochetage et de l'arrestation du jeune homme.*

---

31 Le baron Joseph Del Marmol (1835-1920), Belge, était Président du FFB, Gide ayant refusé ce poste pour n'être que vice-président en compagnie de Charles Du Bos.

XXIX

[4 mars 1915]

La Princesse de Polignac apporte à Gide un chèque de 2000 f pour le Foyer.

« Avant-hier », *déjeuner chez Misia Edwards, en compagnie de la fille de Philippe Berthelot, de Jacques-Émile Blanche, de Bailey* [*lecture incertaine*] *et de Flament. Gide raconte l'histoire de Teugels.*

L'article de Gide paraît dans L'Intransigeant *de mercredi. Visite de Marcelle Prat, la fiancée de Maurice Rostand, qui est une admiratrice passionnée de ses livres.*

XXX

[5 mars 1915]

Gide est dérangé par des visites. Mrs Wharton (pour l'École Enfantin), Mme Cocteau qui apporte un don de l'ambassade de Perse, Fabulet et Ducoté[32], *et enfin Valentine Gilbert*[33]. *L'avocat de Teugels est au front, et a obtenu pour Gide une permission de visite.*

XXXI

[8 mars 1915]

Visite aujourd'hui à Teugels, à la Santé. Description détaillée du parloir. Teugels pleure ; il demande à être incorporé dans les mitrailleuses : « Comme cela je resterai à Paris et je pourrai vous revoir. » *Gide est ému :* « Je ne savais comment le quitter. Je répétais plusieurs fois "Au revoir" sans pouvoir me décider à le quitter, jusqu'à l'instant où je vis le garde-chiourme repasser derrière la vitre. Alors je lui fis de la main un geste d'adieu qu'il répéta. »

32 Louis Fabulet (1862-1933) est écrivain et traducteur ; Édouard Ducoté (1870-1929), écrivain, a été le directeur de *L'Ermitage.*

33 Valentine Rondeaux (1870-1938), veuve de Marcel Gilbert, était la plus jeune des deux sœurs de Madeleine Gide.

[10 mars 1915]

Tractations avec le président de la Société des Visiteurs. Des réfugiés, maltraités par le Comité central, reviennent en larmes. Visite de Lévy, directeur du bureau d'assistance publique.

XXXII

[12 mars 1915]

Altercation de Du Bos avec une réfugiée abusive :

Du Bos, en jaquette claire, nu-tête, faisait vraiment triste figure. Quantité de réfugiés, qui attendaient à la porte, se rangèrent sous la voûte où la scène continua, et les gens de la rue aussitôt s'attroupèrent en grande abondance. [Un sergent de ville intervient alors.] Et c'est ici qu'on peut sentir la profondeur du fossé que Du Bos a travaillé depuis le début de l'œuvre à creuser entre lui et tous ses camarades du Foyer. Il n'en est pas un qui au fond ne fût assez amusé par l'aventure.

XXXIII

[15 mars 1915]

« Ce soir », *visite de Canis qui confie que le Comité central dispose de réserves financières énormes. On assiste à un arrivage de réfugiés de Reims, car le Comité de la Marne, un des plus riches comités régionaux, ne fait rien.*

« Hier » *s'est encore posé le problème du haut patronage, finalement abandonné après un vote. On avait proposé successivement Bergson, Lavisse et même Paul Bourget.*

XXXII[34]

Lundi de Pâques
Cuverville

J'ai pu regretter ces derniers jours d'avoir congédié Mlle Rollet[35] ; j'aurais eu de nouveau beaucoup à dicter, que je ne sais aujourd'hui si j'aurai la patience d'écrire.

Il pleut ; le Christ a du mal à ressusciter cette année. Pourtant les oiseaux chantent. Je suis blotti près du feu que Em. a fait dans la petite chambre de Mlle Siller[36], loin des rires et des éclats de voix des enfants Copeau, Gilbert et Drouin (Domi est au Havre) [*tous ces noms barrés*]. Il était temps que j'aille respirer un autre air que celui du Foyer où j'étais devenu sans défense contre le Diable. Tout en proie à la sympathie, je ne sauvegardais plus rien de cette existence personnelle que l'art a su protéger en moi, à défaut de la religion.

Du Bos [*barré, remplacé par CDB, ainsi que pour toutes les occurrences ultérieures de ce nom*], pour la première fois, m'a si fort irrité samedi matin (ou vendredi) que j'ai dû en aviser Del Marmol [*barré*]. Déjà depuis quelques matins, je voyais augmenter la procession de ses clients. Il est à noter qu'au début il s'était réservé tout uniquement le département des maisons d'asyle (*Americans Hostels for refugees* comme il se plaisait à les nommer). Cependant, reconnaissant malgré lui tout l'avantage du système des subventions, il avait résolu, comme pour y goûter, d'avoir les siennes. Elles étaient, par rapport aux nôtres, dans une proportion infime, ce dont il était admis qu'il se contenterait, puisque ce n'était pas son département. Une ou deux semaines plus tard, il demandait qu'on voulût bien lui accorder un crédit légèrement supérieur ; ainsi fut fait, puis on n'en parla plus. À présent que notre situation budgétaire se rassure, il outrepasse de plus en plus son crédit ; sans juger bon de nous en avertir, tandis que De Lauris[37] [*barré*] et nous (Mme Théo [V. R.],

34 *Sic*, au lieu de « XXXIV ». De même pour les chapitres XXXIII à XXXVI, qui auraient dû être numérotés XXXV à XXXVIII.

35 Le 22 janvier 1915, Gide écrivait à Ghéon : « On rentre dîner à huit heures, et sitôt après dîner vient Mlle Rollet, la dactylographe du Vieux-Colombier à qui je dicte une heure… » (*Correspondance*, *op. cit.*, p. 872).

36 Emma Siller, Allemande née en 1861, avait été la gouvernante de Madeleine Gide.

37 Georges de Lauris, fidèle ami de Marcel Proust, a lui aussi raconté cette expérience dans *Souvenirs d'une belle époque* (Amiot-Dumont, 1958).

Mme d'E[38]. et moi) nous faisons de cruels efforts pour réduire le nôtre, malgré l'afflux de nouveaux postulants. La clientèle que reçoit CDB vient sur rendez-vous pris ailleurs (rue Taitbout d'ordinaire) le trouver de fort bonne heure, tandis qu'aucun de nous n'est encore au Foyer. Quand j'arrivai, l'autre matin, il s'empressait auprès d'une dame qu'il me sembla reconnaître. Je m'approchai :

– Mais il me semble, Madame, que j'ai déjà eu le plaisir…

Je fus interrompu par une explication confuse de CDB :

– Madame était rue Taitbout. Je m'occupe de faire la mutation de sa carte, etc.

J'ai tort de dire « explication confuse », car rien ne sort de la bouche de CDB que de précis, de définitif, de parfait – comme de sa plume. C'est ainsi qu'il me montra un instant plus tard le billet de subvention accordée : 8f.05 (je n'invente pas). Il me semblait pourtant bien reconnaître en Mme Pionnier [*barré*] cette vieille roulure que nous avions éconduite, du temps de La Motte-Picquet. CDB une fois de plus s'était laissé refaire[39]. – Mais n'est-il pas inadmissible qu'il accepte un nouveau client sans lui demander d'abord si notre œuvre ne s'est pas déjà précédemment occupée de lui ? et si oui, sans en référer à celui d'entre nous qui s'est précédemment occupé de lui ?? Le piquant, c'est que, ce même jour, après-midi, [*mot illisible*] venait nous annoncer qu'on avait dû flanquer à la porte de la rue Taibout une personne qui cyniquement faisait office de proxénète : c'était Mme P.

Sitôt après Mme P, DB accueillit une autre réfugiée dont déjà s'occupait l'*Œuvre du 2e district*. Comme je le lui faisais remarquer :

– C'est, me dit-il, uniquement pour les soins médicaux et la pharmacie.

Comme si les autres œuvres n'avaient pas également leur service médical ! Comme si notre pharmacie ne nous coûtait pas déjà suffisamment cher !

Ces petites minuties dans les subventions, ces x francs 05, ces x 95 centimes que CDB se plaît à accorder, où se certifie à ses propres

38 Jeanne d'Etchevers avait été engagée par Gide, début 1914, comme secrétaire. Elle a raconté ses souvenirs, en particulier son activité au Foyer, dans : Jeanne de Beaufort, *Quelques nuits, quelques aubes* (Madrid, éd. privée, 1973).

39 Ces questions vont se prolonger, car le 15 septembre, Edith Wharton s'excuse auprès de Gide d'être « incapable de [s']occuper, pour le moment, même de la question passionnante de la perception des 10 centimes, et de celle, presque plus intéressante, de la vie de famille de Mme Pionnier ! » (Voir Gide, Wharton, *Correspondance*, dans *BAAG* n° 171, *op. cit.*, p. 301.)

yeux sa rectitude, sa minutie, et son amour de la besogne bien faite, exaspèrent Martinon [*barré*] qui est à la caisse – et le plus souvent le réfugié qui n'y voit que singerie. J'y vois plutôt préciosité, – oui, préciosité morale, – qu'accompagne un dédain pour le travail plus sommaire des autres ; et besoin de supériorité. Harnois [*mot illisible, barré*] était également très monté parce que, pour la seconde fois, DB avait envoyé une note de frais d'enterrement (de 40 f, si je ne m'abuse) dont il estimait qu'on eût dû aviser le comité.

Ce même jour CDB reçut aussi la visite de Madame Hedy [*mot illisible, barré*], la femme qui l'engueula si fort l'autre matin et qu'à présent il a réadmise à sa cour – par macération sans doute, et sentiment de sa supériorité qui le met au-dessus de l'injure.

[Jusqu'à présent ces petitesses de caractère de DB me divertissaient ; ce matin, pour la première fois, elles m'ont irrité vraiment ; et je crains que cette irritation ne soit appelée à croître. *Ces dernières lignes barrées.*]

Nouvelle affaire avec le Comité central.

La pauvre femme X se présente rue Louis le Grand. Lauris [*barré*] la reçoit ; il n'est point seul, et se met en représentation.

– Voyons, ma pauvre femme, c'est un secours que vous voulez ? Combien vous faut-il ?

– Ce que Monsieur voudra bien m'accorder.

– Avec dix francs, serez-vous satisfaite ?

– Ce que Monsieur me donnera sera bien.

– Eh bien, voici ! Et je vous donnerai de nouveau dix francs dans un mois.

(à noter que Lauris [barré], dernièrement, se déclarait très opposé aux dons en espèces)

La femme X vient à nous consternée. Elle est mère de plusieurs enfants, ne doit toucher l'allocation que plus tard. Son loyer est réclamé par un propriétaire intraitable. Quand elle aura donné ces dix francs, que lui restera-t-il pour manger ?

Je téléphone à Lauris [*barré*] : que ne nous l'a-t-il renvoyée tout bonnement avec la carte du Comité central qui nous aurait permis de nous occuper d'elle et de la mettre à l'abri du besoin ?

– Mme X n'avait qu'à ne pas accepter les 10 f. Quand je les lui ai offerts elle s'est montrée très contente ; ce n'est qu'ensuite qu'elle s'est ravisée.

– Réfléchissez, M. Lauris [*barré*], qu'un mois est long…

Mais M. L. ne veut pas réfléchir ; il ne veut pas s'être trompé ; ce qu'il a décidé est décidé et le réfugié a toujours tort.

Je prends le parti de lui renvoyer ses dix francs dans une lettre assez raide, lui annonçant que, même sans carte du C. C. nous prendrons soin de cette femme.

Un cas monstrueux s'est présenté. Le soldat X renvoyé dans ses foyers (il est du territoire envahi) à la suite de ses blessures, réformé n° 1, c'est-à-dire ayant droit à une pension de l'état, se la voit refuser pour cette raison qu'il est engagé volontaire.

– On ne vous appelait pas ; vous n'aviez qu'à vous tenir tranquille. Cette énormité demande confirmation. Il faut en aviser Barrès.

XXXIII

Le Foyer, juin 1915

Bientôt il ne serait plus temps de corriger cette histoire. Avant que les éléments ne m'échappent…

Les dernières pages que j'ai dictées à Mlle Rollet [*barré*] rue Laugier, remontent à [*un blanc*] ; j'y peignais déjà l'état de lutte constante où nous avons dû vivre avec le Comité central. Lutte quotidienne, à cause des réfugiés qui, rebutés là-bas, ou maltraités à *l'Œuvre du 2e district*, revenaient à nous furieux ou en larmes. Une chose abominable dans cette organisation, c'est que le réfugié maltraité ne sait où se plaindre, ne peut trouver recours nulle part ; il ne peut en appeler contre le Comité central qu'au Comité central qui demeure juge et partie. La déposition de Mme Van Immerseel [*barré*], la relation de l'absurde déni de justice dont elle avait été victime aux bureaux de la rue Édouard VII (refus de lui donner un carnet d'identité, en plus de la feuille d'allocation – « Vous ne pouvez avoir que l'un ou l'autre » – que Gatineau [*barré*] avait fait tenir à Brunet [*barré*] puis au ministre, c'est à Bérardi finalement qu'elle est revenue et en dernier ressort c'est lui qui a eu à statuer sur l'ordre qu'il avait donné lui-même.

– Vous auriez mieux fait de me le remettre aussitôt à moi-même ; cela vous eût gagné du temps, me téléphonait ensuite Bérardi narquoisement.

Cependant les réclamations devenaient de plus en plus fréquentes et bientôt le mauvais vouloir à notre endroit, évident. Durant une courte absence de Lauris [*barré*] tout marcha bien, mais nous fûmes bientôt avertis du retour de celui-ci par la reprise des rebuffades. Sans doute considère-t-on que Mme Roy [*barré*] qui remplaçait L. était trop accessible à la pitié, savait mal défendre la caisse. L., sitôt de retour, commença de refuser le plus grand nombre, et bientôt la totalité de ceux qui se présentaient au C. C. avec la carte d'introduction de notre part et désireux d'obtenir cette carte qui les accréditât près de nous et sans laquelle nous ne pouvions rien faire.

XXXIV

[Cuverville,] 6 août

Répondre à l'engagé volontaire blessé : « C'est bien fait ! vous n'aviez qu'à vous tenir tranquille » – rien de plus monstrueux, de plus révoltant. On m'affirme que, pour des propos semblables tenus dans un café du Havre, X s'est vu condamner à trois mois de prison. J'aurais bien voulu savoir condamné de même l'employé d'administration qui prétendait refuser la pension à un réformé n° 1, sous prétexte que ce réformé s'était engagé et que, par conséquent, « l'État ne lui devait rien ». « Mon garçon, lui avait-il été répondu, quand on s'engage, il faut savoir à quoi. L'État ne doit quelque chose qu'à ceux qu'il a appelés. » Avec des phrases de ce genre, on arriverait à faire détester la Patrie, le courage, la vertu. Nous les avons entendues de nouveau ces jours derniers, adressés à Malherbe, engagé volontaire belge, par sa belle-mère... Mais je veux raconter cette histoire tout au long, telle qu'elle s'est présentée à nous.

Depuis assez longtemps déjà nous subventionnions Madame Malherbe et sa fille au Foyer franco-belge. Nous ne connaissions encore à peu près rien du mari. C'était une des nombreuses réfugiées de Reims et déjà nous nous intéressions particulièrement à elle à cause de sa gentillesse, de son état de santé lamentable, et de sa petite fille de douze ans qui venait parfois toucher la subvention à sa place, lorsqu'elle était trop malade pour sortir. Un obus avait bouleversé sa maison ; elle était alors enceinte de deux jumeaux qui moururent avant de naître ; on dut l'éventrer ; et peut-être se serait-elle remise de l'opération si le chirurgien qui la soignait alors n'avait oublié de retirer une compresse ; on ne s'en aperçut qu'assez longtemps après à l'infection que cette compresse pourrissante causa.

Un jour Madame Malherbe, qu'accompagnait sa petite fille, vint nous dire qu'il lui fallait chercher une chambre. Elle logeait jusqu'alors avec sa mère…

– Je ne peux plus rester ainsi, nous dit-elle ; c'est trop pénible d'entendre tout le temps dire du mal de mon mari. Pressée par nous, voici l'histoire qu'elle raconta :

Mariée contre le gré de ses parents, celui qu'elle épousait était un ouvrier belge qu'amenait à Reims sans doute un certain goût d'aventures ; une taie qu'il avait sur l'œil droit l'avait fait déclarer impropre au service militaire. Des relations cependant s'étaient établies entre lui et sa belle-famille, mais ses beaux-frères en particulier, lorsqu'ils furent appelés au service, ne tarissaient pas en brocards contre celui qui « mangeait le pain de la France » et s'installait à Reims comme chez lui. À la nouvelle de l'envahissement de la Belgique, Malherbe avait bondi ; voici l'occasion pour lui de montrer aux autres sa valeur. Rien ne l'avait retenu, ni son infirmité, ni les supplications de sa femme, ni les moqueries de sa belle-mère : « Un beau mari que tu t'es choisi là ! Un sans-cœur qui abandonne femme et enfant. S'il t'aimait autant que tu crois, il commencerait par rester près de toi… »

Bref Malherbe s'engageait ; et après quelques jours de combat, était laissé pour mort sur le champ de bataille, ayant reçu à la fois un éclat de shrapnel près de l'œil gauche et une balle dans la main droite. Madame Malherbe n'avait appris que peu à peu l'horrible état de son mari ; menacé de perdre la vue il avait voulu se tuer et n'avait été retenu que par les encouragements de ses chefs dont elle nous redit les éloges ; maintenant elle savait aussi qu'on devrait lui couper la main. Elle racontait tout cela d'une voix égale. Elle avait été le voir à Compiègne ; sa petite fille l'accompagnait et par moments elle demandait : « N'est-ce pas ? Raconte comment tu as vu ton papa » et la petite confirmait le récit. Malherbe du reste se montrait plein de courage. Quand il avait passé sa main sur le visage de sa femme, y surprenant des larmes, il s'était écrié : « Si tu pleures ça va me rendre triste. Ne pleure pas. » Et Madame Malherbe ajoutait : « N'est-ce pas, Monsieur, que ce n'est pas bien à ma mère de dire : "Il n'a que ce qu'il mérite. Il n'avait qu'à rester tranquille." N'est-ce pas qu'on peut bien aimer sa femme et tout de même vouloir se battre pour son pays ? » – « Comment Madame, s'écriait-on, mais ce qu'il a fait est admirable. Votre mari est un héros. » – « Oh ! reprenait-elle, je sais bien que c'est un mot trop fort ; mais tout de même ma mère ne devrait pas l'accuser. » Alors on s'indignait contre la mère et, l'affaire ayant été redite, nous étions quatre ou cinq au Foyer, résolus à la secourir et à la soustraire aux moqueries de sa famille. Madame Lacroix qui s'occupait chez nous des logements découvrit rue Saint-Jacques un immeuble où trois appartements étaient non meublés mais nous connaissions quelqu'un qui consentait à fournir le mobilier, un mobilier qu'on lui donnait, qui resterait à elle et qu'elle remporterait à Reims lorsqu'elle pourrait y retourner. Il fallait activer l'installation, afin que tout fût prêt à accueillir le convalescent aussitôt sorti de l'hôpital, ce qui ne pourrait beaucoup tarder. Madame Malherbe hésitait ; l'un des appartements était trop haut, car elle montait difficilement les étages ; l'un des deux autres lui plaisait, mais « il y a trop de portes pour lui » s'était-elle écriée, songeant à l'aveugle. Et ce mot que nous rapportait Madame Lacroix, qui avait visité les logements avec elle, nous serrait le cœur. Elle s'installa dans celui du second étage, où Charley Du Bos, tant épris de la malade, allait la voir assez souvent, de bon matin ou tard le soir, heures qu'il consacre à ses visites médicales.

Un matin qu'il était au chevet du lit de la malade, on entend un grand vacarme dans l'escalier. Madame Malherbe de pâlir et de s'écrier : « Oh ! la la, la la ! C'est lui ! » Et déjà l'on entend la voix du soudard, apostrophant sa belle-sœur, une enfant de seize ans qui vient soigner Madame Malherbe et qu'il rencontra devant la porte. Elle représente pour lui cette belle-famille avec quoi jamais il n'a pu s'entendre : « Qu'est-ce que tu fous ici ? Retourne chez les tiens. On n'a pas besoin de toi. » Puis entre en conquérant dans la chambre, exalté, superbe. Il parle haut ; veut montrer sa blessure et arrachant le bandage de sa main, s'amuse à faire gicler son sang dans le seau devant la femme épouvantée. « J'ai pu me convaincre, nous racontait ensuite Du Bos, que l'admiration pour son mari lointain n'a d'égale que l'aversion pour son mari proche. Cet homme est un intempérant qui n'a jamais été mieux à sa place qu'à la Légion étrangère – car c'est là qu'il s'est engagé et non dans l'armée belge comme il eût pu. Sans doute aussi Madame Malherbe se laissait-elle aller à exagérer ses sentiments dans les récits qu'elle faisait sur son mari, pour accentuer ou motiver ses dissentiments avec sa mère. À dire vrai, cet homme m'a épouvanté. »

Le fait est qu'il était terrible quand nous le vîmes entrer au Foyer. Sa petite fille l'accompagnait. Aussitôt de l'un à l'autre, le bruit courut : « C'est Malherbe ! » Il portait la tête en arrière, montrant une face grêlée, ridée, marquée extrêmement et que barrait une paire de fortes moustaches. « Mais, Malherbe, vous y voyez ! » ne pus-je m'empêcher de lui dire en rencontrant son regard aigu. Le vrai est qu'il n'y voyait qu'à peine, et que d'un œil. Sur l'autre la taie reste très apparente – mais qu'à présent on doit pouvoir opérer. De même je me rendis compte que Madame Malherbe avait sensiblement exagéré la gravité de sa blessure à la main. Cette main droite n'est pas coupée, mais simplement un des doigts, qui laisse béant un affreux trou suppurant entre le troisième et le cinquième. C'est ce que nous pûmes voir bientôt, car dans son exaltation Malherbe gesticulait tant que son pansement se défit. Il parlait à voix très forte : « Arrivé de ce matin, je n'ai pas voulu tarder plus à vous remercier, Messieurs et Dames, de ce que vous avez fait pour ma femme et ma fille. Ça, jamais je ne l'oublierai, et vous savez… toute ma reconnaissance. » – « Plus bas, papa, plus bas », faisait craintivement le petite aux éclats de voix du soldat. Il raconte ses aventures tandis qu'on rapporte de la pharmacie un nouveau pansement qu'applique tant bien que mal Madame d'Etchevers. Je l'écoute mal, occupé à demi par les réfugiés qui continuent de s'empresser à ma table, allant sans cesse de cette table au canapé du fond où s'est installé Malherbe. « Du reste, dit-il, j'ai noté au jour le jour toutes mes aventures sur un carnet que je rapporte et que ma femme pourra vous montrer. »

Au bout de peu de temps, n'ayant de part ni d'autre plus rien à nous dire, il prit congé de nous. C'est alors et une fois qu'il fut sorti de la pièce que Du Bos se rapprocha de Lauris et de moi et nous fit part de ses impressions et réflexions du matin. Elles me parurent d'autant plus amusantes qu'elles accentuaient cette horreur qu'a Du Bos pour tout ce qui sent fort, qui parle haut, et en général, pour le cynisme. Certainement Malherbe le choquait.

Nous le revîmes trois jours après. Il était toujours flanqué de sa petite fille aux grands yeux. Il était assez hagard et je crois sous l'emprise de la boisson. Il venait à la fois pour nous exprimer à neuf sa gratitude et nous annoncer son départ, c'est-à-dire tâcher d'obtenir de nous le prix de son billet. Nous comprîmes qu'il n'était pas en permission régulière ; il aurait dû rentrer plus tôt à l'hôpital de Bretagne où on le soignait encore, mais il avait télégraphié paraît-il pour s'annoncer par le prochain train, que malheureusement il n'avait plus de quoi payer. Mais convaincu qu'il boirait l'argent qu'on lui donnerait pour son billet et qu'au demeurant il saurait s'arranger, nous nous sommes montrés intraitables.

XXXV

Cuverville, 20 septembre 1915

J'ai pu quitter le Foyer pour trois jours. Ces derniers temps, j'y fus plus occupé que jamais, par suite de l'insuffisance de Mme John, belle-sœur de Mme Wharton [*noms barrés*] qui fort aimablement s'était proposée à tenir le bureau des bons de vestiaire, mais qui y apporta une telle générosité et une telle incompétence qu'en moins de deux jours notre vestiaire fut à peu près vidé. Je m'assis à côté d'elle et assurai pour un temps la direction de ce service. Comme à tout ce qu'il s'agit de réorganiser, je m'y donnai de tout cœur et y pris un vif intérêt.

Le temps et le cœur m'ont manqué pour noter les divers événements du Foyer, depuis plusieurs mois. Vais-je à présent pouvoir en ressaisir quelque chose ?

Nous sommes entrés en rapport avec le Secours national[40]. M. Verdier [*barré*], à qui nous avons particulièrement à faire, s'est montré mieux que cordial, plein d'estime et d'attention pour notre œuvre, et même, semble-t-il de sympathie pour nous – je veux dire : Del Marmol, Lauris [*barrés*] et moi qu'elle avait délégué près de lui. Il nous reçoit au premier étage de la maison Biais (instruments de piété), place Saint-Sulpice. Nous avons longuement causé. Il nous avertit du tort que nous nous faisions en accordant la gratuité de nos repas de la rue Taitbout, ce qui confirme l'opinion selon laquelle nous sommes assez riches pour nous suffire. Même, a-t-il dit, on a réduit du coup à 8000 l'allocation de 10 000 qu'on avait d'abord décidé de vous accorder.

40 Le Secours National, créé le 4 août 1914, apportait de l'aide aux militaires, à leurs familles et aux civils victimes de la guerre.

J'avais toujours été contre la gratuité des repas. Je revins à la charge et persuadai notre comité de réclamer aux réfugiés 10 centimes au déjeuner et 10 centimes au dîner. Cette mesure chagrina CDB et contraria l'idée qu'il se fait de la parfaite charité. Il ne se soumit qu'à la majorité et avec cette particulière mauvaise grâce un peu enfantine qu'il apporte dans la discussion, boudant au lieu de défendre son opinion et désarmant les opposants précisément à ne leur point résister.

CDB n'arrive plus à présent au Foyer qu'à onze heures et demie, quand ce n'est pas plus tard encore. Certains des réfugiés qui l'attendent défaillent absolument, car il les retient ensuite jusqu'à deux ou trois heures. Nous quittons tous le Foyer vers midi ; à notre retour nous l'y retrouvons, ivre d'abnégation et préférant certainement exercer son apostolat pendant notre absence. Alors, dans le silence du Foyer, il fait tout, broche sur les autres services, immatricule, place, fouille dans les fiches de renseignements, au grand mécontentement des titulaires. Mais rien ne peut le modérer. Il échappe sans cesse et s'accorde, par charité, des licences singulières.

XXXVI

28 octobre

Le Foyer me requiert de nouveau complètement depuis quelque temps, par suite de la défection momentanée de Mme V. R. à la table des subventions et aux renseignements. Mais, si exténuants que soient ces multiples services, ils sont d'autant plus passionnants qu'ils astreignent davantage et laissent moins de temps pour s'échapper.

Mme Wharton [*barré*] est venue me parler du cas de CDB et de l'extrême embarras où il nous plonge. Il est temps que je reparle un peu de lui :

Il semble avoir complètement oublié, ou croire que nous avons oublié que rue Royale, il s'était engagé à ne plus prendre de nouvelles subventions, mais au contraire à lentement réduire et éliminer celles que nous lui avions laissé prendre. Et pour être plus sûrs de le maintenir, nous avions également fixé un chiffre, une somme qu'il ne devait point dépasser. Ce qui nous poussait à cette mesure c'est la certitude que sa plus grande utilité est ailleurs, que de plus il est mal qualifié pour ce travail et qu'enfin, n'ayant pas pour ses réfugiés le même crible ni les mêmes normes, il déséquilibrait toute notre œuvre et la faisait sans cesse pencher de son côté.

À CDB, depuis quelque temps, ne suffit plus une serviette ; il en tient une sous chaque bras ; chacune gonflée à crever. Des livres déforment les poches de son manteau et de sa veste, de celles de son gilet jaillit une forêt de crayons. Il ne reçoit plus ses subventionnés que trois fois par semaine, et comme, de plus, il arrive toujours en retard et que ses subventionnés sont de plus en plus nombreux, et qu'il les interroge très longuement, les séances se prolongent parfois jusqu'à 8 heures passées. Les fiches qu'il prend à leur sujet sont minutieuses à l'excès, fort bien faites du reste, et qui font honte aux nôtres. Darius Milhaud[41] [*barré*] le seconde, qui tient les livres et consigne je ne sais quoi.

Il se découvre que le taux des 524 réfugiés de D. B. est à présent, en moyenne, de 2 f 35 par semaine, de 1,75 à la table de Lauris, et de 1,25 seulement à la nôtre. D'où déséquilibre très fâcheux.

29 octobre

Un vent de révolte soufflait ce matin sur le Foyer. Comme j'étais au premier bureau (service des renseignements) je le recevais tout de face. Ces révoltés sont presque toujours des gens que la guerre n'a pas rendus beaucoup plus misérables, mais qui s'exaspèrent à savoir que l'on secourt aussi les autres, je veux dire ceux qu'ils ont connus dans une meilleure situation qu'eux et qui, dans leur pays, avaient de quoi. Si au lieu de donner avec choix, après examen et selon ce que notre jugement nous propose, nous étions plus administratifs, il n'en serait pas ainsi. Par exemple si nous établissions des règles fixes, des catégories ; le réfugié saurait d'avance à quoi s'attendre. Mais nous le laissons s'expliquer. Les premiers mois il en sait gré. Nous prêtons attention à sa misère particulière. C'est cela même qui plus tard l'irrite. Le grand nombre de ces malheureux ne peut se persuader que le Foyer ne soit pas une administration comme une autre, et que chacun de nous donnions ici

41 Le compositeur (1894-1974) travaillait en effet au FFB. En octobre 1916, la Petite Dame écrit à Gide : « Du Bos fit une chute avec ses deux serviettes, l'emmêlement fut affreux et le travail de Milhaud compliqué. » (André Gide, Maria Van Rysselberghe, *Correspondance 1899-1950*, Paris, Gallimard, 2016, p. 349.)

tout notre temps de plein gré. Comment comprendraient-ils que nous acceptions ce travail sans y être forcés ou sans y trouver avantage ? Encore un peu de temps, et si l'hiver est dur, c'est de la haine surtout que nous récolterons.

XXXVIII[42]

[2 novembre 1915]

Ce matin, réapparition au Foyer de Teugels. Gide le trouve changé, d'allure plus brutale. Il a déserté, inconscient de la portée de son geste. « Je crains qu'il ne sache jamais se refuser aux invitations de la paresse. » *Gide lui donne des conseils et cent sous, et une poignée de main d'adieu désespéré.*

Samedi 13 novembre

Teugels revient en l'absence de Gide. Il est reçu et interrogé par la Petite Dame, qui lui demande son adresse (60 rue Falguière).

Arrive un porteur d'une lettre de Teugels, annonçant qu'il veut se jeter dans la Seine. Gide revient, essaie de retrouver Teugels place de la Concorde.

XXXIX

[12 novembre]

J'arrivai sur la place de la Concorde à 6 h et demie, même un peu plus tôt, devançant l'heure du rendez-vous suivant mon habitude. Rien de plus lugubre que l'attente qui suivit, dans cette demi-obscurité qu'aggravait la morosité du ciel. Heureusement il avait cessé de pleuvoir ; mais le vent soufflait par rafales, encore chargé de brouillard ; on eût dit des embruns et que le quai de la Seine qui se perdait dans l'ombre, fût le quai d'une plage de rues.

Arrivée du porteur de la lettre ; celui-ci se raconte ; garçon désœuvré et démoralisé. Teugels ne vient pas. Gide part en laissant un billet au jeune homme.

42 Nouvelle erreur de numérotation : XXXVIII au lieu de XXXVII, puis XXXIX au lieu de XXXVIII.

Méditation de Gide qui se reproche d'avoir parlé de Teugels à Mme V. R., au risque de la froisser. Le lendemain, il se rend rue Falguière ; le concierge ne connaît pas le jeune Belge. Au cabaret d'en face, il découvre que le garçon de café est le demi-frère de Teugels. Conversation. En sortant, il voit dans les parages le garçon de la veille, « qui par conséquent était de mèche (s'en assurer) – qui me voit sans doute – mais je fais en sorte qu'il ne voie pas que je l'ai vu[43]. »

NOTICE

Le 11 août 1933, la Petite Dame note : « Bypeed a l'intention d'aller voir Malraux cet après-midi, et sans doute de lui porter ce *Journal du Foyer* que je n'ai pas encore eu le temps d'ouvrir. Il me prie, ce matin, de faire un effort pour le lire, ne fût-ce qu'en partie, pour me rendre compte du ton. Je m'y mets aussitôt et je lis durant plus d'une heure. Je suis consternée de l'ennui qui s'en dégage, ça n'a aucun caractère, c'est un pénible devoir qui n'a ni la substance d'une chose bien établie ni la saveur, la chaleur des notes prises sur le vif, c'est vu de trop près, par le détail, honnêtement, avec le désir de ne rien laisser échapper, sans liberté de coup d'œil. À mon sens, cela ferait figure presque absurde dans les *Œuvres complètes*, ça ne porte pas du tout la marque de Gide ; en plus, du point de vue de la vérité, il est plutôt desservi par ce *Journal*. Il ne pense pas à s'y donner la place d'animateur qu'il occupait

43 À ces dernières notes, le *Journal* donne un prolongement, le 14 novembre 1915 : « J'ai reçu, avant hier soir, au Foyer, cette lettre du petit Teughels : / *Je vous écris ces quelques mots pour vous faire savoir que je n'oserai pas revenir chez vous, à cause que je regrette beaucoup d'avoir quitté mon régiment. Monsieur Gide, je ne vous demanderai qu'une seule chose, c'est de me laisser faire par moi-même ; mais je vous en prie, ne faites plus rien pour moi, car je ne veux pas que vous rentriez dans mes conversations, ni vous ni ces dames ; car je vous dirai que je n'habite nulle part, car mon camarade est parti à Rouen pour travailler. Car, tandis que moi, Monsieur Gide, il ne me reste qu'une chose à faire, c'est que à cette date, le 12, je vais me noyer à la Seine et je vous dis au revoir et adieu. Je n'ai plus rien à vous dire que ces derniers mots. Adieu Monsieur Gide, et tandis que les Dames du Foyer…* / *Jean l'Insensé* / *mort le 12 novembre à 5 heures du soir.* / Je verse cette étrange lettre au dossier Teughels et relate d'autre part la dernière entrevue que j'avais eue précédemment avec lui, sa visite au Foyer, le matin du jour où cette lettre fut remise par un camarade de rencontre, puis une longue attente, avec ce camarade, au soir, place de la Concorde où Teughels avait dit qu'il repasserait. Toute la nuit, j'imaginais ce pauvre être, sans plus de place dans notre société, condamné partout et se réfugiant dans la mort. » (*J1*, p. 905.)

réellement au Foyer, et pourtant quand il dit “Je”, ça a l'air déplaisant étant donné le côté collectif de cette œuvre de guerre, trop d'explications et pas assez. Mon impression si nette ne m'étonne du reste pas. Je crois me souvenir que même au temps où péniblement, après des journées d'extrême fatigue, il dictait ces notes (c'est aussi la première fois qu'il dictait, il s'y entraînait), il avait l'impression, comme il dit, que cela ne donnait rien, il s'y obstinait par devoir de romancier. Et puis, si ces notes avaient valu quelque chose, il y a longtemps qu'il en aurait tiré parti. [...] Au fond, je sens bien ce qui le pousse un peu à publier ce *Journal*, ça lui semblerait comme un contrepoids à cet éternel reproche de narcissisme, mais tant pis, puisque c'est mauvais. Ah ! qu'il serait soulagé, sans doute, s'il savait que peut-être mes notes témoigneront de son activité pendant cette période[44]. »

Ce *Journal du Foyer*, Gide avait entrepris de le tenir alors que l'œuvre du Foyer franco-belge était sur pied depuis près de trois mois. En novembre 1914, c'est dans son *Journal* qu'il consignait encore de longs passages relatifs à cette activité ; que ce *Journal* ensuite s'interrompe, en gros, jusqu'à la fin de septembre 1915, ne s'explique pas seulement par le fait que Gide, durant près d'un an, a consacré presque tout son temps à cette entreprise. Cela signifie aussi qu'elle lui était apparue, au début de 1915, comme suffisamment originale pour mériter d'être relatée à part. Une aventure particulière réclamait un récit particulier, et même un mode d'écriture nouveau ; le 22 janvier 1915, Gide écrit à Ghéon : « On rentre dîner à huit heures, et sitôt après dîner vient Mlle Rollet, la dactylographe du Vieux-Colombier, à qui je dicte une heure[45]... »

Et le 29 janvier, à Schlumberger : « Depuis que vous avez quitté Paris, le Foyer est devenu plus absorbant, plus astreignant encore. Impossible de rentrer dîner avant huit heures et de rentrer plus du tout pour déjeuner ; certains jours j'ai cru que nous ne pourrions pas tenir : il en venait trop. L'intérêt est de plus en plus vif, non seulement celui qui s'attache aux réfugiés, mais aussi celui de la lutte contre le Comité central où nous n'avons pas trop de notre éloquence, de notre diplomatie et surtout de notre patience. Je vous donnerai plus tard à lire les notes que je dicte chaque soir à Mademoiselle Rollet ; peut-être qu'elles vous divertiront[46]. »

---

44 *CPD*, II, p. 325-326.
45 Gide, Ghéon, *op. cit.*, p. 872.
46 Gide, Schlumberger, *op. cit.*, p. 575.

Schlumberger prit-il connaissance de ces notes ? Rien n'en témoigne. Gide continua de les tenir, tantôt les dictant, tantôt, à Cuverville, les rédigeant lui-même, jusqu'à la fin de novembre 1915. Après quoi, un voyage à Hyères le plongea dans l'évocation des souvenirs d'enfance qu'il se préparait à entreprendre ; et quand, le 27 décembre, il apprit une nouvelle anecdote relative au Foyer, c'est dans son *Journal* qu'il la consigna. La parenthèse du *Journal du Foyer franco-belge* était refermée. L'édition des *Œuvres complètes*, en 1933, allait-elle la rouvrir ? La Petite Dame était là, qui veillait : « Bypeed rentre après le déjeuner, et tout de suite, sans ménagement, je lui dis que je trouve cela d'un ennui mortel et que je ne vois pas comment s'en tirer, à moins que d'écrire d'après ces notes des souvenirs du Foyer. Il dit simplement : "Mais il n'y a qu'une chose à faire : c'est de ne pas les donner du tout, ce que vous me dites est bien ce que je craignais, et je pense que vous me rendez un fier service en me parlant aussi franchement, cela me décide, je ne les donne pas ; et ne croyez pas que je le regrette, je me sens tout soulagé. Quant à les récrire, jamais de la vie, cela ne m'intéresse plus[47]." »

En publiant aujourd'hui ces extraits, nous ne songeons pas à contredire ces jugements négatifs ; sauf en de rares passages, que nous reproduisons fidèlement, ce *Journal* est trop souvent, surtout dans ses premiers chapitres, une simple énumération de noms et de menus faits, parfois de minuscules drames. C'est pourquoi nous n'en proposons qu'un résumé. Cependant, deux raisons justifient à nos yeux cette publication :

Il s'agit d'abord de rendre justice à Gide, et de mettre en lumière une période de sa vie où, de façon bien moins spectaculaire qu'à propos du Congo, mais aussi intense, et sans doute davantage, il mit en pratique cet évangile humaniste dont il lui suffisait de lire les préceptes dans son cœur.

Ensuite, il est intéressant de voir ici s'ébaucher une œuvre inhabituelle. Il est visible que Gide ne s'était pas contenté de dicter au jour le jour ses impressions ; un véritable travail de composition avait été entrepris, dont témoigne le découpage en chapitres qui ne correspond pas forcément à l'ordre chronologique, mais permet des rapprochements que Gide jugeait peut-être significatifs, ainsi qu'il l'avait déjà fait dans la présentation de ses *Souvenirs de la Cour d'Assises*[48]. Assez vite, les

47 *CPD*, II, p. 326.
48 Voir la notice des *Souvenirs de la Cour d'assises*, dans *SV*, p. 1083-1087.

indications de date sont mises en parenthèses, comme si le temps du narrateur devait s'effacer au profit d'une temporalité propre au récit. Enfin, les noms propres sont systématiquement barrés.

Assurément, ce début de mise en forme fut bientôt abandonné, sans doute au profit de *Si le grain ne meurt* dont Gide commença à écrire les premières pages en mars 1916. Mais son ton si neutre, objectif, qui fait que Gide lui-même paraît absent d'un récit où il joue souvent le premier rôle, doit peut-être nous mettre en garde ; le 22 septembre 1915, alors qu'à Cuverville, il est occupé à rédiger un des plus longs récits de ce *Journal*, il écrit à Jacques-Émile Blanche : « Je me réjouis que le régime auquel je me suis astreint et qu'implique la tâche assumée, m'enlève le moyen, le temps et jusqu'au désir d'écrire. Aussi bien avais-je bouclé la première période de ma vie, ce que je me plais à considérer comme la période ironique. Vienne l'affirmative, qui exige une autre encre et d'autres moyens. Il faudra repartir à neuf ; c'est plus intéressant que de "continuer[49]". »

Ce *Journal*, c'était donc des gammes, une préparation ; du reste, à la différence de la Cour d'Assises et du Congo, Gide n'avait pas besoin de publier ces pages pour aider la cause qu'il servait déjà. Mais à découvrir cet univers complexe du Foyer, où se croisent les problèmes d'argent et les élans généreux, où les pieuses intentions couvrent parfois les égoïsmes, où s'organise un centre-carrefour, en relation avec d'autres centres éloignés, qu'ils soient mondains ou politiques, où un inconnu est toujours sur le point de débarquer et de bousculer le jeu des autres acteurs, on ne peut s'empêcher de penser que Gide vivait là, sinon les intrigues, du moins l'enchevêtrement et le décor de ce qui allait devenir *Les Faux-Monnayeurs*. D'ailleurs, c'est déjà sur un suicide que ce *Journal*, brusquement, s'interrompt…

Pierre MASSON

49 André Gide, Jacques-Émile Blanche, *Correspondance 1892-1939*, Paris, Gallimard, 1979, p. 175-176.

RÉFUGIÉS[50]

En face de moi, de l'autre côté de la vaste table où s'entassent registres et cartonniers, le petit vieillard attendait son tour d'audience, assis auprès d'autres réfugiés. Il souriait à mon regard et je souriais au sien : il se tenait très droit, avec un peu d'affectation peut-être et comme désireux de donner à entendre qu'il ne faisait pas partie du commun, de ceux que je pourrais envoyer à l'un de nos dortoirs.

Puis, aussitôt que m'eut quitté le réfugié dont je m'occupais d'abord, il vint tout contre moi et, mystérieusement, penché sur mon épaule :

– Je sais que vous écrivez beaucoup…

– Oh ! fis-je en l'interrompant avec un geste de réticence, ce n'est ni le lieu ni le temps d'en parler…

– C'était si j'avais pu vous aider dans vos écritures, j'en aurais été bien heureux. Monsieur Gille. Je m'en vais vous dire : je ne suis pas habitué à ne rien faire. Toute ma vie, j'ai travaillé, mais, maintenant, on ne veut de moi nulle part, et demain je n'aurai plus rien.

– Vous êtes seul à Paris ?

– Si j'étais seul, je ne viendrais pas demander, reprit-il en se redressant. Un homme seul, ça se tire toujours d'affaire, et puis, seul, j'accepterais bien d'aller dans un dortoir, comme on m'a déjà proposé, mais j'ai ma fille et ses petits enfants avec moi. C'est comme aussi pour la nourriture ; moi je mange bien n'importe quoi ; mais ma fille, je m'en vais vous dire, elle est un petit peu délicate…

Se sentant écouté, il entra dans une histoire lamentable, au demeurant ni plus ni moins triste que celles que j'entends ici chaque jour du matin au soir.

– Vous touchez l'allocation ? lui demandai-je.

– Oui, monsieur, un franc vingt-cinq ma fille, moi et l'aîné de mes petits-enfants qui a passé seize ans, cinquante centimes chacun des trois autres. Il ne nous manque pas beaucoup.

– Si je trouvais à vous loger gratuitement ?

– Oh ! alors, nous pourrions nous suffire ; mais nous ne voudrions pas quitter là où nous sommes, parce que la propriétaire nous connaît.

---

50 Publié dans *L'Intransigeant*, 3 mars 1915 ; repris dans le *BAAG* n° 105, janvier 1995.

Elle nous prête de la vaisselle et même un petit poêle où ma fille peut cuisiner. Elle est bonne pour les enfants. Elle n'est pas riche elle-même, parce que d'autres locataires, qui ne sont pas des réfugiés, ont obtenu de ne la payer que plus tard. Tant que j'ai pu, j'ai donné soixante francs pour deux pièces ; à présent, elle consent à les laisser pour quarante. Mais nous n'avons plus rien. Si je trouvais un peu de travail…

– Notre bureau de placement va vous inscrire. En attendant que vous trouviez un emploi, peut-être pourra-t-on vous aider pour le loyer. Mais, puisque vous êtes Belge, ajoutai-je, il faudra d'abord aller vous faire inscrire au Comité central ; je vais vous donner une carte…

Le vieux devint soudain très rouge ; il hocha la tête en me regardant. Ses yeux étaient demeurés secs tandis qu'il racontait sa ruine, la maison bombardée, brûlée, la fuite à travers champs avec les siens, mais les larmes débordèrent ses paupières quand il me dit docilement :

– C'est bien, monsieur, j'y retournerai.

Alors je m'avisai soudain que déjà je tenais entre mes mains la carte qu'il était allé faire viser là-bas. Je m'excusai :

– Qu'est-ce que vous avez bien pu croire ? lui dis-je en lui prenant la main.

Et, brusquement, il éclata. Il dit ses courses inutiles depuis huit jours de comité en comité, d'œuvre en œuvre, la plupart déjà tout encombrées, ne proposant d'ailleurs que le dortoir ou que le restaurant, qui ne pouvait non plus leur convenir. Mais notre œuvre précisément, attachée à l'étude attentive de chaque cas, répugne aux cadres fixes et n'admet que solutions particulières. Le vieux raconta donc tout au long ses déboires, puis, revenant à ma question

– Ce que j'ai cru, monsieur ?… J'ai cru que ça allait recommencer.

*

Je n'ignore pas que le secours en argent, si apprécié par ceux qui le reçoivent, est le plus souvent réprouvé par ceux qui s'occupent d'œuvres philanthropiques et par le public ; condamné même au point qu'il me faut quelque courage pour le défendre.

Pareillement à la plupart des autres œuvres, et grâce aux généreuses initiatives d'un comité auxiliaire américain, le Foyer franco-belge a pu mettre à la disposition des réfugiés quelques immeubles où ils trouvent nourriture et logement. Dans notre seule maison de la rue Taitbout se donnent plus de cinq cent vingt repas par jour. Mais dès qu'une famille est nombreuse la subvention devient avantageuse, qui permet à cette famille de faire la cuisine elle-même, car elle parvient ainsi à se nourrir à moins de frais et d'une manière plus conforme à ses habitudes et à ses convenances. Mais l'avantage, je veux qu'il ne soit pas seulement matériel : il n'est pas bon que des femmes et des petits enfants soient contraints d'aller chercher leurs repas au dehors, souvent par le froid et la pluie. Il n'est pas bon que la ménagère perde l'habitude du foyer et des soins qu'entraîne la préparation des repas. Ce régime de dortoir, ou des repas pris en commun, encourage déplorablement la paresse de certains membres de la famille qui, peu à peu, se décompose dans cette promiscuité forcée.

La subvention régulière qu'accorde à un grand nombre de familles le Foyer franco-belge obvie à ces inconvénients. Elle doit être considérée comme un appoint, soit à l'allocation, soit parfois au salaire lorsque celui-ci est reconnu insuffisant. Payable de semaine en semaine, elle permet à l'œuvre de suivre les réfugiés et de se maintenir en contact constant avec eux. La somme accordée est modifiable et sans cesse modifiée, selon l'état de santé des membres de la famille, réduite selon la possibilité de travail, ou même supprimée en cas de négligence reconnue dans la recherche d'une occupation. Il va sans dire que ce mode d'assistance exige d'abord une étude particulière de chaque cas, souvent une visite domiciliaire, puis une attention soutenue, qui proportionne l'assistance exactement aux besoins de chaque famille. Plus encore : citerai-je ici le vers de Verlaine ?

C'est une œuvre de choix qui veut beaucoup d'amour[51].

*

Le Foyer franco-belge est né tout doucement ; il a grandi sans bruit. Ce n'était tout d'abord que le bourgeonnement d'une autre œuvre. Installé avenue de La Motte-Picquet, dans une boutique incommodément aménagée en bureau, il n'a quitté ces premiers locaux qu'après qu'ils étaient devenus manifestement insuffisants. M. Druet a mis généreusement à la

51 Verlaine, *Sagesse* : « La vie humble aux travaux ennuyeux et faciles / Est une œuvre de choix qui veut beaucoup d'amour. »

disposition de l'œuvre sa galerie de peinture, 20 rue Royale, où chaque jour les réfugiés, anciens et nouveaux, français et belges, sont accueillis.

D'où viennent-ils si nombreux encore ? L'invasion n'est-elle pas endiguée ? Qui sont-ils ?

Les plus touchants, les moins plaignants, bien que peut-être les plus à plaindre. Ceux pour qui la différence est la plus grande entre l'état d'hier et l'état d'aujourd'hui ; ceux qui n'osaient pas d'abord demander. La fierté les a jusqu'à présent soutenus, retenus. Ils ne pensaient pas que cela durerait si longtemps. Les maigres billets qu'ils avaient emportés dans leur fuite, assurément devaient suffire : le maire leur avait promis qu'on rentrerait avant deux mois. Les journaux encourageaient à qui mieux mieux leur confiance ; même, ils ont dépensé d'abord sans trop compter ; puis tout s'est arrêté, les jours et les mois ont passé. Franc par franc, sou par sou, ils ont vu diminuer leurs ressources ; ils ont prié, pleuré, jeûné ; ils ne se laissent venir à nous qu'épuisés.

Et puis il y a ceux de Reims.

Il s'agit de savoir à présent si ces attardés vont devoir rester lamentablement à la porte, victimes de leur discrétion, ou s'il nous faudra, pour pouvoir les accueillir à leur tour, repousser ceux que nous avons secourus jusqu'à ce jour.

NOTICE

Depuis décembre 1914, et pour plus d'un an, avec de rares interruptions, Gide se consacre entièrement à l'œuvre du Foyer franco-belge dont il est le vice-président et l'un des principaux animateurs, travaillant aux côtés de Charles Du Bos et de la Petite Dame notamment. C'est cette dernière qui raconte : « Le premier local n'avait pas tardé à devenir insuffisant ; nous emménageâmes au début de l'hiver 14, dans les salles Druet, rue Royale, mises gracieusement à notre disposition, et l'hiver suivant, dans le caste rez-de-chaussée d'un immeuble inachevé, au coin des Champs-Élysées et de la rue Pierre Charron, prêté par Madame de Béarn. / Les démarches, les moyens imaginés pour obtenir de l'argent n'étaient pas le moins pénible de nos efforts. À un moment donné, nous vivions sur le pied de 45 000 fr par mois et n'en avions que 16 000 de fixe, car ce ne fut que tout à la fin que nous eûmes une aide du Secours national. Nous eûmes, à notre bénéfice, des concerts (d'Indy, Bathory), une représentation avec conférence (Claudel, Copeau), des appels dans les journaux, ce *Book of Réfugiés* de Mrs Wharton, publié en Amérique, et des articles. Gide eut bien du mal à faire le sien. Il disait très drôlement : "Ce ne sont pas les idées qui me manquent, mais la forme pour ça[52] !" »

Le 2 mars, *L'Intransigeant* annonça, avec un peu d'optimisme : « Nous avons le plaisir d'annoncer à nos lecteurs la collaboration régulière de M. André Gide, que ses œuvres d'une psychologie âpre et forte ont placé au premier rang des écrivains de notre jeune école. Depuis le début de la guerre, M. André Gide s'est consacré à l'œuvre du Foyer franco-belge, qui apporte son secours à tous les réfugiés. Nous publierons demain le premier article de M. André Gide. »

Le 3 mars parut en effet le premier, mais aussi dernier article de Gide, consacré à la cause du Foyer. Cet article fut repris, accompagné de sa traduction en anglais par Edmund Gosse, dans *The Book of France*, ouvrage collectif « vendu au profit du Comité de secours aux réfugiés des régions occupées ».

Pierre MASSON

52 Maria Van Rysselberghe, *Le Cahier* III *bis*, *op. cit.*, p. 62.

1936

DEUX « BILLETS À ANGÈLE[1] »

I

Saint-Louis du Sénégal

Chère amie

Je suis parti brusquement et sans même vous laisser le temps de me souhaiter bon voyage. Ce que je suis venu chercher ici, ce n'est ni l'exotisme, ni l'aventure, mais cette permission de travail qui m'est refusée à Paris.

Je ne suis pas si loin que n'aient pu m'atteindre tous les bruits de la France et du monde ; je n'en veux retenir aujourd'hui que la plainte de la Syrie, parce que je n'en ai trouvé l'écho dans aucun des journaux qui me sont parvenus jusqu'à ce jour. Cette plainte date du 26 janvier (1). Vous la lirez plus loin, si *Vendredi* ne l'a pas déjà publiée ; car j'envoie au bureau du journal, par même courrier, la lettre admirable de ce pays lésé, qui m'est directement parvenue avec un excellent exposé de la situation faite à ceux que nous sommes censés protéger, et l'historique de la question syrienne[2]. Ceux qui sont au courant de cette question m'affirment que cet exposé est scrupuleusement exact. Hélas !

---

1 Publié dans *Vendredi*, le 27 mars et le 13 avril 1936 ; repris dans le *BAAG* n° 189-190, printemps 2016.

2 En page 4 du même numéro de *Vendredi*, on trouve sur six colonnes l'article « Revendications syriennes », avec ce chapeau : « Nous publions ici le texte de l'appel du Comité national syrien qui nous a été communiqué par M. André Gide. Nous le faisons suivre d'un vivant reportage sur les récentes émeutes de Syrie, dont l'auteur a été le témoin. » Le reportage, signé Léon Bouvard, s'intitule « Journées d'émeutes ».

Ceci n'est qu'une bonne occasion de vous parler en patriote, à vous qui faites profession de l'être, et jusqu'au délire, jusqu'à ne point admettre qu'on puisse aimer la France sans être aussitôt « franciste » ou « croix de feu ».

Quand je vois le drapeau français, en Syrie, protéger l'exaction, c'est en tant que Français que je m'indigne. Je voudrais que ce drapeau ne fût pas sali, qu'il fût aimé non pas seulement par des Français, qu'il pût être respecté non pas seulement par commande et par force, mais bien pour les vertus qu'il représente, et lorsqu'il cesse de les représenter, lorsqu'il abrite des abus, des oppressions, de honteux trafics, je voudrais l'arracher des mains des trafiquants, des oppresseurs. Et c'est parce que je demeure français à travers l'internationalisme, que j'aime à voir notre drapeau flotter auprès du drapeau rouge, plus large car il n'est pas seulement celui d'un pays, mais de toute l'humanité douloureuse, et parce que je n'admets pas que pour être plus homme il faille devenir moins français. Puisse ce drapeau rouge n'abriter à son tour jamais les abus, l'injustice, et conserver ainsi sa supériorité sur tous les drapeaux des patries.

Et puisque je vous écris de Saint-Louis, laissez-moi bien vite ajouter que je suis heureux de ne trouver, au Sénégal, aucune des tristes raisons d'avoir à désavouer la France que m'offrait, en Afrique Équatoriale, l'affreux régime des concessions expropriatrices que je dénonçai dans la relation de mon voyage au Congo.

Mais lisez ces tristes nouvelles de Syrie, et dites-moi si, avec tout votre patriotisme, vous ne vous sentez pas de tout cœur avec ce pays contre la France, – je veux dire : contre ceux qui, représentant ici notre pays, le déshonorent.

Je vous reparlerai peut-être du Sénégal. Qu'on y trouve des choses à critiquer, il se peut : mais je n'ai su les voir encore. Il me suffit pour aujourd'hui d'avoir pu me convaincre que le peuple indigène serait beaucoup moins heureux sans nous ; qu'il le sent, et que nous lui avons donné, ici du moins, de bonnes raisons d'aimer la France.

(1) Il n'est pas sans intérêt de porter à votre connaissance que la situation en Syrie a beaucoup empiré depuis la date de l'appel en question : le sang syrien a coulé de nouveau, plusieurs députés et un millier de Syriens sont en prison ou déportés, et deux professeurs d'Université, les plus distingués, viennent d'être révoqués pour leur sentiment patriotique.

*

II

Saint Louis du Sénégal, 24 mars

Oui, je me suis tu lorsqu'on a fêté Henri Heine[3]. La raison de mon silence d'hier, je puis bien aujourd'hui vous la dire.

Il est vrai, Heine a charmé mon adolescence. Je l'aimais autant et plus que je n'aimais poète de France; et même lui garde un peu grief de m'avoir, lorsque j'étais d'âge encore tendre, invité à préférer à l'art certaine poésie flottante et vague (car je lisais alors dans la traduction), certain état musical sans contours arrêtés, qui, vis-à-vis de la forme, prenait ses aises et me persuadait flatteusement qu'on peut œuvrer sans grand effort ni exigence et simplement en se laissant aller. Ce conseil pernicieux fut, en moi, fort heureusement balancé, bientôt, par les strictes leçons du Parnasse, de Mallarmé et de Rimbaud.

Mais ce n'est pas de cela qu'il s'agit. Heine n'est pas seulement, et, pour nous aujourd'hui, n'est pas surtout le poète du *Buch der Lieder*. C'est en raison de son intelligence et de sa perspicacité singulière, plus encore qu'en raison de son sémitisme, que l'Allemagne de Hitler le répudie[4]. Je m'apprêtais donc à louer ce que la causticité de son esprit alerte avait apporté à la nuageuse épaisseur allemande d'incisif, de décisif et d'aigu. Et d'abord, ainsi que je fais lorsqu'il m'advient d'avoir à parler d'un auteur que je connais bien mais ai cessé depuis longtemps de fréquenter, je m'en fus chercher de l'élan dans un tome de ses *Œuvres complètes*; et, ouvrant ce tome au hasard (j'ai déjà dit que ce hasard me sert toujours, au point qu'il me ferait croire au diable ou à la providence), voici ce que j'y lus :

« Le christianisme a adouci, jusqu'à un certain point, la brutale ardeur batailleuse des Germains (qui, disait Heine plus haut, "se met en communication avec les pouvoirs originels de la terre, conjure les forces cachées de la tradition, peut évoquer celles de tout le panthéisme germanique et éveille cette ardeur au combat que nous trouvons chez les anciens Allemands"), mais il n'a pu la détruire, et quand la croix, ce talisman qui l'enchaîne, viendra à se briser, alors débordera de nouveau la férocité des anciens combattants, l'exaltation frénétique du

3 Heine était mort à Paris le 17 février 1856.
4 Les œuvres de Heine étaient interdites en Allemagne depuis l'autodafé de 1933.

Berseken[5] que les poètes du Nord chantent encore aujourd'hui. Alors, et ce jour, hélas ! viendra, les vieilles divinités guerrières se lèveront de leurs tombeaux fabuleux, essuieront de leurs yeux la poussière séculaire ; Thor se dressera avec son manteau gigantesque et démolira les cathédrales gothiques. »

O Rosenberg[6] ! Il continue, et tout ce passage pathétique serait à citer. (On l'a peut-être fait ailleurs.) Un peu trop long pour que je vous le copie, mais lisez-le. Vous le trouverez à la fin du troisième chapitre du premier livre *De l'Allemagne.*

Et, comme répondant à ce désir d'entente que tant d'entre nous, et moi-même, nourrissions avant le hitlérisme, « lors même que la moitié du peuple allemand vous aimerait (vous, les Français) ajoute Heine, cette plus belle moitié c'est justement celle qui ne porte pas d'armes, celle dont l'amitié vous servirait peu. » Oui, celle même que Hitler a subjuguée, bâillonnée, domptée. Et Heine conclut :

« Dans tous les cas, Français, je vous conseille d'être sur vos gardes ; qu'il arrive ce qu'il voudra en Allemagne, que le prince de Prusse ou le docteur Wirth[7] (ou que Hitler) parvienne à la dictature, tenez-vous toujours armés, demeurez tranquilles à votre poste, l'arme au bras. Je n'ai pour vous que de bonnes intentions, et j'ai presque été effrayé quand j'ai entendu dire dernièrement que vos ministres avaient le projet de désarmer la France… »

Alors, comme il me gênait fort d'aider la voix de la sagesse à s'élever à l'encontre de mon humeur et de mes vœux, je me suis abstenu de parler ; d'autant plus que je venais de lire les déconcertantes déclarations de Romain Rolland surabondant dans ce même sens[8]. Mais une fois de plus j'ai pensé : ah ! que n'avons-nous lié partie avec cette « plus belle moitié » du peuple allemand, alors que, pour un temps dont il eût fallu

5 Les Bersekers étaient des guerriers vikings au service d'Odin, que l'absorption de drogues mettait dans une fureur sacrée et destructrice.

6 Alfred Rosenberg (1893-1946), idéologue et dignitaire du parti nazi, était en particulier responsable de la « Fédération de la Préhistoire du Reich », s'inspirant des thèses d'Hermann Wirth (1886-1981), proche d'Himmler, pour affirmer l'origine nordique de la race aryenne.

7 Georg Wirth (1798-1848) fut un homme politique qui lutta pour la liberté de la presse et l'unité de l'Allemagne.

8 Reniant son pacifisme de jadis, Romain Rolland avait publié le 24 janvier dans *Vendredi* un article, « Pour l'indivisible paix », qui prônait l'alliance de la France et de l'Angleterre avec l'URSS pour lutter contre Hitler.

profiter, elle était la prépondérante et que l'autre moitié, la belliqueuse, s'était encore mal ressaisie ; alors qu'il était temps encore... C'est à l'internationalisme, non point au hitlérisme, au fascisme, que l'idée de patrie doit céder.

Reprenant ensuite ce livre depuis le début et poussant jusqu'au bout ma lecture, j'y trouvai ces lignes encore que j'ai plaisir à copier :

« Nous eussions aussi supporté tranquillement Napoléon ; mais nos princes, tout en espérant que Dieu les délivrerait, se livrèrent en même temps à la pensée que les forces réunies de leurs peuples pourraient bien y faire quelque chose : on chercha dans ce dessein à réveiller un sentiment commun à tous les Allemands ; et alors les personnages les plus éminents parlèrent de la nationalité allemande... On nous commanda le patriotisme ; et nous devînmes patriotes ; car nous faisons tout ce que nos princes nous commandent. Il ne faut pas cependant se représenter sous le nom de patriotisme le sentiment qui porte ce nom ici en France. Le patriotisme du Français consiste en ce que son cœur s'échauffe, qu'il s'étend, qu'il s'élargit, qu'il enferme dans son amour, non pas seulement ses proches, mais toute la France, tout le pays de la civilisation ; le patriotisme de l'Allemand, au contraire, consiste en ce que son cœur se rétrécit, comme le cuir par la gelée, qu'il cesse d'être un citoyen du monde, un Européen, pour n'être plus qu'un étroit Allemand. Nous vîmes alors la balourdise idéale mise en pratique par le sieur Jahn[9], et ce fut l'aurore de la teigneuse et rustique opposition contre le sentiment le plus noble et le plus saint de tous ceux qu'a produits l'Allemagne : contre cet amour de l'humanité, contre cette fraternité universelle, ce cosmopolitisme qui ont été professés en tout temps par nos grands génies, par Lessing, par Herder, par Schiller, Goethe, Jean Paul et toutes les âmes élevées de notre patrie. » (*De l'Allemagne*, tome I, p. 213.)

Tout cela n'est-il pas, hélas, à présent, plus vrai que jamais ? Si j'ai copié pour vous tout au long ce passage, c'est que m'y plaît beaucoup tout ce que Heine dit du patriotisme français, si différent de ce patriotisme à l'allemande que certains voudraient nous imposer aujourd'hui[10].

---

9 Friedrich Jahn (1778-1852) fut un éducateur, promoteur de la gymnastique et du nationalisme allemand.

10 C'est en 1936 que Jacques Doriot fonde le Parti Populaire français, auquel adhère aussitôt Drieu La Rochelle.

NOTICE

Le 11 février, Gide s'est embarqué à Marseille, en compagnie de Marcel de Coppet récemment nommé Gouverneur général de l'A.O.F. Il l'accompagne à Saint-Louis du Sénégal avec le désir de s'éloigner un moment de l'agitation liée à ses divers engagements, avant d'aborder son grand voyage en URSS, mais aussi pour travailler à *Geneviève*. Le 12, en mer, il note : « Fuir ! habiter pour un temps je ne sais quelle région abstraite, creuse et démeublée, où s'abstenir de vivre, de juger, sans trahir ni déserter pourtant aucune cause. » Il ne revient en France que le 17 avril.

Malgré cela, l'actualité le rattrape sous la forme d'une lettre adressée « à Monsieur le Président du Comité international pour la défense du peuple éthiopien et de la paix ». Ce comité était présidé par Pierre Cot, Norman Angell et Manuel Azana, mais comportait aussi des membres comme Luc Durtain et Jules Romains. C'est peut-être par l'un d'eux que Gide eut communication de cette lettre. *Vendredi*, que dirigeaient André Chamson et Jean Guéhenno, était l'un des journaux de gauche auxquels il collaborait à cette époque ; il venait d'y donner un hommage à Romain Rolland.

Le second Billet, en dépit des apparences, est lui aussi commandé par l'actualité. Heine, avec son *Buch der Lieder*, avait servi à Gide, dans le « printemps de sa seizième année », d'introducteur à la poésie, comme il le raconte dans *Si le grain ne meurt*. Mais il est ici le moyen de condamner le bellicisme hitlérien, et plus globalement de prolonger l'opposition entre l'âme allemande et le génie français, que Gide mène depuis vingt ans.

Pierre MASSON

POUR EDGAR ANDRÉE
Préface[11]

Nous assistons de nos jours à une tragique dépréciation de la valeur humaine. De tous côtés, ce sont les meilleurs qui sont sacrifiés. Déjà par héroïsme, par abnégation nous les voyons s'offrir d'eux-mêmes. Dans chaque guerre ce sont les premières victimes, tandis que les plus lâches ont le plus de chance de s'en tirer. Vienne la paix, cette trompeuse paix fasciste avec la dictature, ce sont les plus accommodants qui s'en tirent, de sorte que bientôt, et si des gens comme Andrée n'interviennent, il ne resterait plus sur terre que des pleutres, des hypocrites et des niais. Il ne restera plus que des gens qui ne s'apercevront même plus de l'épanouissement de la terre, et qui se féliciteront de ce que l'opposition est vaincue.

NOTICE

« Alix Guillain », notait la Petite Dame dans ses *Cahiers*, le 22 octobre 1936, « m'avait chargée hier d'une requête pour Gide ; elle voudrait de lui quelques mots d'introduction pour une brochure sur Edgar Andrée, ce communiste allemand injustement condamné à mort par les tribunaux nazis. » Et, le lendemain, 24 octobre : « Ce matin elle téléphone à Gide à ce propos et il l'engage à venir en parler à l'heure du thé. Au déjeuner, il me dit : "Je réfléchis que s'il est prudent de ne pas répandre mon opinion sur l'URSS avant la publication de mon livre, il n'est pas bien, devant certains, de faire le cachottier ; ainsi, dès aujourd'hui je voudrais avertir Alix." [...] Alix et Groet arrivent à l'heure du thé et tout de suite il est question de la brochure à préfacer. Il leur lit à haute voix la petite introduction qu'il a rédigée. À un moment donné, voulant flétrir l'action néfaste de la tyrannie, Gide use du mot dictature. Alix

11 Préface à Martha Berg Andrée, *Edgar Andrée, mon compagnon de lutte*, Paris, Éditions universelles, 1936 ; repris dans le *BAAG* n° 43, juillet 1979.

aussitôt dit : “Ne pourriez-vous pas mettre fascisme à la place, sinon on va englober la Russie dans ce jugement ? – Mais c'est que je l'englobe, moi”, dit Gide. Un assez long silence. La phrase finit par s'arranger à la satisfaction de chacun, l'important était du reste de donner à Alix cette petite indication[12]. »

Né le 17 janvier 1894, condamné à mort par le Tribunal de Hambourg (pour assassinat, rébellion à main armée et complot) le 10 juillet 1936, Edgar Andrée a été exécuté à Hambourg le 4 novembre 1936. La brochure a donc été écrite dans le cadre de la vaste campagne internationale entreprise pour la libération d'Andrée ; les quelques lignes de la préface, on l'a vu, ont été rédigées par Gide le 23 octobre. Mais la publication n'est intervenue qu'après l'exécution de l'ancien chef du Front Rouge de Hambourg (Front Kaempfer Bund) ; datée de novembre 1936 au titre intérieur et reproduisant *in fine* un extrait d'une « Résolution des Jeunesses Communistes de France » parue dans *L'Humanité* du 11 novembre, la brochure dut paraître au cours de la seconde quinzaine de ce mois,

Cette brochure de Martha Berg Andrée, *Edgar Andrée, mon compagnon de lutte*, fut publiée en novembre 1936 aux Éditions Universelles (55, rue de Rivoli, Paris I). Cette plaquette de 31 pages 18 x 13,5 cm est constituée pour l'essentiel de souvenirs sur le chef révolutionnaire écrits par sa compagne, suivis d'extraits de journaux relatant et commentant l'exécution d'Edgar Andrée et précédés d'une note de Martha Berg Andrée[13], de la préface d'André Gide (p. 5) et d'un bref extrait d'un article de Louis de Brouckère, président de l'Internationale Ouvrière Socialiste.

Claude MARTIN

---

12 *CPD*, II, p. 562-563. (« Mon livre » : c'est-à-dire le *Retour de l'URSS*, alors sous presse).

13 « Edgar était encore vivant lorsque j'ai écrit cette brochure. Ils l'ont maintenant tué. Mon Edgar, notre Edgar. Ces lignes paraissent trop tard pour pouvoir sauver sa vie. Qu'elles soient capables d'émouvoir le monde, afin de sauver la vie de Thaelmann, la vie de tant de nos frères menacés de mort. Si je puis encore écrire, si je puis encore penser, si je puis encore vivre, ce n'est que pour pouvoir continuer notre lutte jusqu'à la victoire. Dans cette lutte, l'esprit d'Edgar nous guidera ! » (Ernst Thaelmann, chef du Parti communiste allemand et ancien candidat en 1925 à la présidence du Reich, avait été emprisonné le 3 mars 1933 ; l'année suivante, un « Comité International pour la Libération de Thaelmann et des Antifascistes Allemands emprisonnés » avait été formé, présidé par André Gide, Paul Langevin et André Malraux.)

1938

GIDE ET LA QUESTION JUIVE[1]

Déclaration de M. André Gide.

Bien qu'en principe M. André Gide n'accorde jamais d'interview, à aucun journaliste, il a tenu à faire une exception pour une question qui lui tient à cœur et en faveur de notre revue. Voici la déclaration que nous a faite le grand romancier français :

« Je relis les quelques déclarations que vous preniez hier sous ma dictée. Elles me paraissent informes et je ne doute pas que vous-même ne les trouviez telles. Plus je cherche à les travailler afin de les rendre plus présentables, plus tristement je me persuade de mon incompétence. Je n'ai pas qualité pour parler de la question juive de manière à jeter quelques clartés nouvelles sur cet angoissant problème. Mais du moins puis-je déclarer mon indignation profonde devant un crime collectif qui dépasse en férocité, en perfidie et en lâcheté ce que l'on pouvait craindre d'un régime d'oppression ; crime dont je me refuse à tenir le peuple allemand lui-même pour responsable. Indépendamment de toutes considérations diplomatiques, la médiocrité des réactions, en France, devant de tels abus de pouvoir, m'apparaît comme un triste signe de décadence morale et de diminution de vertu. Il importe d'autant plus que quelques-uns du moins fassent entendre, et d'autant plus hautement, leur protestation. Nous devons savoir gré à votre revue d'y aider. » *(Recueillie par A. M.)*

---

1 Publié dans la *Revue Juive de Genève*, 7e année (3), n° 63, décembre 1938, p. 105 ; repris dans le *BAAG* n° 53, janvier 1982.

NOTICE

1938 est l'année de la radicalisation et de l'accélération des mesures antisémites visant à éliminer toute présence juive, en particulier dans l'économie, et à encourager une émigration massive. C'est ainsi que la loi du 26 mars oblige tous les Juifs du *Reich* à déclarer la totalité de leur fortune aux autorités et permet à Goering de disposer des biens déclarés « conformément aux besoins de l'économie allemande ».

D'autre part, une série de rafles a lieu à Berlin durant l'été 1938. Mille cinq cents Juifs sont internés dans des camps de concentration. Des expulsions, des destructions des biens et de lieux de culte ont également lieu : le 9 juin, la synagogue de Munich et le 10 août celle de Nuremberg sont dynamitées. Enfin le 9 novembre a lieu le pogrom de la « Nuit de cristal » organisé à l'échelle de l'Allemagne tout entière.

À cette époque, Gide se tient désormais à l'écart de la politique. En revanche, l'actualité l'amène à s'intéresser à la question juive, ou plutôt à certains Juifs, et ce faisant à faire évoluer sensiblement ses préjugés dépréciatifs, tels qu'il avait pu les formuler dans son *Journal* en 1914 et en 1931. Dans *La NRF* d'avril, il publie « Les Juifs, Céline et Maritain » où il proclame le « côté positif de l'apport de la race juive », tout en sous-estimant la menace des propos céliniens. Le 5 juin, quand tombe le cabinet Blum, il éprouve le besoin de rappeler dans *Vendredi* son amitié pour son ancien condisciple. Il n'est donc pas étonnant qu'après la Nuit de cristal, il soit sollicité par Arnold Mandel, directeur de la *Revue Juive de Genève*, pour exprimer son indignation. Le 9 décembre, il écrit à Mandel, apparemment à la suite d'une interview téléphonique qui ne l'avait pas satisfait :

> Cher Monsieur,
>
> Je pense que la déclaration que voici répondra mieux à ce que vous souhaitiez de moi. Je laisse la Revue Juive libre de la reproduire et vous prie de croire à mes sentiments bien attentifs.
>
> A. G.

Par la suite, Gide aura l'occasion de manifester sa solidarité avec les Juifs persécutés, par exemple en favorisant la fuite de Jean Malaquais vers l'Amérique, en 1942.

Pierre MASSON

1944

« RÉPONSE À UNE ENQUÊTE[1] »

Oui, la France a traversé les jours les plus tragiques sans doute de son histoire ; et son supplice n'a pas encore pris fin. Mais j'ai la ferme conviction que, de cette cruelle épreuve, elle sortira rajeunie, fortifiée, purifiée. Cette conviction n'a cessé de grandir en moi depuis que les forces de la résistance ont commencé de prouver leur valeur. Au moment où le Général de Gaulle a lancé son premier appel, la situation paraissait désespérée. Il a su réveiller, par son appel, nos vertus latentes et rallier autour de lui nos jeunes valeurs dispersées, alors que tout espoir paraissait chimérique et vain. L'oppression allemande a, par son horreur même, restauré dans une souffrance commune le sentiment de la patrie. Les paysans de toutes nos provinces se sont dès lors sentis solidaires et, peu à peu, même les plus égoïstes intérêts se sont rattachés aux plus nobles éléments de la Résistance. Car il n'y a pas à tenir compte de ceux que l'envahisseur a su intimider, acheter, éblouir, terroriser ou séduire, non plus que de ceux qui se sont laissé entraîner dans les fondrières par le gouvernement falot de Vichy et qui, croyant la partie perdue, firent mine de s'accommoder de l'Allemagne et cherchèrent parfois à la flatter en secondant sa domination. Comprenant leur erreur, certains voudraient aujourd'hui ne l'avoir point commise. Ils comprendront, mais trop tard, qu'en cherchant à se dérober à l'épreuve d'hier, ils risquent aujourd'hui d'être vomis par la France ressuscitée.

Ce que sera cette France nouvelle, qui peut le dire ? Les jeunes gens. J'ai connu nombre d'entre eux, du temps que je vivais encore en France. Leur courage, leur résolution, leur ferveur étaient admirables. C'est à eux que nous devons d'avoir repris confiance.

---

1 Publié dans *L'Arche* n° 6, octobre-novembre 1944, p. 129-132 ; repris dans le *BAAG* n° 147, juillet 2005.

Hélas ! certains, et des meilleurs, ont déjà donné leur vie ; car l'Allemagne choisit bien ses otages ; elle ne frappe pas au hasard. Mais ce n'est pas en vain qu'ils seront tombés : leur vertu, même après leur mort, continue d'inspirer ceux qui leur survivent et leur enthousiasme est contagieux. La France héroïque avait besoin, pour revivre, de ces martyrs. Ils étaient le sel de la France et ont redonné au pays sa saveur.

*

Je voudrais pourtant répondre avec plus de précision à votre seconde question. Je crois que l'on peut parler d'une France nouvelle ; mais non point d'une « nouvelle culture ». La culture d'un peuple est une chose continue ; elle ne cesse point d'être la même et se rattache tout naturellement au passé. L'erreur, pour la France, serait de voir son salut dans un *retour* au passé, fût-ce au passé révolutionnaire. Et nul de nous ne peut prévoir les nouvelles formes que saura prendre à l'avenir notre vieille et permanente civilisation.

*

Certains malins nous disent que, dans cette guerre, de grands intérêts financiers, industriels et commerciaux se cachent sournoisement sous le couvert des revendications idéales. Je veux bien le croire, et que ces intérêts sont puissants. Mais je crois que, à leur insu même, ces intérêts sont dominés, comme l'est aussi la matière, par l'esprit. J'ai cette naïveté de croire à l'honnêteté de l'Angleterre et de l'Amérique, et n'admets pas qu'elles cherchent « à nous rouler ». Ou, si l'on préfère : je crois qu'il est de leur intérêt d'aider à la restauration de la France, de lui redonner sa place et de reconnaître son rôle important dans l'Europe de demain, aux côtés de l'immense et glorieuse Russie. La puissance de l'argent est la même dans tous les pays ; mais l'argent s'incline devant les valeurs irremplaçables et incomparables de la France dans tous les arts et dans le domaine de la pensée, qui n'ont jamais été plus florissantes. L'Allemagne le savait bien, qui cherchait à les apprivoiser, les acheter ou les réduire, aussi longtemps qu'elle n'eut pas compris que, sur ces valeurs, la force brute n'avait pas de prise, ne pouvait rien.

Je crains qu'il n'y ait aucun amendement à attendre, à espérer, de l'Allemagne façonnée par Hitler. Il importe que, non seulement elle soit vaincue, mais qu'elle *se sente* vaincue ; et que nous ne recommencions pas cette grave erreur de la guerre précédente, de ne point pousser la victoire jusqu'au cœur du pays, jusqu'à Berlin. Tout le monde est d'accord là-dessus, n'est-ce pas ?

J'estime que toute conversation avec l'Allemagne hitlérienne est impossible. Cette génération formée sous le signe de la croix gammée ne veut ni ne peut entendre raison. Il n'est naturellement pas question de supprimer l'Allemagne ; mais de s'assurer de son impuissance et de la mater. Seule une nouvelle génération, plus sainement éduquée et devenue consciente des néfastes et ruineuses erreurs de la précédente, sera capable de reprendre une place honorable dans le concert européen. À ce travail patient de rééducation, il serait souhaitable que les principaux des grands bannis fussent appelés en consultation ; ceux qui surent comprendre dès le début à quel désastre menait fatalement le *credo* des Nazis. Je ne songe pas seulement ici au désastre de la défaite. Le triomphe de l'hitlérisme eût entraîné, moralement et intellectuellement, non seulement pour tous les peuples vassalisés, mais pour l'Allemagne même, une ruine pire. Et si je crois que la France, dans le concert européen de demain, est appelée à jouer un rôle important, c'est qu'il n'est pas de pays qui répugne plus au « totalitarisme », sous quelque forme qu'il se présente, ni qui soit mieux prévenu contre lui.

Née de la doctrine totalitaire, l'idée de l'autarcie me paraît à peu près aussi néfaste qu'elle, avec tout ce qu'elle comporte de suffisance. La grande force des Argonautes légendaires, et ce qui assurait leur union, venait de ce que, diversement doués et favorisés, ils ne cessaient jamais *d'avoir besoin les uns des autres.* Il doit en aller de même pour les pays et pour les nations ; et c'est ainsi que la nef européenne pourra cingler allègrement vers un idéal commun d'émancipation progressive de l'homme, idéal qui doit unir, aujourd'hui et demain, l'Amérique, l'Angleterre, l'URSS et la France, et dont doivent bénéficier tous les peuples, même ceux qui n'auront pas pris part au combat ; mais surtout ceux qui auront le plus vaillamment, glorieusement ou désespérément lutté contre la domination hitlérienne, comme la Grèce et la Yougoslavie. Toute désunion, tout désaccord entre ces grandes puissances aurait une répercussion immédiate en France et dans tous les autres pays, et l'idée de *parti* risquerait de l'emporter sur l'idée même de patrie. Mais je crois que la question sociale, sitôt après la victoire assurée, est appelée à dominer de très haut toutes les autres.

NOTICE

Ce texte a été composé en juillet 1944 en réponse à un questionnaire du *Sunday Times*, dont voici la traduction :

1. La France semble être sortie extraordinairement purifiée de l'épreuve de l'occupation allemande. Quels sont à votre avis les signes de cette renaissance morale, intellectuelle, et matérielle ? Quelle idée vous faites-vous de cette France nouvelle ? Sera-t-elle très différente de celle que nous avons connue avant la guerre ?
2. Pensez-vous que la période d'agonie que la France a traversée a provoqué, ou peut provoquer, maintenant ou plus tard, une renaissance, voire une révolution de la culture ? À ce propos, j'ajouterai que certains prétendent que nous nous sommes battus en vain, que cette guerre amènera peu de changements, peu d'améliorations, sans parler de révolution. Voudriez-vous donner votre avis ?
3. Certains pensent que la France ne peut redevenir rapidement une grande puissance. Partagez-vous ce point de vue ?
4. Que devraient être, selon vous, la position de la France après la guerre, son rôle parmi les nations européennes, ses relations avec l'Angleterre et l'Allemagne ?

On voit Gide réfléchir à ces questions, dans ses notes du 5 juillet, employant des tournures qu'il reprendra dans son article et que, pour cette raison sans doute, il ne donnera pas dans l'édition Gallimard de son *Journal* : « Que la France sorte de cette âpre lutte grandie, c'est ce qui commence d'éclater aux yeux, et qui gonfle mon cœur de confiance et d'espoir » ; « Ces jeunes citoyens d'une patrie renouvelée, qu'aura forgée la Résistance, [...] dessinent la figure même de la patrie. »
Deux jours plus tard commençait une polémique qui allait durablement s'amplifier. Courant juin étaient parues, dans le n° 3 de la revue *L'Arche*, des « Pages de *Journal* » où figuraient les réactions de Gide au moment de l'armistice de 1940. Trois assertions en particulier pouvaient retenir l'attention, qui mettaient en doute le patriotisme des Français. Le 7 juillet, un des membres de l'Assemblée consultative provisoire

d'Alger, le député communiste Giovoni, avait pris prétexte de ces passages pour qualifier Gide de « traître » et réclamer son emprisonnement. Le 12 juillet, le journal communiste *La Liberté* reproduisit ces propos sous le titre « Mort aux traîtres ! » Ce sont ces attaques, qui inquiétaient Jean Amrouche, qui amènent Gide à préciser, le 16 : « C'est souvent lorsqu'elle est le plus désagréable à entendre qu'une vérité est le plus utile à dire, et lorsqu'elle risque de rencontrer l'opposition la plus vive. » Et encore, réfléchissant sur son rôle à venir, il ajoutait ces lignes publiées seulement en 1996 : « Rôle difficile entre tous, et de faire comprendre que la France perd sa valeur et sa signification dans ce monde, en se faisant "totalitaire[2]". »

La polémique autour des *Pages de Journal*, reprises en volume en octobre à Alger, allait se prolonger de l'autre côté de la Méditerranée lorsque, le 25 novembre, en tête des *Lettres françaises* où Gide avait donné la semaine précédente sa « Délivrance de Tunis », Aragon lança une longue attaque qui se terminait ainsi : « Je ne demande pas qu'on fusille M. Gide, je demande qu'on ne le publie pas dans *Les Lettres françaises.* »

Si les amis de Gide, Paulhan, Schlumberger, Martin du Gard, lui conseillent alors de ne pas réagir publiquement, des remous se font dans la presse, majoritairement favorables à Gide ; c'est ce qui l'encourage à réagir de façon discrète, comme le montre cette lettre qu'il adresse à Malraux le 9 décembre : « [...] Je me persuade volontiers que l'article d'Aragon excite les esprits surtout contre lui-même ; on me le dit et j'en reçois des preuves de tous côtés. Cela m'aide à garder silence ; je n'y ai du reste aucune peine ; mais je crois (avec Amrouche) opportun de ressortir certaine réponse (restée, je ne sais pourquoi inédite) à une enquête du *Sunday Times*, qui marque énergiquement, et assez éloquemment je crois, ma "position". Amrouche, qui doit regagner Paris dans deux, ou trois jours, la confiera... à *Combat* sans doute (de préférence au *Figaro*) après avoir consulté Jean Schlumberger à ce sujet. [...] La querelle dépasse de beaucoup ma personne. Ils prétendent soumettre les esprits à un régime de "Terreur". C'est une nouvelle forme du fascisme, du nazisme, du totalitarisme, de ce que précisément, l'on prétendait combattre, et contre qui il importe de lutter : le conformisme. »

---

2 *J2*, p. 995.

On ne sait si cette réponse au *Sunday Times* fut effectivement publiée à Londres. En revanche, un large extrait allait paraître dans *Combat* le 23 décembre, tandis que *L'Arche* n° 6 le reproduisait intégralement, en le faisant précéder du questionnaire du *Sunday Times*. En faisant l'éloge de la Résistance, en insistant sur le nécessaire écrasement de l'hitlérisme, Gide s'efforçait de corriger l'apparence de défaitisme que ses lignes de 1940 avaient pu produire ; surtout, en s'en prenant au « totalitarisme », et à l'« esprit de parti », c'est à Aragon et au parti communiste qu'il pensait.

Pierre MASSON

1940-1945

Reconnaissance à la Grèce

1940[1]

Cabris, 31 décembre 1940.

Mon cher Constantin Dimaras

J'ai lu votre lettre avec une émotion profonde : aussi parce que je croyais toute correspondance devenue impossible entre nos deux pays ; c'est bien pourquoi je n'essayais même plus d'écrire à Robert Levesque, encore que je n'aie jamais pensé à lui davantage et que j'eusse ardemment souhaité pouvoir, à travers lui, vous atteindre, vous transmettre ma sympathie. Ah ! que ce mot est faible pour exprimer le sentiment ardent et enthousiaste qui me gonfle le cœur.

Valeureux peuple grec ! comprenez-vous ce que vous êtes pour nous, aujourd'hui ? Durant des mois affreux, nous n'avions connu que faillites et que déboires, l'effondrement de nos motifs de fierté, de nos espoirs… et soudain, comme du fond d'un passé très cher, votre voix, aimée entre toutes, s'élève et domine aussitôt les confuses rumeurs de l'enfer. Avec quelle attention émue, palpitante, avec quelle dévotion nous l'écoutons ! Vous représentez pour nous le triomphe de la vertu vaillante, du vrai mérite, celui du petit nombre. Et quelle reconnaissance va vers vous pour avoir donné à l'humanité tout entière quelques raisons de confiance en l'homme, d'admiration, d'amour et d'espoir.

Avec vous de tout mon cœur et de toute ma pensée,
André Gide

1 Publié dans le *BAAG* n° 39, juillet 1978.

1942[2] (?)

En décembre 1940, j'adressai à Constantin Dimaras, par l'entremise de mon jeune ami Robert Levesque, chargé de cours à Athènes, une lettre que je souhaitais [savoir divulguée par les journaux gr[3]] voir reproduite et divulguée. Il me tenait à cœur (encore que cela fût en ce temps fort « compromettant ») de déclarer ouvertement mon enthousiasme pour l'admirable résistance du peuple grec devant l'agression italienne, son courage et sa résolution qui sut tenir en échec longtemps et triomphalement des forces considérablement supérieures en nombre, mais manifestement inférieures en valeur morale, en courage – je devrais dire : en héroïsme – et en dignité. Que tant d'efforts et que de si vertueuses énergies aient dû se replier enfin devant la rescousse colossale des forces tudesques, ce fut un drame atroce, inique, qui révoltait la conscience et indignait la meilleure part de nous-même et de tous les honnêtes gens. [Je n'ai malheureusement pas conservé le texte de ce message, qui n'est jamais parvenu à destination, mais dont je retrouve mention dans mon *Journal*.] Je croyais ce message perdu… [J'apprends qu'il n'en est rien.] Quoi qu'il en soit, j'ai joie à le renouveler aujourd'hui, aussi chaleureux qu'hier, aussi fervent. Nourri depuis mon enfance par la Grèce, élevé dans et par le culte de ses héros historiques ou légendaires, (mais la légende ici reflétait la réalité) j'éprouve la satisfaction morale et intellectuelle la plus vive, la plus réconfortante et encourageante, à pouvoir mettre au présent mon admiration d'antan et mes enthousiasmes renouvelés, et crier de tout mon cœur et de toute ma pensée : Vive la Grèce.

2 Publié dans le *BAAG* n° 40, octobre 1978.
3 Mot tronqué : grecs.

1945[4] (?)

Le « miracle grec », a-t-on dit... Un miracle que mon intelligence accepte, car il n'a rien de surnaturel : victoire de l'Esprit sur les fatalités obscures, de l'harmonie sur le désordre, de l'éloquence sur l'indicible, de la beauté sur l'informe.

L'admirable, c'est que ce triomphe, l'homme l'obtient sans rien résigner de ses facultés poétiques ; c'est que, par delà la révolte et la lutte, grandi des dépouilles des Dieux, il ne se fait pas oppresseur à son tour ; c'est qu'il établit, dans le triomphe même, une sorte de tempérance ; c'est qu'il triomphe en souriant. L'exemple que la Grèce donnait au monde, de part en part, fut une invite à la Culture. On n'imagine pas notre civilisation sans la Grèce, et tous les peuples occidentaux, mais très particulièrement la France, nous lui devons une obligeance infinie.

Toutefois, jusqu'aux sursauts récents de cette guerre, c'est vers l'Hellade antique, surtout et presque uniquement, qu'allait notre reconnaissance. Avec quelle émotion, aussi bien, pûmes-nous voir, en 1940, que les héros semi-légendaires, qui déjà revivaient en Canaris et Botzaris lors de la lutte pour l'indépendance[5], trouvaient, de nos jours encore, de légitimes héritiers. Nulle part et jamais la « supériorité » massive de la machine allemande ne nous parut plus inique et plus détestable que dans son intervention contre la poignée de défenseurs grecs, sinon victorieux.

Mais c'est avec une émotion non moins vive que j'apprends à connaître aujourd'hui, grâce aux présentations et aux excellentes traductions de mon jeune ami Robert Levesque, quel réveil ou renaissance littéraire accompagne, ainsi qu'il se doit, ce glorieux ressaisissement patriotique. En un temps où l'ombre de toutes parts nous assiège, où la dignité de l'homme est en jeu, en péril ce qui fait, ce qui fit, sa valeur, où notre raison d'être sur terre, tout conspire à la mettre au passé – quel réconfort de sentir la Grèce encore présente, de savoir et pouvoir nous redire qu'elle n'a pas démérité.

4 Publié dans le *BAAG* n° 39, juillet 1978.

5 Constantin Canaris (1790-1877) et Marcos Botzaris (1786-1823), deux héros de la lutte pour l'Indépendance de la Grèce. Marin, le premier est célèbre pour avoir incendié la flotte turque dans la rade de Chio en 1822.

NOTICE

Nous rassemblons ici trois textes qui manifestement ne constituent qu'un seul message, celui du soutien de Gide à la Grèce en guerre, d'abord attaquée par les troupes italiennes, puis soumise aux forces allemandes, avant d'être libérée en 1945. L'intérêt de Gide, remontant à sa formation lycéenne classique, avait été ravivé par le séjour qu'il venait d'y faire en mars-avril 1939 en compagnie de son ami Robert Levesque qui avait été nommé professeur dans l'île de Spetsaï. À Athènes, Gide rencontre plusieurs écrivains grecs, en particulier le poète et traducteur Constantin Dimaras. C'est lui qui sollicita Gide, fin 1938, pour manifester son soutien à la Grèce attaquée depuis le 28 septembre par l'Italie fasciste. Cette lettre était donc un message destiné à être publié, et dont on sait qu'il circula au moins clandestinement sous forme de copies. Dans son *Journal*, le 7 janvier 1941, Gide écrivait en effet : « Je tâche par la légation grecque de Vichy de faire parvenir à Constantin Dimaras une lettre que je pense qu'il fera paraître dans quelque journal d'Athènes. Puisse quelque écho de cette lettre parvenir en France ! J'en suis à souhaiter des réprimandes qui remettraient les choses au point. Il ne m'a jamais plu de me tenir du côté non plus du conformisme que du confort[6]. » Car il s'agissait aussi pour Gide de contrebalancer « le mauvais effet produit par [s]a collaboration à *La NRF*[7]. »

Le second texte, qui renchérit sur le premier, est manifestement conçu comme un nouveau manifeste destiné lui aussi à être diffusé. Il pourrait être du second semestre 1942, si l'on s'appuie sur ce passage du *Journal* de Robert Levesque, en date du 11 mai : « J'apprends qu'il court dans Athènes une lettre de Gide adressée à un certain R. L. On en a vu et entendu une copie dactylographiée, laquelle commence : "Enfin une voix de la Grèce !" Je savais bien que des lettres de G. ne m'étaient point parvenues. Mais si celle-ci est authentique, ce serait un peu raide[8]... »

6 *J2*, p. 745.

7 André Gide, Dorothy Bussy, *Correspondance*, t. III : *janvier 1937-janvier 1951*, Paris, Gallimard, 1982, p. 600.

8 André Gide, Robert Levesque, *Correspondance 1926-1950*, Lyon, PUL, 1995, p. 352.

Il pourrait s'agir en réalité de la lettre à Dimaras qui évoque la voix du peuple grec, et qui fut en effet l'objet de copies. Et avec plus ou moins de retard, c'est tout de même en 1942 que Gide l'aurait appris, pouvant alors écrire « Je croyais ce message perdu… [J'apprends qu'il n'en est rien] ».

On ne sait si le troisième texte a jamais été publié, mais il est probable qu'il était destiné à paraître dans un journal ou une revue grecs, au plus tôt en 1945, alors que commençaient à paraître les traductions d'auteurs grecs réalisées par Robert Levesque, devenu depuis l'été 1941 chargé de cours à l'Institut français d'Athènes. Depuis 1943, il traduisait Sikelianos, Elytis, Solomos. En décembre 1944, il envoie à Paulhan le manuscrit d'une étude sur Elytis, qui est finalement publiée à Athènes en mars 1945, et en septembre 1945, il se rend à Paris où il retrouve Gide, à qui il apporte ses volumes consacrés à Solomos et Séféris.

Pierre MASSON

1947

DISCOURS AUX FÊTES DE L'UNIVERSITÉ DE MUNICH[1]

Ne vous attendez pas à ce que je vous parle longtemps. Je ne suis pas préparé. Je vous parle du fond d'un cœur qui est profondément ému et plein de compassion.

Je ne suis pas venu à Munich avec un message particulier, mais pour vous écouter et pour m'instruire. J'ai toujours dit et conseillé d'écouter la jeunesse et de se faire instruire par elle. Je sais qu'il est difficile d'être jeune dans le temps où nous vivons. Il y a tant de problèmes matériels, dont le plus difficile est de se nourrir. J'ai eu la triste impression que les jeunes Allemands sont mal nourris. Je n'ai aucune compétence dans ces choses-là – et la terre entière souffre de privations. Mais les problèmes spirituels, qui appartiennent plutôt à mon domaine, sont également vastes. La jeunesse allemande a souffert pendant les douze dernières années d'un complexe de supériorité, ou plutôt : elle en a fait souffrir d'autres. Maintenant, il ne faut pas que ce complexe se transforme en complexe d'infériorité. Je voudrais que les jeunes Allemands aient le sentiment au cours de cette manifestation que nous leur parlons cordialement, sans aucun dédain, c'est-à-dire sans un sentiment qui serait entièrement déplacé.

En niant les théories des races enseignées pendant la dernière décennie, l'on prétend aujourd'hui que les races n'existent pas. À mes yeux, ceci est une erreur. Les races existent, c'est un fait. L'important est seulement qu'aucune race ne s'arroge le droit de dominer les autres. Il y a des races dont on n'a pas encore entendu la voix. Ce serait une erreur très grave

---

1 Discours publiés dans le *BAAG* n° 112, octobre 1996.

d'en conclure qu'elles n'ont rien à dire. Leur silence était parfois dû au fait que leur voix avait été étouffée. Nous voulons aujourd'hui permettre de parler à tous ceux qui ne se sont pas encore fait entendre. L'erreur fondamentale de tout totalitarisme, de quelque couleur politique qu'il soit, est la tentative de faire taire les minorités. Ce qui est souhaitable dans un État, ce n'est pas l'uniformité des voix, mais leur harmonie.

Aujourd'hui, nous attendons avec impatience d'entendre ceux qui jusqu'ici n'avaient pas le droit de parler. Dans ceci réside l'importance de cette manifestation, et je suis heureux d'y pouvoir participer. Pour cette raison, j'ai répondu à votre appel de tout cœur.

Jef Last a parlé ce matin de la joie. J'adopte les mots très forts qu'il a employés. C'est au milieu des ruines précisément que la joie est indispensable. Je me souviens d'une phrase du *Steppenwolf* de Hermann Hesse, qui m'a beaucoup impressionné : « Apprenez à rire, pour atteindre une ironie supérieure. Cessez de vous prendre trop au sérieux[2]. » Ceci est un conseil très important, et je crois que les jeunes Allemands ne l'ont pas encore compris. Dans ceci réside peut-être la différence subtile entre le peuple allemand et le peuple français. On prend trop vite pour de l'insouciance ce qui n'est qu'ironie ; par ceci j'entends la faculté d'être objectif par rapport à soi-même, de se voir sans se regarder fixement, et finalement de se juger soi-même sans prétention. En France, nous sommes souvent tombés dans une ironie excessive ; pourtant le rire des *Provinciales* de Pascal renforce encore le sérieux de ses *Pensées.*

Étant assez âgé pour avoir connu les périodes suivant les deux guerres mondiales, il me semble que la guerre de 1914 n'avait pas les conséquences inquiétantes que nous observons aujourd'hui. À l'époque, il n'y avait pas vraiment de rupture avec le passé. Aujourd'hui, il semble que les liens entre la génération qui vient et celle qui s'en va sont rompus. Les jeunes gens d'aujourd'hui coupent les ponts derrière eux et repoussent la main que les plus âgés leur tendent. Ce qui les caractérise (et je ne parle pas seulement de la jeunesse française), c'est le manque de confiance en l'avenir (hélas, qui n'est que trop justifié). Ils mettent toutes leurs espérances dans le présent. Dans la littérature et dans les arts, il n'est plus question de durée, on ne vise plus que l'effet de surprise, de choc,

2 Dans sa préface au *Voyage en Orient* de Hesse, écrite en juin de la même année, Gide cite ce passage du *Loup des steppes*, en le traduisant de façon légèrement différente (voir *EC*, p. 799).

et cela me paraît extrêmement douteux. Nos principaux efforts devraient tendre à donner à la jeunesse une raison d'avoir confiance en l'avenir. Que ces jours à Munich y contribuent ! Qu'ils amorcent le rapprochement mutuel des jeunesses de tous les peuples, qui se sont réunies pour déterminer si des alliances sont imaginables dans la sphère même de la culture ! La jeunesse est aujourd'hui en grand danger ; nous devons tout faire pour la protéger et pour la sauver !

*

DISCOURS À FRANCFORT

Je ne suis certainement rien moins qu'un orateur et je me méfie beaucoup de tout discours. On a beaucoup parlé de problèmes actuels. Il ne nous reste maintenant que des ruines et des problèmes. Pour l'artiste aussi, il y a des problèmes ; mais ce sont des problèmes que lui seul peut résoudre, et ceci non pas dans l'abstrait, mais au sein de l'œuvre d'art. On a remué beaucoup de problèmes ces derniers jours. On a aussi, j'espère, pris quelques décisions pratiques. Ce qui me semble pourtant le plus important, c'est qu'on a pu créer des liens humains, des contacts fraternels entre les hommes. Les deux très beaux discours du maire de Francfort m'ont particulièrement touché. Son raisonnement ainsi que l'expression de ce raisonnement ont été tellement clairs que je l'ai entièrement compris, ce qui n'était pas toujours le cas pour les autres discours plus abstraits. Monsieur le Maire a parlé de Goethe d'une manière tellement juste, que je n'oserais certainement pas ajouter quoi que ce soit à son discours, si je n'étais pas convaincu que l'opinion d'un étranger puisse apporter du nouveau. Par surcroît, Goethe n'appartient pas seulement à l'Allemagne, mais au monde entier. Et ceci est l'enseignement le plus important et le plus valable que je voudrais tirer aujourd'hui de sa présence parmi nous. Chaque nation a pu participer hier a la reconstruction de la maison de Goethe, ce qu'elle n'aurait certainement pas pu faire s'il s'était agi de réveiller d'autres génies allemands. Schiller, Kleist, Lessing sont plus typiquement allemands que lui. Car, même si Goethe reste toujours un Allemand, il est avant tout un Européen. Son génie ne reste jamais limité à soi-même et ni frontières ni bornes ne l'enferment. Il est un être humain avant d'être un Allemand. Jusqu'à la fin de sa vie, son esprit est resté ouvert et curieux.

L'erreur horrible des dernières années, qui a conduit l'Allemagne à la catastrophe, c'est qu'elle avait cessé d'entendre et d'écouter. Non seulement elle n'était plus prête à prendre en considération les désirs des autres peuples, mais souvent, elle impose sa propre mystique aux autres. Elle a essayé de réduire au silence et à l'impuissance toute opinion divergente, et elle a même supprimé chez elle tout point de vue qui ne convenait pas à sa volonté de domination.

L'humanité ressemble au vaisseau des Argonautes, où la nature différente et individuelle de chaque homme d'équipage ne permettait à personne d'exercer une prédominance, où chacun, selon son caractère spécifique, acceptait d'avoir besoin de tous les autres, où d'une manière heureuse et harmonieuse la force restait soumise à l'esprit.

Je prends part de tout cœur et de toute mon âme à la reconstruction de la maison de Goethe, mais je ne voudrais pourtant pas qu'on y attache trop d'importance, fût-elle symbolique. L'esprit de Goethe habite le monde. Et malgré la fierté légitime de Francfort de l'avoir protégé pendant ses années de jeunesse, je crois que Goethe, et ici apparaît sa vraie force, ne s'était jamais senti trop attaché au lieu de son passé. L'observation de la nature lui avait appris que l'oiseau, une fois qu'il vole, ne rentre plus jamais dans son nid.

Ce n'est pas dans l'esprit et dans l'imitation du passé que nous devons essayer de bâtir le futur. Nous devons faire une nouvelle construction, avec la confiance, le savoir et l'espoir. Mais quel vieux maître disait avec tant de sagesse : « Science sans conscience n'est que ruine de l'âme » ? Nous devons repartir à zéro, conscients des ruines et de ce qui nous a tous ruinés. Je ne serais pas sincère si je parlais avec un optimisme trop grand. Tout en ayant confiance dans l'avenir, j'ai cependant beaucoup de craintes. Ce n'est en aucun cas l'esprit qui a vaincu dans cette guerre horrible. La force a dompté la force. Les ruines tout autour de nous le prouvent suffisamment.

Mais l'enseignement néfaste du totalitarisme n'a été nullement surmonté. Les nuages de poussière que le vent soulève dans les ruines continuent à empoisonner les esprits, non seulement en Allemagne. Ces nuages de poussière se sont étendus sur tous les pays, et ces différents pays ne peuvent et ne doivent purifier l'atmosphère que par un effort commun.

Totalitarisme ! La chose en elle-même est encore plus laide que ce mot affreux. C'est la volonté de mettre au pas les consciences, les cœurs et les esprits, d'écraser toutes les différences, c'est la volonté de créer une unité instable et artificielle, d'installer le silence, en forçant les minorités par des moyens barbares, selon la formule diaboliquement présomptueuse : « la fin justifie les moyens ».

Ce fut le totalitarisme qui porta Hérode à ordonner le massacre des Innocents, ayant une peur extrême que la voix du Sauveur pût se faire entendre parmi eux. Mais ces moyens d'uniformisation sont toujours fatals et condamnés à l'échec tôt ou tard. On doit se rendre compte du fait que la Sainte Famille échappera toujours au massacre et que l'esprit finira par luire au-dessus des ruines.

Aujourd'hui, notre culture européenne est menacée par l'Est et par l'Ouest, comme hier, elle était menacée par le Centre. Il est nécessaire d'en être conscient et de ne pas se faire d'illusions sur la gravité de ce danger.

Ces deux réunions à Munich et à Francfort me semblent si importantes, parce qu'elles sont si remplies de compréhension mutuelle et d'amitié. Bien que je croie aux vertus individuelles et que je respecte l'individualité de chacun, je suis convaincu que nous devons mener un combat commun, et ceci à cause d'un regard qui doit être le même envers nous qu'envers les autres. Mon cœur aussi est appauvri par vos ruines. Nous ne pouvons vaincre la barbarie que par un effort commun.

NOTICE

C'est à Munich que fut organisée, le 28 juin 1947, à l'instigation de l'hebdomadaire munichois *Echo der Woche* et de l'association « Bayrische Jugendring », la première rencontre de la jeunesse européenne. L'hebdomadaire avait pour directeur de la rédaction Harry Schulze-Wilde, qui, en tant que communiste, avait été arrêté après l'incendie du Reichstag, mais avait pu s'enfuir en France en 1933. Il eut ainsi l'occasion de rencontrer Gide au sein du comité de défense des militants arrêtés, ainsi que Jef Last. C'est ce qui explique leur invitation à cette manifestation, en compagnie d'autres écrivains étrangers comme Norman Himes pour les USA et H. N. Brailsford pour l'Angleterre.

Les discours eurent lieu le matin du 28, encadrés par la Bayerische Kapelle dirigée par Georg Solti dans la salle des actes de l'Université de Munich. Les discours étaient retransmis en direct sur le parvis de l'Université. Gide avait réussi à coordonner l'invitation à Munich avec une seconde, le gouvernement français l'ayant invité à un voyage d'études pour visiter la zone occupée par la France. Fin juin, il s'était arrêté à Tübingen, après un voyage en voiture au lac de Constance, pour donner un entretien à l'Institut français. Le 27 juin, il arrivait par train à Munich. Le correspondant de *Die Welt* eut l'occasion de le voir dans les heures précédant son intervention : « Tout d'abord, il ne savait pas s'il allait prononcer un discours à Munich. Mais chaque heure qu'il passait là-bas, chaque ruine qu'il voyait, et chaque homme avec lequel il parlait, renforçaient sa conviction qu'il était de son devoir de parler. Quand on vint le chercher à l'hôtel, il n'était pas là. Mais on le trouva finalement. Il était assis sur une pierre dans une rue détruite, devant lui les ruines du quartier de la gare, autour de lui la circulation et les gens pressés. Il tenait un bloc-notes dans la main et nous montra une page vide : "Rien, rien ! Je me sens complètement desséché. Qu'est-ce que je dirai ? Plus je réfléchis, plus le sujet me paraît sérieux… Mais j'essayerai au moins." Sur la feuille, il n'y avait que les mots "Frappe, mais écoute". […] Quand il vit devant l'université les centaines de jeunes gens qui attendaient depuis le matin devant l'entrée, il demanda à faire un petit détour : "J'ai peur… !" […] Au retour, il demanda plusieurs fois à s'arrêter. Il se mit alors à noter quelques phrases. Et encore à quelques pas de l'université la voiture s'arrêta en plein milieu de la rue, presque un obstacle dangereux pour la circulation, pendant que beaucoup de jeunes passaient à côté de lui pour aller entendre une conférence que le conférencier lui-même ne connaissait pas encore. »

Il y eut du retard dans le programme, et ce ne fut qu'après le déjeuner que Gide monta à la tribune. Le texte de son intervention parut en traduction dans l'*Echo der Woche* du 4 juillet, puis dans la *Neue Zeitung* dans une version meilleure qui est celle utilisée ici. Le 29 juin Gide resta à Munich et participa du 30 juin au 3 juillet à une excursion dans les montagnes de Bavière, pendant laquelle les problèmes abordés durant la manifestation devaient être approfondis dans des entretiens et des discussions. Gide participa avec Jef last à la rencontre qui eut lieu dans la Maison de la Jeunesse de Seeshaupt, sur le lac de Constance. Le 4 juillet, Gide partit, en compagnie de certains des participants, pour Francfort où se poursuivait la manifestation. Gide assista ainsi à la pose de la première pierre pour la reconstruction de la maison de Goethe, et prononça le soir du 6, dans la salle de l'artisanat, un bref discours, publié lui aussi par l'*Echo der Woche*. Dans ce discours, il reprenait des réflexions qu'il avait déjà développées un an auparavant, le 18 août 1946, à Pertisau, au Tyrol.

Sur le chemin du retour de Francfort à paris, Gide s'arrêta plusieurs fois. À l'université de Mayence, il fit une conférence sur les rapports de la littérature allemande avec la littérature française, et il passa une journée à Bonn avec Ernst Robert Curtius, allant visiter Cologne en ruines.

Bernd KORTLÄNDER

AVANT-PROPOS À *PRÉSENCE AFRICAINE*[3]

> Et la belle danse naît de la ferveur de danser. Et la ferveur de danser exige que tous dansent, même ceux-là qui dansent mal.
> SAINT-EXUPÉRY

Durant longtemps, les peuples dits civilisés n'ont guère prêté attention au monde noir de l'Afrique que pour l'exploiter. Il s'y mêlait parfois un peu de curiosité, de la part de certains, du moins, qui restent soucieux de l'étrange. « L'Afrique apporte toujours quelque chose de rare », écrivait déjà Rabelais. Produits précieux que ne fournissaient

3 Publié dans *Présence Africaine*, octobre 1947 ; repris dans le *BAAG* n° 143-144, juillet-octobre 2004.

point nos terres tempérées : ébène, ivoire, animaux bizarres ou terribles… Mais surtout le bétail humain offrait possibilité pour des profits considérables. L'Afrique méritait donc qu'on s'occupât d'elle. Non que l'on estimât alors qu'on eût rien à apprendre d'elle et de ses peuples arriérés ; mais il y avait chez elle et chez eux, sans doute, beaucoup à prendre, à piller. Tout au plus quelques âmes enclines à la pitié s'indignèrent devant certains flagrants abus et se penchèrent avec commisération au-dessus de leurs frères douloureux. C'était notre devoir de tâcher de les élever jusqu'à nous…

Nous comprenons aujourd'hui que ces méprisés d'hier ont peut-être, eux aussi, quelque chose à dire ; qu'il n'y a pas seulement à chercher à les instruire, mais encore à les écouter.

Si riche et si belle que soit notre civilisation, notre culture, nous avons enfin admis qu'elle n'est pas la seule ; pas les seules nos façons de vivre, nos critères, nos cultes, nos credos et que, s'ils nous paraissent pourtant supérieurs, c'est beaucoup parce que nous avons été formés par eux. Un temps vient où les normes admises importunent, les cadastres et les limites des champs d'activité de l'esprit. On commence à percevoir des voix que l'on n'avait pas d'abord écoutées ; à comprendre que n'est pas nécessairement muet ce qui ne s'exprime pas dans notre langue ; et, sitôt qu'un peu d'attention succède à la surprise première, que ce qui diffère de nous, plus que ce qui nous ressemble, nous instruit.

Donc, à l'égard du peuple noir, trois périodes, trois attitudes ; et nous sommes à la dernière. D'abord, l'exploitation ; puis la condescendante pitié ; puis enfin cette compréhension qui fait qu'on ne cherche plus seulement à le secourir, à l'élever et, progressivement, à l'instruire ; mais aussi bien à se laisser instruire par lui. On découvrit soudain qu'il aurait, lui aussi, quelque chose à nous dire, mais que, pour qu'il nous parle, il importe d'abord de consentir à l'écouter.

Ce ne fut pourtant point par la parole qu'il se fit d'abord entendre, mais par la musique. À travers beaucoup de fatras et ratiocinations fuligineuses, Gobineau, le premier je crois, nous apporte sur ce point quelques clartés révélatrices, et je devrais dire : prophétiques. Ces lignes de l'*Inégalité des races humaines* valent d'être citées, conclusion d'un long exposé où Gobineau tente d'établir que « l'élément noir est indispensable pour développer le génie artistique dans une race », car, dit-il, « le nègre est la créature humaine la plus énergiquement saisie par l'émotion artistique » (il est vrai qu'il ajoute : « mais à cette condition indispensable que son intelligence en aura pénétré le sens et compris la portée » ; ce qui nous laisse bien perplexes – et je ne puis le suivre dans ses hasardeuses théories de métissage). Et Gobineau conclut : « Ainsi le nègre possède au plus haut degré la faculté sensuelle sans laquelle il n'y a pas d'art possible. » Suit toujours la même sage, très sage restriction : « … et, d'autre part, l'absence des aptitudes intellectuelles le rend complètement impropre (?) à la *culture* de l'art, même à l'appréciation de ce que cette noble application de l'intelligence des humains peut produire d'élevé. » (Parbleu !… Ô Gobineau, comme vous datez !) Il ne s'agit, ici, pas de cela… et je vous suivais plus allègrement lorsque, à la page précédente, vous disiez : « Dans nos habitudes raffinées, nous nous sommes fait de l'art quelque chose de si intimement lié avec ce que les méditations de l'esprit et les suggestions de la science ont de plus sublime, que ce n'est que par abstraction, et avec un certain effort, que nous pouvons en étendre la notion jusqu'à la danse. » (Cette abstraction de l'encombrement de l'esprit, nous savons aujourd'hui l'obtenir sans effort du tout !) « Pour le nègre, au contraire, la danse est, avec la musique, l'objet de la plus irrésistible passion. C'est parce que la sensualité est pour presque tout, sinon tout, dans la danse[4]. » Est-ce retour à la barbarie ? Nous nous sommes beaucoup rapprochés de cela, ces derniers temps. Toujours est-il que la musique nègre fit irruption dans notre savante culture et bouscula soudain nos clefs de sol, nos modes, nos subtils et délicats moyens d'expression de l'âme par les sons. Triomphante sensualité ; jouvence. Le jazz ne s'adressait plus tant, ou plus du tout, à la seule intelligence, mais à notre machine entière, que les battements de son rythme exaltaient. Comme Antée reprenait vaillance dans son contact avec le sol, la communion avec une élémentaire et sauvage énergie régénérait nos forces déclinantes.

Puis ce fut le tour des arts plastiques. On découvrit les masques, les statuettes, d'étranges figures sculptées et peintes. Elles cessèrent de paraître informes ou hideuses dès l'instant où l'on consentit à ne plus les comparer aux canons gréco-latins où nous avions jusqu'alors cantonné notre concept occidental et septentrional de la beauté. Il n'était plus

4 Joseph Arthur de Gobineau, *Essai sur l'inégalité des races humaines*, Paris, Belfond, 1967, p. 303.

question de beauté, de laideur, mais bien d'une émotion directe, d'une manifestation spontanée. Pourquoi l'art se proposerait-il d'exprimer toujours la paix, la quiétude conquise, l'harmonie ? Pourquoi pas d'autres satisfactions, à coup sûr réelles, plus élémentaires : d'angoisse panique, de stupeur, de férocité, de terreur ? Ces manifestations plastiques (fallait-il encore les considérer vraiment comme des « œuvres d'art » ?) prirent place dans nos musées ; sur le marché mondial, firent prime et connurent une valeur marchande considérable. En raison de quoi tout s'incline. Décidément, ces objets-là avaient *de la valeur.* Les peuplades capables de les produire avaient donc quelque chose à nous dire. Cependant, le langage même, le langage parlé, leur faisait défaut, du moins pour communiquer avec nous. Les moyens plastiques, la musique triomphaient ; la littérature restait en retard, inexistante ou tout au moins insoupçonnable, insoupçonnée. La revue que voici prétend s'adresser aux peuples noirs pour ce que nous croyons avoir à leur dire ; mais, plus et mieux encore, elle prétend leur offrir le moyen de nous parler.

Puissent ne pas être insurmontables les difficultés que l'on pressent aussitôt qui vont se dresser à l'encontre. Tandis que la musique et la plastique nègres s'offraient directement à nous sans emprunter rien à notre culture, pour nous parler, pour être comprises par nous, il faut ici recourir à notre langue, instrument d'emprunt, et qui risque de tout fausser. D'autant plus que l'état d'infériorité où nous avons, jusqu'à présent, maintenu par rapport à nous le monde noir, entretient celui-ci dans la croyance que, pour être digne de nous intéresser, il lui faut d'abord accepter une grande part de notre culture, se mettre à notre école, montrer que lui aussi peut sentir, raisonner, être ému et émouvoir, etc., *comme nous.* Ce qu'il a sans doute de plus particulier, l'étrangeté même de son lyrisme reste intraduisible et ne peut, je le crains, nous parvenir que tempérée, qu'assagie. Ses extraordinaires facultés d'assimilation, ou plus exactement de mimétisme, jointes à son désir de nous plaire, le feront, lorsqu'il s'adressera à nous, s'observer, se retenir. Il importe dès lors de l'aider à prendre cette conscience de soi et cette confiance en soi qui lui manquent encore ; cette assurance dans l'affirmation de ses vertus les plus spécifiques, sans souci de notre approbation. Et je gage que c'est alors qu'il sera le mieux écouté. Ce que je lui souhaite, c'est un Whitman.

Que cette revue lui soit ouverte, il va sans dire ; elle voudrait faire davantage : le provoquer ; car il advient souvent que des énergies latentes n'ont besoin que d'un appel pour se déclarer. En attendant, *Présence Africaine* se propose un vaste programme : accueillir tout ce qui a trait à la cause des noirs, et toute voix du peuple noir qui lui paraisse mériter d'être entendue.

NOTICE

Accorder le premier mot à un invité va à l'encontre de toutes les conventions revuistes. Certains y verront une marque d'hospitalité bien sénégalaise envers le doyen de l'illustre Comité de Patronage de *Présence Africaine*, dans lequel figuraient – entre autres – Sartre, Camus, Leiris, Monod, Mounier, Senghor et Césaire. D'autres l'interpréteront sans doute comme un calcul visant à amadouer celui qui recevrait un mois plus tard le prix Nobel. Pour d'autres encore, il s'agira d'une déférence forcée à l'égard de l'homme qui avait dénoncé dans son *Voyage au Congo* les abus commis en Afrique-Équatoriale Française tout en acceptant, en gros, le principe colonial. Pourtant, le geste généreux de Diop cadre parfaitement avec son projet humaniste.

Présence Africaine devait servir de podium à une « race nouvelle, mentalement métissée[5] » qui se chargeait de remplacer la vieille conception binaire opposant l'Europe à l'Afrique par une vision synthétique. Concrètement, ceci devait déboucher sur l'instauration d'un « ordre nouveau » – s'entend, une Afrique décolonisée. S'il incombait aux sans-voix de prendre la parole pour signifier leur présence et pertinence, le concours de « tous les hommes de bonne volonté (blancs, jaunes ou noirs) » était incontournable pour réaliser l'idéal humaniste de la revue, comme pour « hâter son insertion dans le monde moderne[6] ». Ainsi, sur un ton de fraternité, Diop convoquait ses homologues français à un dialogue des cultures qui devait entraîner une révolution au niveau des

5 Alioune Diop, « Niam N'Goura ou les raisons d'être de *Présence Africaine* », *Présence Africaine*, n° 1, p. 8.

6 *Ibid.*, p. 7.

consciences, sans passer par la révolte. En rassemblant sous une même couverture des « africanistes » aux tendances parfois opposées, Diop s'appropriait leur capital symbolique et leur expérience revuiste pour légitimer sa propre entreprise improbable en l'inscrivant dans une vieille tradition française. Accorder à Gide une primauté dans le dialogue traduit parfaitement l'éthique préconisée par le directeur de *Présence Africaine* lorsqu'il affirme que c'est l'amitié qui constitue « le meilleur champ de lutte où deux êtres rivalisent de générosité et d'abnégation[7] ». C'était de bonne guerre.

Meadow DIBBLE-DIENG

7 *Ibid.*, p. 10.

TROISIÈME PARTIE

ESSAIS : LITTÉRATURE, PEINTURE, CINÉMA

LITTÉRATURE

1920

« POURQUOI J'AI TRADUIT *ANTOINE ET CLÉOPÂTRE*[1] »

Je dois à Mme Rubinstein une succession de joies qui compteront parmi les plus vives de ma carrière. Et d'abord celle d'avoir été choisi par elle, en 1913, pour traduire une pièce admirable que depuis longtemps elle se proposait de monter. Joie des plus flatteuses que je sache, car c'est après avoir lu ma traduction de *L'Offrande lyrique*, de Tagore, qu'elle jugea ma prose capable de ne point trop trahir le lyrisme des plus splendides vers shakespeariens. De mon côté, je me proposais depuis longtemps de traduire un des drames de Shakespeare, mais lequel ?... J'hésitais encore. J'acceptai donc avec enthousiasme la proposition qui m'était faite et me mis au travail aussitôt.

Il me semblait que jusqu'à présent aucun des traducteurs de Shakespeare n'avait su rendre le frémissement passionné, la richesse verbale et la poésie du texte anglais (j'excepte évidemment le *Hamlet* de Marcel Schwob, le *Roi Lear* de Loti, le *Macbeth* de Maeterlinck et *La Nuit des Rois* de Jacques Copeau), qualités que je tenais pour des plus importantes et auxquelles je m'attachai particulièrement. Les traductions précédentes d'*Antoine et Cléopâtre*, excellentes pour la plupart au point de vue de l'exactitude, me paraissaient ne nous présenter plus que des phrases informes et plates, dépouillées de toute passion, de toute fleur.

Il n'est peut-être pas dans tout le théâtre de Shakespeare, d'introduction plus magistrale que celle d'*Antoine et Cléopâtre*. Dès les premiers vers la situation est établie, les personnages sont posés, leurs premières paroles, et malgré eux, nous les livrent dans un mélange, d'une complexité

---

1 Publié dans *Le Gaulois*, 12 juin 1920 ; repris dans le *BAAG* n° 70, avril 1986.

singulière, fait de poésie, de grâce à la fois forte et minaudière, d'amour rien qu'à demi sincère, d'ostentation, de suffisance et d'ardente sensualité :

Cléopâtre. –*If it be love indeed, tell me how much.*

Antoine. –*There's beggary in the love that can be reckoned.*

Que reste-t-il de tout cela ? je le demande, que reste-t-il dans ces lignes, que j'emprunte à la traduction la plus réputée, celle de François Victor-Hugo :

Cléopâtre, à Antoine. – Si c'est vraiment de l'amour, dis-moi combien il est grand.

Antoine. – Il y a indigence dans l'amour qui peut s'évaluer[2].

Tout le reste est à l'avenant.

Ma traduction saura-t-elle, poétiquement parlant, se montrer un peu moins défaillante ? Le public en jugera. Certainement il est une sorte de fluidité dans la langue anglaise dont la française se refuse à donner le parfait écho, mais notre langue, par contre, a de surprenantes ressources de nombre et de solidité.

Cependant, je restais un peu craintif encore, l'avouerai-je : je n'avais jamais entendu Mme Rubinstein. Une humeur vagabonde, qui m'entraînait sans cesse loin de Paris, m'avait fait manquer les représentations de *Saint-Sébastien*, de *La Pisanelle* et d'*Hélène* ! Certains, qui s'accordaient à louer la beauté, les gestes, les attitudes de la nouvelle tragédienne, me mettaient en garde contre l'étrangeté de son accent. Une matinée de gala, où elle devait jouer le quatrième acte de *Phèdre*, allait enfin me permettre d'en juger. Représentation unique, mémorable, où je me rendis plein d'appréhension. Elle parut, et dès les premiers vers j'oubliai toutes mes craintes. J'oubliai tout, et la salle et moi-même, perdu dans une admiration sans bornes.

Ces vers de Racine, les plus beaux sans doute de notre langue, quelle n'eût pas été ma souffrance à les entendre, si peu que ce soit, déformés. Mais non, et jamais ils n'avaient retenti plus pleins, plus harmonieux ni plus tendres. Pas le moindre soupçon d'accent, et les plus prévenus, ce jour-là, durent se rendre. Nous retrouvions en Mme Rubinstein une artiste incomparable, une grande tragédienne, la seule qui désormais pût prétendre succéder à la grande Sarah. La valait-elle ? La question ne se posait même pas, car l'une et l'autre étaient incomparables ; et tout

---

2 Gide traduit : « – Si c'est vraiment l'amour, jusqu'où s'étend-il, dites ? / – Fi, du piteux amour qui se laisserait mesurer ! »

le temps qu'on écoutait Ida l'on ne pouvait songer à l'autre, imaginer diction plus harmonieuse ni plus noble, compréhension de vers plus subtile, attitudes plus belles, passion plus pleine et contenue. Je ne me souviens point avoir jamais éprouvé devant la scène émotion plus parfaite et plus vive.

Or, cette même émotion, je devais l'éprouver à neuf à chaque répétition d'*Antoine*, car mon admiration ne m'en laissait manquer pas une. J'eus cette joie, infiniment rare, d'entendre la moindre phrase de mon texte exaltée, magnifiée par elle ; chaque mot prenait son poids réel, sa signification la plus pleine, sa valeur. Et que dire de ce jeu, si divers et si sobre, de la grâce et de la plasticité des gestes ?... J'avais devant moi, encore qu'en costume de ville, dans sa complexité malicieuse, Cléopâtre elle-même, « reine admirable à qui tout sied : gronder, rire, pleurer, et en qui chaque passion qui lutte affirme sa plénitude et sa beauté[3] ».

Et si déjà, sans le secours d'aucun costume et d'aucun fard, la « magicienne d'Égypte » sait à ce point subjuguer et charmer, que fera-t-elle, que ne fera-t-elle pas le soir qu'elle paraîtra dans sa gloire ?

Déjà je songe avec tristesse à tel ou tel qu'un empêchement, un départ priverait de ce spectacle et je me redis les mots d'Enobarbus à Antoine : « Dans ce cas, Seigneur, vous auriez manqué un bien extraordinaire chef-d'œuvre[4]. »

NOTICE

Le projet de traduire cette pièce de Shakespeare fut inspiré à Gide par Ida Rubinstein, qu'il avait pu rencontrer dans les salons de Misia Sert, et qui lui écrivit, le 5 février 1917 : « Ayant le très vif désir de jouer *Antoine et Cléopâtre* aussitôt après la guerre, je serais heureuse que vous puissiez m'en faire une traduction si cela peut vous intéresser et si vous en avez le loisir en ce moment[5]. » Deux jours plus tard, Gide répondait : « Oui,

3 *Antoine et Cléopâtre*, acte I, scène I, traduction de Gide.

4 *Ibid.*, acte I, scène II. Gide a écrit : « Dans ce cas, maître, vous auriez laissé méconnu un bien extraordinaire chef-d'œuvre. »

5 Jean Claude « Gide et les artistes. *Antoine et Cléopâtre* », *BAAG* n° 158, avril 2008, p. 151. Cette notice doit beaucoup à cet article de Jean Claude, ainsi qu'à son livre *André Gide*

Madame, avec ravissement, et je vous sais le plus grand gré de me choisir pour ce travail admirable, que j'ai conscience en effet de pouvoir accomplir pour votre plus grand contentement[6]. » Et au mois d'avril, alors qu'il vient de s'installer à Cuverville, il se plonge dans ce travail. À la fin du mois, il a déjà traduit trois scènes, et il peut écrire à Copeau : « En attendant de pondre quelque *Barberine*, je traduis *Antoine et Cléopâtre* ; ce qui me passionne. Vous me l'aviez bien dit : les autres traductions sont piteuses ; sans chaleur, sans nerf, sans vertu. Je suis très fat au sujet de mon travail et prétends qu'il vous satisfasse. Mais je vais bien vous offusquer en vous révélant que cette traduction m'est demandée par Ida Rubinstein qui prétend la monter dès après la guerre – c'est-à-dire : très prochainement, selon elle. Amusé, peut-être un peu trop, par le surprenant de l'aventure, j'ai accepté avec ravissement, et peut-être étourderie[7]. »

À cette chronologie, il faut accorder un doute. Quand sa traduction sera publiée en 1921 par Lucien Vogel, Gide ajoutera dans sa notice introductive cette phrase : « La traduction de l'*Antoine et Cléopâtre* de Shakespeare que voici me fut commandée en 1915 par Ida Rubinstein. » Et l'on voit que, dans son article du *Gaulois*, il parle de 1913… Il est vrai qu'en novembre 1913, Gide avait publié sous le titre *L'Offrande lyrique* une traduction du *Gitanjali* de Rabindranath Tagore. Ida Rubinstein avait-elle alors manifesté une intention qui ne devait se préciser que deux, voire quatre ans plus tard ? Cependant, s'il s'était agi d'un projet ancien, Gide aurait-il pu écrire à Jean Schlumberger : « De la façon la plus inattendue, Ida Rubinstein m'a demandé de lui traduire *Antoine et Cléopâtre* qu'elle prétend monter pour la saison prochaine[8]. »

Par ailleurs, quand il met sur le compte de son humeur vagabonde son absence aux représentations du *Martyre de Saint-Sébastien* (mai 1911), d'*Hélène de Sparte* (mai 1912) et de *La Pisanelle* (juin 1913), il est en partie de mauvaise foi. En revanche, c'est peu après le début de leur collaboration que Gide put voir et entendre Ida Rubinstein interpréter de façon magistrale l'acte IV de la *Phèdre* de Racine, avec De Max comme partenaire, lors d'un gala de charité en faveur de la Croix-Rouge roumaine, à l'Opéra de Paris, le 27 juin 1917.

---

et le théâtre, Paris, Gallimard, 1992, t. I, p. 86-98.

6 *Ibid.*

7 Gide, Copeau, *op. cit.*, p. 173.

8 Gide, Schlumberger, *op. cit.*, p. 622.

Entre cette date et celle de la première représentation, le 14 juin 1920, la préparation du spectacle connaît quelques complications, liées à la recherche d'un musicien acceptant de composer une musique de scène. Gide suggère d'abord Paul Dukas, qui se déclare trop occupé ; il propose encore Ravel et Darius Milhaud, mais c'est Stravinsky qui est retenu, jusqu'à ce que ses exigences financières fassent reculer Ida Rubinstein. Finalement c'est Florent Schmitt qui sera retenu. La composition des décors, confiée à Bakst, et la recherche d'une salle, font que ce n'est qu'en février 1920 que commencent les répétitions. Gide se fait un devoir de n'en manquer aucune, et c'est là qu'on mesure combien son article du *Gaulois* est un texte, sinon de commande, du moins de propagande, Gide mentant de façon éhontée sur son appréciation du jeu des acteurs afin d'allécher les spectateurs, deux jours avant la première représentation. Le 11 mai, il notait : « Le monotone débit des acteurs égalise le texte et le ponce pour ainsi dire. Il ne paraît pas qu'aucun d'eux soit sensible à la beauté des mots en eux-mêmes. [...] J'ai vingt-cinq hommes autour de moi, qui seraient mes ennemis si c'était ma pièce que j'avais à défendre. Au demeurant chacun d'eux est charmant, et manifestement fait de son mieux. [...] ils peuvent bien faire de la pièce ce qu'ils veulent ; se représentation m'ennuie et je me désintéresse de cette "réalisation[9]". »

Devant la Petite Dame, Gide faisait preuve d'une distanciation ironique : « Je ne reconnais plus rien de ce que j'ai écrit, mais cela m'amuse prodigieusement[10]. » Et le jour de la représentation, Martin du Gard nous le montre « riant comme un fou », s'exclamant : « Mais je ne reconnais plus la pièce ! Mais je ne reconnais pas un mot de tout ce qu'ils psalmodient là[11] ! » Avec son ami Alibert, il se montre plus mesuré : « Encore que le spectacle ait été fastueux et Ida bien meilleure que les critiques n'aient voulu le reconnaître. Au demeurant il ne restait plus grand chose de la pièce elle-même, et le peu qui restait, on ne l'entendait pas[12]. »

Cette aventure n'allait ni détourner Gide de Shakespeare, ni le dégoûter de la traduire. Au contraire, convaincu à la fois de la difficulté de le faire, et de l'insuffisance des traducteurs antérieurs, il se piquait au jeu et, après

9 *J1*, p. 1108.
10 *CPD*, I, p. 44.
11 Roger Martin du Gard, *Journal*, Paris, Gallimard, 1993, t. II, p. 140.
12 André Gide, François-Paul Alibert, *Correspondance 1907-1950*, Lyon, PUL, 1982, p. 198.

Antoine et Cléopâtre, qu'il allait retravailler, il devait entreprendre le plus difficile, la traduction d'*Hamlet*, qu'il ne mènerait à terme qu'en 1942. Entretemps, il avait, préfaçant l'édition du théâtre de Shakespeare dans la Pléiade, évoqué presque exclusivement les problèmes de traduction posés par la langue anglaise, et celle de Shakespeare en particulier. En revanche, son rapport ambivalent envers la représentation théâtrale, fait d'attirance et de méfiance, avait vu son second pôle s'augmenter à la faveur de l'entreprise d'Ida Rubinstein : « Je me persuade une fois de plus de l'impossibilité de faire d'une pièce de théâtre une œuvre d'art[13]. »

Pierre MASSON

« *LA NOUVELLE REVUE FRANÇAISE* : UN GROUPEMENT D'ESPRITS LIBRES[14] »

La Nouvelle Revue française n'a jamais été très portée sur le manifeste. Si l'on m'objecte celui par quoi s'ouvrit sa reprise en juin 1919, je répondrai qu'il n'offusqua personne autant qu'il fit ses fondateurs et plus anciens amis de la revue. Certaines protestations et explications s'ensuivirent qui, touchant à des idées générales, ne manquèrent pas d'intérêt. Il s'agissait de savoir si l'esprit qui nous animait avant la guerre était bien le même et méritait de rester le même, après que de tels événements nous avaient secoués. Chaque problème, et jusqu'à la raison d'être de ces problèmes, se trouvait à nouveau reposé : l'esprit français pouvait-il encore, devait-il prétendre à une impartialité, une sérénité qui semblait à première vue le dérober au vrai service ? Le besoin de se dévouer à la meilleure et plus noble cause restait flagrant, mais le renoncement à la discussion n'en était-il pas la condition première ? Ne devions-nous pas considérer désormais comme admises certaines vérités relatives dont la contestation compromettait la bonne santé de la France et tarissait nos énergies ? Personnellement,

13 *J1*, p. 1108.
14 Publié dans *Le Gaulois*, 10 juillet 1920 ; repris dans le *BAAG* n° 70, avril 1986.

je me gardai, par crainte de l'envenimer, de prendre part à la querelle, mais plus que jamais me paraissait nécessaire un lieu discret où pût, sans crainte de déformation, chercher à se mirer le clair visage de la France.

La Nouvelle Revue française répugnait aux manifestes, parce que les manifestes sont le fait d'un parti et qu'elle prétendait n'être l'organe ni d'un parti ni d'une école. Un groupement d'esprits libres, également soucieux de leur métier, également préoccupés de maintenir l'art et la pensée à l'abri des préoccupations de succès et des rétrécissements ou gonflements de la mode, je crois que c'est là ce que fut, au début, notre revue, et si elle eut quelque signification, elle le dut à la valeur propre de ses collaborateurs, à leur diversité même, car aussitôt se groupèrent autour de nous des écrivains de tendances les plus diverses ; on vit, dans les sommaires de *La Nouvelle Revue française*, Suarès voisiner avec Claudel, Charles-Louis Philippe avec Giraudoux ; comme, aujourd'hui, Jules Romains avec Valery Larbaud et Paul Valéry avec Marcel Proust. Un petit groupe d'amis présidait au choix des manuscrits, sans souci d'exclusion, que celle de la médiocrité.

On a parlé, naturellement, de cénacle, de chapelle, de comité d'admiration mutuelle – et rien n'était plus faux, car précisément nous apportions, à ne point nous entrelouanger selon l'usage, une telle vergogne, qu'il fut d'abord bien entendu que nous ne parlerions jamais les uns des autres ; et c'est en vain que nos lecteurs pouvaient chercher, dans ces pages, le moindre éloge de l'un de nous. À vrai dire, il nous paraît aujourd'hui que nous poussions trop loin cette pudeur – dont d'ailleurs nul ne nous sut gré, qui, même, ne fut point remarquée – et désormais *La NRF* s'occupe des œuvres de ses collaborateurs autant que des autres, les traitant ni mieux ni plus mal.

La critique devait nécessairement prendre dans notre revue une place prépondérante, car nous ne nous proposions pas, on l'a compris, d'amuser le lecteur, mais de le renseigner, de l'éclairer plutôt, et j'allais dire : de l'instruire. L'encouragement du public, tant en France qu'à l'étranger, a bien prouvé qu'il attendait cela, et de cela surtout se montra reconnaissant.

Je sais bien que ce que j'en dis n'aidera pas guère à différencier *La NRF* de telles autres revues, *La Revue critique*, par exemple, ou la jeune *Minerve*, avec qui elle se rencontre souvent, soucieuse, comme elles de tradition et de discipline ; mais où elle encourt leurs reproches et par où elle diffère de celles-ci, c'est lorsqu'elle accueille certains inclassés qui, comme Rimbaud,

Verlaine ou Laforgue naguère, peuvent sembler indésirables à ceux qui n'admettent pas que le génie français sans cesse s'informe à neuf et se renouvelle, et que c'est à l'extrémité du rameau que toujours se porte la sève.

NOTICE

Cet article a deux destinataires. L'un est apparent, c'est le public du supplément littéraire du *Gaulois du dimanche*, auquel Gide s'adressait à la demande de son rédacteur en chef, Lucien Corpechot. Corpechot voulait en effet consacrer son supplément du 10 juillet 1920 à une présentation des « Jeunes Revues », cette jeunesse étant d'ailleurs pour certaines toute relative, et correspondant plutôt à l'esprit de renouveau qui s'exprimait au lendemain de la guerre. Sur deux pages étaient ainsi présentées onze revues, dont *Le Mercure de France*, *Les Marges*, *La Revue critique des idées et des livres*, *Minerve*, *Les Écrits nouveaux* ou *La Revue universelle*, par divers collaborateurs maison, dont les plus remarquables étaient Henri Massis et André Gide. À l'origine, il semble que Jacques Rivière aurait dû, en tant que directeur de *La NRF*, en assurer la présentation. Le samedi 3 juillet, il écrivait à Gaston Gallimard : « Je reçois à l'instant un télégramme me demandant un article pour *Le Gaulois* avant mercredi[15]. » Rivière était alors surchargé de travail. Fut-il trop lent à réagir ? Toujours est-il que Gide fut sollicité à son tour et, contrairement à son habitude, obtempéra avec une célérité remarquable. Apparemment, il ne savait pas que Rivière était concerné, car il lui écrit, le 15 juillet : « J'avais oublié de te dire que j'ai appris que tu avais envoyé toi aussi un article sur *La NRF* à Corpechot. Je viens de lui écrire de m'envoyer le nº que je n'ai pas vu encore[16]… » Pourtant, de son côté, Rivière avait été informé de cette concurrence ; le 19, il répond à Gide : « J'avais écrit l'article pour *Le Gaulois* ignorant que tu en faisais un. L'ayant appris dans l'intervalle, j'ai envoyé quand même le mien, ne sachant pas si le tien serait prêt à temps, et en laissant toute liberté à Corpechot de prendre celui dont les dimensions l'arrangeraient le mieux[17]. »

---

15 Jacques Rivière, Gaston Gallimard, *Correspondance 1911-1924*, Paris, Gallimard, 1994, p. 172.
16 André Gide, Jaques Rivière, *Correspondance 1909-1925*, Paris, Gallimard, 1998, p. 606.
17 *Ibid.*, p. 608.

Il est difficile de savoir si ce fut le retard, la longueur ou la teneur de l'article de Rivière qui le fit écarter ; Rivière lui-même le qualifiera d'« idiot ». Mais il est tentant de penser que Gide vit dans cette affaire une belle occasion de rappeler son autorité sur « sa » revue, s'adressant ainsi à celui qui était le véritable destinataire de cet article, Jacques Rivière lui-même.

Un an auparavant, un grand débat avait agité l'équipe de *La NRF* sur le point de reparaître, Gaston Gallimard en particulier s'opposant à ce que Gide prenne la direction de la revue. Gide avait cédé, mais ne s'était pas véritablement résigné. Un an plus tard, un mois après l'article du *Gaulois*, le 22 août 1920, il écrit à Jean Schlumberger : « Je déplore et redéplore que nous n'ayons pas osé nous cramponner à la première décision qui était la bonne : moi directeur, Jacques secrétaire, nous eussions fait de l'excellente besogne[18]. » Pourtant, depuis son accession au pouvoir, Rivière avait bénéficié d'un soutien presque sans faille de la part de Gide. Quand, en juin 1919, Rivière avait ouvert le premier numéro de la revue renaissante avec un manifeste programmatique qui prônait une démobilisation des esprits, il avait suscité l'ire, non pas de la totalité des pères fondateurs, mais au moins de trois d'entre eux, Ghéon, Drouin et Schlumberger ; il aurait démissionné si le soutien de Copeau et de Gallimard, et l'arbitrage de Gide, n'avaient joué en sa faveur. En septembre, il attaque de front la droite maurrassienne et son « Parti de l'intelligence », et là encore, au milieu des remous parfois violents, il trouve en Gide un appui discret.

On peut comprendre dans ces conditions sa surprise, en découvrant l'article de Gide : ce dernier, prenant comme prétexte le caractère inhabituel du manifeste de Rivière, se livre à un curieux exercice : au moment où on lui demande de présenter *La NRF* comme une « jeune revue », il affirme que « c'était mieux avant », que la formule établie dix ans auparavant devrait être le modèle de la nouvelle. Rivière, découvrant cet article, comprend immédiatement que ce message lui est adressé. Il écrit à Gallimard, le 28 juillet : « L'article de Gide dans *Le Gaulois* est un véritable coup de fusil qu'il me tire dans le dos. J'avoue qu'il me vexe et me chagrine énormément. Je vais lui écrire[19]. »

18 Gide, Schlumberger, *op. cit.*, p. 724.
19 Rivière, Gallimard, *op. cit.*, p. 182.

Et donc, le 1er août, il écrit à Gide : « C'est une chance inestimable pour moi que l'article que j'avais préparé pour *Le Gaulois* n'ait pas paru : car il était idiot. C'en est une moins grande cependant (je veux dire : toujours pour moi) que le tien ait paru à sa place. Non qu'il me paraisse mauvais ; tu as bien dit ce qu'il fallait dire. – Mais pourquoi diable ! t'es-tu cru obligé de désavouer d'une manière aussi dure mon "manifeste" (puisque manifeste il y a) de 1919 ? Tu sais que je ne suis pas susceptible : j'ai pourtant eu du chagrin de ce coup de règle que tu m'as appliqué sur les doigts[20]. »

Et Rivière d'exposer à la suite qu'il est au fond « le seul gardien véritablement fidèle [... de] cet esprit d'indépendance et de libre invention [... qui est] la caractéristique essentielle de *La NRF.* »

Gide va prendre son temps pour répondre : trois semaines ! Et dans sa réponse, il montre clairement que ce qui l'oppose à Rivière, ce ne sont pas les idées, mais la lutte pour le pouvoir. Il revient encore sur le manifeste de 1919 : « Une fois ta déclaration parue, j'ai pris ton parti et t'ai défendu de mon mieux contre les autres ; mais cette déclaration en elle-même, je ne l'ai jamais approuvée [...] et j'ai moins approuvé encore que tu la fasses paraître sans, préalablement, nous la soumettre. » Et d'ajouter ce cri du cœur, qu'il répétera le lendemain à Schlumberger : « Plus je vais, plus je déplore que nous n'ayons pas osé maintenir la première disposition que nous avions adoptée : avec moi comme directeur et toi comme secrétaire, à nous deux nous aurions fait d'excellente besogne – et certaines affirmations de toi eussent perdu ce caractère qu'elles prennent dans la bouche d'un *directeur*[21]. »

Au moins, grâce au *Gaulois*, pendant un moment, Gide avait retrouvé sa prééminence...

Pierre MASSON

20 Gide, Rivière, *op. cit.*, p. 610.
21 *Ibid.*, p. 612-613.

1938

« VOYAGE EN LITTÉRATURE ANGLAISE[1] »

Je lis l'anglais avec un plaisir toujours aussi vif bien qu'avec une facilité toujours plus grande. Certains esprits un peu paresseux comprendront mal, sans doute, que le plaisir pris à la lecture soit souvent en raison d'un certain effort d'attention que cette lecture exige ; nombre de livres français contemporains me rebutent, qui peut-être m'auraient intéressé si j'avais dû les lire en anglais ; c'est aussi qu'à les lire exprimés dans une langue étrangère, certaines idées nous paraissent aussi moins banales…

Je me suis mis très tard à l'anglais. J'avais eu le plus grand mal, quand j'étais jeune, à apprendre juste assez d'allemand pour passer mon bachot ; j'en avais conclu que je n'avais aucun don pour les langues. Lorsque s'éveilla ma curiosité pour la littérature anglaise, je me désolai de penser que j'étais trop vieux pour apprendre une langue nouvelle. Je me désolai jusqu'à quarante ans. Puis, tout à coup, je ne sais trop poussé par qui, je m'y mis. Je commençai brusquement ; certain jour quarante et unième de ma naissance[2], je décidai qu'il n'était pas trop tard : je pris des leçons, j'appris des listes de mots, et me plongeai dans *Robinson.* J'en vins presque à me féliciter de ne pas avoir su l'anglais plus jeune. J'étais à un âge où il ne me restait plus beaucoup de découvertes à faire dans ma littérature, celle de mon pays, que j'avais parcourue en tous sens ; ou, si l'on veut : je ne pouvais guère plus espérer rien découvrir qu'en profondeur, et plutôt en relisant plus intelligemment certains auteurs qu'on m'avait appris à vénérer depuis ma première enfance,

1 Publié dans *Verve* n° 2, mars-juin 1938 ; repris dans le *BAAG* n° 129, janvier 2001.

2 Comprendre : *le jour de mon quarante et unième anniversaire.* C'est en effet vers le 22 novembre 1910 que Gide s'inscrivit à l'École Berlitz pour des leçons d'anglais (la première eut lieu le mercredi 30, voir sa lettre à Ghéon de ce jour, *Correspondance, op. cit.*, p. 768).

qu'en fouillant les plus poussiéreux rayons des bibliothèques. Et, soudain, un monde nouveau s'ouvrait devant moi. Je me sentais semblable à Aladdin quand il pénètre dans le verger des pierreries (j'ai déjà dû placer cette comparaison quelque part[3]) ; j'avançais avec émerveillement. La nouveauté prêtait à chaque fruit un lustre, une parure singulière, et souvent me paraissait d'autant plus beau ce que je ne comprenais pas très bien ; car j'aime à prêter aux auteurs. Après *Robinson*, ce fut *Tom Jones*, puis *Gulliver*, puis… j'étais lancé. Je lisais avidement, éperdument, férocement, comme qui relève d'un long jeûne. Et durant des années, je n'ai presque lu que de l'anglais.

Je ne suis rien moins qu'un érudit, et m'y fussé-je mis plus tôt, encore n'aurais-je pas la prétention d'écrire une sérieuse étude sur quelque auteur étranger que ce soit. Mais faut-il connaître parfaitement bien un pays, pour faire le récit d'un voyage ? et parfois dans tel récit, ne trouvons-nous pas tels aperçus qui nous instruisent sur le pays que le voyageur n'a fait que traverser, mieux que ne le ferait une patiente et morne étude ? L'habitant du pays ne regarde pas ce pays du même œil, il ne s'étonne plus de ce qu'il voit depuis son enfance. Sans l'explorateur blanc, les nègres sauraient-ils qu'ils sont noirs ? Donc, qu'on veuille bien ne voir dans ce qui va suivre que quelques réflexions comparables au souvenir d'un explorateur.

I

Était-ce pour me ménager la joie de le découvrir dans son texte ? Je n'avais jamais encore lu *Robinson.* Le plaisir que j'y pris dépassa de beaucoup mon attente. Il venait aussi de ceci que je découvrais, avec *Robinson*, la langue anglaise. À ce premier abord, certains aspects abrupts de cette langue me ravissaient ; j'en admirais d'abord les falaises. Je restais en contemplation devant l'emploi du *but* dans le sens restrictif, et me redisais une simple phrase comme *I was but a young sailor*[4] sans parvenir à en épuiser la saveur. Les événements racontés

3 En effet, Gide a déjà fait cette comparaison, mais avec plus d'exactitude, quand il décrivait sa découverte de la région de Lamalou : « J'avançais les bras levés, à l'orientale, ainsi que j'avais vu faire à Sindbad dans le Vallon des Pierreries, sur une image de mes chères *Mille et Une Nuits.* » (*SV*, p. 154.)

4 « *But it was enough to affect me then, who was but a young Sailor…* »

restaient si aisés à comprendre et tous les menus faits, si naturels ; si évidentes les réactions qu'ils entraînent, que point n'était besoin, avec ce livre, de recourir par trop souvent au dictionnaire. C'est par lui que devrait commencer tout débutant. Il n'en est pas de plus anglais et de plus humain à la fois. L'élément premier qu'il apporte (j'entends : la matière même du récit), il n'en est pas dont notre littérature soit plus en besoin.

La littérature française pèche par excès de cuisine, et la viande souvent fait défaut. C'est de la viande que je trouvais ici (dans *Robinson*, dans *Moll Flanders*, dans le *Colonel Jack*, dans le *Captain Singleton*), de la viande crue ; et j'y mordais à pleines dents. L'art me plaît, certes ; mais quelle saveur a la vie ! Elle la perd avec trop d'apprêts, et nos auteurs (j'entends : les plus grands) ne la goûtent, ou n'y goûtent, le plus souvent que de manière trop peu directe Ce que j'en dis a cessé d'être vrai, fort heureusement : Mac Orlan, Giono, Céline et nombre d'autres, ont rétabli le contact. Les Anglais ne l'ont jamais perdu. Et c'est ce qui fait excellente, à mon avis, l'influence que leur littérature peut avoir sur la nôtre. Et réciproquement ; excellente celle de la nôtre sur la leur ; car ce n'est pas le tout de vivre et de sentir : notre littérature triomphe dans l'art de faire valoir et d'exprimer.

Entraîné par mon admiration pour Fielding, j'ai voulu lire, après *Tom Jones*, ses autres ouvrages, et n'y ai pu prendre, je l'avoue, beaucoup de plaisir. *Amelia* m'a paru d'intérêt languissant. *Jonathan Wild* me plaît davantage, sans encore me ravir pleinement. Le *Voyage to Lisbon* m'a déçu. Dans son *Joseph Andrews*, Fielding me paraît fort inférieur à Richardson qu'il parodie ; mais je n'en puis bien juger, ayant lâché le livre au premier quart (tandis que j'ai lu jusqu'à la fin et sans en sauter un mot les cinq volumes de *Clarissa Harlowe*), et l'on me dit que, par la suite, *Joseph Andrews* devient bien meilleur. Quant à *Tom Jones*, je le tiens pour un chef-d'œuvre. Par instants Fielding, dans ses simplifications puissantes et ce que Nietzsche appellera « l'érosion des contours », rejoint Molière. Quelle sûreté de touche ! Quelle santé ! Quelle allégresse ! un peu pesante, il est vrai, mais imprimant son talon sur le sol. Non point le sautillement amusé de l'esprit, mais la solide intelligence. J'avais pris quelques notes pour une préface que Dent m'avait demandé d'écrire, à l'occasion d'une nouvelle traduction de *Tom Jones* qu'il se proposait d'éditer. Puis le projet fut abandonné, la traduction ne me plaisant guère. Mais je ressortirai ces notes plus tard[5]. J'y exposais quelques vérités psychologiques peu admises, qui me tiennent à cœur et qu'il me plaît ici de redécouvrir.

Combien je m'étonnai, par la suite, lorsque je lus *Clarissa Harlowe*, de la position antagoniste que la critique du temps fit prendre à ces deux romanciers rivaux : Fielding représentant le réalisme, et l'idéalisme Richardson. C'est vraiment par trop se méprendre, et la question religieuse a tout faussé. Fielding est anti-religieux; mais Richardson, religieux ou paraissant l'être, est bien plus réaliste que lui. Cas peut-être unique en littérature, il n'en est pas, parmi les grands, dont l'œuvre, d'abord plus prônée (1748), soit aujourd'hui moins lue[6], ni qui laisse, méconnu lui-même, une plus fameuse lignée. Dans la littérature française en particulier, si l'on dénonce son influence (c'était facile) sur *La Nouvelle Héloïse* (1760), l'on n'a pas assez remarqué qu'elle paraît aussi flagrante dans *Les Liaisons dangereuses* (1782[7]).

Si la présidente de Tourvel et la marquise de Merteuil restent des figures incomparables, Lovelace me paraît supérieur au Vicomte de Valmont presque autant que Clarissa Harlowe elle-même à la petite Volange. De celle-ci, Laclos fait Valmont déclarer que, tout en cherchant à la séduire, il ne « veut point en faire une nouvelle Clarissa »…, nous indiquant ainsi tout à la fois qu'il connaissait parfaitement son illustre prédécesseur et qu'il s'écarterait de lui.

Richardson, tout comme Laclos prétendra faire plus tard, écrit un roman « moral ». Un souci d'édification alourdit et gâte (j'allais dire : corrompt) de nombreuses pages de sa *Clarissa* tout au cours de l'œuvre. Laclos, plus habile, n'abandonne que l'extrême fin de ses *Liaisons dangereuses* au triomphe de la vertu; encore celle-ci ne reprend-elle avantage que d'une manière très accidentelle. Le diable, en cédant la place, semble faire un pied de nez au lecteur. Richardson reste plus sérieux. Je

---

5 En fait, ces « Notes pour une préface au *Tom Jones* de Fielding » avaient déjà été recueillies au t. XIII, p. 412-416, des *Œuvres complètes* de Gide et allaient paraître en tête d'une édition de *Tom Jones* (trad. Defauconpret) publiée en juillet 1938 dans la coll. des « Classiques anglais » de Gallimard. Voir le texte dans les *EC*, p. 724-726, et la notice p. 1188-1189.

6 [Note de Gide :] Elle n'a été réalisée (que je sache) qu'effroyablement réduite. On ne trouve le texte intégral de *Clarissa Harlowe* que dans les éditions des Œuvres complètes de Richardson où elle ne tient pas moins de cinq volumes sur douze (1883).

7 [Note de Gide :] Dans le gros livre sur *Samuel Richardson* de Paul Dottin (assez récent; mais non plus au commencement qu'à la fin du volume, je ne trouve indiquée la date de sa publication) il n'est fait aucune allusion à Laclos.

pense qu'il aime authentiquement Clarissa et, dans Clarissa, la vertu. N'empêche que les plus admirables parties de son livre sont aussi les plus ténébreuses. C'est par les ombres qu'il s'impose et les monotones clartés célestes font ressortir les prodigieuses ressources de son enfer. Et dans son *Grandison*, d'où le diable délibérément se retire, nous ne trouverons plus que fadeur.

J'ai fortement scandalisé naguère certaines âmes pieuses pour avoir écrit qu'il n'existait point d'œuvre d'art où n'entrait la collaboration du démon[8] ; et même, lorsque l'écrivain pour des fins morales tente de réduire à l'excès cette part du diable, il advient souvent que, ce qui occupe alors la place, ce n'est pas le ciel, c'est l'ennui. Ce n'est qu'en restant homme qu'un héros de roman nous émeut et trop de perfection déshumanise. Ces mots, lorsque je songe à l'admirable *Jeanne d'Arc* de Péguy, me font l'effet d'un blasphème. Il appartient aux grands artistes de s'élever en dépit de toute règle et même de tout bon sens. Au surplus, si j'ai écrit : « C'est avec les beaux sentiments qu'on fait de la mauvaise littérature[9] », je n'ai jamais pensé qu'on ne faisait de la bonne littérature qu'avec les mauvais.

II

Les notes que voici marqueraient trop leur insuffisance si je les donnais comme des jugements littéraires. Elles ne peuvent offrir d'autre intérêt que celui de présenter sans vergogne les réactions d'un lecteur français particulier. Si j'ose avouer que les *Voyages de Gulliver* me déçurent, il n'en faut tirer argument contre Swift ni contre moi-même. Peut-être simplement (tant la douloureuse figure du doyen de Saint Patrick m'attirait) m'étais-je jeté sur ce livre fameux avec un appétit trop immense ; il reste un peu creux sous la dent et le récit, trop souvent, ne tire guère à conséquence, du moins dans les premières parties. Les escales au pays des chevaux et surtout à l'île des vieillards me satisfirent davantage et me paraissent encore aujourd'hui bien supérieures. Il en va de même pour *Don Quichotte* dont les chapitres les plus connus (assauts contre les outres, le troupeau de brebis, les moulins à vent) sont les plus faciles et non point les plus excellents.

8 *Dostoïevski*, VI, *EC*, p. 637.
9 *Ibid.*

Qu'importe ! C'est le préau de l'édifice, où viennent s'amuser les enfants ; libre aux clercs de pénétrer plus avant. (C'est ce préau très accessible qui manque un peu dans Rabelais ; les fameux moutons de Panurge sont plus connus par tradition que par le texte même, fût-il transcrit.)

Ce qui me plaît surtout dans Swift, c'est le son même de sa voix ; c'est cette atroce saveur d'amertume, contre laquelle mon optimisme réagit ; c'est sa détresse, l'atrocité de son secret que jamais il ne livre, mais qui motive sans cesse sa méchanceté, sa rancœur. Les grandes œuvres sont bien rares qu'il me plaise de séparer de leur auteur et l'effort d'un Flaubert me paraît vain. Il n'a pas besoin de me dire « Madame Bovary, c'est moi », pour que je le sente ; et si je ne le sentais point, *Madame Bovary* m'importerait moins. Dans leurs œuvres et dans leur vie, les figures des écrivains anglais me paraissent extraordinairement dessinées. Je ne trouve pas pareille galerie de portraits dans la littérature allemande. C'est Swift même que je cherche et retrouve dans le moindre de ses pamphlets aussi bien que dans le *Journal à Stella.* Si réussi parfois que soit un livre, je souffre souvent de ne pouvoir le rattacher à rien et proteste lorsque certains auteurs d'aujourd'hui nous présentent la traduction de tel roman étranger, fût-ce un chef-d'œuvre, sans aucune indication qui me renseigne sur son auteur. Il me plaît, si j'admire une fleur, de connaître à la fois sa tige et les feuilles et le port et le tout de la plante qui l'a produite.

Les auteurs vers lesquels je me précipitais d'abord étaient ceux que je ne connaissais point encore à travers des versions françaises. C'est pourquoi je n'abordai que beaucoup plus tard Shakespeare. C'est aussi que, tout à la fois, je m'imaginais (bien à tort) Shakespeare particulièrement difficile ; et que je ne savais encore combien la traduction le déforme, le désenchante ; au point que, lorsqu'enfin je me décidai à l'aborder directement, il me sembla vraiment le découvrir. Mais il en est de même pour tous les poètes. La trahison du traducteur, si excellent qu'il soit, est d'autant plus grande que l'émotion est plus intimement liée à la perfection de la forme ; et c'est bien ce qui me fait penser que, dans une version étrangère, Racine pâtit encore plus que Shakespeare. Ou si l'on préfère : de Shakespeare traduit, il reste, malgré tout, davantage que de Coleridge, de Keats ou de Blake ; ce qui revient à dire que, de toutes les formes de poésie, la dramatique est celle qui supporte la traduction avec le moins de dommages et que si Shakespeare est plus enivrant que Racine, c'est que l'art de celui-ci se rapproche plus de la poésie purement lyrique. (C'est aussi que l'élément tragique, pour être aussi intense dans Racine, reste moins extériorisé, plus en deçà de l'action, que dans Shakespeare.) Voici qui suffit à expliquer que le génie de Shakespeare paraisse plus universel que celui de Racine ; mais il me paraît impertinent de chercher dans cette universalité quelque preuve de supériorité de l'un sur l'autre.

Ceci dit, et si même j'ajoute que la perfection quasi divine de Racine me touche plus encore que la puissance et que la prodigieuse diversité de Shakespeare, je me sentirai d'autant plus à l'aise pour soutenir que la littérature anglaise, et à peu près dans tous les genres, me paraît incomparablement plus riche que la nôtre – après laquelle celles des autres pays restent loin en arrière.

NOTICE

La langue et la littérature anglaises ont joué dans la vie de Gide un rôle considérable. Non pas dans ses années de formation puisque, comme il le reconnaît, il n'avait pas appris cette langue au lycée. Pourtant, plusieurs membres de sa famille connaissaient l'anglais ; ses parents recouraient à cette langue quand ils voulaient se parler en sa présence sans être compris de lui, et sa cousine Madeleine était capable de lire les poètes anglais. Il en conçut un sentiment d'infériorité qu'il ne devait jamais perdre complètement, racontant régulièrement une anecdote illustrant son incompétence dans le domaine de la conversation. En revanche, à défaut de pouvoir la parler convenablement – son entourage se moquait volontiers de sa prononciation – il allait acquérir, à partir de 1910, une connaissance de cette langue suffisante pour pouvoir lire les auteurs anglais dans le texte, puis pour vouloir en traduire certains. En 1899, dans *L'Ermitage*, il rendait compte des romans de Stevenson et de Kipling qu'il avait lus en traduction, et ajoutait ce cri du cœur : « Louons les patients traducteurs ! À quelle reconnaissance notre native ignorance des langues étrangères ne nous oblige-t-elle pas envers eux ! Peu de jours passent sans que je rendre grâce à quelqu'un d'eux. » (*EC*, p. 50.)

L'année suivante c'est à Wells qu'il s'intéresse, et en 1905 Claudel va attirer son attention sur Conrad. Cependant, il attendit encore un peu, et *La NRF* était fondée depuis peu quand il commença, en compagnie de Ghéon, à prendre des leçons. Rapidement, on le voit lire les auteurs anglais et américains dans le texte. En novembre 1912, par exemple, il lit *Mirror of the Sea* de Conrad et *The Faerie Queene* de Spenser tout en piochant le dictionnaire étymologique de Skeat. Le 11, il note : « Ce matin, au travail dès 6 heures. Spenser et Skeat, puis Conrad. J'écris à mon *teacher* pour reprendre des leçons. » (*J1*, p. 733.) Et le lendemain soir, il travaille le Skeat « éperdument » avant de lire « les notes de Keats sur le *Paradise Lost* ». Cette assiduité va porter ses fruits, et lui donner assez de confiance pour qu'il entreprenne à son tour de traduire des auteurs anglais. *Typhon* de Conrad est le premier titre d'une longue liste, où vont figurer Whitman, Tagore, Kabîr, Bennett, Blake et surtout Shakespeare, avec *Antoine et Cléopâtre* et *Hamlet*.

Parallèlement, il s'anglicisait grâce à son nouvel entourage : Charles du Bos, Maria Van Rysselberghe, sa fille Élisabeth plus encore parlaient l'anglais couramment, sans compter sa traductrice Doroythy Bussy, et Marc Allégret fut un bon prétexte pour aller séjourner en Angleterre durant l'été 1918. En 1943, son étude sur « Les Écrivains et les poètes des États-Unis d'Amérique » témoigna encore de l'étendue de ses lectures en langue anglaise.

Pierre MASSON

1939

PRÉFACE AUX *LIAISONS DANGEREUSES*[1]

Quel merveilleux livre ! À le lire de nouveau, comme je viens de faire, ce dont je me rends compte tout d'abord c'est combien clairs et détaillés sont les souvenirs que je garde de ma première lecture d'il y a quarante ans[2]. En même temps, je suis plus que jamais convaincu de l'importance d'une œuvre qui peut laisser de telles traces sur la mémoire, et certain que je n'avais nullement surestimé ni sa beauté ni sa grandeur.

Regarder une scène déjà familière est souvent plus profitable que de visiter de nouveaux pays de l'esprit. C'est nous-même qui changeons, point le paysage. En comparant notre appréciation récente à des souvenirs de jadis, nous reconnaissons le changement en nous-même, et heureux sont ceux qui peuvent l'attribuer à la maturité et non pas seulement à la lassitude et à la répugnance de la vieillesse.

Et donc chaque été je relis quelques grands livres, livres sanctifiés par l'admiration de plusieurs générations, pour y trouver, presque toujours, des qualités passées inaperçues auparavant. Mon appréciation n'est pas moindre qu'à la première lecture, quoique ce ne soit pas toujours pour les mêmes raisons qu'autrefois. Je reviens également à certains que j'admire moins, voire pas du tout, afin de m'assurer que les raisons pour lesquelles d'autres les admirent sont bien fondées, et que celles qui m'empêchent d'apprécier leurs charmes sont, elles aussi, valables. Je

---

1 Publié dans le *BAAG* n° 112, octobre 1996.

2 [Note de Gide :] La respectabilité, l'attitude convenue, la prose vertueuse de la littérature traditionnelle m'ont tellement dégoûté qu'à l'âge de trente ans j'ai accueilli *Les Liaisons dangereuses* avec une satisfaction énorme, avec un frisson de profonde joie. Enfin je commençais à m'éloigner des sentiers battus ! Enfin j'avais trouvé quelque chose avec quoi je pouvais parler !

me méfie des idées conventionnelles et insiste sur mon droit de ne rien tenir comme établi sans l'avoir mis à l'épreuve moi-même.

Eh bien ! le livre de Laclos est à la hauteur. À la relecture, son importance, à mes yeux, se trouve confirmée ; et cette relecture me convainc également qu'il mérite bien d'être tenu en haute estime.

Les qualités formelles d'un livre sont souvent les dernières reconnues, car ce sont les qualités les plus cachées ; mais elles sont en même temps précisément celles qui assurent qu'un livre durera. Ce que les critiques contemporains trouvent à louer ou à blâmer est, par contre, le dessein de l'auteur. Pour eux, c'est là la substance véritable du livre, c'est là l'épreuve de sa valeur ; ce que l'auteur voulait dire, c'est cela, selon eux, qui a de l'importance ; mais en réalité ceci a beaucoup moins d'importance que la façon dont il le dit. Il y a peu de temps, des sots m'ont reproché d'avoir écrit que « c'est avec les bons sentiments qu'on fait la mauvaise littérature » ; en réalité, ce que je voulais dire par là, ce n'est nullement que la bonne littérature se fait uniquement avec les mauvais sentiments (comme l'ont suggéré d'autres sots), mais que les considérations morales n'ont rien, ou très peu, à voir avec l'excellence artistique, comme la beauté d'un paysage n'a rien à voir avec son altitude au-dessus du niveau de la mer. C'est le mauvais peintre qui croit pouvoir mieux travailler en hissant son chevalet plus près des cieux.

Richardson se trompa gravement en s'imaginant qu'il pourrait faire mieux que son chef-d'œuvre, *Clarisse Harlowe*, en ne laissant rien que la vertu apparaître dans son *Grandison.* « Celui qui veut faire l'ange fait la bête », car « l'homme n'est ni ange ni bête », et l'artiste est celui qui prend en considération cette dichotomie. Mais le trop enthousiaste *Éloge de Richardson* nous montre combien Diderot, comme tous les écrivains de son époque, y compris Richardson lui-même, se trompait sur ce point. J'aime la remarque de Diderot après lecture de *Clarisse :* « mon âme était tenue dans une agitation perpétuelle[3] » ; j'aime également quand il dit : « c'est lui [Richardson] qui sait faire parler les passions, tantôt avec cette violence qu'elles ont lorsqu'elles ne peuvent plus se contraindre ; tantôt avec ce ton artificieux et modéré qu'elles affectent en d'autres occasions[4] » (il aurait pu dire la même chose de Laclos) ; cependant je ne suis pas si féru de sa tentative de lier les qualités remarquables de

3 Diderot, « Éloge de Richardson », *Œuvres complètes*, Garnier, 1875, t. V, p. 213.
4 *Ibid.*, p. 215.

ce grand livre, voire de les réduire, à l'étalage des vertus propices à l'édification de ses lecteurs ; exhortations indirectes « qui élèvent l'esprit, qui touchent l'âme [et] qui respirent partout l'amour du bien[5] ». Ce dont Diderot et son époque ne s'apercevaient pas c'est que, au contraire, il advient de ceci précisément, que dans les pages de *Clarisse* le paradis perd continuellement au profit de l'enfer, que ce livre est mille fois supérieur à *Paméla* ou à *Grandison.*

De ce roman extraordinaire, Rousseau et Diderot ne saisissaient que les éléments pathétiques. Si les historiens littéraires n'ont rien à dire à propos de l'influence de Richardson sur Laclos, et s'ils ne reconnaissaient comme progéniture de *Clarisse* que sa sublime et ennuyeuse fille, *La Nouvelle Héloïse,* c'est que l'autre enfant, ce bâtard d'enfer, *Les Liaisons dangereuses*, ne pouvait que très récemment jouir de la liberté des librairies honnêtes. Pendant longtemps sa renommée, comme le cours d'un fleuve souterrain, demeurait clandestine, son influence inavouée. « Laclos doit sa célébrité actuelle moins à son talent littéraire qu'à son rôle d'agent du duc d'Orléans dans la Révolution française », voilà tout ce qu'on trouve comme éloge dans la *Grande Encyclopédie*[6]. Sainte-Beuve ne le mentionne qu'en passant ; Brunetière, Lanson et les autres, pas du tout. Ceci parce qu'on ne peut rien en dire d'important sans laisser de côté le point de vue moral. En effet ce n'est qu'ainsi qu'on peut reconnaître les qualités formelles de l'œuvre de Laclos, qualités qui nous rappellent Racine ; ces qualités de surface qui, comme je l'ai dit plus haut, assurent qu'un livre durera. Tout ceci fait penser à ce mot de Valéry : « Ce que l'homme a de plus profond, c'est sa peau[7]. » *Les Liaisons dangereuses* nous présentent une peau sans rides, une surface sans taches, aussi fraîche et claire qu'à sa naissance. Parfois elles annoncent, presque, Stendhal (« Elle veut, dit-elle, me convertir. Elle ne se doute pas encore de ce qu'il lui en coûtera pour le tenter[8] », fait dire Laclos à Valmont à propos de Mme de Tourvel) ; et elles ajoutent une grâce même à Stendhal, une espèce d'affectation qui n'est pas sans charme (« Ne savez-vous pas que la seule volupté a le droit de détacher le bandeau de l'amour[9] ? ») ; parfois, de nouveau, elles approchent Racine : « Vous m'avez dit cent fois que vous ne voudriez pas

5 *Ibid.*, p. 213.
6 *Grande Encyclopédie*, t. XXI, p. 716.
7 On trouve cette expression dans *Les Faux-Monnayeurs, RR2*, p. 368.
8 Lettre VI.
9 *Ibid.*

d'un bonheur acheté par mes larmes. Ah ! ne parlons plus de bonheur, mais laissez-moi reprendre quelque tranquillité[10]. » Je ne citerai plus, de peur que cette préface ne devienne trop longue ; je m'empresse de dire ce qui me tient le plus à cœur.

Pourtant il faut que j'ajoute ces quelques lignes, ô combien exquises dans leur délicatesse, et d'autant plus charmantes que Valmont les écrit dans l'insincérité complète, comme un piège, purement en tant qu'artiste, que corrupteur rusé, déterminé à séduire : « Mais, je puis le dire, cette ivresse des sens, peut-être même ce délire de la vanité, n'a point passé jusqu'à mon cœur. Né pour l'amour, l'intrigue pouvait le distraire, et ne suffisait pas pour l'occuper ; entouré d'objets séduisants, mais méprisables, aucun n'allait jusqu'à mon âme : on m'offrait des plaisirs, je cherchais des vertus ; et moi-même enfin je me crus inconstant, parce que j'étais délicat et sensible[11]. »

Que ce fût l'intention de Richardson, dans *Clarisse Harlowe*, d'édifier ses lecteurs, de peindre un tableau du vice assuré d'en susciter chez ses lecteurs l'horreur et de leur inculquer l'amour et le respect de la vertu, je n'en doute pas. Tout ce qu'on sait de Richardson rend cette hypothèse vraisemblable, et vu la vie tout à fait régulière qu'il a vécue il est bien permis de s'étonner de l'observation extraordinaire, ou plutôt de l'intuition qu'il montre dans le traitement des intrigues d'un libertin tel que Lovelace. Par contre, tout ce qu'on sait de la vie de Laclos nous montre un homme enseveli sous des intrigues mystérieuses, un fourbe, un cynique malin ; donc les déclarations vertueuses des deux préfaces de son livre, celle de l'éditeur et celle du « rédacteur », ne sont pas à prendre au pied de la lettre ; et ne doit-on lire que comme une fourberie son intention avouée de « rendre un service aux mœurs[12] » par sa publication ; et comme rien de plus qu'un exercice en bouffonnerie cynique, qu'une tentative de sauver les apparences, la volte-face subite par laquelle il fait terminer son livre avec une conclusion puérilement moralisante. Il n'y a pas de doute, Laclos marche la main dans la main avec Satan.

Pourtant ce livre, d'inspiration diabolique, s'avère contenir, comme toute œuvre d'observation profonde et d'expression exacte, et sans que l'auteur le veuille, beaucoup plus d'instruction morale que bon nombre de

---

10 Lettre XC.

11 Lettre LII.

12 Voir la « Préface du rédacteur ».

traités bien intentionnés. En Valmont nous voyons quelque chose d'autre, quelque chose de plus qu'un simple séducteur. « Le don Juan de Molière lui-même, écrit Sainte-Beuve, est autant un impie qu'un libertin ; il y a un fonds de méchanceté en lui, comme aussi chez Lovelace ou chez le Valmont de Laclos. Il existe dans ces caractères, avec des nuances diverses, une base d'orgueil infernal qui se complique de recherche sensuelle, une férocité d'amour-propre, de vanité, et une sécheresse de cœur jointes au raffinement des désirs, et c'est ainsi qu'ils en viennent vite à introduire la méchanceté, la cruauté même et une scélératesse criminelle, jusque dans le plus doux des penchants, dans la plus tendre des faiblesses[13]. »

Tout au début, au commencement de ma relecture, je tâchais de me convaincre qu'un « roué » est le personnage le plus facile à bien réussir. Ne s'agit-il pas simplement, me demandais-je, de le faire agir comme n'ayant qu'un seul et unique but, de le peindre comme quelqu'un qui ne se prend jamais à son propre piège ? Je me disais ceci de peur que mon admiration ne fût excessive. Mais non : il faut reconnaître que les « caractères » de Laclos sont aussi flexibles et variés que ceux de Racine, et surtout celui de Valmont. Ce héros démoniaque cultive en lui-même une haine inflexible de tout ce qui est pur ; une haine qui entraîne, dans la chute de Satan, l'innocente Ève. Il se donne à cette haine avec une application inébranlable et tenace telle qu'elle prend en lui presque la place de la vertu. Il n'y a point de laisser-aller chez lui, pas de simple vagabondage. Il ne s'abandonne pas au mal, il ne lui donne pas, fébrilement, son assentiment ; au contraire, il fait tout son possible pour l'obtenir, par vanité (Sainte-Beuve a raison), par orgueil. Mais ce que Sainte-Beuve ne mentionne pas est le côté ludique, l'amour du risque, que Valmont savoure tant – en un mot, le défi. Il s'en faut de peu – perfidie absolue ! – qu'il ne se risque lui-même : on le voit céder, presque, à l'amour ; mais il se retire tout de suite : « car enfin, dit-il, si j'ai eu quelquefois, auprès de cette femme étonnante, des moments de faiblesse qui ressemblaient à cette passion pusillanime » (c'est ainsi qu'il conçoit l'amour), « j'ai toujours su les vaincre et revenir à mes principes. Quand même la scène d'hier m'aurait, comme je le crois, emporté un peu plus loin que je ne comptais ; quand j'aurais, un moment, partagé le trouble et l'ivresse que je faisais naître, cette illusion passagère serait dissipée à présent ; et cependant le même charme subsiste. J'aurais

13 Sainte-Beuve, « Le mariage du duc Pompée. Lundi 2 mai 1864 », *Nouveaux Lundis*, Calmann-Lévy, t. VII, p. 389.

même, je l'avoue, un plaisir assez doux à m'y livrer, s'il ne me causait quelque inquiétude. Serai-je donc, à mon âge, maîtrisé comme un écolier par un sentiment involontaire et inconnu ? Non : il faut, avant tout, le combattre et l'approfondir[14]. » En plus, j'aperçois chez lui une espèce de nécessité de s'opposer à la passion, non seulement pour qu'il puisse en triompher, mais aussi afin de l'observer en tant que psychologue ; il a une soif de connaître, ou du moins la curiosité d'un naturaliste, et ceci rend indispensable qu'il fasse des expériences à la fois sur lui-même et sur les autres. De nouveau, une sorte de joie d'artiste accompagne ses exploits, la joie d'un Pygmalion qui fait vivre ses créations (« Eh quoi ! ce même spectacle qui vous fait courir au Théâtre avec empressement, que vous y applaudissez avec fureur, le croyez-vous moins attachant dans la réalité[15] ? »). Et ce n'est pas assez pour lui que ce rôle de séducteur ; il veut flétrir ses victimes à vie, les dépraver d'abord et les calomnier ensuite ; tout ceci sans qu'il y prenne beaucoup de plaisir – il le fait plutôt par une sorte de devoir à accomplir et par acquit de conscience. C'est cela qui, à un moment donné, lui fait dire à la légère : « De toutes les femmes que j'ai eues, c'est la seule dont j'ai vraiment du plaisir à dire du mal[16]. » Ce n'est pas le bonheur qu'il cherche ; il se donne entièrement, corps et âme, à une espèce d'idéal de la perversité…

Les mœurs de Valmont, de Madame de Merteuil et, à vrai dire, de toute la société de cette époque, mœurs issues de la richesse associée à l'oisiveté, appelèrent, suscitèrent, et pour tout dire méritèrent la Révolution qui arriva sitôt après et sur laquelle Laclos déversa ses réserves d'intrigue. Une curieuse lettre de lui, datée 16 germinal an IX (7 avril 1801), éclaire d'une lumière étrange ses dispositions mentales pendant les dernières années de sa vie : « Si la destinée que j'aurai, écrit-il à sa femme, me laisse plus de loisir qu'il n'en faut à ma paresse, je sais d'avance à quoi l'employer. Depuis assez longtemps l'idée d'un roman germe dans ma tête, et j'ai presque pris hier l'engagement de m'en occuper [...]. Le motif de l'ouvrage est de rendre populaire cette vérité qu'*il n'existe de bonheur que dans la famille*[17]. »

14 Lettre CXXV. C'est Gide qui souligne.
15 Lettre XCVI.
16 Lettre CXV.
17 Laclos, *Œuvres complètes*, éd. Laurent Versini, Paris, Gallimard, « Bibliothèque de la Pléiade », 1979, p. 1064. Selon cette édition, la lettre est datée de Milan, 18 germinal an IX (8 avril 1801).

Au déclin de sa vie, Laclos voulait écrire son *Grandison*. Je ne pense pas qu'il y ait à regretter qu'il n'ait pu mener à bien ce projet excellent. Il demeure l'homme d'un seul livre. « Je résolus [*sic*] de faire un ouvrage qui sortît de la route ordinaire, qui fît du bruit, et qui retentît encore sur la terre quand j'y aurai passé[18]. » C'est ainsi que Laclos s'exprime au sujet des *Liaisons dangereuses* ; et le comte Alexandre de Tilly, qui cite ces mots dans ses Mémoires, ajoute ceci : « Ces expressions un peu oratoires et que je me rappelle comme si c'était d'hier me frappèrent d'autant plus que sa conversation froide et méthodique n'était nullement de cette couleur-là[19]. »

Je me sens plus en accord avec une telle déclaration d'intention qu'avec celle qui supposait le désir d'écrire un ouvrage édifiant. Pourtant j'admets que le livre pourrait renfermer une faible quantité de sincérité, et je suis du même avis que M. Louis de Chauvigny, qui connaît bien Laclos, et à qui nous devons la publication de sa correspondance, quand il écrit : « Sa satisfaction n'est pas moins sincère quand le digne évêque de Pavie, après avoir lu le livre, annonce à qui veut l'entendre que *Les Liaisons dangereuses* sont un ouvrage d'une grande qualité morale, et dont il recommande la lecture, surtout pour les filles[20]. » Ainsi soit-il.

NOTICE

C'est à Pontigny, en août 1939, que Gide rédigea une préface pour le « bien bon mauvais livre » que sont *Les Liaisons dangereuses*[21]. Destinée à une édition anglaise et écrite apparemment à la demande d'André Maurois, elle fut traduite et parut en tête d'une édition illustrée des *Liaisons* à Londres en 1940. Si le manuscrit de cette préface – relié avec ses « brouillons et notes préparatoires » – fut conservé, cette version

18 « Appendice VI, n° IV, Tilly », dans Laclos, *Œuvres complètes*, éd. Maurice Allem, Paris, Gallimard, « Bibliothèque de la Pléiade », 1951, p. 708. Dans cette édition, le passage : « et qui retentît [...] j'y aurai passé » est en italiques.

19 *Ibid.*

20 Préface de Louis de Chauvigny à Laclos, *Lettres inédites*, Paris, Mercure de France, 1904.

21 C'est ainsi que Gide qualifie les *Liaisons* dans une lettre du 12 janvier 1903 à André Ruyters (Gide, Ruyters, *Correspondance*, Lyon, PUL, 1990, t. I, p. 163).

française originelle demeure inédite[22]. Nous donnons ici une traduction de la version anglaise et, ce faisant, bouclons un petit cercle sémantique en accueillant ce texte de Gide dans sa langue « maternelle ».

Dans les écrits de Gide, les références aux *Liaisons dangereuses* sont, pour la plupart, peu révélatrices. Certes, il en est fait mention dans son *Journal*, et il en parle ici et là dans ses lettres, mais ce n'est que dans quelques paragraphes de l'article « Les dix romans français que... », paru dans *La NRF* en avril 1913, qu'il parle de l'importance des *Liaisons* à ses yeux, tout en nous livrant quelques brèves réflexions à leur sujet[23]. Entre cet article de 1913 et la préface que nous présentons ci-après, il y a quelques parallèles. Ils commencent, par exemple, par des souvenirs que gardait Gide de sa première lecture des *Liaisons* – dans l'article, il parle de la chance qu'il a eue de ne pas les découvrir trop tôt (c'est pour des raisons liées au dénouement de l'action plutôt que d'autres) –, et, de manière assez curieuse, les deux textes insistent sur la question des motifs qu'avait Laclos en écrivant son livre – si la préface est catégorique sur cette question, l'article de *La NRF* est, lui, plus dubitatif : « J'en viens presque à douter si, dans son impertinente préface, l'auteur se moque, ou si vraiment il ne s'imaginait pas "rendre service aux mœurs", comme il dit[24]. » Mais en fin de compte, à la fois au niveau de sa forme et de l'approfondissement des idées, la préface que nous présentons ici est d'une tout autre envergure.

En ce qui concerne son élaboration, nous avons un témoignage assez détaillé dans le chapitre consacré à Pontigny des *Conversations avec André Gide* de Claude Mauriac[25]. La note en date du dimanche 13 août 1939 y commence en effet avec une longue description de Gide travaillant sur cette préface dans la bibliothèque de l'abbaye. L'observateur, ravi de pouvoir « surprendre Gide en pleine création[26] », a bientôt droit à une lecture à haute voix ; une conversation autour des *Liaisons* s'ensuit.

---

22 La vente du manuscrit a été signalée dans le *BAAG* n° 60, d'octobre 1983, p. 566. Il est établi par la notice du catalogue, grâce à deux lettres qui accompagnent le manuscrit, que c'est Maurois qui, en 1939, a demandé à Gide d'écrire une préface pour une édition américaine (*sic*) des *Liaisons*.

23 Art. reproduit dans *Incidences* (Paris, Gallimard, 1924), p. 141-149, et dans les *Œuvres complètes*, t. VI, p. 447-458. Nos références renvoient à *Incidences*.

24 *Ibid.*, p. 145.

25 Claude Mauriac, *Conversations avec André Gide : Extraits d'un journal*, Paris, Albin Michel, 1951.

26 *Ibid.*, p. 206.

Au cours des jours suivants, Gide s'entretient à plusieurs reprises de sa préface avec Mauriac et d'autres. Ces conversations, dont on trouve quelques éléments dans le récit/journal de Mauriac, ont apparemment inspiré plusieurs révisions. Mais ce qui ressort des comptes rendus de Claude Mauriac, c'est surtout la déception qu'éprouvait Gide à l'égard de son travail, déception évidente dans ces propos qui lui sont attribués : « Je n'ai pas formulé, ou j'ai mal formulé l'essentiel. À savoir ma joie devant un livre où il n'est pas tenu compte de la morale courante[27]. » En même temps, Gide allègue des circonstances atténuantes en expliquant quelques-unes des limites qu'il s'est imposées pour la rédaction de cette préface : d'abord, il « s'est défendu [...] tout vocabulaire mystique[28] », mais il voulait aussi éviter au moins un thème qui lui apparaissait trop personnel (ou, disons, trop délicat) : « Ce qui me paraît capital dans *Les Liaisons dangereuses*, c'est la dissociation qui s'y trouve excellemment faite entre le plaisir et l'amour. Cela correspond tellement aux préceptes que j'ai toujours suivis dans ma vie... » Et Claude Mauriac de conclure : « C'est pour cela qu'il n'en parle pas dans sa Préface : il faudrait trop de précisions[29]. » Quelques jours plus tard, la version finale ne semble toujours pas à la hauteur des espérances de Gide, comme en témoigne un autre propos recueilli par Mauriac : « Je n'arrive jamais à dire vraiment dans un texte unique ce que je me proposais d'exprimer. Où placer des remarques capitales ? Comment les fondre dans un texte préexistant ? Je ne réussis qu'à cerner mon sujet, à exprimer tout ce qui l'entoure, sauf précisément ce qui est l'essentiel de lui-même, qui est lui-même[30]... » Mais, malgré la déception que Gide semble avoir ressentie à l'achèvement de son travail, cette préface reste un document important sur son appréciation d'un des classiques de notre littérature.

Une remarque, pour finir, à propos de notre traduction. Il va sans dire que nous ne prétendons pas avoir retrouvé les mots qu'a dû employer Gide dans la version originale de ce texte. Si, de temps en temps, nous avons cru deviner quelques tournures françaises derrière la syntaxe anglaise – et donc fait de notre mieux pour les « reconstituer », – nous pouvons seulement assurer à notre lecteur que nous lui avons transmis

27 *Ibid.*, p. 209. Il n'est pas impossible que ce soit cette réflexion qui a motivé la note du premier paragraphe.
28 *Ibid.*, p. 211.
29 *Ibid.*
30 *Ibid.*, p. 213.

le sens de la version anglaise. À vrai dire, une telle entreprise de traduction est bien risquée, étant donné, surtout, que le manuscrit existe encore, quelque part... Se peut-il, par exemple, comme le suggère Claude Mauriac dans son livre[31], que Gide qualifiât *Les Liaisons dangereuses*, dans la toute première ligne de sa préface, de livre « épouvantable » ? Ou faut-il supposer que ce vocable frappant, Gide l'avait déjà modifié avant de remettre sa copie ? En tout cas, une chose est sûre, ce n'est pas avec « épouvantable » que l'on peut honnêtement traduire la première phrase de la version anglaise qui contient, elle, un adjectif bien plus banal : « *What a tremendous book !* »

Voici donc notre traduction de la préface de Gide pour *Dangerous Acquaintances* telles qu'elles furent publiées à Londres en 1940 par The Nonesuch Press, « *englished* » par Ernest Dowson et illustrées par Chas Laborde.

Anton ALBLAS

31 *Ibid.*, p. 209.

1939-1943

GIDE CRITIQUE DE GEORGES SIMENON

I

Depuis longtemps, je me propose d'écrire une étude sur Simenon ; et, si je n'ai pas répondu tout aussitôt à l'appel des *Cahiers du Nord*, c'est que les quelques lignes que je puis vous envoyer aujourd'hui me paraissent trop insuffisantes pour louer comme il convient un aussi important romancier.

Je fus l'un des premiers à l'admirer ; Simenon le sait. Voici quelques années, il y aurait eu quelque plaisir à le « découvrir ». Mais (bravo, Thérive !), je me suis laissé distancer[1]. Aujourd'hui, la partie est gagnée. Simenon a partout des admirateurs, partout des lecteurs enthousiastes. Pourtant, nombreux sont encore ceux qui, devant lui, font la fine bouche ; qui disent : « Simenon, oui… mais il écrit trop ! » (car ce qui lui fit du tort, longtemps, c'est son extraordinaire abondance) et qui crieront au paradoxe si je déclare que je tiens Simenon pour un grand romancier ; le plus grand peut-être et le plus vraiment romancier que nous ayons eu en littérature française aujourd'hui. Tant pis pour ces faux délicats. Ne faites rien pour les conquérir, Simenon ! Continuez sans vous occuper d'eux ; ils viendront à vous tout de même.

Et c'est seulement alors que, dans le portrait que je voudrais tracer de vous, j'oserai quelques ombres et quelques critiques, à seule fin que vous y paraissiez plus ressemblant.

---

1 Dans *Le Temps* du 1er janvier 1939, André Thérive avait fait l'éloge de Simenon. Gide, dans sa conférence sur Henri Michaux, exprima son regret d'avoir été devancé (*EC*, p. 735).

II

Une question se pose à laquelle Simenon seul peut répondre : j'ai pour lui admiration, affection, estime, des plus vives ; mais tout de même je ne le connais pas encore assez pour savoir s'il est homme à préférer la vérité à des compliments flatteurs, pour jurer qu'il ne prenne pas ombrage d'une sévérité qui, chez moi, ne serait qu'une marque d'estime mais que, précisément, je n'ose accorder qu'à bien peu ; si enfin il ne m'en voudra pas de lui dire que je ne reconnais pas, dans ces pages de dactylographie qu'il a la gentillesse de soumettre à ma jugeotte, toutes les qualités que je goûtais si fort, à l'ordinaire, dans ses écrits ; s'il n'accorde pas plus de crédit à ceux qui viendront lui dire qu'il n'a jamais rien produit de plus remarquable. Oui, je l'aime et l'estime assez pour ne pas pouvoir lui mentir, et, comme je tiens beaucoup à son affection, préfèrerais me taire plutôt que de lui servir une louange qui ne serait en rien sincère. J'ai donc lu ces pages avec une attention soutenue, mais avec étonnement, un étonnement dont toute ma sympathie préétablie ne parvenait à triompher ; comment expliquer, me demandais-je en avançant, que le romancier le plus romancier-né d'aujourd'hui, le plus habile à nous donner de la vie d'autrui une vision saisissante, hallucinante, à nous *intéresser* (et je prends ce mot dans le sens le plus fort, comme lorsque l'on dit qu'un banquier est *intéressé* à la réussite d'une affaire), à créer des personnages vivants, haletants, pantelants, réels – ne nous présente ici, alors qu'il s'agit d'êtres réels, que des ombres ? C'est, me dis-je (et précisément parce qu'il sait que ces personnages ont existé, qu'ils ont vécu), qu'il n'a pas cru devoir, pas pris la peine de les recréer ; qu'il a cru que le souvenir suffirait. Le souvenir suffisait à les lui faire revoir à lui-même et cette vision qu'il en avait lui donna le change ; plus besoin pour lui d'entrer dans cet « état de transe » créatrice où il savait si bien entraîner le lecteur ; plus besoin ici de ce choix si sûr du plus significatif, de l'indispensable ; mais bien hélas ! un « tout-venant » de ce dont il se souvient – ou même, souvent, que simplement il a entendu dire. *L'évocation* miraculeuse fait long feu. Il reste une sorte de... tendresse, charmante, inattendue et à laquelle, parbleu ! je suis sensible ; mais à laquelle je serais sensible bien davantage si ce n'était pas celle même de l'auteur, que j'épouse ; si l'auteur savait me la faire éprouver directement par son seul récit. Sans doute, en le relisant, s'en rendra-t-il compte lui-même et arrivera-t-il, de lui-même, à le tendre davantage par la suite, s'il le continue ; mais il n'est pas impossible que l'émotion qu'il éprouve à remuer ces souvenirs ne le blouse ; c'est pourquoi je le veux avertir, en ami. Et... non, je ne puis croire qu'il m'en veuille.

30 mai 1941

III

Que Simenon soit aujourd'hui notre plus grand romancier, c'est ce que demain je ne serai plus seul à dire. Seul ? Non. Simenon compte dès aujourd'hui nombre de fervents admirateurs, à Paris, en province et à l'étranger. Je ne serais nullement surpris que, bientôt, certain snobisme s'en mêlant, il connaisse certaine vogue qui passe outre la critique et où le goût devienne engouement.

Mais, en attendant, Simenon reste victime de cette paresse d'esprit du public qui s'en tient une fois pour toutes à un premier jugement.

La réussite de certains de ses premiers livres a valu à Simenon une dangereuse réputation d'auteur de romans policiers, genre suspect et discrédité qui le confine dans la banlieue de la littérature. Il a beau publier ensuite coup sur coup dix, quinze, vingt livres excellents de nature toute différente ; rien à faire : je t'ai connu bon détective et détective tu resteras.

IV

À Sidi-bou-Saïd, je relis *Le Locataire.* Il n'y a pas meilleure peinture, meilleurs dialogues ; mais le sujet du livre reste (et devait rester) monotone et se développer, comme la musique arabe sur un seul plan. Il n'y a pas, comme dans les livres de Simenon qui me plaisent le plus, double sujet ; pas de *sujet secret.* Et pourtant l'intérêt sans cesse accru que Mme Baron, la mère logeuse, porte à son locataire criminel, le sentiment quasi maternel qui se développe en elle, et protecteur, admirablement observé et indiqué par touches menues, donne au livre une valeur psychologique, une sorte de profondeur et de poids qui le fait rejoindre les meilleurs récits de Simenon, et par où il reste si remarquable. (Il faudra que je relise *Manon Lescaut* ; je veux voir si l'abbé Prévost lui est supérieur, et en quoi). La peinture de l'égoïsme inconscient, de l'inconscience et inconvenance de Élie Nagear le criminel est excellente – et son envahissement progressif.

V

On a beaucoup insisté sur la médiocrité des personnages de Simenon. Il est vrai qu'elle est affligeante. Mais ce que je remarque et qui me touche, c'est le sentiment angoissant, atroce, qu'ils ont de cette médiocrité où ils vivent ; c'est l'effort, parfois, qu'ils font pour en sortir ; effort maladroit, absurde, et qui, le plus souvent, les plonge plus avant encore dans la gêne.

Même dans *Bergelon*, oui est loin d'être un de ses meilleurs livres, je retrouve encore cette angoisse : « Il y avait en lui quelque chose d'un peu troublant, d'anxieux, un espoir, une attente, l'envie de faire un geste – mais lequel ? –, d'ouvrir, non pas une porte, mais une avenue, un monde, une perspective neuve, de s'élancer… » (p. 138) et, deux pages plus loin : « Quelle est la minute exacte à laquelle on s'aperçoit qu'un vêtement est devenu trop étroit ? Pourquoi pas la veille ? Pourquoi pas le lendemain ? »

La vague aperception d'une vie plus riche, plus pleine, plus accomplie, de ce que pourrait être la vie, tourmente nombre des personnages de Simenon ? l'avocat des *Inconnus dans la maison*, entre autres, que nous voyons tourner, comme une mouche à viande auprès d'une charogne, autour de cette bamboche médiocre et de ce train dévergondé que sa fille menait et introduisait dans sa propre demeure, à son insu.

NOTICE

Les Éditions Diogenes, de Zurich, ont publié la traduction allemande de la *Correspondance Georges Simenon–André Gide*. En tête des appendices du volume (p. 117-119), on trouve, sous le titre « Gide über Simenon », la traduction de la page dont le texte original fut d'abord publié en

1969 dans la revue londonienne *Adam*, puis recueilli dans le *Simenon* de Francis Lacassin et Gilbert Sigaux en 1973. Mais l'éditeur allemand omet d'y joindre, on ne sait pourquoi, les quatre autres fragments de Gide sur Simenon déjà publiés en français (en dehors des mentions du *Journal*, naturellement, dont il existe une excellente traduction allemande) et dont la réunion peut donner une petite idée de ce qu'eût été la « grande étude » longtemps projetée, et préparée, par Gide sur le romancier belge : la page sur « la médiocrité des personnages de Simenon » publiée dans le *Simenon* de 1973, les deux fragments cités dans le dossier « Gide/Simenon » présenté dans le *Figaro littéraire* en 1970 par Gaétan Picon, et la page par laquelle Gide avait contribué au numéro d'hommage à Georges Simenon publié en 1939 par les *Cahiers du Nord* (revue trimestrielle fondée en 1927 et dirigée à Charleroi par le poète belge Nestor Miserez).

Nous avons pensé qu'il serait intéressant de regrouper ici, pour la première fois, ces cinq fragments d'André Gide critique de Georges Simenon.

Nos lecteurs trouveront donc dans les quatre pages suivantes :

I. – Le texte (sans titre) paru page 60 des *Cahiers du Nord* de 1939, n° 2-3 (13e année n° 51-52), « consacrés à Georges Simenon », réunissant des contributions de Jean Cassou, Anatole de Monzie, Raymond Escholier, André Gide, Max Jacob, René Lalou, Henri Lavedan, Pierre Mille, G. W. Stonier, André Thérive, Vlaminck et Nestor Miserez, et se terminant sur « Deux chapitres du roman inédit de Georqes Simenon : *Malenpin* » (cahier de 72 pages). Gide y fait allusion à un feuilleton d'André Thérive paru dans *Le Temps* du 1er janvier 1939 (*cf.* le *p.-s.* de sa lettre à Simenon du 6 janvier 1939, dans *Simenon* de 1973, p. 395). Ce texte n'a jamais été réimprimé.

II. – La page, datée « 30 mai 1941 », où Gide a noté ses réflexions à la lecture du manuscrit de *Pedigree* ; il l'avait communiquée à Simenon (voir sa lettre du 5 juin 1941, *op. cit.*, p. 414) et devait lui savoir « grand gré » d'avoir « si bien pris » ses critiques (lettre du 19 septembre 1941, *ibid.*, p. 415). Ce texte fut publié en 1969 dans le n° 328-330 *d'Adam* (presque tout entier consacré à Simenon), en appendice à un choix de lettres de Gide à Simenon, p. 48-49 ; puis repris dans le *Simenon* de

1973, p. 450-451, mais sans la note de Miron Grindea, rédacteur en chef *d'Adam*, que nous traduisons ici : « D'après Simenon, Gide dut écrire au moins cent pages de son étude, dont la rédaction fut fréquemment interrompue. Un soir, se rappelle Simenon, Gide lui demanda de consigner par écrit ses réponses â une avalanche de questions : après dîner, Simenon s'assit et y alla d'u ne vingtaine de pages "explicatives". Nul ne sait ce qu'il est advenu du texte de Gide, mais ce feuillet, que j'ai trouvé dans les archives d'Épalinges, suggère ce qu'il a pu être. »

III. – La page, sans titre ni date (mais postérieure au 3 avril 1941, date de publication de *Bergelon* chez Gallimard), publiée dans le *Simenon* de 1973, p. 452 ; jamais réimprimée.

IV et V. – Les deux fragments cités par Gaétan Picon à la fin de son « dossier » du *Figaro littéraire* (n° 1234, 12-18 janvier 1970, p. 10-13 : « Quand Gide écrivait à Simenon [1938-1950] »), jamais réimprimés ; le second, écrit à Sidi-bou-Saïd, donc entre mai 1942 et mai 1943.

Claude MARTIN

1946

RENÉ DESCARTES[1]

Si la libre pensée de Descartes respecte les dogmes, c'est qu'elle ne s'en prend pas à eux, c'est qu'elle se refuse d'abord et d'emblée à s'y attaquer[2].

Lorsque je relis Descartes aujourd'hui (et c'est avec une satisfaction parfaite) j'admire l'extrême révérence qu'il marque sans cesse à l'égard de la religion. Aussi bien ne sera-t-il point malaisé de recueillir maints passages de ses récits[3], de quoi former un livre qui serait le plus édifiant qu'il se puisse et susceptible de satisfaire les consciences catholiques les plus scrupuleuses et les plus soucieuses d'orthodoxie. J'ai pu longtemps penser qu'il n'y avait là qu'une soumission apparente à l'Église, que cette révérence n'était que feinte en vue de protéger sa tranquillité, le libre développement de sa pensée ; cependant on en vient à la croire sincère, cette révérence qui non seulement ne se dément jamais mais s'exprime à maintes reprises avec une éloquence simple et dénuée d'ironie, une sorte de conviction qui ne peut laisser d'émouvoir ; de sorte que, dans la relation que Baillet nous livre de l'agonie de Descartes et de l'occupation de ses derniers jours, ces lignes si remarquables nous surprennent à peine : « Pendant tout ce temps de transport, ceux qui l'approchaient, remarquèrent une singularité assez particulière pour un homme que plusieurs croyaient n'avoir eu la tête remplie, toute sa vie, que de philosophie et de mathématiques, c'est que toutes ses rêveries ne tendaient qu'à la piété, et ne regardaient que les grandeurs de Dieu

1 Publié dans *Documents*, n° 1, 1946 ; repris dans le *BAAG* n° 146, avril 2005.

2 Cette « épigraphe » est en fait extraite du texte de Gide, la phrase initiale du second paragraphe.

3 *Sic*, probable coquille pour « écrits » (« *in seinen Schriften* » dans la traduction Krauss).

et la misère de l'homme[4]. » Et tout ceci semblerait justifier bien peu l'anathème que portent contre lui nombre de catholiques et leur peu d'efforts pour se l'annexer. Pourtant, en dépit de sa piété, Descartes ne saurait être des leurs. Ils ont raison de ne point l'admettre ; que dis-je ? raison de reconnaître en lui un très redoutable ennemi.

Si la libre pensée de Descartes respecte les dogmes, c'est qu'elle ne s'en prend pas à eux, c'est qu'elle se refuse d'abord et d'emblée à s'y attaquer. Spinoza, lui, s'en occupe, Descartes point. Il écrit au R. P. Mersenne (27 mai 1630) : « Les 4, 5, 6, 8, 9 et derniers points de votre lettre sont tous de théologie, c'est pourquoi je m'en tairai, s'il vous plaît[5]. » Ainsi soit-il. Mais il laisse au monde, en mourant, sa *Méthode*, et ceux qui l'ont suivie n'ont pas observé sa discrétion. Le déplorerait-il, s'il revenait sur terre aujourd'hui ? Je ne puis le croire et qu'il ne se soit pas rendu compte du cheminement quasi nécessaire de l'esprit de l'homme à sa suite, et j'allais dire : sur ses brisées.

Descartes ouvre à l'esprit une voie royale et je ne pense pas qu'aucun auteur français puisse être considéré comme plus important que lui. On a dit qu'il écrivait mal. Qui donc, on ? Quelques artistes. Parce qu'il dédaignait le bien écrire, encore que je ne sache rien de mieux construit, de mieux articulé (sans aucun souci du nombre, il est vrai) que sa phrase. Mais lorsqu'il écrit à Balzac, cet « amoureux de poésie » (ainsi que Descartes disait de lui-même) montre soudain qu'il est capable, lui aussi, des recherches de style les plus exquises, et que son dédain de ce genre de qualité ne vient point de son impuissance. Où trouver, dans toute l'admirable prose du « grand siècle », plus de grâce, d'élégance, de… poésie, que dans ces quelques lignes : « Je dors ici dix heures toutes les nuits, et sans que jamais aucun soin me réveille, après que le sommeil a longtemps promené mon esprit dans des buis, des jardins, et des palais enchantés, où j'éprouve tous les plaisirs qui sont imaginés dans les fables, je mêle insensiblement mes rêveries du jour avec celles de la nuit ; et quand je m'aperçois d'être éveillé, c'est seulement afin que mon contentement soit plus parfait, et que mes sens y participent ; car je ne suis pas si sévère, que de leur refuser aucune chose qu'un philosophe leur puisse permettre, sans offenser sa conscience[6]. »

---

4 Citation de l'édition intégrale de *La Vie de Monsieur Descartes* du P. Adrien Baillet (2 vol. in-4°, 1691).

5 Descartes, *Œuvres et lettres*, éd. A. Bridoux, Paris, Gallimard, « Bibliothèque de la Pléiade », 1952, p. 939.

6 *Ibid.*, p. 940-941.

Mais ce qui offenserait sa conscience bien davantage, ce serait de s'attarder à ces délices qui lui paraissent assez vaines en regard de cette tâche qu'il se propose : la délivrance de la raison.

NOTICE

Le 7 mai 1946, Gide, alors à Paris, de retour du Liban, écrit à Dorothy Bussy : « Dois-je vous envoyer le texte d'un Descartes (trois pages dactylo) qui peut-être plairait à quelqu'une de vos jeunes revues[7] ? » Dorothy accepta « avec plaisir », et une semaine plus tard Gide ajoutait qu'il avait vendu le *copyright* de son étude à France-Presse, et réservé les droits de traduction à Dorothy Bussy pour la version anglaise de cet article. Compte tenu de l'approche du 350e anniversaire de la naissance de Descartes, la revue était sans doute pressée de paraître, puisque Dorothy, le 26 mai, regrettait d'avoir dû faire sa traduction du « Descartes » « beaucoup plus rapidement qu'elle ne souhaitait[8]. Mais une autre raison de cet empressement était sans doute l'imminence de la sortie du premier numéro de cette revue franco-anglaise, produite à Paris par la Société française de presse, et qui avait eu à cœur de faire figurer à son sommaire quelques noms prestigieux ; à côté de Gide, on trouvait ainsi Pierre Emmanuel, Michel Leiris et Camilo José Cela, mais encore Giraud d'Uccle, que Gide pouvait connaître en tant que collaborateur de *L'Arche*.

Cette revue, *Documents*, était publiée simultanément à Paris et à Londres, sous la direction de Stéphane Cordier (1905-1986), futur fondateur de *L'Arc*. Elle ne connut que trois numéros.

Pierre MASSON

7 Gide, Bussy, *op. cit.*, t. III, p. 389.
8 Résumé de la lettre du 26 mai 1946 par Jean Lambert, qui ne l'a pas publiée dans son édition de la *Correspondance* Gide-Bussy (*ibid.*, p. 398).

1947

« DÉFENSE DE LA LANGUE FRANÇAISE[1] »

Notre langue maternelle est un patrimoine commun qu'il appartient à chaque écrivain d'illustrer et de défendre. Des lecteurs, en grand nombre, se passionnent aux questions de syntaxe et de grammaire ; j'en eus la preuve, récemment encore, lors d'une discussion ouverte avec André Billy, dans les colonnes du *Figaro.* Quantité de lettres à ce sujet me parvinrent. En chaque Français cultivé sommeille un Vaugelas, prêt à sursauter devant le mésusage des mots ou les tournures fautives ; ce qui est, certes, rassurant. Certains censeurs l'ont bonne garde et sont applaudis comme il sied ; mais il me paraît que, souvent, ils s'en prennent à des vétilles, ou à des fautes contre lesquelles il est assez vain de protester lorsque l'usage courant les consacre et qu'elles sont en passe d'être communément admises. Exemple : l'emploi de quelconque, lequel devrait toujours suivre le substantif auquel il se rapporte ; la règle est formelle ; *était* formelle, mais nombre d'écrivains ou l'ignorent, ou passent outre, et parfois des meilleurs, et depuis longtemps. Dès 1927 Malraux ne craignait pas d'écrire (*Les Conquérants*) : « Il a été attaqué par de quelconques voyous. » Je sursaute encore chaque fois que je rencontre cet abus ; mais chaque fois un peu moins haut. Je pense qu'il n'y a qu'à l'admettre (chez les autres du moins). On s'y fait ; de même qu'à l'enclave, à la suite de « avec », qui d'abord parut si hardie lorsque les Goncourt, pour la première fois, la risquèrent : « avec, sur ses épaules, un fagot ». De même l'emploi de « avant » pris absolument, au sujet de quoi Littré écrit fort sagement : « Des grammairiens ont taxé d'incorrection cette phrase : sa méchanceté est aussi grande qu'avant. L'usage est contre eux. »

1 Publié dans *Le Figaro littéraire*, 10 et 28 décembre 1946, 18 janvier, 8 février et 29 mars 1947 ; repris dans le *BAAG* n° 118, avril 1998.

Rien à faire contre l'usage ; il prévaut ou prévaudra tôt ou tard ; tout au plus les bons écrivains peuvent-ils, doivent-ils, par le cramponnement aux anciennes formes, mettre un frein à l'évolution trop rapide du langage. À la triste faveur de la guerre et des troubles affreux qui s'ensuivent, les forces désagrégeantes et dissolvantes l'emportent de beaucoup sur les conservatrices ; il importe donc d'autant plus que celles-ci restent en perpétuel état d'alerte.

Les reportages bâclés de médiocres journalistes, les incorrections de leurs comptes rendus cursifs ou de leurs traductions hâtives des « communiqués » de langue étrangère, m'alarment moins que les moindres trébuchements des auteurs notoires, et que l'on souhaiterait pouvoir toujours être proposés comme modèles. Toutefois, je déplore qu'une censure sévère ne soit pas appliquée aux textes, par exemple des « sous-titres » de cinéma qui, trop souvent, étalent des fautes grossières et les inculquent en quelque sorte au public. De même, les speakers de la radio imposent trop souvent une prononciation défectueuse. Ces émissions ne devraient-elles pas être impeccables ? Est-il admissible de voir accréditées, encouragées par elles, de grossières erreurs : comme de faire entendre la double consonne de *Hollande*, de voie *ferrée* (que le speaker consulte Larousse ou Littré), ou le p de *dompteur*. La radio consacre ces fautes, leur prête un caractère déplorablement officiel. Mais je reviens aux fautes écrites.

Il m'est souvent arrivé de me tromper moi-même et l'on a relevé dans mes livres de nombreuses erreurs. Aussi bien tout ce que je dis à propos du langage, qu'on veuille bien se persuader que je le fais sans outrecuidance ; mais je reste extrêmement sensible à certaines subtilités de notre langue française et souffre du mésusage de celles-ci. C'est ainsi que le mot « autrement » me paraît fort spécieusement indiquer parfois une note de surenchère : « Certaines clauses de ce traité me paraissent *autrement* graves », mais nombre d'auteurs, aujourd'hui, croient devoir écrire : « Autrement plus graves ». Le plus me paraît pour le moins inutile et nettement inélégant. Je signale cette faute, car c'est une faute, n'est-ce pas ? parce qu'elle n'est pas particulière à un auteur ; son emploi tend à se généraliser. Et je signalerai de même, et pour les mêmes raisons, l'emploi de « aussi » pour « si » : « ces erreurs, aussi graves qu'elles soient... », « aussi fâcheux que cela puisse être... ».

J'ai gardé pour la fin une faute qui me paraît importante, mais particulièrement difficile à dénoncer, car ce n'est pas dans les imprimés qu'elle se trouve ; du moins pas encore. On ne la lit point ; on l'entend, et de plus en plus, et dans les conversations du meilleur monde, je veux dire dans la société des gens cultivés ou prétendus tels. Il est malséant de protester lorsque j'entends une femme (car il me semble, et je ne sais pourquoi, que ce soit une spécialité presque uniquement féminine), une dame dire : « Pour ne pas que ». Ce serait l'affaire du mari de la reprendre ; mais il importerait d'abord qu'il y fût sensible lui-même ; et puis... Les ménages désunis se reconnaissent souvent aux « cuirs » de l'épouse. Il m'est parfois arrivé, passant outre la bienséance et le silence de l'époux, de marquer quelque étonnement lorsque j'entendais dire : « J'ai réprimandé cet enfant pour ne pas qu'il recommence » ou « Je lui ai mis son gros manteau pour ne pas qu'il s'enrhume » (à remarquer que cette fautive expression ne s'emploie guère qu'à la troisième personne). Et tout aussitôt, en riposte à ma remarque : « Mais comment, selon vous, doit-on dire ? » Et le « pour qu'il ne recommence pas », « pour qu'il ne s'enrhume pas », que je proposais à la place, était jugé plat, prétentieux et sans vigueur. J'en venais à battre en retraite, à douter si j'avais raison de protester. Question que je soumets aux lecteurs...

II

Il n'était pas dans mes intentions de donner une suite à mon article du *Figaro* du 10 décembre ; encore qu'il restât beaucoup à dire et que notre langue française me parût en grand besoin d'être défendue, mais je laissais ce soin à de plus compétents que moi qui manque, sur ce point comme sur quantité d'autres, d'assurance (je dirai pourtant tout à l'heure pourquoi je me méfie un peu des spécialistes et de leur rigueur) ; puis, si ces questions de langage me paraissent mériter d'occuper notre attention, elles sont loin d'être les seules et il me déplairait de paraître, à cause d'elles, en dédaigner ou négliger d'autres, aussi importantes sans doute, et assurément plus urgentes, sur lesquelles pourtant je n'ai pas à me prononcer. Mais un si grand nombre de lettres, reçues à l'occasion de cet article, me pressent de ne pas m'en tenir là et soulèvent tant de questions, que me voici presque tenu, ne fût-ce que par politesse, d'y répondre. Parmi ces lettres, il en est une du général X, où cette phrase, au surplus, me rassure : « D'aucuns trouveront cela puéril, alors que tant de graves soucis nous étreignent. Mais moi je pense qu'à une époque où

il importe avant tout de nous re-civiliser, il est de haute importance de commencer par nous efforcer de maintenir pure notre belle langue, qui est le véhicule, dans le monde, de la pensée française. »
Tant que vous voudrez, mon général, redirai-je avec le poète.

*

Je vais tâcher d'abord d'apporter un peu d'ordre dans ce très abondant courrier, qui me prouve une fois de plus combien ces questions de langage et le souci de bien s'exprimer tiennent à cœur aux Français. Comment alors se fait-il que notre langue, nonobstant, se corrompe ? Ne serait-ce pas aussi qu'elle paraît se corrompre aussitôt qu'elle change et qu'elle évolue ; aux yeux de certains tout au moins, qui souhaiteraient sans doute la voir se figer. Le français n'est pas une langue morte ; et, partant, nous devons accepter qu'elle se modifie ; pas trop rapidement, souhaitons-le ; mais si nous y pouvons quelque chose, ce ne sera pas en protestant indistinctement contre toutes les innovations, dont certaines me paraissent assez heureuses, mais seulement et d'autant plus énergiquement contre celles qui la dénaturent et l'avilissent.

Fermons cette première parenthèse (j'en ouvrirai plus d'une) et commençons par nous débarrasser des quelques correspondants qui s'amusent à relever des incorrections dans le texte même de mon premier article. J'y disais : « Ces émissions (de la radio) ne devraient-elles pas être *impeccables.* » Or, d'après Littré, m'écrit-on, « impeccable » ne devrait pas se dire des choses, mais seulement des gens. Et deux correspondants me persuadent que « irréprochables » eût mieux valu. J'encaisse, avec sourire.

Un autre me reproche « *notoires* » ; d'après lui l'on ne devrait pas dire, ainsi que j'ai fait : « des auteurs notoires » ; et je crains bien que mon correspondant n'ait raison. Le souvenir d'un livre d'Ernest Lajeunesse, *Les Nuits, les Ennuis et les*... (je ne sais plus quoi) *de quelques notoires contemporains* (titre auquel il ne me souvient pas que personne ait alors trouvé à redire) m'induisit en erreur. « En toute rigueur, me dit le docteur de G., *notoire* ne devrait jamais se dire d'une personne, mais uniquement d'une chose, d'un fait ou d'un événement. Marcel Proust a bien écrit que M. de Norpois était un *diplomate notoire* ; mais, dans sa correspondance, il regrette cette erreur et reconnaît que l'expression est fautive. » Je fais de même aussitôt ; sans trop de honte, ne m'étant jamais donné pour « impeccable ».

*

Un grand nombre des lettres revient sur la question soulevée par moi au sujet de la locution « pour ne pas que ». J'en avais donné deux exemples ; un troisième me revient à l'esprit, que l'on me pardonnera de citer, en dépit de son irrévérence, car il me paraît particulièrement révélateur, sorti de la bouche d'un enfant. Son institutrice, à l'école du dimanche, lui peint les souffrances indicibles du Crucifié, insiste sur le percement cruel des mains et des pieds par les clous, et le petit d'arguer alors : « C'était aussi pour pas qu'il tombe. » Il avait tort évidemment de supprimer le « ne » ; (je passe outre l'indécence de la réflexion) mais, évidemment, cette façon de s'exprimer était pour lui plus naturelle et bien autrement expressive que toute autre qui nous paraîtrait, à juste titre, plus correcte. Or, à ma grande surprise, si nombre de mes correspondants s'indignent du « pour ne pas que », un nombre presque égal l'admet (ou l'admettent) et le défendent si pertinemment que bientôt je vais me laisser convaincre.

Cette locution, souvent entendue, je disais que je ne l'avais encore jamais vue écrite ; mais un correspondant me signale qu'il vient de la rencontrer dans *Kœnigsmark* (1926) où Pierre Benoît fait dire à sa princesse : « Je tournais la tête pour ne pas qu'il me vît me tordre de rire » – locution qui paraît particulièrement choquante dans la bouche d'une princesse, encore qu'étrangère.

Ce même correspondant me recommande « un petit dictionnaire raisonné », que je ne connaissais pas encore : *Le Péril de la langue française* (1910), de l'abbé Clément, professeur à la Faculté catholique des Lettres de Lyon, « auquel, dit-il, je me reporte souvent, malgré qu'il fourmille d'erreurs ». Je passe outre le « malgré que », contre lequel il est vain de lutter ; mais n'aurait-il pas été préférable d'écrire : « ... les erreurs y fourmillent » ? Question.

À propos de « quelconque » placé devant le substantif, les avis sont partagés. Certains correspondants l'approuvent et me font remarquer que l'épithète n'a pas toujours même valeur, suivant qu'elle précède ou suit le mot qualifié ; qu'un « grand homme » n'est pas nécessairement un « homme grand ». Chose curieuse : je le savais déjà ! et qu'entre un « paralytique général » et un « général paralytique », il y a une nuance. (En passant, je proteste à neuf contre cette absurde expression, à peu près admise aujourd'hui, pour désigner un malade atteint de paralysie générale. Pourquoi ne pas dire aussi bien : un « phtysique [*sic*] galopant », et, pendant qu'on y est, un « délirant *tremens* » ?) Je ne nie pas que « un quelconque individu » ne soit pas l'équivalent exact de « un individu quelconque » : je disais simplement que, hier encore, la règle était stricte, de ne jamais placer « quelconque » avant le substantif, et qu'aujourd'hui cette règle n'est plus observée, ce qui me paraît regrettable. Que d'abord l'on enfreignît cette règle, exceptionnellement, en vue d'un effet de surprise, il se put ; cette hardiesse, devenue d'usage courant, ne cause plus surprise aucune, mais simplement (si j'en juge par moi) une pénible impression de complaisant laisser-aller, de veulerie. Il en va de même pour quantité de « hardiesses ». Rien ne se fane plus vite, en art, que la surprise : l'on ne s'étonne pas longtemps.

Cédant à l'aimable insistance des lecteurs, j'inscris donc en fin de cet article un « à suivre », et d'autant plus volontiers qu'il me semble n'avoir encore presque rien dit.

III

Il y a ceux qui, comprenant trop vite, ne comprennent pas bien. J'avais protesté contre l'emploi abusif, aujourd'hui fréquent, de aussi dans le sens de quelque ou pour (là où le simple si conviendrait) : « une erreur, aussi grave qu'elle soit », citais-je, en déplorable exemple, relevé chez un fort bon auteur. Or voici qu'un correspondant de Lourdes s'écrie : « Qu'il est dommage que le critique littéraire du Figaro, qui a rendu compte de l'attribution du Prix Interallié, n'ait pas eu sous les yeux votre article de ce matin dans le même journal, cela lui aurait évité une remontrance a posteriori pour sa phrase : Comment trouver un jury pacifique quand le lauréat est aussi manifestement… ! » La phrase citée me paraissant parfaitement correcte, mon correspondant de Lourdes me permettra de lui rétorquer ladite remontrance. Dans quantité de cas (pour signifier tellement), si et aussi peuvent être employés presque indifféremment, ne se distinguant l'un de l'autre que par une nuance si subtile que souvent la seule euphonie et le rythme de la phrase pourront dicter la préférence. Mme de Sévigné, parlant d'un éventail, écrivait : « Je n'ai jamais rien vu de si joli », mais aurait aussi bien pu écrire : « d'aussi joli ». Dans la belle phrase de Valéry que me propose un autre correspondant, toutes les exigences se trouvent satisfaites : rythme, euphonie et distinction subtile : « Jamais et nulle part, dans une aire aussi restreinte et dans un espace de temps si bref, une telle fermentation des esprits… » Ce qui distingue dans cette phrase le aussi du si, c'est que, après : une aire aussi restreinte, nous devons sous-entendre : que la nôtre.

*

Le flot des lettres reçues me submergeait déjà. Je m'attends à en recevoir de nouvelles à propos de ma seconde chronique, où j'ai employé *nonobstant* adverbialement et d'une manière absolue, ce qui, me dit-on, est absolument fautif. Je pourrais m'autoriser d'un exemple de Pascal, cité par Littré; mais, dans le précieux petit livre que me signalait un correspondant : *Le Péril de la langue française* (dont l'auteur est l'abbé Cl. Vincent, et non l'abbé Clément) et qu'un très obligeant ami du *Figaro* vient de m'envoyer, je lis : « *Nonobstant*, employé d'une façon absolue et adverbialement, pour signifier *néanmoins, malgré cela*, doit toujours être précédé de *ce* : *Il savait que je n'y serais pas, et il est venu ce nonobstant.* » Dont acte et excuses. Mais on n'obtiendra jamais de moi que j'écrive : « ce nonobstant ».

Je rougis de trouver dans ma chronique un *phtisique* avec un *y*. L'aurais-je corrigé si j'avais pu voir les épreuves ? Je reste aussi peu sûr de l'orthographe que la marquise de Sévigné ou que Proust et dois souvent recourir au dictionnaire. « Soignez vos phrases ; quant à l'orthographe, c'est affaire au prote », disait-on. Un bon prote est un bienfait des dieux. Celui du *Figaro* est excellent, n'en doutons pas ; c'est par déférence qu'il n'a pas osé corriger quelqu'un qui, pourtant, se sent lui-même « trop mal instruit pour instruire autrui », comme disait Montaigne.

Une des plus longues et des plus intéressantes lettres de mon courrier m'est adressée par « un vieux correcteur typographe (cinquante ans de pratique) ». Il se plaint que souvent les auteurs « *ne sachent pas profiter de l'aide obscure (si je puis ainsi dire) que leur apporte un professionnel averti et consciencieux ; en effet*, ajoute-t-il, *j'ai très fréquemment observé que lesdits auteurs (et surtout les plus ignorants) n'acceptaient pas les corrections du professionnel.* » Ils ont grand tort, assurément ; mais je me souviens de la fureur de Francis Jammes, lorsque, après avoir deux fois rétabli le mot *oronge* (et, la seconde, ayant eu soin d'écrire en marge, au crayon rouge : « Je dis O R O N G E », c'est-à-dire de la couleur du champignon de ce nom), il lut, dans le livre imprimé, corrigé pour la troisième fois par le prote trop consciencieux : « le pantalon orange des soldats ». Je me souviens également de ma lutte vaine pour maintenir le masculin dans le charmant texte de La Fontaine que je citais, où celui-ci, dans sa *Psyché*, parlant des pélicans, s'extasie sur la beauté de leur plumage qui « paraît carné, et tire sur le couleur de rose vers la racine » (tout de même que Molière écrivait : « des lèvres d'un couleur de feu surprenant »). N'empêche que le bon prote a toujours, presque toujours, raison. Mais le bon prote se fait rare. J'aime entendre celui-ci me dire : « Quel métier ingrat, monsieur ! Et comme il faut l'aimer pour le pratiquer proprement aujourd'hui ! À mon âge, je puis continuer, quoique désabusé ; mais les jeunes, que feront-ils ? Pourront-ils réagir ? J'en doute quand je parle métier avec certains confrères. » Toute ma reconnaissance à celui-ci.

Il me signale dans sa lettre quantité de menues incorrections qui deviennent toujours plus fréquentes et insiste particulièrement sur les pléonasmes. Je ne puis m'indigner autant qu'il fait devant le : « au jour d'aujourd'hui » populaire, et ne suis nullement choqué par le vers : « Et nous n'avons à nous que le jour d'aujourd'hui », que l'abbé Vincent juge « inadmissible ». Ce pléonasme de Lamartine me paraît conscient, volontaire et singulièrement expressif. Il n'en va pas de même des : « monter en haut », « descendre en bas », si communément entendus. Quant au ridicule « né natif » qui, je crois, subsiste encore en quelques provinces, l'abbé Vincent ne le mentionne même pas. Ces abus sont condamnables, mais méritent d'être étudiés dès qu'ils se généralisent car ils paraissent répondre à une sorte de secrète réclamation de l'esprit. Certains (les pléonasmes) marquent un besoin d'insistance : « Voyons voir »... ; d'autres sont simplement l'effet d'un glissement, d'une contagion : « Se souvenir de » contamine « se rappeler » et le « je m'en rappelle » sévit. J'ai déjà signalé (dans mon *Journal*) la curieuse assimilation de « faire attention » à « prendre garde » ; hier encore j'entendis au restaurant un « faites attention de brûler votre robe », dit à une dame qui passait trop près d'un poêle ; écho du « fais attention de tomber », que j'entendais une mère dire à son marmot, dans le Midi.

Avant de passer outre et de n'y plus revenir, que l'on me permette de transcrire ici les remarques fort pertinentes d'un correspondant au sujet du « quelconque » précédant le substantif, nonobstant la règle absolue. « Ce vocable, me dit-il, change ici de fonction. Tant que l'adjectif ne comporte ni comparatif, ni superlatif ; tant qu'il ne peut être attribut, il reste vraiment indéfini. Mais il devient qualificatif quand il peut être superlatif (*très quelconque*) ou comparatif (*plus quelconques les uns que les autres*) ; comme *ces certaines gens* du célèbre dialogue de Molière cessent d'être indéfinies quand un démonstratif les identifie. » Du jour où l'on a commencé d'admettre « très quelconque », il est devenu légitime de placer cet adjectif avant le substantif.

IV

Me voici découragé ; au point que je doutais si je reprendrais ces chroniques, leur donnerais suite promise... oui, découragé par un livre, un « Cours de grammaire française et de langage français », que je ne connaissais pas encore, où l'auteur, Maurice Grevisse, répond à toutes les questions flottantes ; y répond si pertinemment que je n'aurais qu'à le copier pour satisfaire aux inquiétudes et aux doutes de mes plus scrupuleux correspondants. Je les invite à s'adresser directement à ce remarquable ouvrage, dont la troisième édition « revue et augmentée » a paru l'an dernier (la première est de 1936). *Le Bon Usage** nous est modestement présenté « surtout comme un recueil de références où l'on puisse trouver, outre les rudiments de la grammaire », les renseignements « propres à éclairer nombre de difficultés » (autant dire : toutes) « auxquelles on se heurte... quand on a souci de parler et d'écrire correctement » le français ; mais les abondants exemples dont s'épaissit ce volume de près de 900 pages sont si pertinemment choisis que *Le Bon Usage* se lit avec autant d'amusement et de ravissement (si j'en juge par moi) que l'admirable *Syntaxe française du dix-septième siècle*, de Haase (trad. Obert), la *Sémantique*, de Bréal, ou la *Vie des mots*, de Darmesteter.

* Paul Geuthner, édit. Librairie Orientaliste, 52, rue Vavin, Paris (6e).

*

M. Grevisse ne consent pas à considérer le français comme une langue figée. Il dénonce les incorrections, les infractions aux règles précédemment admises, mais sans s'élever contre elles de parti pris ; sans non plus pour cela les approuver toujours. Il ne légifère point ; il constate. Il fait le point : « suivant avec une *hardiesse circonspecte* (c'est moi qui souligne) l'évolution du langage », dit-il dans un Avant-Propos.

Pour nombre de ces locutions qu'un « puriste » est peut-être en droit de considérer comme fautives, il remarquera d'abord qu'elles « ne figurent dans aucun dictionnaire », que telle autre façon de s'exprimer « serait certes préférable » et plus conforme aux règles établies ; mais que ces locutions, « quoique condamnées par Littré, par Faguet », par X... ou par Z..., « se sont répandues, non seulement dans la langue parlée, mais aussi dans la langue écrite ». Et lorsque, pour l'inélégant *de manière à ce que*, par exemple, nous le rencontrerons sous la plume de Hugo, de Gautier, de Flaubert, de Maupassant, de Villiers de L'Isle-Adam, de Barrès..., nous devrons mettre bas les armes ; nous pourrons certes nous défendre de l'employer, mais renoncerons à le proscrire.

Il en ira pareillement des « malgré que », des « par contre » et même, ô horreur ! des « se rappeler de » au sujet de quoi M. Grevisse écrit, après en avoir relevé chez de bons auteurs quelques emplois abusifs : « ces exemples montrent que la tournure populaire *Je m'en rappelle*, dans laquelle l'influence de *Je m'en souviens* est manifeste, tend à s'implanter dans la langue littéraire ». Je sais bien que la qualité des exemples importe ici plus que leur nombre, et Grevisse ne craint pas de citer quantité d'écrivains récents dont certains seront tout étonnés de l'autorité qu'il leur confère. Je sais bien, aussi, que certains des grands auteurs que cite *Le Bon Usage*, en justification du pénible *de manière à ce que*, n'ont eu recours à cette expression que de manière familière et l'auraient bannie, espérons-le, d'un écrit de style soutenu... N'importe : s'il y a danger à laisser la langue s'avilir, s'aveulir, il y a danger presque aussi grand à maintenir artificiellement des formes désuètes, et à favoriser ainsi l'écart grandissant entre la langue écrite et le parler vulgaire.

« Sans doute, continue Grevisse, il lui manque actuellement (à la locution : *Je m'en rappelle*) la sanction du bon usage, mais il semble bien qu'elle doive finir par s'imposer. » Qu'elle ne le fasse pas trop vite, c'est tout au plus ce que nous pourrons obtenir ; et nous nous y efforcerons. M. Grevisse ajoute judicieusement : « Remarquez d'ailleurs que le tour *Je m'en souviens* a été, lui aussi, à l'origine, un solécisme, et qu'il a cependant pris la place du tour, autrefois seul régulier : *Il m'en souvient.* Remarquez en outre que *se rappeler de* s'impose d'autant plus sûrement que l'emploi de *se rappeler* comme transitif direct n'est pas possible avec les compléments *me, te, nous, vous.* On ne peut pas dire : *Je me te rappelle* », etc., « et cela favorise le progrès des tournures *Je me rappelle de toi* »...

ou l'emploi qu'en fait Flaubert, dans la phrase : « Remercie de ma part Mme Robert, qui a bien voulu se rappeler de moi. »

Nombre de mes correspondants reviennent inlassablement sur des questions ressassées et rassises. C'est rebattre un fer refroidi. Quant à moi, j'y renonce. Au surplus, sur certaines (*être court de* ou *être à court de*, par exemple), je me suis déjà prononcé. Passons outre.

Quant à la question qui m'est posée par tel autre : « Pouvez-vous justifier cette phrase, lue dans votre article du 28 décembre : *Je crains bien que mon correspondant n'ait raison.* Ce *ne*, qui n'est pas négatif, me choque chaque fois que je le rencontre », je laisserai Maurice Grevisse y répondre : « On met ordinairement *ne* quand le verbe de la subordonnée exprime un effet que l'on craint de voir se produire. » D'où les nuances, suivant que domine la crainte ou l'espoir, le souhait dans l'un ou l'autre sens. Toutefois, M. Grevisse croit devoir préciser, soucieux sans cesse de présenter, non des règles souvent désuètes, mais l'état actuel du *bon usage* : « Certaines propositions subordonnées que la logique présente comme positives peuvent prendre néanmoins la négation *ne.* L'emploi de ce *ne* explétif, contre lequel s'élèvent les grammairiens logiciens, n'a jamais été bien fixé et tend à disparaître. Dans l'usage littéraire, comme on pourra le voir par les exemples cités, il est le plus souvent facultatif ; la langue parlée, en tout cas, se débarrasse de plus en plus de cette particule parasite. »

Nous voici bien loin du petit livre de l'abbé Vincent : *Le Péril de la langue française* (dont je parlais dans une chronique précédente), qui cite, mais pour les condamner, quantité de menues phrases à demi fautives de grands auteurs du siècle dernier, lesquelles M. Grevisse pourra bien relever également, mais dans un esprit tout différent et simplement comme témoins de l'évolution de la langue. Si l'abbé Vincent écrit : « Chateaubriand, le maître incomparable de la prose moderne, forge des mots, viole les règles de la syntaxe », c'est pour s'en plaindre. Songez donc : « il emploie *pleuviner* pour *bruiner* ». Puis, s'en prenant à Lamartine : « Il semble ignorer que *voilà* désigne ce qui précède et que *voici* annonce ce qui suit. Jocelyn écrit dans son journal : *Voilà ce que j'ai dit à ma mère aujourd'hui.* » Que Lamartine préfère, au *voici*, plus correct, un *voilà*, par évident souci d'euphonie, c'est ce dont Cl. Vincent n'a cure.

En revanche, il cite avec approbation, parce qu'elles vont dans son sens, telles admonitions de Maurice Donnay, merveilles de cacographie :

« Votre langue, vous devez la connaître jusque dans ses racines : ne balancez donc pas à étudier le latin... Un grand commerçant, un grand industriel, cela ne lui nuit pas, *s'il a de l'étymologie.* »

Poussant jusqu'à l'absurde son acte d'accusation, Cl. Vincent dénonce certaines abréviations qu'il semble prêt à déplorer : un *général*, pour un *capitaine général* ; soldat de *l'active*, de *la territoriale* ; un peintre qui *expose* (sous-entendre : ses tableaux) ; une dame qui *reçoit* (sous-entendre : des visites), etc. « Tout récemment, à l'Académie française, M. P. Bourget se servait du verbe *banaliser*, pour *rendre banal* », lisons-nous dans son *Introduction* au *Péril de la langue française.* Il y a là, n'est-ce pas, de quoi grandement s'alarmer ; et nous reconnaîtrons avec lui, dans l'emploi *d'archipel* pour *archipelagos*, un triste effet de la funeste « loi du moindre effort ».

À l'ordinaire, je me méfie des « Dites... » et « Ne dites pas... ». Après quoi, va-t-on *bien* écrire ? Correctement, peut-être ; et encore ?... Je me souviens de ce petit livre que je vis, au temps de ma jeunesse, étalé tout ouvert à la devanture d'un libraire de Genève : en regard du « ne dites pas : *jouer le piano* », se dressait un impératif : « *toucher le piano* ».

Car s'il y a profit pour la pensée à se soumettre à de certaines règles, – et notre belle langue est, à la bien prendre, une admirable maîtresse de logique, de convenances et de discrimination, – il ne faudrait pourtant pas la présenter comme si hérissée de chausse-trapes, si féconde en traquenards et en embûches, que l'étranger (auquel nous ferions bien de penser parfois) n'ose plus se risquer à l'apprendre ou à l'employer ; mais bien persuader celui-ci qu'elle n'est point si farouche qu'elle ne se laisse apprivoiser par qui l'aborde sans impertinence, avec amour et tout le respect qui convient.

Et maintenant, comme je ne voudrais point laisser mes lecteurs sur la fâcheuse impression que je déserte le camp de la résistance et suis prêt à tous les acquiescements, je dirai mon étonnement devant cette phrase, lue dans le journal où l'on s'attendrait le moins à ce genre de surprises (25 janvier 1947) : « *Que* pèsera le plus dans la balance de la justice : les conclusions du commissaire du gouvernement, ou les dénégations et la personnalité même de Hardy ? » (Étrange faute à laquelle Maurice Garçon fait écho dans son discours à l'Académie, où nous lisons : « *Que* me vaut tant d'honneurs ? ») Ici, du moins, Grevisse cesse d'accueillir et ce qu'il dit nous rassure : « Dans quelques interrogations directes de tournure impersonnelle, on peut mettre *que* comme sujet neutre (exemples)... En dehors de ces cas, on emploie *obligatoirement* : Qu'est-ce qui. »

Et, pour nous amuser un peu, relevons dans le même journal, même article, cette phrase qui, pour ne contenir aucune faute de français, n'en est pas moins *hénaurme* : « ... le sabotage des chemins de fer qui *permit*, en juin 1944, à de nombreuses divisions allemandes *de ne jamais arriver* à la tête de pont de Normandie. »

V

Dans une précédente chronique, je donnais, en exemple de pléonasme populaire, l'expression : « Voyons voir ». Plusieurs correspondants protestent : d'après eux, le *voir* de cette locution n'est pas un verbe, mais bien un adverbe et devrait s'écrire *voire*, équivalent du *verum* latin. *Voyons voir* (ou *voire*) signifierait donc : Voyons vraiment.

Au surplus, je lis dans Littré, à la fin de ses abondantes remarques au sujet de *voir* (verbe), cette citation de Caillères (*Bon et mauvais usage*, II) : « Il y a une façon de parler fort ordinaire parmi les bourgeois de Paris, et même parmi les courtisans qui ont été élevés dans la bourgeoisie, c'est lorsqu'ils disent : *voyons voir*, au lieu de dire : *voyons.* » Mais Littré n'ajoute à cette citation aucun commentaire.

Selon un autre correspondant, la méprise ne porterait pas sur *voir*, mais sur le *voyons*, qui ne serait pas, dans cette locution, l'impératif du verbe *voir*, mais de l'ancien *voyer*, ou *voier*, « dont on se servait autrefois pour dire *aller*, et dont nous avons conservé les composés *envoyer*, *convoyer*, *fourvoyer*, etc. C'est de ce verbe *voyer* (aller par voies et chemins) qu'est dérivé le mot *voyou*, si usité aujourd'hui ». Je transcris ici la citation de Quilard (*Études sur le langage*, p. 168) que me fournit l'excellent *Courrier de Vaugelas*, 1er octobre 1879 ; lequel ajoute : « Selon moi, le *voyez* (ou *voyons*) de l'expression *Voyez voir* est tout simplement un *veuillez* dont la prononciation a défiguré l'orthographe. » Quoi qu'il en soit : que *voir* (pour *voire*) soit, non un verbe, mais un adverbe, ou que *voyons* signifie *allons*, ou soit là pour *veuillons*, il n'y aurait pas là pléonasme, et mon exemple est mal choisi. J'aurais dû citer plutôt certaines locutions populaires qui font ma joie, comme cette injure des anciens cochers de fiacre, aujourd'hui beaucoup plus rare dans la bouche des chauffeurs de taxis : « vilain pas beau ! », ou « des vertes et des pas mûres », qu'on n'entend plus guère, ou est-ce que j'écoute moins ? Pléonasmes, à n'en pas douter, mais savoureux et contre lesquels je ne saurais m'indigner, car ils n'abîment nullement la langue.

Tout ce que je disais plus haut m'invite à considérer l'écart qui se produit entre la langue écrite et la langue parlée, favorisé souvent par une prononciation défectueuse. Un mot prend la place d'un autre, de sonorité semblable ou presque, et sans que celui qui l'emploie se rende compte de son erreur. C'est ainsi que, dans quelques éditions de Malherbe, le mot *orra* (futur du verbe *ouïr*) se trouve remplacé platement par un *aura* (futur du verbe *avoir*) dans les vers admirables :

> Et le peuple qui tremble aux frayeurs de la guerre,
> Si ce n'est pour danser n'orra plus de tambours.

De ces substitutions je pourrais citer maint exemple ; je n'en donnerai qu'un, qui ne fut jamais dénoncé, que je sache. Il me fut signalé par l'éminent philologue Michel Bréal. D'après lui, le texte primitif de la célèbre chanson :

> Au clair de la lune
> Mon ami Pierrot…

était :

> Au clair de l'allume,

mot désuet, que nous ne connaissons plus que par son diminutif *allumette.* Ce mot rimait correctement avec Prête-moi ta plume. La *lune* l'a supplanté, entraînant tout le cortège des attributs du Pierrot, lequel, au début de sa carrière, n'était pas plus « lunaire » que Colombine ou qu'Arlequin.

Si grande que puisse être l'autorité de Bréal en ces matières, je crains que son interprétation ne soit plus ingénieuse et amusante qu'exacte ; car est-il admissible que le mot *allume* n'ait laissé aucune trace dans l'ancien français, ou que, s'il en a laissé, Littré, non plus que Lacurne de Sainte-Palaye, ne nous en signale aucune ? tandis que Littré cite des exemples du mot *allumette* employé dès le quatorzième siècle, puis par Villon et d'Aubigné.

Combien de fois notre oreille nous trompe ! Je me souviens du mauvais tour que me joua la mienne, au cours des corrections apportées à ma traduction du *Typhon*, de Conrad. Celle-ci parut d'abord en livraisons dans la *Revue de Paris*. Un officier de marine s'offrit aimablement à revoir avec moi ce texte où, me disait-il, quelques erreurs s'étaient glissées. Il s'agissait de termes techniques que j'étais peut-être excusable de ne point connaître… « C'est ainsi, m'apprit-il, que vous avez employé les mots *appareil central*, dans l'ignorance du terme exact : *servo-moteur*. »

– « Merveilleux ! », m'écriai-je, éperdu de reconnaissance, en écrivant *cerveau moteur*. Ce n'est qu'à la seconde édition que j'ai pu corriger cette balourdise. Non écrite, elle passait inaperçue.

Et parfois, ces calembours inconscients glissent dans une langue étrangère. C'est ainsi que les crieurs publics, à Londres, auraient longtemps commencé leurs annonces par un « *O yess ! O yess !* » inexplicable, qui ne serait que le « Oyez ! Oyez ! » français qu'ils répétaient sans le comprendre. En confirmation de ceci, Littré cite cette phrase de Voltaire : « Oyez n'est plus usité qu'au barreau ; on a conservé ce mot en Angleterre (où il est prononcé *ôïèce*) ; les huissiers disent *ois* sans savoir ce qu'ils disent. » (*Comment. Corn.*, *Poly.* III, 2.) Exemple aussi connu et souvent cité que cet autre : la station londonienne, tête de ligne de certains omnibus, *Elephant Castle*, devrait son nom à l'enseigne d'une ancienne auberge, *À l'Infante de Castille*, depuis longtemps disparue. Un sens absurde est venu habiter cette sonorité désaffectée, à la manière dont le bernard-l'hermite emplit une coquille vidée.

Mais cette longue digression, dont je m'excuse, n'a rien à voir avec le bien écrire. J'y reviens ; ou du moins au bien parler.

Nombre de mes correspondants s'en prennent aux speakers de la radio. Je ne suis pas à même de l'écouter assez souvent pour oser affirmer rien de précis à ce sujet ; mais il me semble que, justement alarmée, la direction a obtenu ces derniers temps des émissions plus satisfaisantes ; elles devraient être parfaites, exemplaires, telles que le public écouteur est en droit de les exiger. Or je dois avouer que les critiques dont on me fait part me consternent. Qu'est-ce que ces correspondants reprochent surtout aux speakers ? Les liaisons !… Certains supportent mal que, nommant notre chef d'État, le speaker laisse entendre le *t* du prénom et prononce Vincen Tauriol. Et ce n'est pas seulement à la radio qu'on en a. Au cours d'une soutenance de thèse en Sorbonne, le président du jury n'a-t-il pas fait entendre un « Espri Thumain » dont un autre correspondant n'est pas encore remis. Le plus surprenant (pour moi) c'est que ce même correspondant me félicite d'avoir « protesté contre l'excès des liaisons dans le langage actuel », alors que, tout au contraire, le nombre des hiatus dus à l'omission des liaisons (à la scène et particulièrement dans les pièces en alexandrins) me consterne. Je pensais être à peu près le seul à en souffrir ; mais voici qu'un heureux hasard jette sous mes yeux un article de François Le Grix (*Écrits de Paris*) où je lis, avec une satisfaction des plus vives : « La Comédie-Française... est devenue, par une contradiction étrange, une école de désarticulation du langage. On y supprime délibérément les liaisons... On prononce, sur ce plateau : "Je sui allé... Il n'est pa encore arrivé". Ne croyez pas que ce soit le fait d'un acteur. Presque tous en sont là. » Et pas seulement à la Comédie-Française.

J'ai lu ces lignes avec une sorte de reconnaissance, car, lors des représentations d'*Antoine et Cléopâtre*, j'avais indiciblement souffert de cette « désastreuse consigne, qui voudrait, continue Le Grix, assouplir, peut-être, un jeu trop conventionnel. Mais à quel prix ! »

D'autre part, je lis et relis, avec intérêt et profit, les observations de J.-L. Barrault au sujet *des hiatus et des liaisons* dans sa remarquable édition de *Phèdre*, observations savantes, nuancées, que je serais prêt à approuver si une dernière phrase de lui, en manière de conclusion, n'éveillait en moi des épouvantes : « Rappelons encore que les liaisons doivent être faites *au minimum.* » Et sans doute, par ces derniers mots, Barrault veut-il dire qu'elles doivent être indiquées tout juste et pas plus qu'il ne faut pour éviter l'hiatus interdit. Je l'approuve ; mais les acteurs ne vont-ils pas s'autoriser de ce *minimum* ? Le fait est que la plupart d'entre eux trouvent plus simple de ne plus faire de liaisons du tout. Le résultat est désastreux. L'alexandrin, surtout, en pâtit. Du reste tout conspire à sa ruine : on le hache, on le rompt en dépit des fins de vers ou des césures, on invente des enjambements pour insensibiliser la rime ; on a honte de lui ; on s'ingénie à le dissimuler. Il faut qu'il passe inaperçu.

Ajoutons qu'il a déjà contre lui maints poètes. Je louerai ceux-ci d'innover (*Ars non stagnat*) ; mais les nouveaux modes lyriques, mais l'abandon des règles anciennes, de toutes règles prosodiques préétablies, de tout rythme constant et le dédain de la mesure précipitent dans le passé des normes sur lesquelles longtemps l'essor ravissant prit appui. Pour nombre de jeunes gens, feu l'alexandrin paraît une forme surannée, pour la reconnaissance de laquelle leur oreille reste d'autant moins préparée qu'il n'est plus d'usage, paraît-il, dans les lycées et collèges, d'apprendre « par cœur ». Or c'est, je crois, par où la génération d'après-guerre diffère le plus essentiellement de celle qui l'a précédée : l'inconfiance en l'avenir et, partant, le non-souci de la durée. La poésie la plus récente n'a nul souci de retenir, de se faire retenir ; et de là l'abandon de tout ce qui pourrait apporter aide à la mémoire, sur quoi la poétique d'hier était basée. (On en peut dire autant de la musique d'où toute phrase mélodique, susceptible de s'imposer au souvenir, est bannie.)

*

Certains amis anglais, des mieux cultivés, m'affirment que ce mal dont je me plains ici sévit de même sur la scène anglaise où grand nombre d'acteurs, plus soucieux de « naturel » que d'art, interprètent les textes poétiques de telle sorte que les vers soient méconnaissables. Mais Shakespeare sort de ce traitement moins endommagé, je pense, que notre mélodieux Racine.

Si j'en juge d'après mes correspondants, ce n'est plus l'hiatus, c'est la liaison qui gêne et que l'on incrimine. Aussi bien, par protestation, versant dans un excès contraire, je ne crains pas de dire « trois heures et demie » et de faire sentir l'*h* aspirée plus fortement sans doute qu'il n'est de mise à Paris (v. Littré) ; car, c'est un fait : on ne la marque à l'ordinaire plus du tout ; autant d'*h* aspirées, autant de pénibles hiatus, ou même parfois de vers faux. Tenez, je vous le demande : était-il plus belle occasion de prononcer l'*h* à la manière forte, que le nom même de Hitler ? Eh bien ! je fus à peu près le seul à le faire ; et lorsqu'il m'arrivait, dans un texte, de devoir parler, hélas ! du hitlérisme, le prote corrigeait aussitôt ce qu'il considérait comme une inadvertance et qui, pourtant, était parfaitement conscient et voulu de ma part. J'ai dû céder et accepter : l'hitlérisme.

P.-S. – J'ai craint d'effaroucher mes lecteurs en disant aussitôt que Maurice Grevisse, l'auteur de la remarquable grammaire intitulée *Le Bon Usage*, que je louais dans ma dernière chronique, est un Belge. Cet ouvrage est édité à Gembloux (Belgique) par J. Duculot ; la librairie orientaliste de la rue Vavin, Paul Geuthner, que j'indiquais, n'en est que le dépositaire. Et je me promettais d'y revenir, car cet amour pour notre langue rencontré chez des étrangers m'émeut et j'y puise un grand réconfort. Que nous trouvions parmi les Wallons quelques-uns des plus valeureux et des plus compétents défenseurs du français ne me surprend pas beaucoup, n'ayant certes pas oublié le rôle important de la Belgique au temps du symbolisme.

C'est également à la Belgique que nous devons la collection « Le Français d'aujourd'hui » (édit. Baude, Bruxelles) et « Bien écrire et bien parler » (13 vol. déjà parus), *La Vivante Histoire du français*, de Fernand Desonay, et d'Armand Bottequin, les judicieuses et exhaustives compulsations : *Difficultés et finesses de langage* et *Le Français contemporain.*

Dois-je ajouter que nous devons au Danemark la magistrale *Grammaire historique de la langue française*, de Kr. Nyrop, dont nous attendons encore le 5e volume ? Dépositaire français : Alphonse Picard, éditeur également de la *Syntaxe française du dix-septième siècle*, de lecture si exaltante (à mon avis du moins), dont l'auteur, A. Haase, est un Allemand ; le traducteur, M. Obert, un Russe. « C'est vraiment une chose bien flatteuse pour les Français », dit Petit de Julleville dans la préface de ce beau livre, « que cet amour déclaré que tant d'étrangers portent à notre langue ». Un tel amour oblige : continuons à le mériter.

PEINTURE

1907

WITOLD WOJTKIEWICZ[1]

Je ne me dissimule point qu'il est bien téméraire pour un littérateur d'oser présenter au public un nouveau peintre, que les peintres ignorent encore. Et pourtant j'accepte avec joie cette sorte d'obligation qu'une heureuse fatalité me créa, en posant sur ma route les toiles de Witold Wojtkiewicz. C'est à Berlin que je les vis, cet hiver ; je voyageais avec Maurice Denis, et jamais je ne fus plus heureux d'avoir pour compagnon de route cet ami à l'intelligence artistique si ouverte et si éclairée, que le jour où, devant ces œuvres inattendues, je pus fortifier mon émotion à l'émulation de la sienne.

Faisant le tour de la galerie Schulte, nous étions arrivés à une salle reculée où se cachait, plus que ne se montrait, une exposition de peintres polonais. J'avoue mon ignorance au sujet de ce que je ne sais si l'on peut appeler « l'École polonaise ». Certes, il me semble impossible qu'un artiste de la valeur de Wojtkiewicz ait pu inventer de toutes pièces son art (je laisse à d'autres le soin de chercher ses prédécesseurs), mais cette exposition permettait de croire que, là-bas, Wojtkiewicz reste assez isolé. C'est ainsi qu'il nous apparut.

L'exposition groupait des œuvres, point négligeables peut-être, mais sans saveur nouvelle, et devant lesquelles, en voyageurs pressés, nous allions passer, lorsque le surprenant accent de ces quelques toiles nous retint. Elles éclairaient cette salle un peu sombre, non par l'éclat indiscret des tons, car aux yeux d'un méconnaisseur elles eussent pu passer pour ternes ; mais par une entente bizarre des rapports, par la douloureuse fantaisie du dessin, par l'interprétation émue et quasi pathétique de la couleur.

---

1 Publié dans *La Pologne littéraire*, n° 30, 15 mars 1929 ; repris dans le *BAAG* n° 43, juillet 1979.

Certes, l'on sent déjà, et l'on sentira davantage à mesure qu'il s'affirmera, par quelles profondes attaches Wojtkiewicz tient à son pays, à sa race irréduite, dont l'âme, à la fois très fière et plaintive, enthousiaste et désemparée, jamais muette encore, trouve en lui l'expression nouvelle qu'elle obtenait naguère de la musique et de la poésie. Mais si particulier, et j'allais dire si exotique, que soit son art inquiet et spécieux mélange de naturalisme, d'impressionnisme et d'humour –, c'est pourtant à notre jeune école française qu'il s'apparente, de sorte que parmi les Daumier, les Degas, les Toulouse-Lautrec, les Bonnard, Wojtkiewicz se reconnaîtra chez les siens. – J'ai dit qu'il s'apparente, et non pas qu'il descend, car, jusqu'à présent, Wojtkiewicz vivait tour à tour à Cracovie, à Varsovie et, n'ayant quitté la Pologne que pour un court voyage en Russie, il n'avait pu voir, sinon reproduite peut-être, aucune œuvre de ceux que je viens de citer.

Witold Wojtkiewicz est né à Varsovie, en 1879. Puisse Paris, qui sut si généreusement adopter les grands exilés de sa race, un Mickiewicz, un Chopin, sourire à ce nouveau venu.

Mai 1907

NOTICE

C'est en janvier 1907, à Berlin où il était venu en compagnie de Maurice Denis pour assister à une représentation – finalement annulée – du *Roi Candaule*, que Gide, visitant une exposition de quatre jeunes peintres polonais, découvrit l'œuvre de Witold Wojtkiewicz (1879-1909). L'impression produite sur lui par cette œuvre dut être très forte, car il fit sur l'heure l'acquisition de plusieurs toiles et écrivit au peintre, alors à Cracovie, pour l'inviter à Paris, sollicitant Maurice Denis pour qu'il incite Druet à organiser une exposition des tableaux du jeune Polonais. Celui-ci arriva donc à Paris en mai, l'exposition ouvrant le 16, Gide ayant écrit la préface du catalogue qui devait l'accompagner. Gide notait, ce même jour : « Retour de Cuverville où nous avons passé trois jours. J'avais, avant mon départ, écrit une préface pour l'exposition de Wojtkiewicz. Qui d'autre l'eût faite, dès l'instant que Maurice Denis se retirait[2] ? »

Cette préface a été reprise dans le n° 30 de *La Pologne littéraire* du 15 mars 1929, et au tome V des *Œuvres complètes* de Gide, en 1933.

Pierre MASSON

2 *J1*, p. 568.

1947

JEAN VANDEN EECKHOUDT[1]

Donner aux autres de la joie et garder pour soi la tristesse. Il semble, à travers son œuvre, que ce soit là ce que se proposait Vanden Eeckhoudt. J'ai sous les yeux les reproductions du bel album paru en 1934, préfacé très judicieusement par Paul Lambotte. De tous les portraits reproduits ici, un seul exprime une sorte de profonde amertume, c'est celui que Vanden fit de lui-même. Ses autres portraits sont tous graves et même ses portraits d'enfants ; mais celui-ci, l'un des plus beaux, est douloureux – il raconte un drame et laisse transparaître l'inquiétude d'une âme insatisfaite et assoiffée de perfection. Contre quoi luttait-il ? contre lui-même ; et c'est ce qui faisait sa grandeur. La valeur de l'artiste n'est pas seulement dans ses dons. Ceux de Vanden s'affirmèrent très vite : tout son être aspirait à la joie, à la libre exaltation des sens ; mais l'habitait une secrète exigence qui lui faisait prendre en dédain les conquêtes faciles et les vains avantages de la virtuosité. Ce tourment, cette volonté toujours tendue, ce mépris du succès, cette vertu quelque peu froncée, cette sensualité austère se lisaient aussi bien dans les traits de son beau visage que dans ses meilleures toiles, et nous le faisaient à la fois aimer et respecter ; presque craindre. Mais c'est contre lui-même qu'il tournait ses sévérités ; à l'égard des amis, il n'avait plus qu'une aménité souriante et lorsque j'allais le voir à Roquebrune, rien ne dira la bonne grâce et le charme de son accueil.

J'aimais pourtant à retrouver, aux détours des propos échangés, cette sorte de fierté cabrée, d'intransigeance de conviction, que je retrouvais

1 Publié dans le *BAAG* n° 43, juillet 1919.

également chez sa femme et dans les peintures de sa fille ; dans celles aussi de son ami Simon Bussy, dont on reconnaîtra bientôt les insignes mérites de sorte que cette oasis artistique de Roquebrune était devenue pour moi une école de noblesse et d'indispensable vertu.

Mai 1947

NOTICE

De ce peintre belge (1875-1946), Gide fit la connaissance par l'intermédiaire de ses amis Bussy auprès desquels, à Roquebrune, Vanden, comme ses amis le surnommaient, vint se réfugier pendant la guerre 14-18 en compagnie de sa femme et de sa fille Zoum. D'abord influencé par les impressionnistes, il évolua vers un certain expressionnisme qui se manifestait surtout dans ses portraits, comme celui de Catherine Gide en 1935. Gide et lui se reçurent plusieurs fois, à Bruxelles et à Paris.

L'hommage de Gide fut écrit sept mois après le suicide du peintre, et fut publié dans un petit livre-album paru en 1948 aux Éditions de la Connaissance à Bruxelles.

Pierre MASSON

CINÉMA

1928

CONFÉRENCE DE BRUXELLES PRONONCÉE LE 22 MAI 1928 pour la projection du film *Voyage au Congo*[1]

L'œuvre d'art que prétend être un film offre ce grand avantage de pouvoir se passer de traduction, d'intermédiaires et d'interprètes. Encore qu'il ne soit pas précisément ma production personnelle, puisque c'est mon compagnon de voyage, Marc Allégret, qui l'a tourné, il répond assez exactement, c ar notre entente fut parfaite, aux mêmes préoccupations qui dictèrent mes livres. Et tout d'abord vous y trouverez ce goût d'évasion, ce besoin d'aventure qui précipitait vers le risque de l'inconnu mon Enfant Prodigue. Je pense que vous y sentirez également le désir de se perdre et de s'oublier dans autrui, qui me paraît peut-être le plus grand secret du bonheur, et qui va tout à l'encontre du reproche que se plaisent à m'adresser certains critiques, de n'avoir jamais su peindre que moi dans mes livres. Si ce film diffère du plus grand nombre des films de voyage qu'il m'a été donné de voir, c'est que, précisément, Marc Allégret et moi nous nous en sommes complètement absentés. La plupart de ces films de voyage en pays lointains se plaisent à nous montrer les sauvages dans leurs rapports avec le voyageur. Et lors même que celui-ci n'est plus visible, l'on sent constamment sa présence. Ce n'est point par rapport à nous que nous vous présenterons les peuplades indigènes parmi lesquelles nous avons circulé. Nous avons tâché de les voir et de vous les montrer au naturel ; c'est-à-dire après un lent apprivoisement, lorsque leur vie n'est plus dérangée par la présence du Blanc.

---

1 Publié dans *Les Nouvelles littéraires*, 23 juin 1928, p. 1 ; repris dans le *BAAG* n° 80, octobre 1988.

Nous n'y figurons pas nous-mêmes, nous n'avons cherché à faire valoir ni les difficultés ni les dangers de notre voyage. Vous ne nous verrez pas attaqués par les anthropophages, encore que les races parmi lesquelles nous avons circulé pendant dix mois soient, pour la plupart, d'anciennes tribus cannibales ; ni par les crocodiles ou les serpents, ni par les fauves, ni par les fourmis. Notre souci constant a été de permettre au spectateur de vivre, ainsi que nous faisions nous-mêmes, dans l'oubli le plus grand possible de notre culture, de notre civilisation, de toutes nos préoccupations personnelles : Nous nous sommes placés devant les indigènes du centre de l'Afrique, comme le romancier se place devant un personnage qu'il veut peindre. J'estime qu'il ne s'agit pas seulement de montrer ses attitudes et ses gestes, mais aussi de les rendre compréhensibles. Et, pour cela, il ne s'agit pas de les expliquer, mais bien de les présenter sous le jour le plus favorable ; un jour à la lumière duquel disparaisse presque leur caractère d'étrangeté, à la lumière duquel ses gestes nous paraissent presque naturels.

Toute œuvre d'art est une œuvre de sympathie ; sans quelque amour on ne parvient à rien comprendre et tout ce que l'on comprend bien cesse de nous paraître étrange.

Nous n'avons donc point cédé à ce facile plaisir d'étonner, que l'on sent si souvent dans les films exotiques. Si, pourtant, j'en excepte quelques admirables (et je songe tout particulièrement à *Chang*[2] ou à *Moana*[3]). Rien ne m'attriste ni ne me scandalise autant que ce besoin si fréquent de ne nous montrer, de tous les indigènes, de préférence, que les plus déformés, les plus grotesques, les plus hideux. Parfois même, en regard de certaines laideurs, l'on croit devoir nous montrer quelques très beaux spécimens de la race blanche, de manière à bien affirmer la supériorité de celle-ci. Le nègre sert de repoussoir ; il est là pour exciter le rire, la moquerie, le contentement de soi. Et de même, l'on oppose nos coutumes aux leurs, nos danses à leurs danses, notre raffinement à leur grossièreté, cela plaît à un certain public qui aime à être flatté, et trouve plaisir à penser : « Merci, mon Dieu, de ne m'avoir pas fait naître nègre. » Ce n'est pas à ce public que notre film s'adresse.

---

2 Film américain de Merian Cooper et Ernest Shoedsack. Il présentait plusieurs scènes de chasse aux fauves dans la jungle siamoise. Dans sa version française réalisée par Paul Morand, il fut lancé avec éclat en novembre 1927 dans la nouvelle salle Paramount du boulevard des Italiens.

3 Film de Robert Flaherty, vu par Gide à son retour du Congo.

Je pense que dans chaque race, de même que dans chaque être il y a quelque possibilité de beauté, qu'un regard attentif et chargé de sympathie peut découvrir. Un certain nombre de races au milieu desquelles nous avons vécu et que nous vous présentons sur l'écran, se sont maintenues très pures. Que nous ayons choisi de préférence les plus parfaits représentants de ces races, les êtres les plus sains, les plus robustes, les mieux constitués, il va sans dire. Il me paraît que ce choix était légitime et qu'il n'y a point là de tricherie. Il s'agit ici, comme dans toute œuvre d'art, de dégager les lignes principales de l'extrême enchevêtrement de la vie. L'effort de l'opérateur n'est qu'un effort de simplification. Et tout va bien, me semble-t-il, s'il n'apporte dans son choix qu'un grand désir de rendre plus accessibles, plus lisibles pour ainsi dire, certains éléments de beauté.

Malgré toutes les circonstances adverses de chaleur extrême et de difficulté de transport qui risquent de gâter les pellicules, qui rendent impossible le développement sur place ; malgré la lumière souvent imparfaite et voilée, il me paraît que ce film, dans les parties les plus réussies, rend l'impression visuelle de ce pays mieux qu'il ne pourrait rendre celle d'aucun autre pays où les couleurs sont plus variées. L'on s'attend, bien à tort, en Afrique Équatoriale, à trouver avec une lumière beaucoup plus intense, des nuances beaucoup plus vives, des feuillages bariolés, des fleurs plus éclatantes, des papillons et des oiseaux plus somptueux. Durant la saison des pluies un ciel généralement très pur succède aux tornades violentes mais, dans la saison sèche, celle où nous avons circulé de préférence, car elle présente de plus grandes commodités, une sorte de brume de chaleur étouffe les rayons obliques et le soleil ne parvient à traverser ce rideau grisâtre, souvent, que lorsqu'il est déjà très élevé dans le ciel. Les feuillages sont d'un vert si foncé qu'il paraît noir. La plupart des oiseaux, des papillons, des insectes sont bruns, noirs et blancs. Même la peau sombre et mate des indigènes est beaucoup moins trahie par la photographie que ne le serait sans doute une nudité blanche, où viendraient se jouer et chatoyer tous les reflets. Et si, dans certains sous-bois inondés, l'ombre de la forêt équatoriale est trop épaisse pour permettre à la photographie de raconter combien admirablement ces peaux noires se mêlent et s'harmonisent dans la grande symphonie végétale, – au point que les corps se distinguent à peine des troncs des arbres et semblent mythologiquement métamorphoser leurs membres en branches et en lianes – du moins pourrez-vous admirer en plein soleil, le lustre de ces peaux lavées, les corps, au sortir d'un fleuve, prendre un aspect de bronze ou de jade, un éclat d'un instant que la chaleur aussitôt va ternir.

Certains nous ont reproché de n'avoir pas donné plus de paysages. Ce reproche m'a laissé quelque peu perplexe. Je crois que j'aurais été le premier à le formuler si je n'avais pas vécu dans ce pays. Mais, il faut bien reconnaître que le pays lui-même n'est pas là-bas d'un très particulier intérêt, sinon pour le naturaliste. Le peintre n'y pourrait, je crois, trouver d'autre motif, que précisément le corps humain. L'on circule durant des jours et des semaines dans des régions d'une extrême monotonie, où sitôt au sortir de la forêt étouffante s'étend une sorte de savane informe, couverte de très hautes graminées qui empêchent la vue de s'étendre. Une steppe semée de-ci de-là d'arbres souvent gigantesques, mais dont l'œil ne peut guère mesurer la hauteur par absence de points de repère, et parce que tout dans ce pays illimité est énorme. Oui, vraiment, celui qui partirait pour le Congo à la recherche de paysages admirables serait déçu. Je parle ici du Congo français ; je crois le Congo belge plus pittoresque. Rien de pareil, à beaucoup près, aux sublimes vues du désert.

Le lac Tchad lui-même, dont l'œil ne peut saisir l'ensemble, n'est, dans son détail, pas plus beau que les marais ou les étangs des environs de Cette, et que, sans doute, de beaucoup d'autres que j'imagine mais que je ne connais point de vue. Il n'est pas jusqu'à la forêt vierge, du moins dans la partie que nous avons traversée, qui m'ait, je dois le dire, quelque peu déçu. Nombre de voyageurs m'ont dit que cette grande forêt équatoriale africaine ne supportait pas la comparaison avec celles du Brésil ou des îles de la Sonde, et je l'accepte volontiers. Qu'est-ce donc qui rend ce pays si attirant ? qui fait que, malgré tout, je me félicite de l'avoir choisi entre tous, qu'il m'a tout au contraire laissé le tourmentant désir de retourner là-bas, de préférence peut-être à toute autre terre plus lointaine encore : c'est l'intérêt profond que présentent ces races humaines primitives, encore si peu entamées à notre contact, de ces races nues et qui n'ont point honte de l'être.

Ces races primitives présentent pour un psychologue encore un autre intérêt. Elles apprennent à l'homme civilisé à se mieux connaître. Pour bien se connaître, pour bien se voir, il faut tout d'abord se quitter. C'est en la voyant de l'étranger que chacun de nous respectivement, peut comprendre le mieux sa patrie. C'est au sein de la sauvagerie africaine que j'apprends à connaître mieux la civilisation européenne dont chacun de nous fait partie, et à laquelle nous travaillons tous. Un des caractères les plus particuliers, les plus difficiles à admettre pour nos esprits européens civilisés, c'est l'extrême difficulté des indigènes de l'Afrique centrale et en général des tribus demeurées à l'état primitif, de se séparer individuellement de leurs clans, de leurs tribus, de leurs races. Chacun ne dit pas « je » mais « nous ». Il ne parvient pas, si étrange que cela nous paraisse, à se considérer comme une personnalité distincte, à parler de lui à la première personne. Il ne croit pas à sa naissance ou à sa mort, il ne commence ni ne cesse d'être ; il se confond. Il nous force à comprendre que l'individu n'a été qu'une lente conquête sur l'informe, sur l'indistinct. C'est à partir de cette différenciation que commence la civilisation. Rien de tel qu'une plongée dans la sauvagerie pour vous faire apprécier la culture, qu'une plongée dans le collectif pour vous rendre individualiste. Point de civilisation possible sans différenciation.

Différenciation des individus, différenciation des peuples et des nationalités. Et que la notion de l'individu soit la première création et invention de la civilisation, il est d'autant plus intéressant de le constater et de le comprendre, aujourd'hui, que cette notion de l'individu tend à se perdre et à se dissoudre. Le retour à la barbarie reste toujours à craindre. Le barbare, point n'est besoin d'aller jusqu'au Congo pour le trouver. Il est en chacun de nous, qui sommeille : plus ou moins apprivoisé ou dompté ; plus ou moins profondément enfoui sous les sédiments patiemment apportés par la culture. Rien de plus intéressant que de le retrouver à l'état natif, de mieux propre à nous enseigner ses ressources souvent encore insoupçonnées et comment il sied d'en tirer parti, plutôt que de chercher à le supprimer ou le réduire.

L'on m'a dit que la jeunesse, aujourd'hui en Belgique, commence depuis quelques années à se rendre compte du prodigieux intérêt que présente votre colonie équatoriale. Elle n'est, après tout, pas très différente de la nôtre, encore que beaucoup plus riche, en particulier dans certaines parties plus septentrionales (je songe spécialement aux mines de Katanga). Vous avez, en outre, cet autre avantage sur nous que vous pouvez concentrer sur votre Congo tous vos efforts. De là le degré de prospérité que notre colonie peut, hélas ! envier à la vôtre. Si, peut-être, la présentation de ce film contribue à attirer vers ces terres lointaines, si captivantes, l'attention de vos jeunes gens, de votre « future vigueur », je me tiendrai pour satisfait : heureux d'apporter ainsi mon aide en témoignage de reconnaissance et de sympathie fidèle à une nation amie.

NOTICE

Les premières projections du film de Marc Allégret eurent lieu de manière privée à partir du mois de mars 1927, chez Yvonne de Lestrange, chez Paul Poirier. Des projections au siège de la Société des Missions évangéliques, à Paris, puis, en juillet, à Bruxelles, soulevèrent les protestations de la part de ligues de vertu, en raison de l'apparition de nudités noires. Le film fut donné en même temps au Vieux-Colombier et, à partir de 1928, il fut présenté à l'étranger, en janvier à Berlin, fin mai à Bruxelles, accompagné d'une conférence de Gide.

Pour mettre le film en valeur, Gide emprunte la voie du documentaire ambigu, partagé entre l'exactitude et la beauté, dans la double postulation du reportage et de l'œuvre d'art. Pour tenir cette gageure, Gide oscille constamment du plan esthétique au plan moral et, en première apparence, se détourne de la démarche égotiste, ordinairement la sienne. Cependant, sous-jacente au début, cette question de l'individualité devient prépondérante dans les dernières pages de cette conférence. À côté de cette ligne d'argumentation personnelle, la conférence développe une justification du point de vue esthétique adopté par le cinéaste. En effet, l'embellissement du réel dans un documentaire prend le risque qu'on le qualifie de tricherie. Dès lors, Gide doit habiller la recherche hédoniste du beau d'un prétexte politique ou moral : la lutte contre le préjugé raciste : faire beau pour ne pas faire grotesque, argument qui avait été lancé un an plus tôt, lors de la polémique avec la Maison des Missions.

Daniel DUROSAY

1930

HOMMAGE À KING VIDOR
HALLELUJAH[1] *!*

Le nouveau film de King Vidor me réconcilie pour quelque temps avec le cinéma.

Vous étiez brouillé ?

Oh ! brouille d'amoureux. Cela ne dure pas. Mais avouez que parfois certains films, et qu'on nous baille pour excellents, sont d'une niaiserie décourageante. Quand je vois le public y prendre plaisir, je me dis : « C'est là ce qu'il lui faut. Rien à espérer d'un art qui doit tabler aussitôt sur l'assentiment du plus grand nombre… » Quelle sera l'attitude du grand public devant *Hallelujah* ? Je ne sais. J'eus la chance de voir ce film projeté dans une séance particulière, grâce à l'initiative de la revue *Du Cinéma*. L'on m'en avait dit le plus grand bien. J'en attendais beaucoup. Pourtant ma satisfaction a dépassé mon espérance. Il me paraît qu'il s'adresse à la fois à la masse et au *happy few*, comme toute œuvre d'art devrait faire.

Le plaisir que j'y prends n'est pas nécessairement celui même qu'y prend mon voisin. Il y a là de quoi satisfaire le cœur et l'esprit et les sens. Les images sont belles ; les acteurs, excellents ; et le scénario, d'une intelligence rassurante.

King Vidor a dominé son sujet (un sujet admirable) d'assez haut pour nous laisser sentir qu'il le juge ; et même avec quelque ironie ; mais pourtant il reste, et nous force de rester en constant contact avec ses personnages qui ne cessent de nous émouvoir, au point que leurs passions ne nous paraissent jamais plus belles que lorsque notre raison

1 Publié dans *La Revue du Cinéma*, juin 1930 ; repris dans le *BAAG* n° 32, octobre 1976.

les condamne et les convainc d'absurdité. Facile à tous les paroxysmes, le héros d'*Hallelujah !* verse de l'amour mystique dans l'amour sensuel, dans la jalousie, dans la haine, et le passage de l'un à l'autre de ces états est d'une éloquence extrême. En art, plus la passion est excessive et absurde, plus elle échappe à la banalité, et plus il importe qu'elle soit présentée raisonnablement, d'une manière qui nous la rende plausible. Toute pénétrée de lyrisme, et prodigieusement expressive, chaque embardée est amenée par King Vidor avec une ingéniosité magistrale, une compréhension psychologique subtile, et si habilement motivée qu'elle nous paraît naturelle et comme nécessaire. On ne sait ce qu'il faut admirer le plus, de la simple et comme naïve ingéniosité de l'intrigue, du rythme de son déroulement, de la mise en valeur de ces passions élémentaires, ou du jeu parfait de l'acteur qui les incarne. Mais pourquoi louer surtout celui-ci ? Tous les interprètes de ce film sont excellents. Et pourquoi parler d'acteurs ? Ce sont les personnages eux-mêmes, aussi peu comédiens, aussi spontanés que ceux des meilleurs films soviétiques, ou dressés miraculeusement.

L'intérêt que l'on prend à *Hallelujah !* peut se passer de la compréhension des paroles ; mais le peu que j'en ai pu saisir me laisse supposer l'importance de leur appoint. Quant à celui de la musique, des chants, des chœurs, des cris, des interjections de la foule, il se confond de la manière la plus heureuse aux mouvements d'ensemble, au point que l'on ne peut imaginer ce film privé de cet élément musical, qui fait d'*Hallelujah !* une sorte de symphonie avec des *allegro*, des *andante* et ces *largo*, des *presto agitato*, où la parole elle-même ne se mêle que comme un élément rythmé. Et, lorsque les voix humaines se sont tues dans la longue scène de poursuite à travers la forêt inondée, rien de plus impressionnant que le simple clapotement de l'eau morte froissée ; ce chuchotement de la nature éternelle qui replace et recule dans le temps la passagère voix humaine, semble la voix même d'une sombre fatalité.

Je n'ai pas à raconter *Hallelujah !* ; mais il est à souhaiter que tous ceux qui s'intéressent au cinéma puissent bientôt admirer ce film sur les écrans des salles parisiennes, et même ceux (s'il en est) qui doutaient encore que le cinéma pût nous offrir mieux qu'une imagerie banale ou frelatée, des sentiments ou conventionnels ou forcés, indignes d'occuper l'attention des « honnêtes gens ».

NOTICE

Les textes d'André Gide sur le Cinéma sont rares, alors même qu'on connaît le goût très vif qu'il avait pour le septième art. Celui-ci fut sa contribution au numéro d'*Hommage S. King Vidor* de la *Revue du Cinéma* (publiée par les Éditions Gallimard) du 1er juin 1930, et il est sans doute le seul qu'il ait donné à une revue spécialisée. Ce texte ne paraît pas avoir jamais été réimprimé.

Rappelons que, avant *Hallelujah !* (1929), l'américain King Vidor (né en 1894) avait notamment réalisé *La Grande Parade* (*The Big Parade*, 1925) et *La Foule* (*The Crowd*, 1928). Ce nouveau film, menacé par la censure, suscita en sa faveur la mobilisation de nombreux écrivains.

Claude MARTIN

1938

SUR L'ACTEUR DE CINÉMA[1]

Ces quelques réflexions :

L'acteur de cinéma incarne le personnage qu'il présente au public bien plus et tout autrement que ne le fait jamais l'acteur de théâtre. En dépit de tout réalisme, la représentation théâtrale repose sur une convention scénique contre laquelle elle s'est toujours assez mal trouvée de protester. Le spectateur contemple l'action sous un angle qui n'est pas exactement celui de son voisin d'orchestre, mais cet angle reste le même tout le long de la scène et de l'acte, tout le long de la pièce même, s'il ne lui prend pas fantaisie de changer de fauteuil ou de strapontin. Le plus souvent l'illusion que l'on cherche à lui donner et qu'il trouve reste d'un ordre tout spécial, esthétique et psychologique. Il sait que tout ce qu'il voit n'est qu'un simulacre et accepte en souriant que les morts viennent, à la fin de la représentation, saluer. C'est un jeu : le jeu des acteurs.

Le cinéma nous présente (s'efforce de nous présenter, de nous faire croire qu'il présente) non point une transposition de la réalité, mais la réalité même. À part certains très rares films, comme *Le Dr Caligari* par exemple, on nous montre sur l'écran non point une allusion [évocatrice] à des jardins, des maisons, etc., plus ou moins évocatrice, mais bien des jardins vrais, des maisons vraies – ou du moins l'image de constructions en studio qui font de méritoires efforts pour rejoindre la réalité. Il n'est plus précisément question, pour l'acteur, de jouer un rôle ; mais bien d'incarner, de devenir, un personnage, que [nous pourrons] l'on nous présentera sous tous les angles (encore que tous les spectateurs de

1 Publié dans le *BAAG* n° 35, juillet 1977.

la salle, quelle que soit leur place au parterre ou au balcon, le voient toujours, ensemble, sous le même angle exactement, celui de l'objectif qui capta la scène).

En dépit de la réduction à deux dimensions où se trouve, jusqu'à présent du moins, inscrite la scène et que l'on en vient à oublier complètement, l'illusion s'impose au point, parfois, que le fictif rejoint le documentaire et que nous nous demandons, par la suite, combien peut bien être payé l'acteur pour les risques qu'il court et les coups réels qu'il reçoit.

Je ne dis tout ce que dessus que pour en venir à ceci : tout l'effort du cinéma tend, sinon à écarter de l'art, du moins à confondre art et réalité. Imagine-t-on un personnage de film s'exprimant en alexandrins ? Imagine-t-on, au cinéma, une Lady Macbeth parlant de « tous les parfums de l'Arabie » ?

C'est ainsi qu'il s'agit de toucher le grand nombre et que l'art n'est accessible qu'aux *happy few*.

NOTICE

Ce texte inédit a été écrit par Gide dans un carnet où il notait par ailleurs ses rendez-vous pour le troisième trimestre 1938, d'où notre datation.

QUATRIÈME PARTIE

FICTIONS

LES BROUILLONS DE *LA PORTE ÉTROITE*

PREMIÈRE VERSION

D'autres en eussent pu faire un livre, me dit-il ; l'histoire que je m'en vais vous raconter, si j'ai mis ma vie à la vivre, toute ma force s'y est usée ; il ne me reste aujourd'hui pour la dire qu'une ferveur déjà vacillante, que le contact de votre sympathie ne peut ranimer qu'un instant. Mon cœur à peu près consumé va bientôt s'endormir sous ses cendres. – Asseyons-nous ici ; nous n'aurons pas trop froid jusqu'au soir ; au fond de ce jardin abandonné rien ne peut venir nous distraire ; je croyais me souvenir que, de ce banc, on voyait davantage la maison ; les arbres ont grandi ; l'automne y laisse encore trop de feuilles. – Il vient un instant dans la vie, où l'attrait de la route est en arrière, où l'avenir n'est plus qu'un lent éloignement du passé ; la mort hélas ! n'est pas un but ; mes regards ne vont pas vers elle ; je suis comme le voyageur qui retourne la tête en marchant.

J'aurais pu mourir sans vous parler, sans parler à personne, car vous êtes mon seul ami. Vous vous étonnez je le sais d'une amitié sans confidences ; j'ai mis quelque pudeur à me cacher, quelque reste d'orgueil à laisser croire, même à vous, que ma vie était sans histoire et qu'il n'était besoin même pas du regard d'un ami pour en vider l'intérêt tout d'un coup. Puis je craignais aussi que cette histoire qui m'emplit me parût aussitôt trop simple ; je sais mal raconter ; j'eusse souffert d'ébruiter en quelques mots un secret dont mon cœur s'est gonflé. Naturellement enclin au silence j'ai pris le rôle d'écouteur ; la gaucherie que je me suis toujours connue à parler de moi, s'est avec le temps compliquée… Mais le secret enfin force mes lèvres. Allons ! je veux goûter à le répandre devant vous une brusque dernière douceur. Je parlerai comme au hasard ; même pour ordonner mes souvenirs, le moindre effort que j'y apporterais gênerait le triste plaisir que j'espère trouver à les dire.

Il est bizarre que mes affaires, je veux dire celles de la Compagnie qui m'emploie depuis plus de vingt ans, ne m'aient pas déjà rappelé dans ce pays où s'est écoulée mon enfance. Quand l'ordre me fut donné d'aller à T***, je ne puis dire si l'émotion que j'en eus fut de la joie ou de la peine ; j'avais pris mon parti de tout, et de mourir sans rien revoir ; mais comme approchait le jour du départ, j'ai commencé à craindre de voyager seul, de me retrouver seul dans ce jardin, surtout de m'en retourner seul, ce soir… Pardonnez-moi l'ennui de ce voyage et l'humeur taciturne que jusqu'à présent j'ai gardée ; jusqu'au dernier moment, oui, celui de franchir cette porte basse dont en vous précédant dans le village j'avais été quérir la clef, je doutais si je vous parlerais. Mais dans le vieux jardin qu'envahissent les hautes herbes, où mes plus précis souvenirs ont peine à retracer les allées, mais où ce chant d'oiseau, quand nous entrâmes s'éleva comme la voix du passé, mon cœur soudain monta jusqu'à ma bouche… N'attendez pas de moi pourtant une effusion bien lyrique ; la vie a rabattu tout ce qui voulait en moi s'exalter ; l'expression même de mon amour, de mon chagrin, est devenue depuis longtemps, comme mon geste, quelque chose de craintif et de contraint.

Il se tut un instant, puis reprit… De retour de ce voyage, je m'efforce en les transcrivant ici de ne rien changer à ses paroles.

Je ne sais où commencer mon histoire. Si loin que je remonte dans le passé j'y reconnais déjà mon amour.

Mon oncle était pasteur dans ce petit village de T*** que nous venons de traverser. C'est dans cette maison que vous voyez qu'il vivait avec ses deux filles. C'est là qu'après la mort de mon père, ma mère et moi prîmes coutume de venir passer nos étés. J'avais quelque treize ans alors ; je connaissais déjà mes cousines et je pense que, dès les premières rencontres j'avais, comme une fatalité, accepté d'aimer éperdument Geneviève, car aussi loin, vous dis-je, que je remonte en arrière je retrouve son image enfantine dans mon cœur.

Mon père était mort au printemps ; j'étais de santé délicate ; ma mère elle-même affaiblie et comme vieillie brusquement par son deuil, jugea bon de commencer plus tôt mes vacances ; nous arrivâmes à T*** dès juin. C'est le premier été que je voyais cette campagne. [Jusqu'alors les occupations de mon père nous retenaient tard à la ville, puis nous l'accompagnions à la Bourboule ou au Mont Dore *barré*] Ma mémoire se refuse à me représenter un seul jour brumeux cette année, aucun jour de vent ou de pluie. Je me penche sur cet été comme sur un fleuve d'azur ; je le vois tout entier chaud, splendide…

Mon oncle décida de faire travailler avec moi mes cousines. C'était dans une grande pièce à trois fenêtres, au ras du sol. Les volets le matin restaient clos. Le gravier devant la maison reflétait l'éclat du soleil et renvoyait sur le plafond crépi des rais blancs à travers les fentes. Geneviève, de mon âge à peu près était compagne de mes lectures ; Marguerite, plus jeune, était compagne de mes jeux. Derrière la maison je vous montrerai la pelouse en pente que ces deux hêtres pourpres dont vous voyez la cime, ombrageaient. On n'avait pas encore fauché et les herbes étaient si hautes que nos tailles d'enfants s'y noyaient. Nous transportions là quelque caisse formant carène, grande tout juste assez pour deux minuscules pliants. C'était notre bateau, que nous lancions sur la prairie. On voguait ; dès qu'un souffle agitait les herbes nous imaginions avancer ; et lisant ou rêvant, engourdis de chaleur, nous laissions approcher les insectes, ne plus s'effaroucher les oiseaux. »

Assez maladroitement je l'interromps pour lui dire : « Je croyais que c'était Geneviève que vous aimiez ?

Oui, dit-il, c'était bien Geneviève ; mais elle, ne se prêtait déjà plus à nos jeux ; jamais elle n'entra dans notre barque, et le temps que j'y passais avec Marguerite, elle restait auprès de son père, causant, écrivant ou lisant. L'heure du goûter nous rassemblait tous sous le cèdre, ce grand arbre, voyez, devant la maison. Sous ses branches horizontales l'herbe croissait plus sèche et moins drue. C'est là que je revois ma tante. Dans cette ombre, sur une chaise longue elle restait étendue jusqu'au soir ; elle prenait peu de part à notre vie, ne descendait de sa chambre, je crois, que passé le repas de midi, s'allongeait aussitôt descendue et ne se relevait de son sofa que languissante. Même l'enfant que j'étais pouvait comprendre que ma mère et elle ne s'aimaient guère ; à peine si je me souviens de les avoir entendu se parler. Ma tante était créole ; je n'ai su que longtemps après son histoire, il est donc inutile que je vous la rapporte ici. Elle me paraissait très belle – vraiment je crois encore qu'elle l'était – et si extraordinairement jeune que je ne pouvais réaliser qu'elle fût mère de mes cousines. Je craignais de me trouver seul avec elle, et même avec les autres rassemblés, j'étais mal à mon aise devant elle... Je la revois, le coude sur l'appui de la chaise et son petit menton buté contre la paume de sa main ; l'autre main souvent tenait un livre, mais un livre toujours refermé ; il semblait toujours qu'en s'approchant on interrompît sa lecture ; dans le livre, une liseuse d'écaille restait prise entre les feuillets. Ses cheveux presque noirs étaient retenus dans une résille ; sur sa nuque elle les laissait un peu retomber ; son corsage échancré, presque bas, de mousseline blanche, laissait voir un très large médaillon pendre après un collier de velours noir... Le soir, après dîner, elle ne s'approchait pas à notre table de famille, mais, assise au piano jouait avec complaisance et quelque charme, autant qu'il m'en souvient, de lentes danses, probablement les Mazurkas de Chopin ; et parfois, rompant brusquement le morceau, elle s'immobilisait sur un accord. Elle portait souvent à son front pourtant parfaitement mat, un mouchoir, comme pour essuyer une moiteur ; c'était un mouchoir dont la finesse me surprenait et l'odeur qui semblait plus un parfum de fruit que de fleur. Constamment, de sa main ou négligente ou fatiguée, de l'appui du sofa, d'un repli de sa jupe, le mouchoir tombait à terre, ou le livre, ou quelque fleur, ou le signet. Un jour, en ramassant le livre – c'est un souvenir d'enfant que je vous dis – en voyant que c'étaient des vers, je rougis... Pourquoi vous en parler plus longuement ? L'an suivant je ne devais plus la revoir. Un triste événement que je ne m'expliquai pas bien alors, l'avait tout à coup enlevée. Ma mère en me ramenant cet autre été me recommanda de ne pas parler de ma tante ; je vis qu'elle était triste ; ces vacances dont je me faisais fête s'annonçaient maintenant comme une visite de deuil.

Oui, là-bas je trouvai tout changé ; l'apparence restait la même, à peu près ; mais chez Geneviève déjà la joie n'était plus spontanée. »

Il s'arrêta, sembla comme irrité contre lui-même, se détourna de moi ; puis, devant mon inquiétude, reprit :

« Je sens que je vous parle mal, et vous la fais mal connaître. J'aurais dû vous la présenter autrement... Elle ressemblait beaucoup à sa mère ; mais son regard était d'expression si différente que je ne m'avisai de cette ressemblance que bien plus tard. Je ne puis décrire un visage ; les traits m'échappent, et jusqu'à la couleur des yeux ; je ne revois que l'expression presque triste déjà de son sourire, et que la ligne de ses sourcils, si extraordinairement relevés au-dessus des yeux, écartés de l'œil en grand cercle. Je n'ai vu les pareils nulle part… si pourtant : dans une statuette florentine de l'époque du Dante ; et je me figure volontiers que Béatrix enfant avait des sourcils très largement arqués comme ceux-là. Ils donnaient au regard, à tout l'être, une expression d'interrogation intense et confiante – oui, d'interrogation passionnée. Tout en elle n'était que question et qu'attente. [L'œuvre d'un Dante peut bien n'être qu'une réponse à ce premier regard enfantin *barré*] Cette interrogation s'empara de moi, fit ma vie.

Marguerite cependant pouvait paraître plus belle ; la joie et la santé posaient sur elle leur éclat ; mais sa beauté, près de la grâce de sa sœur, semblait tout extérieure et se livrer à tous d'un seul coup. La différence d'âge entre elles deux semblait accrue, cet été. On ne la sentait pas seulement dans le visage, mais dans la voix et les propos, mais dans les gestes, dans la démarche ; les vêtements aussi, qui déjà faisaient de Geneviève une jeune fille ; Marguerite portait encore les robes courtes des enfants. Je ne vous dis là rien que d'ordinaire, je sais ; mais je vous redis tout comme il m'apparaissait alors. L'an précédent j'avais laissé Geneviève, les cheveux flottants ainsi que ceux de sa sœur ; en arrivant, cette année, lorsque je vis ses cheveux blonds relevés et noués sur la nuque, mon cœur se serra, car je compris que mon enfance était finie.

Quelque chose pesait sur la maison, une contrainte dont je ne comprenais pas la nature ; ce mystère assombrissait l'air plus que n'avait fait le deuil de mon père l'an dernier. Le soir de notre arrivée, les embrassements du revoir me parurent d'autant plus apprêtés et gauches que je les eusse souhaités plus passionnés. Sitôt après souper, ma mère se retira dans le bureau de mon oncle, où tous deux causèrent longuement. Les ayant enfin vus sortir dans le jardin, je m'en allais les rejoindre, mais ma mère me dit assez rudement : laisse-nous ; va jouer plus loin. – Je n'avais guère le cœur au jeu ; mes cousines s'étaient retirées ; j'entendais du jardin les maigres sons du piano de Marguerite. Le soir tombait. Je me sentis seul. Désœuvré je montai dans la chambre de ma mère ; je voulais prendre un livre, mais le livre était dans la malle qu'on n'avait pas encore ouverte et dont ma mère avait la clef. Ma chambre était là ; j'y entrai. Une autre porte ouvrait sur une sorte de grenier, qui séparait ma chambre de la chambre de Geneviève. Là séchaient, pendus au plafond, des bouquets de menthe, de bourrache et de verveine ; sur des claies des fleurs de tilleul ; l'air était chaud, chargé d'odeurs ; dès que je fus dans cette pièce, ma tête lourde me fit mal. Le piano s'était tu ; la maison se préparait toute à dormir. Devant moi se brouillait dans l'ombre une petite porte basse, d'où je ne détachais pas mon regard, et mon cœur se gonflait, car je me demandais : entrerai-je ?... Je chancelai, posai ma main contre le mur et murmurai "Geneviève ! es-tu là ?" si bas, que je crus le penser plus que le dire, et rêver lorsque j'entendis : Est-ce toi, Daniel ? Que veux-tu ? – Comme mon cœur battait quand j'entrai !

La chambre était déjà obscure, et, du seuil où j'hésitais, je distinguais mal Geneviève, agenouillée au chevet de son lit. Que fis-je alors ? Je crois que je m'agenouillai près d'elle ; je ne sais plus ; je ne sentais que sa détresse, mais me souviens qu'en posant mon front sur sa joue, je le mouillai tout à ses larmes. – Oh ! me dit-elle, pourquoi viens-tu ? – Il y avait comme un doute et comme un reproche dans sa voix. Je ne pouvais voir son regard, mais sentis, mais touchai ses sourcils délicats que levait une interrogation palpitante. Je n'étais qu'un enfant moi-même, mais... »

Daniel à ce moment s'interrompit et, brusquement, cachant un sanglot dans ses mains : « Ah ! pourquoi raconter cela ? dit-il. Vous-même, mon ami, saurez-vous comprendre comment un tel instant disposa soudain de ma vie ?... Je voulais lui parler ; mais un sanglot serrait ma gorge ; je ne pouvais que répéter son nom en la serrant convulsivement contre moi. Nous nous étions levés. – Nos parents vont rentrer, me dit-elle ; ils nous chercheront. Descends vite...

Le lendemain fut un dimanche. Mon oncle, vous le savez, était pasteur ; la modeste chapelle où il prêchait ne rassemblait qu'un maigre troupeau de fidèles, d'autant plus assidus qu'ils étaient rares, et d'autant plus ancrés dans leur foi. Mes regards allaient avec admiration vers quelques très vieilles figures ; qui ne les a point vues imaginerait mal ce que la race cévenole peut exprimer d'énergique et noble beauté. Sur leurs traits, leur passé d'endurance, d'abnégation et de vaillance obstinée se lisait. Autour d'elles se pressaient ce jour-là enfants et petits-enfants qu'avaient rassemblés les vacances. À l'occasion de cette réunion, le texte que mon oncle avait choisi pour son sermon était, je m'en souviens, ce verset tiré des Psaumes : "Oh ! qu'il est agréable, oh ! qu'il est bon, pour des frères, de demeurer ensemble..." – Mon oncle était lui-même d'une de ces familles cévenoles pour qui le calvinisme semble fait, qui du catholicisme ont surtout ceci en horreur qu'il puisse séparer la religion de la morale, et chez qui la vertu s'accompagne volontiers d'âpreté. Mon oncle, ce jour-là, parla des familles patriarcales ; sa voix, pour peindre le bonheur, devenait grave. J'étais entre Geneviève et ma mère, dont les lèvres, quand s'approfondissait la voix du pasteur, se serraient. Pour moi je n'écoutais pas le sermon ; j'étais trop occupé par Geneviève ; je rêvais que je cheminais avec elle et ne me séparait d'elle jamais... Mais la voix de mon oncle, un moment, parut se troubler ; j'entendis la fin d'une phrase où il était question des "deuils causés par la mort ou par..." ici la voix se perdit un instant et je ne distinguai plus que ces derniers mots : "plus tristes que la mort". – Pourquoi regardai-je alors Geneviève ? Elle était excessivement pâle, et mon cœur se serra, car je crus qu'elle allait se trouver mal. – Mon oncle cependant avait repris son assurance, pour parler de la fragilité de tout amour "qui ne repose pas en Christ". Mais je ne pouvais plus rien comprendre ; je ne songeais qu'à la pâleur de Geneviève.

Après le sermon nous rentrâmes sans dire un mot. Dès que je me retrouvai seul avec ma mère, résolu d'en avoir le cœur net : – Où est ma tante ? maintenant dis-le-moi, je t'en prie... Son visage aussitôt se contracta : – Ta tante ? Mais elle est morte, mon enfant. – Elle vit que je sentais qu'elle mentait ; j'eus la peine de la voir rougir ; elle se reprit, se pencha, m'embrassa sur le front et, plus doucement : – Ta tante est partie, dit-elle ; ne parlons plus de cela, mon petit. Surtout n'en parle pas à tes cousines. La vie continua, dont chacun s'efforçait d'oublier ou de cacher la déchirure. Une vie sans éclats de gaîté, mais qu'habitait pourtant une sorte de secret bonheur, une paix presque religieuse, invitant à la méditation, à l'étude, et plus charmante à mon cœur que la joie. Je ne voyais pas beaucoup Geneviève ; seul, dans ma chambre ou dans le jardin, suivant le temps, j'occupais au travail mes matinées. Marguerite au piano s'appliquait à des exercices qui rythmaient également l'atmosphère, et semblaient tempérer mon cœur. Après les exercices elle se prenait à quelque sonate classique ; mais son jeu, tout de grâce, d'élégance et de précision superficielle ne semblait fait que pour les musiques légères. D'ordinaire, après les repas de midi, Marguerite sortait dans le jardin et laissait le piano à Geneviève ; alors je m'asseyais près du piano, près d'elle, avec un livre que distraitement je lisais. Le salon plein de fleurs était dans l'ombre ; ma mère était là qui cousait ; la porte du bureau où travaillait mon oncle restait ouverte ; il semblait que s'arrêtât l'heure. C'est la *Vita Nuova* que je lisais ; quand j'arrivai devant ces vers :

E se io levo gli occhi per guardare,
Nel cor qui si commincia un terremoto,
Che fa da' polsi l'anima partire,

en tremblant je relevai les yeux vers Geneviève. La musique qu'elle faisait me paraissait plus belle que tout ce qui se peut ouïr sur la terre ; le piano même semblait changé ; plus de sons grêles ; des sons épais, mâles et pleins de cœur ; dès les premiers accords on oubliait tout le passé ; elle imposait son chant au silence. Parfois mon oncle paraissait à la porte de son bureau et restait un instant à regarder très tendrement sa fille.

J'appris qu'avant notre venue c'était elle qui, chaque dimanche, tenait l'orgue de la chapelle. Pourquoi ne le tenait-elle plus à présent ? – C'est notre présence qui te gêne ? lui demandai-je en croyant plaisanter. Elle rougit alors et me répondit : – C'est la tienne qui me distrait.

Je lisais, vous disais-je, la *Vita Nuova* de Dante. Ensemble nous apprenions l'italien. Que n'eussé-je appris avec elle ! Elle savait l'anglais mieux que moi, qui ne l'avais étudié qu'en classe ; sous prétexte de me faire expliquer quelques vers je relus avec elle de longs passages de Milton et de Shelley ; puis peu après nous abordâmes le suave livre de Malory ; Marguerite et ma mère se joignirent à cette dernière lecture. Ainsi s'écoulait la fin du jour, non pas autour de la grande table du salon, mais dans un coin plus clair à la fois et plus retiré de la pièce, moi lisant, ma mère et les deux sœurs travaillant à quelque ouvrage de couture, et ma mère parfois prenant le livre, soit pour relire en prononçant mieux que moi quelque phrase, soit pour élucider le sens d'un passage ambigu. Parfois, quand le temps était beau, nous lisions dehors sous le cèdre. Vers le soir l'odeur d'une corbeille de grands tabacs blancs, qui se ferment le jour, s'élevait. Je semblais lire à elles trois ; en vérité je ne lisais qu'à Geneviève, et sentais qu'elle le sentait.

J'étais à cette époque très pieux ; ma foi religieuse, qu'aucun doute encore n'avait essayé d'altérer, ajoutait et mêlait sa ferveur à celle de mon amour. Je présentais à Dieu tous les mouvements de mon cœur... Une sorte d'éblouissement m'arrête aux souvenirs de notre enfance, tant pour moi s'en échappe encore de clarté. Hélas ! je n'abreuve plus aujourd'hui à cette source tarissante que mon inutile constance et qu'un reste de volonté sans valeur... »

Il s'arrêtait ; je posai ma main sur la sienne. Le jardin que parfois traversait un souffle d'automne se défeuillait autour de nous lentement. Il repoussa ma main, reprit comme s'il se parlait à lui-même.

« Mon bonheur était fait du désir de la rendre heureuse ; et ma joie augmentait à voir reculer devant elle l'ombre que sur son front son deuil mystérieux laissait encore ; une inquiétude, une sorte d'effarouchement lui restait, dont je voulais par tout mon amour la guérir. Ma mère était habile à m'y aider ; elle réunissait ses nièces et son fils dans son embrassement maternel et ne s'alarmait pas de mon amour, soit qu'elle en mesurât mal la profondeur, soit que lui parût naturel un attachement amoureux entre nous ; les mariages consanguins furent fréquents dans ma famille, et quand je songe à la facilité de nos rapports, je ne puis croire que mon oncle et ma mère ne s'entendissent pas pour les favoriser.

Pourtant je restais rarement seul avec Geneviève cette année ; tant de soins l'occupaient... Ma mère dirigeait encore la maison, mais Geneviève en était comme le cœur paisible ; sa calme activité ne s'interrompait pas un instant ; les plus humbles travaux s'exaltaient, accomplis par elle ; j'aimais sa voix lorsqu'elle parlait à des pauvres ; ceux du pays, qu'elle connaissait tous, elle les allait voir, tantôt avec son père ou ma mère, tantôt seule ; si je l'accompagnais parfois ce fut contre son gré, et bien qu'elle demeurât devant moi aussi pieusement naturelle, je sentais qu'ici mon regard, où parlait trop mon amour, l'importunait.

À travers tous ces soins, elle semblait encore contemplative ; je songeais, en regardant ses yeux, à quelque profonde eau qui tout en coulant paraît calme tant frémit doucement sur sa fuite le reflet continu du ciel.

Quand le temps vint de la fin des vacances, ma mère décida de rester. Je rentrai donc seul à Paris où mes études me rappelèrent ; je me logeai chez des amis de mon père et repris les cours du lycée. Durant cette année de rhétorique je n'écrivis que très rarement à celle que j'appelais ma sœur ; il était naturel que j'adressasse à ma mère les lettres où je leur racontais ma vie. À la table du soir, je le savais, ma mère lisait ces lettres à voix haute ; certainement, tout en adressant ces lettres à ma mère, c'est à Geneviève qu'insidieusement je parlais ; je parlais mieux ainsi, plus aisément ; m'adressant directement à elle, je n'eusse pu, gêné par trop d'amour ; car de l'amour je n'osais rien dire, mais trouvais vain à dire tout ce qui n'était pas cet amour.

Plein d'assurance, de confiance en l'avenir, j'apportais au travail une assiduité continue ; un grand espoir vague me portait ; l'éveil de mon esprit réveillait devant moi chaque chose ; je lisais avec voracité ; j'apprenais comme sans le vouloir, par besoin et faisais de tout nourriture. J'aimais ma propre avidité ; mais celle qu'on a pour la vie me paraissait peu désirable et n'aspirer qu'après ce qui me la saurait combler. Au reste je ne cherchais point tant ce qui pouvait rassasier ma faim que ce qui la pouvait augmenter ; devant le reste du monde et la vie je restais comme un enfant devant la mer. »

Il s'arrêta brusquement, puis reprit après quelques instants sur un ton beaucoup plus simple :

« Excusez-moi ; peut-être que je me surfais, après tout, cette ferveur et cette avidité. Peut-être ma terne vie d'aujourd'hui prête-t-elle un peu trop d'éclat à des souvenirs qui, je le crains, vous paraîtront bien ordinaires. Il me semble à présent que je vous le dis, que de vous en parler les décolore et qu'usant à les exprimer le reste de chaleur de leur vie, après que je vous aurai tout raconté je ne sentirai plus en moi que de la cendre.

Les cours de cette année s'achevèrent sur d'assez brillants examens. Ma mère cependant tombait malade ; j'étais pressé de la revoir ; à peine avais-je pris mon diplôme, je repartais pour T***. Hélas ! Je n'arrivai que juste à temps pour l'embrasser encore et pour recevoir ses adieux. Mes deux cousines étaient là ; mon oncle aussi, très grave, avec cette expression de visage qui semblait offerte au Seigneur et qu'il prenait souvent en chaire. Mal averti j'entrais presque bruyamment dans la chambre, joyeux, exubérant ; un regard de Geneviève m'arrêta, et le geste de silence que fit mon oncle. Ma mère déjà se mourait. Elle me reconnut pourtant ; je la vis s'efforcer de sourire, mais elle était trop faible et ne put que dire et répéter deux fois : « Mon enfant !... » Puis un essai de geste de sa main nous fit nous rapprocher, mes cousines et moi sans rien dire et nous agenouiller à la fois. Ma mère, à cet instant, sembla reprendre quelque force ; elle regardait chacun de nous trois tour à tour et disait à présent : « Mes enfants... » – J'étais entre Geneviève et Marguerite ; comme étranglé par une émotion si subite et si forte je cachai mes sanglots en appuyant mon front contre le lit. J'étais encore ainsi quand je sentis se poser une main ferme sur ma tête ; mon oncle était derrière moi, tout près. Je relevai les yeux ; ma mère avait les siens vitreux ; mon oncle se penchant lui baissa du doigt les paupières, puis se courbant vers moi m'embrassa sur le front.

Marguerite qui pleurait à petits cris saisit alors ma main que j'abandonnai dans la sienne tout en me retournant vers Geneviève ; je m'étonnai de voir son visage sans larmes, mais sa douleur, on le sentait était profonde, bien plus que celle de sa sœur. Mon oncle commença de prier à voix haute ; il restait debout près de nous, près du lit ; avec lui nous dîmes l'Amen.

Ce même soir, retiré dans ma chambre, sans lumière, je restais agenouillé, essayant de prier encore, quand ma porte s'ouvrit ; sans me retourner, sans la voir, je sentis s'approcher de moi Geneviève. Je me redressai en chancelant ; elle posa ses mains sur mes épaules ; craintivement je voulus l'embrasser sur le front, mais sa tête était levée vers moi et nos lèvres se rencontrèrent. – Que nous fussions-nous dit ce soir-là ?

Le lendemain arriva dès le matin une sœur de ma mère, dont je ne vous ai pas encore parlé, que mon oncle avait avertie par dépêche. Mes cousines ni moi n'aimions beaucoup notre tante Félicie, qui pourtant certainement nous aimait. Nous la sentions bonne, il est vrai, mais, sans précisément l'avouer, nous méprisions un peu que sa conversation ne s'élevât jamais de la terre. Elle restait comme submergée par la vie, s'agitait dans l'événement comme un mauvais nageur dans la lame ; le zèle qu'elle montrait pour nous paraissait toujours essoufflé. Bien qu'elle fût plus jeune que ma mère, ses deux fils étaient mes aînés ; suivaient trois filles que je voyais une fois par an sans plaisir. Quant à mon oncle, son mari, c'était un gros commerçant de Bordeaux que ma tante, lorsqu'elle venait nous voir, laissait heureusement à ses affaires. Je l'entrevis pourtant le lendemain, mais à peine m'adressa-t-il la parole ; deux de ses filles étaient avec lui ; sitôt après l'enterrement, tous trois repartirent. Ma tante s'attarda quelques jours après eux, encombrant la maison de ses soins. Peut-être lui reprochais-je aussi, malgré moi, de préférer, et manifestement, Marguerite à Geneviève. Geneviève, il est vrai, restait si réservée que l'on pouvait vivre de longs jours auprès d'elle sans rien remarquer d'elle que sa beauté ; et Marguerite était charmante ; bien que tout occupé par sa sœur, je l'aimais tendrement ; et peut-être, si je n'avais pas connu Geneviève me serais-je épris d'elle, mais l'éclat de son teint, ses subites rougeurs, le désordre de ses cheveux, la chaleur de sa voix, de son rire, tout ce qui me charmait en elle, me paraissait alors de grâce trop humaine, et je me retournais vers Geneviève, dont le secret ne se découvrait qu'à moi seul.

Dès que la tante Félicie nous eût laissés, la maison put se recueillir ; une sorte de sérénité l'habita, qui ressemblait presque au bonheur, et où, comme en un milieu très sonore, le moindre mouvement de nos sentiments s'entendait. Mon deuil n'avait pas assombri, semblait-il, mais comme aggravé notre amour. Pour nous trois, une vie au monotone cours commença.

Je dis nous trois, car je ne voyais guère mon oncle qu'aux heures des repas ; encore se levait-il de table souvent sans avoir dit un seul mot. Je le trouvais changé ; je savais qu'il aimait ma mère, mais m'étonnais que sa mort eût à ce point pu l'affecter. Il arrivait parfois, au dîner, les yeux rouges, les paupières lourdes ; on voyait qu'il avait pleuré ; ces soirs-là, nous non plus n'osions rien dire. Certainement j'aimais beaucoup mon oncle, mais je ne pouvais l'estimer de ne pas dominer sa douleur ; et peut-être égoïstement lui en voulais-je, car il me semblait qu'il empêchait ainsi notre joie... J'ai honte à employer déjà ce mot ; mais que pouvait ici mon deuil contre l'exultation qui me vivifiait dès l'aurore ? Sitôt après le départ de ma tante Félicie, j'avais, par discrétion, parlé de m'en aller, d'occuper à voyager ces vacances. Aux premiers mots que j'en hasardai devant mon oncle : « Pourquoi partir ? dit-il ; n'es-tu pas bien ici ? N'es-tu pas aussi mon enfant ? » et, se penchant, il m'embrassa plus tendrement que je n'eusse cru qu'il sût faire. Je ne demandais que ces mots pour rester.

Geneviève se tourmentait beaucoup de la tristesse et des fatigues de son père. Elle s'enfermait avec lui de longues heures ; quand je passais près du bureau j'entendais le bruit de sa voix, soit qu'elle lui parlât, soit qu'elle lui fît la lecture. Nous lisions ensemble aussi, tous les deux, plus longuement et plus souvent que l'an passé ; c'est-à-dire que je lui faisais la lecture tandis qu'elle cousait ou brodait. Marguerite cependant s'occupait à son tour du ménage ou étudiait encore son piano ; elle n'aimait pas beaucoup la lecture. Parfois aussi j'accompagnais les deux sœurs dans le jardin, cueillant des fleurs, soignant les fruits des espaliers. Oh ! c'étaient là des occupations si simples que je ne puis rien en dire... mais c'est de tout cela que je faisais mon bonheur. Je me levais très tôt ; j'étais éveillé par ma joie, et mon amour au devant du jour s'élançait. Quand je rêve à ce temps aujourd'hui, je le revois plein de rosée. Ce banc où je suis assis avec vous, j'étais alors assis près d'elle. Un rosier poussait derrière nous, qui n'est plus ? C'est là, pour la première fois, que nous parlâmes de l'avenir.

Mes premiers examens passés, il m'eût fallu choisir une carrière ; je restais incertain, trop désireux d'apprendre encore pour consentir à me limiter aussitôt. Le peu de fortune que je venais d'hériter de ma mère me laissait heureusement du répit. En causant avec Geneviève, ses conseils autant que mes goûts me poussèrent vers la philosophie, et, sans trop m'inquiéter de ce qu'il en pourrait réussir, je résolus de préparer d'abord ma licence. À vrai dire deux routes seulement me tentaient : la médecine ou le pastorat ; je cherchais en moi, j'exigeais quelque apostolat à remplir ; la vie sinon m'eût paru vaine ; je ne séparais pas cela de notre amour ; c'en était le soutien nécessaire et je comprends bien à présent d'où venait chez Geneviève sa tranquille assurance avec moi ; c'est que nous n'avancions pas tant l'un vers l'autre que tous deux vers un même but... Non, je ne puis sourire aujourd'hui de nos faciles certitudes ; pour certaines âmes, le scepticisme n'est qu'une fatigue, non un commencement de la vertu... Je ne sais plus ; aujourd'hui ces mots me semblent vains. Ce qui nous occupait uniquement alors, ce que nous appelions : la pensée, ne me semble plus aujourd'hui qu'un prétexte à quelque communion plus savante, qu'un déguisement du sentiment, qu'un revêtement de l'amour...

Vers la fin de l'été la tante Félicie revint passer auprès de nous quelques jours. Sa présence aussitôt désenchanta de nouveau l'atmosphère de la maison. Une sorte d'affairement continu l'essoufflait ; ses gestes étaient sans douceur, sa voix sans mélodie ; elle nous bousculait de caresses ; à toute heure du jour c'étaient des effusions subites où son affection pour nous débordait ; nous en étions tous trois excédés. Mon oncle l'aimait beaucoup, mais rien qu'au son des paroles qu'ils échangeaient, il était aisé de sentir combien il avait préféré ma mère.

Quelques jours après le départ de ma tante, je me souviens qu'un soir, à table, nous parlions d'elle : quelle agitation ! disions-nous. Se peut-il que les flots de la vie ne laissent pas plus de répit à son âme ? Belle apparence de la vie, que devient ici ton reflet ! – Car nous nous souvenions alors du mot de Goethe qui, parlant de Madame de Stein, écrivait : « Il serait beau de voir se réfléchir le monde dans cette âme », et nous établissions aussitôt je ne sais quelles hiérarchies, estimant au plus haut les facultés contemplatives. Mon oncle qui s'était tu jusqu'alors, nous reprit en souriant tristement : Mes enfants, dit-il, même brisée, Dieu reconnaîtra son image. Gardons-nous de juger les hommes d'après un seul moment de leur vie. Tout ce qui vous déplaît en ma pauvre sœur, elle le doit à des événements que je connais trop bien pour la critiquer aussi sévèrement que vous faites. Il n'y a pas qualité si charmante de la jeunesse qui ne puisse en vieillissant se gâter. Ce que vous appelez : agitation chez Félicie, n'était d'abord qu'élan charmant, primesaut, abandon à l'instant de grâce. Nous n'étions pas bien différents de ce que vous paraissez être aujourd'hui, je vous assure. J'étais assez pareil à toi, Bernard ; plus peut-être que je ne le sais. Félicie ressemblait beaucoup à ce qu'est à présent Marguerite ; oui, physiquement même – et brusquement je la retrouve, ajouta-t-il en se tournant vers elle, dans certains éclats de ta voix ; elle avait même sourire, et ce geste qu'elle a bientôt perdu, de rester comme toi parfois, longuement, sans rien faire, assise, les coudes en avant, le front buté dans les doigts croisés de tes mains. – Et comme Marguerite rougissait, il ajouta plus bas, vers moi : ta mère, elle, ressemblait plutôt à Geneviève – et les larmes emplirent ses yeux.

Peu de temps après, quelques difficultés au sujet de la succession de ma mère, me rappelèrent à Paris, écourtant inopinément mes vacances ; je dus m'installer seul ; dès que mes cours ouvrirent je me plongeai dans le travail ; devant moi s'ouvrait large la vie ; j'y entrais délibérément.

Je me liai peu avec mes nouveaux camarades, sortant peu, fuyant les plaisirs ; je m'avançais en tenant haut mon cœur comme plein d'une liqueur précieuse, et je dirigeais droit mes pas, veillant à n'en rien renverser. Je méprisais intensément tout ce dont les autres se grisent et me grisais de mes renoncements.

La correspondance entre Geneviève et moi devint fréquente. Je prenais soin de n'aventurer ma pensée qu'en des chemins qu'elle aurait pu choisir d'elle-même, de manière que, pas à pas, elle aimât m'y accompagner. Plutôt que de la troubler par des doutes, je prétendais n'en pas avoir et maintenais amoureusement mon esprit dans un état de foi qui pût lui plaire... Absurdité ! Je n'ai plus aujourd'hui que du mépris pour ce dont je faisais alors mon bonheur.

Quand approcha le temps de Pâques, mon désir de la revoir devint si vif que je ne pus attendre les vacances. Les devançant de plusieurs jours, j'annonçai mon retour brusquement. Quel revoir ! Le mot fiançailles, s'il n'éclatait pas sur nos bouches du moins chantait déjà dans nos cœurs. Pour solenniser la muette promesse que déjà nous nous faisions l'un à l'autre, nous approchâmes ensemble de la table sainte le jour de Pâques.

Marguerite aussi communia. Je remarquai, à ce nouveau séjour, qu'elle était devenue beaucoup plus grave; elle n'ignorait rien de notre amour; à l'instant de communier je rencontrai son regard; puis ce regard se reporta sur Geneviève, et comme les lèvres de Juliette tremblaient je pensai qu'elle demandait à Dieu de nous bénir. L'instant d'après, elle me regarda de nouveau et je lui souris déjà comme un frère sourit à sa sœur.

Vers le soir je sortis avec Juliette dans le jardin; l'air était plein d'oiseaux; un printemps ravissant s'avançait à notre rencontre. Une si abondante joie montait de mon cœur à mes yeux que je ne voyais rien qui ne fût coloré par elle; je ne pouvais parler que d'elle; et c'est de cette joie que Juliette aussi me parla :

« Qu'il me tarde de pouvoir t'appeler mon frère, me dit-elle. Attendrez-vous longtemps encore ?

– Mais je n'ai pas encore vingt ans, m'écriai-je en riant; je ne puis pourtant pas l'épouser avant d'avoir fait mon service !

– Tu le fais l'an prochain. Ce sera donc sitôt après ?

– Oui, j'espère; si ta sœur y consent – et par cet inquiet et absurde besoin de me faire redire par elle ce dont je ne pouvais douter : – Toi qui la connais bien, dis, est-ce que tu crois qu'elle m'aime ?

Juliette haussa les épaules. – Si toi-même l'aimais moins, dit-elle, tu sentirais peut-être mieux son amour.

– Ah ! continuai-je, si seulement nous pouvions, nous penchant sur celui qu'on aime, voir en lui comme en un miroir quelle image nous y posons, lire en autrui aussi bien qu'en nous-mêmes, mieux qu'en nous-mêmes... Quelle tranquillité dans la tendresse ! quelle sécurité dans l'action ! quelle simplicité dans l'amour !... »

Si mes phrases aujourd'hui me semblent vaines, je vous redis ce que je peux d'une conversation où il me semble que je fusse seul à parler, où pourtant Juliette me répondait, mais où j'écoutais mal ses paroles; elles tombaient à terre comme tombent des oiseaux blessés. Oh ! triste aveuglement de mon amour ! N'ai-je donc pas su voir ses rougeurs ? entre ses mots, n'ai-je pas compris ses silences ? senti trembler sa main quand elle la posait sur mon bras ? – Non; rien. Je songeais que je repartirais dans deux jours et, racontant insatiablement mon amour, j'en occupais déjà l'avenir. Elle, elle me parlait de sa sœur. Égaré par le tremblement de sa voix je m'écriai : – Comme je t'aime, ma Juliette, de te sentir aimer tant Geneviève; puis inconsidérément je la pressai tendrement contre moi.

Nous marchions dans cette étroite allée que maintenant envahissent les asters et les anthémis, que parfumaient alors les premiers œillets de l'année. Cette allée tournait un peu plus loin, s'élargissait, entre des ifs taillés et des buissons de symphorines formait une étroite salle de verdure où souvent nous venions nous asseoir. Nous fûmes très surpris de trouver là Geneviève que nous croyions dans le cabinet de mon oncle ; elle restait assise comme nous attendant et nous dit simplement :

– Je vous regardais venir.

– Pourquoi n'es-tu pas venue nous rejoindre ? s'écria Juliette.

– Je croyais que vous causiez...

À présent, quand je repasse en moi ce passé, j'entends trembler leur voix, je sens leur gêne ; maints signes légers m'apparaissent dont ma mémoire inconsciemment s'emparait, mais dont je n'eus la signification que plus tard.

J'avais à l'égard de Geneviève une sorte de pudeur que causait l'excès même de mon amour ; ma réserve avec elle était extrême. Ce même soir, à l'instant de quitter mes deux cousines, j'embrassai tout enfantinement Juliette, comme j'avais accoutumé de faire, puis m'approchant de Geneviève, et peut-être sentant aussi chez elle un imperceptible recul, je lui pris gauchement la main qu'elle me tendit sans lever vers moi son regard.

Le lendemain fut un jour terne comme ceux qui suivent les grandes joies et les repoussent, de leur poids mort, dans le passé. J'eusse voulu parler à Geneviève ; mais dès qu'elle parut au salon où je l'attendais, ce fut pour se mettre au piano et s'absorber dans la musique.

Un instant cependant, vers le soir elle descendit avec moi dans le jardin. Je commençai à lui parler : – Non, lisons plutôt, dit-elle ; et elle me tendit un petit volume de Shelley où les jours précédents nous avions commencé de lire ensemble l'*Epipsychidion.* Sur les banques du potager, en bordure, croissait une petite renoncule rouge sang qu'on appelle je crois : Adonide. Je la priai de m'en cueillir une tige, afin que je la fasse sécher et que dans ce volume de Shelley elle me serve de signet. Mais Geneviève refusa ; plus j'insistai, plus je sentis sa volonté se raidir. Nous avions interrompu notre lecture et nous rentrâmes sans l'avoir achevée.

Au matin du jour suivant je dus partir ; je me replongeai dans le travail.

De Paris, et presque sitôt arrivé, je lui écrivis une longue lettre, où je laissais mon cœur déborder. Tout ce que je n'avais osé lui dire, je l'écrivis éperdument. J'écrivis fort avant dans la nuit ; puis, sans attendre le matin, voulus porter ma lettre à la poste. Exalté, non lassé par la veille, je marchai tête nue, le long des quais, baignant mon front dans la fraîcheur de l'aube... Puis commença l'attente.

Jusqu'alors elle m'avait écrit fréquemment. Ses lettres avaient fait le vivant soutien de ma vie... J'attendis. J'attendis désespérément sa réponse. Je récrivis une lettre plus calme, timorée. J'attendis encore...

Un soir que j'étais las d'attendre, que mon espoir battait de l'aile et que la solitude m'angoissait, je pris le livre de Shelley que je n'avais pas encore rouvert depuis notre dernière promenade. Je voulais reprendre le poème au point où nous l'avions laissé. Le livre s'ouvrit à cet endroit tout de lui-même. Quelle fut ma surprise, d'y voir, entre les feuillets écartés, cette tigelle d'adonide, fraîche encore et humide de vie, qu'elle m'avait d'abord refusée puis, en secret, avait glissée dans le livre.

Comme fou, riant et pleurant à la fois, je remerciai Dieu, puis Geneviève, me jetai à genoux, mais au lieu de prier, j'embrassais et mouillais de mes larmes la fleur. La tige de la fleur était glissée dans l'étroite déchirure d'un papier sur lequel elle avait écrit :

> À mon frère Marcel – Geneviève

Puis, au-dessous, ce verset de l'Apocalypse :

> Sois fidèle jusqu'à la mort, et je te donnerai la couronne de vie.

Brusquement toute mon impatience tomba, mais la plus paisible inquiétude prit sa place : sans doute Geneviève était malade et, puisqu'elle m'aimait, si elle ne m'écrivait pas, c'est qu'elle ne pouvait écrire. Ce soir même, j'adressai une lettre de craintive interrogation à sa sœur.

Ce fut Geneviève qui répondit ; oui, le surlendemain, je reçus d'elle une carte avec quelques phrases très simples : des occupations l'avaient empêchée de m'écrire ; j'avais tort de m'inquiéter ; elle pensait à moi et me souhaitait bon travail... enfin la plus décevante des lettres. Je récrivis ; je récrivis en vain ; des vacances de Pâques aux vacances de l'été je ne pus obtenir d'elle que de courts billets qui crispaient mon âme de faim et d'irritation. Je pris le parti de ne lui rien écrire moi-même que de banal, espérant lui plaire davantage en partageant ainsi cette contrainte et reportant à mon prochain séjour à T*** tous mes espoirs. De la tige de fleur séchée je ne lui parlai pas, par je ne sais trop quelle pudeur ; j'accordais mal avec ce don, la froideur qui tout aussitôt l'avait suivi – et le ton compassé de notre correspondance fit que je voyais approcher presque avec appréhension les vacances.

DEUXIÈME VERSION (BIBLIOTHÈQUE NATIONALE DE FRANCE)

On prend le thé. La barrière chevrotte de nouveau…

– Geneviève ! cours chercher deux tasses.

C'est le pasteur Vautiers qui vient du village voisin où il s'est établi pour l'été. Il est malade. Il a dû prendre un suffragant et se résigner à un repos de quelques semaines. Le voisinage des Palissier-Bucolin l'attire aussi dans ce pays où il a passé une partie de son enfance. Il savait que Madame Palissier devait arriver aujourd'hui et vient lui présenter ses hommages, accompagné de sa plus jeune fille et d'une de ses nièces, toutes deux à peu près de l'âge de Juliette. Voyant qu'il n'y aura pas assez de sièges, Madame Palissier s'écrie :

– Les enfants vont pouvoir aller jouer ; et Geneviève entraîne la bande vers la grange.

Monsieur Vautiers n'est pas tant âgé qu'usé. Son visage s'efforce souvent au sourire, mais aussitôt après les coins de la bouche retombent d'autant plus sévèrement. Il connaît depuis longtemps la famille Bucolin dont il a baptisé ou enterré plus d'un membre ; il a béni le mariage d'Alfred ; on peut presque dire que c'est lui qui l'a fait – et ajouter que ce n'est pas ce qu'il a fait de meilleur. Voici comment :

Horace Vautiers, qui s'est marié très jeune, a d'abord été pasteur à La Martinique. C'est de Saint-Pierre que les Vautiers, qui n'avaient pas encore d'enfants, ramenèrent, en rentrant en France, la jeune orpheline Lucile, dont ils avaient connu les parents. Un peu rêveuse ou paresseuse, la fillette semblait de caractère doux, indolente, mais d'humeur égale ; elle était étrangement jolie. Sa beauté, lorsqu'elle parut pour la première fois dans l'église de *** fit une espèce de scandale en distrayant beaucoup d'attention du sermon. Madame Vautiers, qui n'avait que quelques années de plus que Lucile, se sentit vite assez gênée de garder à son foyer et de promener à son côté une fille dont l'aspect seul semblait une provocation, aussi, lorsque vint se porter en prétendant sérieux Alfred Bucolin, dont la conduite était rangée et la carrière semblait assurée, les Vautiers le considérèrent comme un envoyé de Dieu et accueillirent avec actions de grâces sa demande. Alfred obtint, avec la main de la pupille, les approbations, félicitations et exhortations du pasteur qui célébra lui-même le mariage, peu après. Lucile avait dix-neuf ans. Alfred en avait trente-quatre. Il y a quinze ans de cela.

Jérôme Palissier était de santé délicate. Après la mort de Jean Palissier son père, l'attention de Madame Jean Palissier se reporta toute sur lui. Les médecins ayant conseillé pour l'enfant le grand air, Alfred Bucolin insista pour que sa sœur et son neveu vinssent passer chez lui les vacances, à Fongueusemare, où lui-même passe chaque été. Jeanne Palissier n'a pas grande sympathie pour Lucile Bucolin sa belle-sœur, mais Jérôme doit retrouver à Fongueusemare deux cousines à peu près de son âge, avec qui sa mère aime à le voir jouer. La chaleur de Paris étiole cet enfant studieux ; ils partiront, sans même attendre les vacances, dès les premiers jours de juillet. Mademoiselle Ashburton les accompagne ; Madame Palissier, depuis son deuil, la retient constamment auprès d'elle ; elle a fait sa meilleure amie de celle qui n'était d'abord que son institutrice, il y a quelque vingt ans, lorsqu'elle débarqua d'Écosse pour être la gouvernante des trois demoiselles Bucolin. Jérôme Palissier grandit entre ces deux femmes, protégé du monde par elles ; il lui semble avoir deux mères ; il semble presque à Miss Ashburton avoir un fils.

Après cinq heures de train et plus d'une heure de voiture, ils arrivent à Fongueusemare vers le milieu de l'après-midi.

Dans un jardin pas très grand, pas très beau, que rien de bien particulier ne distingue de quantité d'autres jardins normands, la maison des Bucolin, blanche, carrée, à deux étages, ressemble à beaucoup de maisons de campagne du siècle avant-dernier. Elle ouvre une vingtaine de grandes fenêtres sur le devant du jardin, au levant ; autant par derrière ; mais elle n'en a pas sur les côtés. Les fenêtres sont à petits carreaux ; quelques-uns récemment remplacés, paraissent trop clairs parmi les vieux qui, auprès, paraissent verts et ternis. Certains ont des défauts que les parents appellent des « bouillons » ; l'arbre qu'on regarde au travers se dégingande ; le facteur, en passant devant, prend une bosse brusquement.

Le jardin, rectangulaire, est entouré de murs. Il forme devant la maison une pelouse assez large, ombragée, dont une allée de sable et de gravier fait le tour. De ce côté le mur s'abaisse pour laisser voir la cour de ferme qui enveloppe le jardin et qu'une avenue de hêtres limite à la manière du pays. Entre les côtés de la maison et les murs, l'étranglement du jardin n'a laissé de place que pour insinuer une allée et pour dissimuler un peu, à l'aide de très hauts buissons et de lierre, la paroi de muraille aveugle.

Derrière la maison, au couchant, le jardin se développe plus à l'aise. Une allée, riante de fleurs, devant les espaliers au midi est abritée contre les vents de mer par un épais rideau de lauriers du Portugal et par quelques arbres. Une autre allée, le long du mur du nord, disparaît entre les branches. Les enfants l'appellent « l'allée noire » et, passé le crépuscule du soir, ne s'y aventurent pas volontiers. Ces deux allées mènent au potager qui continue en contrebas le jardin après qu'on a descendu quelques marches. Puis, de l'autre côté du mur, que troue, au fond du potager, une petite porte à secret, on trouve un bois-taillis où l'avenue de hêtres, de droite et de gauche, aboutit. Du perron du couchant, le regard, passant par-dessus ce bosquet, retrouve un peu plus loin le plateau ; une riche moisson le couvre. À l'horizon pas très distant, l'église d'un petit village et, le soir, quand l'air est tranquille, les fumées de quelques maisons.

L'air est chaud. Tout est si calme, si limpide, que l'âme que n'engourdit pas le bonheur en éprouve un indistinct malaise. Les enfants sont allés jouer dans l'avenue ; des éclats de leurs rires et de leurs cris parviennent jusqu'à la pelouse où la famille va se rassembler pour le thé. Là, sous un cèdre énorme, dont on a supprimé les premières branches trop basses, Lucile Bucolin qui se sent lasse et qui est seule encore, a fait dresser le hamac. Il est bientôt quatre heures ; sous l'ardeur du soleil les tabacs blancs se sont fermés. Par instants un souffle plus frais agite les cimes des arbres et, du haut des robinias fleuris, précipite une avalanche d'odeur.

Lucile Bucolin regarde, sur le devant de la maison, les rosiers alourdis de roses. Elle regarde, au-dessus du toit, flotter une branche d'acacia-robinia dans l'azur. Elle cherche des yeux le pinson qui l'obsède de ses garrulements monotones. Elle voit, par-dessus le mur abaissé du jardin, les pommiers de la cour de ferme, l'avenue, et, plus loin, outre les troncs des hêtres, la fuite des champs, la plaine. Elle sait que ses deux filles, avec son neveu, jouent là-bas, surveillés par Mlle Caudron. Elle sait que son mari, quand sonnera quatre heures, sortira de son bureau dont voici la fenêtre entrouverte, descendra les quatre marches du perron, dira : « L'air est bon, ce soir » ou « Quel beau temps ! » puis s'approchera d'elle pour lui demander : « Tu vas bien ? » Si elle se levait, elle sait qu'elle ne saurait quoi faire. Même pour se promener dans le jardin, elle ne tentera pas un effort. Ce petit jardin clos n'a pas pour elle un grand attrait. Elle sait qu'au delà du jardin il y a la plaine ; des champs, d'autres cours de fermes, des hêtraies ; puis d'autres champs, jusqu'à la mer. Un petit mouvement qu'elle fait, pour se remonter sur les coussins et qui balance un peu le hamac, froisse un livre qu'elle a pris avec elle mais qu'elle n'a pas ouvert. Elle porte à ses dents un fin mouchoir bordé de fausses dentelles, puis allonge son bras hors du hamac et laisse tomber le mouchoir. Et maintenant elle attend que du monde vienne, son mari, ses enfants, sa belle-sœur ; Miss Ashburton enfin, à qui elle dira : « Oh ! je vous en prie, Miss Ashbretonne (prononcer ce nom étranger la fatigue) que vous seriez aimable de bien vouloir me donner mon mouchoir. »

Quatre heures sonnent. La servante apporte le plateau chargé.

– Bertha, montez avertir Madame Palissier que le thé est servi depuis longtemps.

Et comme Bertha se baisse pour ramasser le mouchoir :

– Non, laissez.

Lucile Bucolin a revu sa belle-sœur sans plaisir ; certainement ses cheveux ont encore blanchi depuis l'hiver ; le deuil durcit ses traits ; elle a complètement perdu cette sorte d'attrait piteux que lui prêtait momentanément la tristesse ; Lucile s'attendait à voir une désolation plus jolie. Elle imagine quelle serait la sienne, le jour où Bucolin viendrait à mourir ; elle invente le pâlissement de ses joues, l'alanguissement de ses yeux… Elle saisit un petit miroir au glissant couvercle d'argent, qui pend à sa chaîne parmi d'autres menus objets, et se regarde. D'un doigt subtil elle touche sa lèvre, cueille un peu de salive et la porte au bord de son œil. L'insuffisante glace ne lui renvoie qu'un morceau de son image : une pommette à peine un peu moins pâle que le front, l'angle allongé de paupières sans rides, une tempe imperceptiblement bleuie par la veine et que recouvre presque un pesant bandeau de cheveux un peu crêpelés et très noirs.

Contre le reflet de son visage, elle voit le bord d'un coussin de foulard jaune et brun ; plus loin, en arrière, la barre de support du hamac au haut de laquelle elle a suspendu par la bride un chapeau de paille souple à grands bords ; plus loin encore, l'ombre du cèdre, un lumineux morceau de gazon, des buissons. Elle incline un peu le miroir, s'attarde au dessin délicat de ses narines qu'elle sait faire palpiter à son gré ; elle se complait à la fraîche rougeur de ses lèvres, qui lui rappellent les hibiscus de son pays, et qu'elle sait aviver sans fard, en les mordant un peu du bout, de ses petites dents luisantes ; elle admire quelle gracilité puérile garde la ligne de son menton. La résille à larges mailles qui retient ses cheveux à demi retombés sur la nuque, ajoute à son air enfantin, ainsi que le ruban de velours noir, retenant à son cou ce large médaillon de mosaïque que l'échancrure du corsage laisse voir. De velours noir aussi est la ceinture dont le nœud flotte sur la robe, toute de mousseline blanche à pois noirs.

Lucile a bien senti s'étonner Madame Palissier, de ce qu'elle ait déjà quitté le grand deuil ; elle a compris ce que signifiait cette phrase, la première que sa belle-sœur lui ait dite en la revoyant :

– En mousseline, ma chère amie ! Mais vous allez sûrement prendre froid !

– Prendre froid ! Elle regarde ses bras nus. – Froid ? L'on étouffe.

Madame Palissier se fait attendre. Par instants Lucile voit passer sa silhouette affairée dans le cadre de feuillage qu'une glycine défleurie fait aux fenêtres de sa chambre. Miss Ashburton la suit, l'aidant à vider ses malles. Les voici qui descendent enfin et croisent dans le vestibule Alfred Bucolin au sortir de son bureau. Il retient un instant sa sœur pour l'embrasser encore et lui dire n'importe quelles paroles dont tout le sens est dans le ton affectueux ; puis paraît avec elle sur le perron.

En face d'eux, de l'autre côté de la pelouse, la double barrière chevrotte en s'ouvrant : les enfants rentrent. Ils marchent la main dans la main, Jérôme entre ses deux cousines ; Mademoiselle Caudron les suit. Ils s'approchent de la table à thé où Miss Ashburton dispose les tasses. D'elle-même elle a ramassé le mouchoir de Madame Bucolin qui, distraite par le retour des enfants, l'a laissé faire sans rien dire.

Miss Ashburton porte sur ses cheveux gris qu'elle ramène en coques vers les tempes, un bizarre bonnet qui cache le sommet de la tête et, de chaque côté du visage laisse pendre une bande de dentelle noire. Par sympathie pour Jeanne Palissier et par respect de sa douleur, elle a pris le deuil elle aussi. Sa robe est simple ; un châle transparent, que, malgré la chaleur, elle garde sur ses épaules, un peu retombé toutefois, ajoute peut-être encore à sa grâce. Elle verse le thé. Mademoiselle Caudron se retire. Non loin, sur un banc, les enfants se sont assis, silencieux.

– Geneviève ! Tu pourrais bien aider Miss Ashbretonne à préparer les tartines. C'est toujours elle qui se donne tout le mal.

Geneviève rougit et quitte la main de Jérôme ; elle étale le beurre sur les tranches de pain grillé.

Alfred Bucolin cause encore avec sa sœur ; il jette dans un buisson voisin un reste de cigare et dit, en se passant la main sur le visage comme pour enlever un enduit : – J'ai de nouveau trop fumé. Il s'approche du hamac, se penche pour embrasser sa femme qui cache son front sous son bras et crie : – Fi ! vous empestez le tabac. – Alfred se contente de la petite main que Lucile le laisse appuyer contre ses lèvres et qui ne sait sentir dans ce baiser que le rebroussement bourru des moustaches.

Madame Palissier observe ses nièces, qu'elle n'a pas revues cet hiver, dit :

– Comme Geneviève a grandi !

Lucile, sans détourner la tête, demande négligemment :

– Vous trouvez ? d'un ton qui ne souffre pas de réponse.

Oui, certes, Geneviève a beaucoup grandi depuis l'été dernier, et nul ne le remarque plus que Jérôme. Cette robe allongée, ces cheveux, tressés à présent, et qu'un peigne tient ramenés décemment sur la tête, la tempérance de son rire, l'assagissement de ses propos, tout le lui montre. Il prend en honte ses mollets nus. Il se dit tristement qu'il n'est qu'un enfant pour elle, et qu'elle n'est plus une enfant. Aux jeux que Juliette et lui proposent, elle se prête encore, mais ne joue plus de grand gré. Tout à l'heure, sous la hêtraie, il a voulu causer avec elle et n'a su que lui dire ; il n'a retrouvé quelque assurance qu'en se retournant vers Juliette, plus jeune que lui d'un an et plus jeune de trois ans que sa sœur. Les jupes courtes de celle-ci le rassurent. Maintenant, assis sur le banc à côté de Juliette dont il n'a pas quitté la main, s'il ose regarder Geneviève, c'est qu'elle ne le regarde pas.

On prend le thé. La barrière chevrotte de nouveau.

– Geneviève ! cours chercher trois tasses.

C'est le pasteur Vautiers qui vient du village voisin où il s'est établi pour l'été. Il savait que Madame Palissier devait arriver aujourd'hui et vient lui présenter ses hommages ; sa plus jeune fille et une de ses nièces l'accompagnent, toutes deux à peu près de l'âge de Juliette. Et Madame Palissier qui voit qu'il n'y aura pas assez de sièges s'écrie :

– Les enfants vont pouvoir aller jouer.

Geneviève les entraîne vers la grange.

Monsieur Vautiers n'est pas tant âgé qu'usé. Son visage s'efforce souvent au sourire ; mais aussitôt après les coins de sa bouche retombent d'autant plus sévèrement. Il reste là, assis près de Lucile, sans remarquer l'impatience du petit pied qui pend hors du hamac et balance son soulier défait. Il cause avec Madame Palissier, il lui dit de bonnes paroles ; et Bucolin, sans prendre part à la conversation, hoche la tête par instants ; les fréquentes visites du pasteur l'honorent ; non qu'il soit très religieux lui-même ; à cause de ses filles, il pratique pourtant, sans grande foi, mais tout de même avec respect.

Les enfants ont fait un assez morne tour du jardin. Ils reviennent. Le pasteur prend congé de la famille. Bucolin l'accompagne jusqu'à la barrière, puis jusqu'à la hêtraie. La nièce et la fille, qui se sont arrêtées à caresser une génisse rejoignent en courant.

Quand Bucolin revient à petits pas, déjà l'ombre s'étend devant la maison. Il est six heures. La pelouse est vide. Une fraîcheur humide défripe les corolles des tabacs blancs qui laissent échapper leurs parfums. Geneviève, après avoir aidé Bertha à rentrer la table à thé, aperçoit son père seul et vient à sa rencontre. Le père prolonge avec elle sa promenade dans le jardin. Sa lourde main aux veines gonflées presse l'épaule de sa fille qui marche appuyée contre lui. Ils devraient être heureux ; ils semblent tristes. Bucolin se sent vieux. Il commence :

– Monsieur Vautiers a beaucoup changé.

Geneviève ne dit rien mais appuie sa joue contre la main de son père. Il continue :

– Ta tante aussi… puis s'arrête ; et Geneviève qui sait qu'il a vieilli, lui, davantage et qui veut empêcher qu'il ne le dise parce qu'elle ne veut pas pleurer, s'écrie, tandis qu'ils passent devant l'espalier :

– Oh ! regarde toutes ces petites poires tombées !
Mais Bucolin reprend :

– C'est curieux comme l'âge vient tout d'un coup…

– Pourquoi est-ce qu'elles tombent comme cela sans mûrir ?
Bucolin dit :

– Nous n'aurons encore pas de fruits cette année – puis se tait, et Geneviève reprend vite :

– Oh ! tout de même, papa, s'ils étaient restés à l'arbre, quelle belle récolte ça aurait fait !

– À quoi cela sert-il d'y penser, puisqu'ils sont tombés.
Un silence encore ; puis Geneviève, brusquement :

– Papa, est-ce que mon oncle Jean était un homme remarquable ?

– Dans sa partie ; oui, mon enfant. – Très remarquable ? dis.
Alfred Bucolin hésite un instant, puis, un peu sentencieusement :

– J'ai entendu ses collègues faire grand cas de lui.

– Est-ce que tu crois que Jérôme sera quelqu'un de remarquable ?
Bucolin commence par l'embrasser en lui demandant si ce sont les petits fruits tombés qui lui donnent de l'inquiétude pour son cousin, puis :

– Comment veux-tu qu'on le sache déjà ?

– Il est intelligent, n'est-ce pas ?

– Oui, il paraît intelligent ; mais cela ne suffit pas.

– Qu'est-ce qu'il faut encore ?

– Oh ! ma petite enfant, que veux-tu que je te dise ? reprend Bucolin comme impatienté. Il faut de la volonté, de la santé, du soutien, de l'esprit de suite…

– Qu'est-ce que cela veut dire : du soutien ?

– Cela veut dire qu'on a besoin d'être soutenu par quelqu'un.
Bucolin a pris l'habitude de parler à sa fille en négligeant souvent qu'elle ne soit encore qu'une enfant. Une espèce d'anxiété qu'il lit à ce moment dans ses yeux le fait ajouter vivement :

– Et puis qu'est-ce que tu entends par : remarquable ? Je me figure que ce que Dieu remarque n'est pas souvent ce que remarquent les hommes. Tiens ! rentrons ; il commence à faire frais.

Le jour s'achève. Après dîner, Bucolin va fumer un cigare assis auprès de sa sœur, sur un banc, devant la maison, à cet endroit très abrité où l'on ne sent pas la fraîcheur. Miss Ashburton, un peu plus loin, cause avec les enfants et va voir avec eux tournoyer les sphinx autour des pétunias et des tabacs.

Lucile Bucolin s'est allongée sur le canapé du salon. Bertha apporte la lampe. Par la fenêtre restée ouverte un peu de cette lumière intime s'échappe et à côté du banc, va jaunir le gravier. Un vol d'insectes la traverse. Malgré soi l'on écoute le ramage espacé des oiseaux.

– Quelle tranquillité, murmure Madame Palissier.

La masse de la maison leur a caché les dernières lueurs du couchant. À présent la nuit est bien close.

– Tu ne viens pas auprès de nous, chère amie ? appelle Bucolin qui s'inquiète. Il fait si doux…

Lucile se lève, mais au lieu de rejoindre son mari, elle s'approche du piano qu'elle ouvre et commence une mazurka langoureuse, l'arrête après quelques mesures et s'hypnotise sur un accord. Elle répète l'accord doucement ; puis très fort ; puis elle écoute le son mourir comme absorbé par le silence. Alors elle ferme les yeux, distingue à travers ce silence les distants bruits de la campagne, les proches bruits de la maison, et se sent atrocement enfoncer dans une opacité monotone. Elle voudrait pousser un cri et sent se contracter sa gorge dans une espèce de sanglot sec. Elle se lève et, sans refermer le piano, va s'appuyer des deux coudes à la fenêtre, juste au-dessus du banc où Alfred et Jeanne restent assis. On entend la note invariée de la reinette ; cela semble le bruit unique que fait chaque minute en tombant.

– Allons ! encore un jour de vécu, dit Bucolin. Il se lève, et, surpris de voir là sa femme qu'il n'a pas entendue approcher :

– Comment ! tu étais là ?

– Je respirais.

Les enfants sont montés. On voit, entre les lames des volets clos, s'éclairer les rideaux des chambres. Celle de Juliette touche à celle de Geneviève, mais sa fenêtre donne de l'autre côté de la maison. Juliette est si promptement couchée qu'avant de commencer à se dévêtir, Geneviève peut venir l'embrasser dans son lit. Sa lumière est la première éteinte.

Bien que fatigué du voyage, Jérôme a honte de son sommeil. Il ouvre sa fenêtre pour repousser ses volets. Il se penche et regarde, à travers le fouillis de la glycine la fuyante façade de la maison. À sa droite les chambres de Miss Ashburton, puis de sa mère. À sa gauche, la première fenêtre est celle d'une sorte de petit grenier qu'on appelle le cafouret, et où sèchent des tisanes ; puis c'est la chambre de Geneviève. Par un trou du volet un faible rayon s'échappe, qui jaunit quelques feuilles, fige une tige dans la nuit, tout au loin, sur la pelouse, tache indistinctement le gazon ras…

– Quoi ! tu n'es pas encore couché ! s'écrie Jeanne Palissier qui vient dire bonsoir à son fils.

– Oh ! tout de suite, maman.

– Qu'est-ce que tu faisais ?

– Tu vois ; j'arrange mes volets ; tu sais que ça ne m'empêche pas de dormir, d'y voir clair. Et puis je veux me réveiller matin. Tu m'as permis.

– Allons ! couche-toi vite.

Miss Ashburton vient l'embrasser aussi.

Il ferme sa croisée, fait mine de se déshabiller très vite ; mais sitôt qu'il est seul de nouveau, abritant astucieusement sa bougie qui pourrait le trahir, il retourne à la fenêtre ; il contemple dans le gazon cette petite lueur qui lui enseigne que Geneviève veille encore. Il prend d'abord un livre, essaye de lire ; il ne peut pas ; ses yeux se troublent ; ses oreilles bourdonnent ; sa pensée fuit ; sans cesse ses regards se reportent sur la pelouse. Alors il souffle sa bougie et s'assied contre la croisée dans cette large embrasure que permet l'épaisseur du vieux mur et qui forme une sorte de banc. Ses regards élargis distinguent bientôt, en face de chaque fenêtre éclairée un discret claircissement de l'herbe. Et bientôt la lampe de sa mère s'éteint ; puis celle de Miss Ashburton.

Jérôme voudrait rouvrir sa croisée, respirer le parfum des feuilles ; mais Miss Ashburton l'entendrait. Un nuage massif qu'on ne distinguait d'abord pas de la nuit se déchire, s'ouvre et [*deux mots illisibles*], dans l'océan du ciel au fond duquel luisent comme des anémones de mer trois étoiles, plonger et se rafraîchir. Il entend l'appel d'un oiseau qu'il ne connaît pas ; il écoute qu'un autre y réponde. Il distingue à présent les piliers de la barrière d'entrée et, plus loin, dans la cour, la masse d'une vache blanche couchée. Des larmes emplissent ses yeux ; le sommeil l'engourdit ; il ne sait plus ce qu'il fait là ; son cœur se gonfle et lui fait mal. Il voudrait sortir, respirer, presser n'importe quoi de palpitant ou de frais sur son cœur. La lune, à demi pleine, paraît entre les branches du cèdre et boit la tache jaune du gazon. Il se déshabille à tâtons, et sombre dans le sommeil tout ivre.

Geneviève a plié ses vêtements sur sa chaise et fait sa toilette de nuit. Elle a regardé si tout est bien en ordre dans sa chambre et remis chaque objet bien à sa place pour la paisible traversée du sommeil. Dans le *Paradise lost* que vient de lui donner Miss Ashburton, elle apprend par cœur quelques vers qu'elle se réjouit de comprendre, puis, à demi dévêtue, lit plus avant. Sa vie s'arrête ; elle n'est plus qu'un chant et la nuit, autour de ce chant, fait silence. Mais la flamme de sa bougie presque consumée vacille ; vite, Geneviève saisit son Évangile et lit aussi loin que l'agonisante flamme le lui permet. Ensuite, à genoux, dans le noir, mais avec une immense clarté devant les yeux, elle récite « Notre Père »…, puis ajoute :

– Ô mon Dieu ! je te prie pour mon pauvre papa ; je te prie pour ma sœur Juliette ; pour ma tante Jeanne. Je te prie pour tous les pauvres de la terre et pour tous ceux qui ont besoin de toi.

Elle ne prie pas pour sa mère, mais dit encore : – Enseigne-moi toujours mieux mon devoir. Je t'en prie, mon Dieu, fais que Jérôme devienne quelqu'un.

À présent, couchée, elle examine sa journée ; elle voudrait que dans son souvenir, tout fût rangé comme ses vêtements sur sa chaise ; que tout, le monde entier, l'avenir même, soit comme tout dans sa petite chambre, décent, tranquille, harmonieux.

FEUILLETS SÉPARÉS (BIBLIOTHÈQUE LITTÉRAIRE JACQUES DOUCET)

I

Il faut éviter de se poser plutôt au point de vue de l'un que de l'autre.

Elle entend son pas. Il se fait un arrêt dans sans vie [*sic*]. Que son cœur n'arrête de battre. Elle veut crier, l'empêcher d'entrer ; de sa gorge serrée ne peut sortir aucun son. Elle veut se lever, fermer sa porte… elle reste à genoux, presque tremblante, écoutant, attendant, oubliant tout le reste et même d'essuyer ses larmes sur ses joues. Et comme lui, la main sur la clef de la porte, hésite un instant à entrer, brusquement l'emplit une grande angoisse : s'il allait repartir, et aussitôt tout l'abandonne ; elle veut l'appeler, courir à lui, le retenir… Le voici.

Lui reste d'abord sans la voir, car la nuit emplit déjà la chambre. Elle, elle se blottit dans la nuit. Ce n'est qu'un faible mouvement, mais qu'il entend. « Ah ! Geneviève ! » Il est contre elle. La nuit l'empêche de bien voir, mais avec ses doigts frémissants il reconnaît des traits, il touche des sourcils délicats, il lui semble qu'elle l'interroge ; il sent, il sentira longtemps, l'amertume des larmes sur ses lèvres. Il presse sur son cœur cette petite tête chérie ; il se penche ; il l'écoute dire à voix très basse, presque indistinctement : « Oh ! pourquoi es-tu revenu ? » Lui sent sa vie qui l'abandonne. Il en fait don. Il consent tout d'un coup à n'être déjà plus un enfant.

Quelques jours après, les vacances finies, il pourra bien rentrer en classe, se mêler avec ses camarades, jamais plus il ne se donnera aussi complètement à leurs jeux. Il ne cessera pas.

Les trois feuillets suivants (2 à 4) comportent diverses citations du journal de Madeleine, Gide les commentant parfois d'un « sophisme » rajouté au crayon.

II

« Parfois en t'écoutant parler, je me regarde penser »

et cependant

« Tant de silences entre nous produisent peu à peu leur effet. [+ « sur tout ce qui nous intéresse le plus en tout sujet »] et nous éloignent lentement l'un de l'autre. Nous entendons encore les paroles, nous voyons encore les visages ; peu à peu le son seul de la voix nous parviendra – les traits disparaîtront dans l'ensemble, jusqu'à ce que la brume du soir tombant… etc. –

Réserve de bonheur. Elle ne met jamais à sa poupée la robe la plus belle.

« Tout dormait dans un mol brouillard terne. »

« … c'était doux, enveloppant, et triste, triste… »

Puis une série de beaux jours, purs et froids comme le cristal.

« Nous nous sommes revus. Tu es bien resté le même et le même aussi pour moi : je t'aime toujours autant. Pourquoi alors les combats de cet hiver ?... »

Elle tâche de colorer de culpabilité sa passion.

V. la page du 10 juin 92.

Sentiment très complexe d'elle en constatant qu'il a mûri. Fierté, tristesse, etc. Il lui dit : « Tu es plus forte que moi de tout ton silence. Comprends-tu assez combien c'est difficile de parler ? »

III

La mort [de la mère *barré*] du père
« pas tant de bruit mes enfants »
revoir le carnet.

À remarquer aussi (sophisme) que le cahier ne commence à parler de m que après quelques pages d'introduction – qui tendent à donner à entendre que le cahier n'est pas du tout écrit pour ça.

« Je nous déteste pour nous songer toujours encore ensemble. Je voudrais dormir. »

Besoin de se créer des occupations si nouvelles que sa pensée à lui n'y puisse être attachée.

« Le détour de la route qui semblait un point de repos à l'horizon, est déjà derrière nous. »

« Mon Dieu la route doit-elle être longue encore ? »

s'interdit le voyage. Ne fait (peu à peu) plus que les choses où elle ne peut le souhaiter comme compagnon – les choses médiocres.

– Revoir la description de la promenade sur le lac. Ils font ensemble une promenade sur le lac.

Elle va habiter seule Arcachon. Elle aime ce pays – pacifiant, n'inspirant ni désir, ni joie.

Elle demandait dans ses prières : « Faites que nous nous aimions toujours. » Ce jour-là elle ne le demande plus, et à la fin de sa prière, sanglote.

IV

Arriver à la description des habitants après la description de la maison.
Famille bourgeoise ; pas de pasteurs.
Faire partir la tante beaucoup plus tard.

Accentuer toujours le bonheur qui aurait pu être.
Il l'attend aussi chez les parents.

Tracer nettement le sujet (bonheur moral acquis aux dépens de celui des autres).

Il faut que déjà on ait pris l'habitude de sacrifier la sœur aînée à la cadette.

Les parents inculquent ce principe : on n'arrive au bonheur que par la macération.

« Je me sens vieille et jeune – sans âge. »

« Je m'arrangerais assez bien d'un monde où je ne verrais personne – mais où j'écrirais à chacun. Je voyagerais ; j'aurais des livres et C.

– ô petit coin de pays où de cœur et d'esprit je suis enracinée, comme un arbre.

Pourquoi n'aimé-je jamais tant les gens, ne m'entends-je jamais si bien avec eux que par correspondance. » [considérer la généralisation subite à cause du cas particulier irréalisable] Parce que les lettres – etc… v[oir] c[arnet] sophismes.

J'écarte instinctivement de ma pensée tout ce qui ne me ressemble pas en eux.

V

D'autres feuillets présentent six versions à peine différentes du même passage (« Jérôme Palissier était de santé délicate […] *Ils arrivent à Fongueusemare vers le milieu de l'après-midi »). Un autre feuillet propose deux brefs démarrages*

(Lucile Bucolin a revu sa belle-sœur sans plaisir) dont l'un indique La Mivoie au lieu de Fongueusemare.

TROISIÈME VERSION I (BLJD, Ã 896)

Je n'avais pas treize ans lorsque je perdis mon père. Ma mère que plus rien ne retenait au Havre où mon père avait été médecin décida de venir habiter Paris où elle pensa que je finirais mieux mes études. Elle loua, près du Luxembourg, un petit appartement que Miss Ashburton vint occuper avec nous. Miss Ashburton, qui n'avait plus de famille, a moins été l'institutrice de ma mère que sa compagne et bientôt son amie ; j'ai vécu auprès de ces deux femmes ; toutes deux à l'air doux et triste ; je ne puis les revoir qu'en deuil. Un jour, un peu plus tard, ma mère remplaça le ruban noir du petit bonnet qu'elle portait le matin sur sa coiffure plate, par un ruban mauve ; je me souviens de mon étonnement, et cela vous paraîtra sans doute ridicule, je la suppliai en sanglotant de l'ôter.

J'étais studieux, mais de santé délicate. La sollicitude de ces deux femmes tout occupée à prévenir ma fatigue, si elle n'a pas fait de moi un paresseux c'est que j'ai vraiment goût au travail. Dès les premières chaleurs elles se persuadent qu'il est temps pour moi de quitter la ville et que j'y pâlis de jour en jour. On parle de devoirs de vacances qui suppléeront bien aux leçons grâce à mon intelligence et mon zèle et, dès la mi-juin, nous partons pour Fongueusemare, aux environs du Havre, où mon oncle Bucolin nous reçoit chaque été et où je retrouve mon cousin Georges et Geneviève et Juliette mes cousines.

La maison est très grande ; je craindrais peut-être le grossissement du souvenir, mais je l'ai revue longtemps plus tard ; elle est blanche, carrée, à deux étages, pareille à beaucoup d'autres maisons de campagne du siècle avant-dernier. Elle ouvre une vingtaine de fenêtres sur le devant, autant par derrière ; elle n'en a pas sur le côté. Les fenêtres sont à petits carreaux ; quelques-uns, récemment remplacés font tache claire et les vieux à côté paraissent verts et ternis. Certains ont des défauts que nos parents appellent des « bouillons » ; l'arbre qu'on regarde au travers se dégingande, le facteur en passant devant prend une bosse brusquement.

Le jardin, rectangulaire, est entouré de murs. Il forme devant la maison une pelouse assez large, qu'ombrage un cèdre énorme, et dont une allée de sable et de gravier fait le tour, menant à la barrière d'entrée. De ce côté le mur s'abaisse pour laisser voir la cour de ferme qui enveloppe le jardin, une cour plantée de pommiers et qu'une avenue de hêtres limite et protège contre les vents de mer à la manière du pays.

Entre les côtés de la maison et le mur l'étranglement du jardin n'a laissé de place que pour insinuer un sentier et pour dissimuler un peu, à l'aide de hauts buissons et de lierre, la paroi des murailles aveugles.

Derrière la maison, au couchant, le jardin se développe à l'aise. Le feuillage de deux grands hêtres pourpres se rejoint au-dessus d'une pelouse un peu vallonnée. Riante de fleurs, une allée devant des espaliers est abritée par un épais rideau de lauriers de Portugal et d'aucubas. Une autre allée, le long du mur du nord disparaît sous les branches ; les enfants l'appellent « l'allée noire » et passé le crépuscule ne s'y aventurent pas volontiers. L'allée aux fleurs et l'allée noire mènent au potager qui continue en contrebas le jardin après qu'on a descendu huit marches. Puis, de l'autre côté du mur que troue au fond du potager, dans un coin, une petite porte à secret, on trouve un bois taillis en pente où l'avenue de hêtres, de droite et de gauche, aboutit. Du perron au couchant, le regard, traversant le jardin, passant par dessus ce bosquet, retrouve un peu plus loin le plateau ; une riche moisson le couvre. À l'horizon pas très distant, l'église d'un village et, le soir, quand l'air est tranquille, les fumées de quelques maisons. Du perron du levant on ne voit que la cour de ferme.

Chaque beau soir d'été après dîner nous descendions dans ce que mon oncle appelait le bas jardin. Nous sortions par la petite porte secrète et allions jusqu'en un point de l'avenue qui dominait un peu la contrée ; là se trouvait un banc où mon oncle, ma mère et Miss Ashburton s'asseyaient, tandis que nous enfants retrouvions la demeure que chacun au pied d'un hêtre nous étions aménagée dans la mousse. La vallée s'emplissait de brume et le ciel se colorait au-dessus d'un bois plus lointain. En rentrant on s'attardait dans le jardin déjà sombre puis nous rentrions dans le salon où nous retrouvions ma tante qui ne sortait presque jamais avec nous, soit au piano, soit rêvant ou lisant, à demi couchée sur le divan. Pour nous enfants là se terminait la soirée. Mais bien souvent nous étions encore à lire dans nos chambres quand plus tard nous entendions monter nos parents.

Presque tout le temps que nous n'étions pas au jardin nous le passions dans la salle d'étude. C'était le bureau de mon oncle où l'on avait fait disposer des pupitres d'écolier. Mon cousin Georges et moi nous travaillons côte à côte ; derrière nous Geneviève et Juliette. Geneviève a un an de plus, Juliette un an de moins que moi ; leur frère Georges est de nous quatre le plus jeune.

Ce ne sont pas mes premiers souvenirs que je prétends écrire ici – mais ceux-là seuls qui forment cette histoire. C'est vraiment à la mort de mon oncle que je puis dire qu'elle commence. Peut-être ma sensibilité surexcitée par notre deuil et, sinon par mon propre chagrin, du moins par la vue de celui de ma mère, me disposait-elle à de nouvelles émotions ; j'étais précocement mûri et lorsque cette année nous retournâmes à Fongueusemare, Juliette et Georges m'en parurent d'autant plus jeunes ; mais en revoyant Geneviève il me sembla brusquement que tous deux nous avions cessé d'être enfants.

Oui, c'était bien l'année de la mort de mon père. Ce qui précise ici mes souvenirs, c'est une conversation de ma mère avec Miss Ashburton, sitôt après notre arrivée. J'entre inopinément dans la chambre de ma mère ; elle cause avec son amie ; il s'agit de ma tante et je comprends que ma mère s'indigne de ce qu'elle n'ait pas pris le deuil ou qu'elle l'ait déjà quitté. Il m'est à vrai dire, aussi impossible d'imaginer ma tante Bucolin en noir que de rêver ma mère en vêtements de couleur. Ce jour d'arrivée, autant qu'il m'en souvient Lucile Bucolin portait une robe de mousseline. Miss Ashburton conciliante comme toujours, s'efforçait de calmer ma mère, en insinuant craintivement que le blanc après tout « est aussi de deuil ». – « Et vous appelez aussi de deuil, ce châle rouge qu'elle a jeté sur ses épaules ? »

C'est toujours dans les mois d'été que je voyais ma tante ; cela explique peut-être que je ne l'ai jamais vue qu'en corsage ouvert découvrant un peu les épaules. Cela scandalisait ma mère autant que la couleur de ce châle que constamment ma tante portait sur elle, mais presque toujours à demi retombé.

Lucile Bucolin était très belle ; il fallait qu'elle le fût extrêmement pour que dès l'âge de treize ans j'y fusse sensible ; mon souvenir pourtant ne s'exagère en rien sa beauté ; j'ai là une photographie d'elle qui la montre telle qu'elle était à cette époque, l'air si follement jeune encore qu'on l'eût prise pour la sœur de ses filles, dans une pose qui lui était familière : la tête inclinée sur une main au petit doigt mièvrement replié sur les lèvres. Une résille à larges mailles qui retient ses cheveux crêpelés à demi retombés sur la nuque ajoute à cet air enfantin, ainsi que le ruban de velours noir, retenant à son cou fluet un large médaillon de mosaïque que l'échancrure de son corsage laisse voir. De velours noir aussi est la ceinture dont le nœud flotte sur la robe, toute de mousseline blanche à poids noirs.

[Lucile Bucolin est créole ; à ce que me raconta ma mère, elle avait perdu jeune ses parents, mais à l'enfant que j'étais ma mère ne pouvait pas tout dire ; je crois aujourd'hui que, ses parents, elle ne les a jamais connus ; orpheline ou abandonnée, elle fut recueillie par le ménage du pasteur Vautiers qui n'avait pas encore d'enfants et qui bientôt quitta La Martinique pour Le Havre où la famille Bucolin était fixée. Je comprends qu'il se soit épris d'elle ; je ne comprends pas qu'il ait osé l'épouser. Elle resta d'ailleurs comme étrangère parmi nous. *Tout ce passage barré, avec en marge la mention :* pages du cahier.]

J'éprouvais déjà tout enfant un étrange malaise auprès d'elle, un sentiment qu'aujourd'hui encore je définis assez mal, fait de trouble, d'une sorte d'admiration et d'effroi. Peut-être un obscur instinct me prévenait-il contre cette femme ; puis je sentais obscurément qu'elle détestait Flora Ashburton et ma mère, que Mademoiselle Ashburton la craignait et que ma mère ne l'aimait pas.

Lucile Bucolin je voudrais ne plus vous en vouloir, oublier aujourd'hui que vous m'avez fait tant de mal… du moins j'essaierai de parler de vous [avec indulgence *barré*] sans dureté. Je vous revois presque toujours couchée, toujours lasse, sur le grand canapé du salon ou, sous le cèdre, dans le hamac, au montant duquel vous suspendiez par la bride votre chapeau de paille souple à grands bords. Et j'entends votre voix claire comme un chant d'oiseau, et zézayante ou garrulante un peu, estropiant méchamment le nom de Mademoiselle Flora comme si prononcer correctement ce nom étranger était vraiment au-dessus de ses forces : « Oh ! Miss Ashbretonne, ze vous en prie ! que vous seriez bonne de me ramasser mon mouchoir. » – Car toujours, crayon, livre, liseuse, mouchoir, quelque chose est à ramasser près de ma tante. C'est une curieuse manie qu'elle a : étendue sur les coussins du hamac on la voit, comme pour s'étirer, allonger les bras, puis, par négligence ou par jeu ouvrir

la main et laisser tomber ce qu'elle tient. Un jour que je ramasse ainsi son livre qui s'est ouvert et abîmé sur le gazon, je vois que ce sont des vers et je rougis. Je ne sais quelle pudeur d'enfant trouve indécent que cette femme-ci lût des vers. – Du reste elle lit peu ; le livre reste quelque temps ouvert sur ses genoux, montrant son dos et les feuillets contre la jupe, puis glisse entre la jupe et le hamac, puis tombe. Ou bien elle le tient à demi refermé, un doigt glissé entre les pages ; elle reste ainsi longtemps, le regard perdu, et lorsqu'elle nous entend approcher son regard ne se détourne pas pour nous voir. Parfois elle tire de sa ceinture un tout petit miroir à glissant couvercle d'argent qui pend à sa chaîne de montre avec divers menus objets ; elle se regarde, d'un doigt touche sa lèvre, cueille un peu de salive et s'en mouille le coin des yeux.
[Le soir, quand, avec mes parents, nous rentrons après avoir été jusqu'au banc de l'avenue, nous la retrouvons au piano ; elle joue nonchalamment mais non sans grâce quelque mazurka de Chopin ; puis s'arrête longuement, s'immobilise sur un accord, le répète pianissimo, puis très fort. Ma mère qui s'attarde avec Flora et moi sur le banc devant la fenêtre ouverte dit : « Mon Dieu ! que c'est énervant, chère amie ! » Miss Ashburton murmure plusieurs fois « … » et fait tout doucement un petit geste de la main pour la calmer. *Passage barré, puis encerclé avec en marge la mention :* maintenir]

[Mon oncle vient s'asseoir près de nous. Ma mère dit : « Allons ! va te coucher mon enfant. Tes cousines sont déjà montées depuis longtemps. » Alors je regagne ma chambre qui est auprès de celle de ma mère *barré*]

Un jour de cet été ou de l'été suivant, car parfois dans ce décor toujours pareil mes souvenirs superposés se confondent, j'entre au salon chercher un livre ; elle y était. J'allais ressortir aussitôt. Elle qui d'ordinaire semble à peine me voir m'appelle : « Pourquoi t'en vas-tu si vite… Est-ce que je te fais peur ? » Alors crânant beaucoup je m'approche d'elle et prends sur moi de sourire et de lui tendre la main. Elle garde sa main dans l'une des miennes et de l'autre commence à me caresser la joue. « Sais-tu que tu as beaucoup grandi… bientôt tu ne pourras plus porter ces habits d'enfants. » J'avais une sorte de vareuse à large col marin ; sa main quitte ma joue, descend, semble chercher… Le souvenir de ces petits doigts curieux s'insinuant dans mon col, m'est horrible ; j'eus un sursaut si brusque que le bouton sauta ; je criai : « Laissez-moi » et courus au fond du jardin jusqu'à un petit citerneau, où je trempai mon mouchoir que je m'appliquai sur le front, sur les joues, car mon visage était en feu.

II. PAGES DE CAHIER (BNF)

1er cahier

Un matin avec un ruban violet au petit bonnet plat qu'elle porte le matin dans l'appartement, je n'en fus pas tant surpris que choqué.

Ce ne sont pas là mes premiers souvenirs, mais du moins les premiers de ceux-ci qui se rapportent à mon histoire.

Lucile Bucolin est créole ; à ce que me raconta ma mère, elle avait perdu très tôt ses parents ; mais devant l'enfant que j'étais, ma mère ne pouvait tout dire. Je crois bien que ses parents, Lucile ne les a jamais connus. N'importe ! abandonnée ou orpheline, elle fut recueillie par le ménage du pasteur Vautiers qui n'avait pas encore d'enfants et qui bientôt après, quittant La Martinique, amena celui-ci au Havre où la famille Bucolin était fixée. Les deux familles étaient très liées, se fréquentaient souvent. Mon oncle était alors employé dans une banque à l'étranger. Ce ne fut que trois ans après qu'il s'éprit d'elle au grand désespoir de ma mère, et demanda tout aussitôt sa main. Lucile avait alors seize ans. Entre temps Madame Vautiers avait eu deux enfants ; elle commençait à redouter pour eux l'influence de cette sœur adoptive dont le caractère s'affirmait plus bizarrement de mois en mois. Puis les ressources du ménage étaient limitées. Tout ceci, c'est ce que m'a redit ma mère pour m'expliquer que les Vautiers accueillirent la demande de mon père avec joie. Ce que je suppose au surplus c'est que la jeune Lucile commençait à les gêner terriblement. Je connais assez la société du Havre pour imaginer le genre d'accueil qu'on fit à cette enfant d'une si étrange beauté. Le cher pasteur Vautiers, tel que je l'ai connu plus tard, doux, circonspect, naïf, sans ressources contre l'intrigue et complètement désarmé devant le mal, certainement devait être aux abois. Quant à Madame Vautiers, je n'en peux rien dire : elle mourut en couches d'un quatrième enfant, celui qui, de mon âge à peu près, devait devenir plus tard mon ami. C'est avec ce dernier fils, Charles, que le pasteur Vautiers, à l'époque où je commence ce récit, venait nous voir.

Il avait avec ma mère d'interminables entretiens pendant lesquels on envoyait les enfants avec Miss Ashburton chercher des champignons dans l'[*mot illisible*]. Nous ne rentrions qu'à l'appel de la cloche, à l'heure du thé. La table était apprêtée sous le cèdre, près du hamac où, couchée, rêvassait ma tante. Mon oncle sortait de son bureau, mâchonnant un faux cigare en bois pour tromper son besoin de fumer. Ma mère et le pasteur se faisant attendre on envoyait Juliette les avertir que « le thé allait être noir ».

La gêne du pasteur auprès de sa fille adoptive était probablement risible et ma tante s'en amusait. Je revois, tandis que Miss Ashburton fait les tartines et que Geneviève verse le thé, le jeu d'une petite pantoufle qui du haut du hamac tout au bout du pied se balance, qui ne tient plus qu'au fin bout de l'orteil, qui va tomber… cela tout près de l'oreille de Vautiers, qui ne peut [quitter ?], à la fin n'y tient plus, repousse sa chaise, dit d'une voix bien peu sévère : « Voyons, Lucile… » pendant que Miss Ashburton s'absorbe dans le soin des tartines, que le regard de ma mère se charge et que mon oncle tâche de détourner l'attention des enfants.

Et quand, un peu plus tard le pasteur se lève pour partir, ma tante qui bâillait fait « ouf » presque à voix haute.

Certains jours Lucile Bucolin avait « sa crise ». Ça la prenait brusquement et mettait sens dessus dessous la maison. On se hâtait d'emmener et d'occuper les enfants, mais on ne pouvait étouffer pour eux les cris qui partaient de la chambre à coucher du salon, des cris de bête, disons mieux : des cris d'hystérique. Mon oncle était aux champs ; on l'entendait dans les couloirs courant chercher de l'eau de Cologne ou de l'éther, et le soir à table, où ma tante ne paraissait pas encore, il gardait une mine anxieuse et vieillie.

Quand la crise était à peu près passée, Lucile Bucolin appelait ses enfants près d'elle, du moins Georges et Juliette ; Geneviève jamais.

Ces jours-là Geneviève s'enfermait dans sa chambre où parfois son père allait la retrouver, car il causait souvent avec elle, cherchant et trouvant sans doute près d'elle le soutien moral dont il avait besoin.

Ces crises impressionnaient beaucoup les domestiques ; je me souviens qu'un soir que la crise avait été particulièrement forte et que j'étais resté avec ma mère consigné dans sa chambre d'où l'on percevait moins ce qui se passait au salon, nous entendîmes brusquement la cuisinière courir dans le couloir en criant : « Que Monsieur descende vite ; la pauv' Madame est en train de mourir. » – Mon oncle était monté dans la chambre de Geneviève ; ma mère sortit à sa rencontre ; un quart d'heure après comme ils passaient sans y faire attention sous les fenêtres ouvertes de la chambre où j'étais resté, j'entendis la voix de ma mère : « Veux-tu que je te dise mon ami : tout cela, c'est de la comédie. » Et plusieurs fois séparant les syllabes : « De la co-mé-die. »

Ceci se passait vers la fin des vacances et deux ans après notre deuil. Je ne devais plus voir longtemps ma tante ; mais avant de parler du triste événement qui bouleversa notre famille et d'une petite circonstance qui, précédant de peu le dénouement, réduisit en pure haine le sentiment complexe et indécis encore que j'éprouvais pour Lucile Bucolin, il est temps, et pour la clarté même de mon récit que je vous parle de ma cousine Geneviève.

Que Gertrude Bucolin fût jolie, c'est ce dont je ne savais m'apercevoir encore ; j'étais requis et retenu près d'elle par un charme tout autre que celui de la simple beauté.

Gertrude ressemblait peut-être à sa mère ; mais que m'importe cette ressemblance des traits. Dans le regard de l'une je ne trouvais que ruse, inconscient mensonge et insolence, dans l'autre que tristesse douce et bonté. Que m'importent les mêmes cheveux un peu crêpelés, s'ils pèsent sur un front non plus têtu, plus pensif encore que rêveur.

Cette émulation n'éperonnait-elle que moi ? Il ne me paraissait pas que Gertrude fît rien à cause de moi ou pour moi, qui ne m'efforçais que pour elle. Tout, dans son âme sans apprêt restait de la plus naturelle beauté. Sa vertu gardait tant d'aisance et de grâce qu'elle semblait un abandon. À cause de son sourire enfantin la gravité de son regard était charmante ; je revois dans ma solitude ce regard si doucement, si tendrement interrogateur se lever, et comprends que mon oncle ait, dans son désarroi cherché près de sa fille aînée soutien, conseil et réconfort. Souvent, dans l'été qui suivit, je le vis causer avec elle. Son chagrin l'avait affreusement vieilli ; on ne le voyait plus que soucieux ; à peine parlait-il aux repas où parfois il montrait brusquement une sorte de joie de commande plus pénible que son silence ; il restait à fumer dans son bureau jusqu'au soir ; alors venait le retrouver Gertrude qui l'emmenait comme un enfant dans le jardin. Ils descendaient l'allée aux fleurs jusqu'au rond-point où nous avions porté des chaises. Ils restaient assis là tous deux jusqu'au dîner.

Un soir que je m'étais attardé à lire, assis sur le gazon à l'ombre d'un des hêtres pourpres, de l'autre côté de cette haie d'[*mot illisible*] qui séparait de l'allée aux fleurs la pelouse ; fort épaisse cette haie empêchait les regards, point les voix. Sans doute Gertrude et mon oncle venaient de parler de Robert ; mon nom alors fut prononcé par Gertrude et au moment où je commençais à distinguer leurs paroles, j'entendis mon oncle qui disait : « Oh ! Lui, il aimera toujours le travail. » Je voulus m'en aller, tout au moins faire quelque mouvement qui leur signalât ma présence ; mais quoi ! Crier « Je suis là ! Faites attention, je vous entends ! » Ce fut bien plus la gêne et la timidité que la curiosité d'en entendre davantage qui me retint. Du reste ils ne faisaient que passer... mais ils marchaient très lentement, Gertrude avait sans doute au bras le panier qu'elle portait souvent avec elle ; tout en marchant sans doute elle enlevait les fleurs fanées et nettoyait les espaliers qui cette année, transis par les fréquents brouillards de mer, laissaient tomber les fruits encore verts en abondance.

« Est-ce que mon oncle * – était un homme remarquable ? » Je n'entendais point tout ; la voix de mon oncle un peu voilée ne me parvenait que par instants ; Gertrude reprit : « Très remarquable, dis ? Jérôme est intelligent, n'est-ce pas ? » – J'aurais beaucoup aimé savoir ce que répondit mon oncle.

« Est-ce que tu crois qu'il deviendra quelqu'un de remarquable ? – Ici la voix de l'oncle se haussa : Mais mon enfant, je voudrais d'abord savoir ce que tu entends par ce mot. Remarquable ! Mais on peut être remarquable sans qu'il y paraisse, du moins aux yeux des hommes, très remarquable aux yeux de Dieu.

C'est bien ainsi que je l'entends, dit Gertrude. – Et puis... est-ce qu'on peut savoir ? Il est trop jeune ; oui, certainement il promet beaucoup – mais regarde tous ces fruits que tu ramasses ; ils promettaient aussi.

– Pourquoi est-ce qu'ils tombent ainsi sans mûrir ?

– Il y faut beaucoup de soleil, et pour les hommes beaucoup d'amour… »

Leur voix définitivement se perdit et je rentrai à la maison très songeur.

Au moment de ma prière du soir j'eus des remords de mon indiscrétion involontaire et me promis de m'en accuser à Gertrude. Peut-être cette fois un peu de curiosité d'en savoir plus s'y mêlait.

Aux premiers mots que je lui dis le lendemain :

« Mais André, c'est très mal d'écouter ainsi. Tu devais nous avertir, ou t'en aller.

– Je t'assure que je n'écoutais pas ; que j'entendais sans le vouloir. Puis vous ne faisiez que passer.

– Nous allions lentement.

– Oui mais je n'entendais qu'à peine. J'ai cessé de vous entendre aussitôt. » – Gertrude ne pouvait m'en vouloir. – « Dis, que t'a répondu mon oncle quand tu lui as demandé ce qu'il fallait aux hommes et aux fruits pour mûrir ?

– Bernard, dit-elle en riant, tu l'as parfaitement entendu, tu veux me le faire redire.

– Je t'assure que je n'ai entendu que le commencement, quand il parlait de soleil et d'amour.

– Oh ! Il a dit après qu'il fallait beaucoup d'autres choses.

– Mais toi qu'est-ce que tu avais répondu ?

Elle devint brusquement très grave :

– Quand il a parlé de soutien dans la vie, j'ai répondu que tu avais ta mère.

– Oh ! Gertrude, je ne l'aurai pas toujours. Et puis, ce n'est pas la même chose…

Elle baissa le front :

– Pauvre Papa ! C'est ce que lui aussi m'a répondu.

En tremblant je lui pris la main.

– Tout ce que je serai plus tard, c'est pour toi que je le veux être.

– Moi aussi je peux te quitter.

Mon âme, ma vie fuyait dans mes paroles enfantines :

– Je ne te quitterai jamais.

Elle haussa un peu les épaules.

– N'es-tu pas assez fort pour marcher seul ? C'est seul que chacun de nous doit gagner Dieu.

– Mais c'est toi qui me montres la route.

– Pourquoi chercher un autre guide que le Christ. Crois-tu que nous soyons jamais plus près l'un de l'autre que lorsque chacun de nous deux, oubliant l'autre, nous prions Dieu.

– Oui, de nous réunir… c'est ce que je lui demande tous les matins et tous les soirs.

– Est-ce que tu ne comprends pas ce que peut être la communion en Dieu ?

– Si Gertrude ; je le comprends de tout mon cœur ; c'est se retrouver éperdument dans une même chose adorée. Il me semble que c'est pour te retrouver, précisément, que j'adore ce que je sais que tu adores aussi.

– Je ne crois pas beaucoup à la sincérité de cette adoration intéressée.

– Gertrude, tu m'en demandes trop. Je ferais fi du ciel, si je ne devais t'y retrouver.

Elle mit un doigt sur ses lèvres et presque impérativement :

– Cherchez premièrement le royaume de Dieu et sa justice, dit-elle. Puis souriant ineffablement, elle ajouta :

– Toutes choses vous seront données au surplus.

Sous prétexte d'aider son frère, Gertrude s'était mise au latin, mais plutôt, je suppose, pour continuer de m'accompagner dans mes lectures et mes études, car elle était rapidement devenue beaucoup plus forte que Robert, ce qui n'était pas difficile, et qu'il n'était besoin pour sa classe. Nous avions pu nous procurer un Nouveau Testament dans le texte de la Vulgate et en savions par cœur de longs passages. La crainte de pouvoir passer, fût-ce à ses propres yeux, pour pédante, l'empêcha seule je crois d'apprendre aussi le grec – du moins elle me le disait en riant – car comme d'autres vers le jeu, elle était portée vers l'étude et apportait pour toute forme de culture une âme avide et très facilement emparée. Elle parlait aisément l'allemand et l'anglais dont elle lisait le plus volontiers les poètes ; ensemble nous nous étions appris tant bien que mal l'italien, sans maître, de sorte que nous le prononcions de manière fantaisiste, mais pas plus ridiculement après tout que les Français ne font le latin. Et je ne sais comment pour elle pouvait suffire chaque jour, car elle ne négligeait non plus aucun soin du ménage. Depuis le départ de ma tante s'occupant à peu près seule de la maison.

Si cela put m'empêcher peut-être parfois, ce ne fut pas comme on peut croire en retardant l'élan de mon esprit ; au contraire sa pensée souvent semblait laisser la mienne en arrière et me précédait librement. Mais son esprit choisissait ses voies selon elle et ce qui nous occupait alors, ce que nous appelions : la pensée, n'était souvent me semble-t-il aujourd'hui qu'un prétexte à quelque communion plus savante, qu'un déguisement du sentiment, qu'un revêtement de l'amour.

Ma mère avait pu s'inquiéter d'abord d'un sentiment dont elle ne mesurait pas encore la profondeur ; mais à présent sentant ses forces décliner, elle semblait vouloir nous réunir dans un même embrassement maternel. Les palpitations dont elle souffrait depuis longtemps devenaient de mois en mois plus fréquentes. Au cours d'une crise particulièrement violente, elle me fit approcher d'elle :

– Mon pauvre enfant, tu vois que je vieillis beaucoup, me dit-elle. Un jour je te laisserai brusquement.

Elle se tut un instant, très oppressée. Je ne chercherai pas à expliquer comment je lui dis brusquement :

– Maman, tu sais que je veux épouser Gertrude ?

Et ma phrase faisait suite à nos plus intimes pensées, car elle me dit aussitôt :

– Oui, c'est de cela que je voulais te parler, mon Jérôme. Depuis longtemps.

– Maman, m'écriai-je en sanglotant, tu crois qu'elle m'aime, n'est-ce pas.

– Oui mon enfant. Elle répéta plusieurs fois très tendrement : Oui mon enfant. Elle parlait péniblement. Elle me dit encore : Il faut laisser faire au Seigneur. Puis, comme j'étais incliné près d'elle, elle posa sa main sur mon front, dit encore :

– Que Dieu vous garde, mes enfants ! Que Dieu vous garde, puis tomba dans une sorte d'assoupissement dont je ne cherchai pas à la tirer.

Cette conversation ne fut jamais reprise, le lendemain ma mère se sentait mieux ; je repartis pour mes cours, et le silence se referma sur cette demi-confidence. Du reste, qu'eussé-je appris davantage ? Que Gertrude m'aimât je n'en pouvais douter un instant. Et quand je l'eusse fait jusqu'alors, le doute eut disparu pour jamais de mon cœur lors des tristes événements qui suivirent.

Ma mère s'éteignit très doucement un soir, entre Miss Ashburton et moi. La dernière crise qui l'enleva ne semblait d'abord pas plus forte que les précédentes. Elle ne prit un caractère alarmant que vers la fin, avant laquelle aucun de mes parents n'eût le temps d'accourir. C'est près de la vieille amie de ma mère que je restai à veiller la chère morte la première nuit. J'aimais profondément ma mère et m'étonnais malgré mes larmes de ne point sentir en moi de tristesse ; ou du moins lorsque je pleurais, c'était m'apitoyant sur Miss Ashburton qui voyait son amie plus jeune qu'elle de beaucoup d'années, la précéder ainsi devant Dieu. Le sentiment que ce deuil allait pouvoir précipiter vers moi Gertrude dominait immensément mon chagrin : « Ainsi tu sentiras, pensai-je, ainsi tu sentiras que j'ai besoin de toi sur cette terre ; tu ne me refuseras plus ton soutien. » Gertrude ne savait-elle pas combien ma mère souhaitait notre mariage... car ma mère le souhaitait : « N'est-ce pas, Miss Ashburton... n'est-ce pas, ma mère le souhaitait, de pouvoir appeler sa nièce : mon enfant. » – « Pauvre Jérôme, c'était le plus cher de ses vœux. »

Le lendemain arriva mon oncle. Il me tendit une lettre de Gertrude qui ne vint avec ma tante Plantier que le jour suivant. Cette lettre exprimait une sorte d'angoisse et presque de remords, une désolation de n'avoir pu, disait-elle, laisser ma mère s'endormir plus confiante.

« Combien je me désole de n'avoir pu lui dire avant sa mort ces quelques mots qui lui eussent donné ce grand contentement qu'elle attendait. »

Qu'eût pu signifier cette lettre ? Quels étaient donc ces mots qu'elle déplorait de n'avoir pas pu prononcer sinon ceux par lesquels elle eût engagé notre avenir. Pourtant j'étais si jeune encore que je n'osais demander déjà sa main. Du reste avais-je besoin de sa promesse ? N'étions-nous pas déjà comme fiancés. Notre amour n'était plus un secret pour nos proches ; mon oncle, pas plus que ma mère, n'y apportait d'obstacle ; même il me traitait déjà comme un fils. Tu viendras près de nous cet été, m'avait-il dit. Et m'embrassant, il ajoutait en souriant : « N'es-tu pas déjà presque mon enfant. »

Les vacances de Pâques, qui vinrent quelques jours après, je les passai au Havre, logeant chez ma tante Plantier, et prenant la plupart de mes repas chez mon oncle Bucolin. Mon amour pour Gertrude n'était point un secret pour eux, et sans en parler volontiers je n'en faisais point mystère ; eux-mêmes, loin d'y mettre obstacle, semblaient favoriser nos rapports. Lorsque, parlant de nos projets d'été, je manifestai quelques scrupules à venir habiter Fongueusemare à présent que j'étais sans ma mère, il fut convenu que pour autoriser mieux ma présence, ma tante Plantier – [*inachevé*]

Fragment isolé

Ma détresse est intolérable, disait-elle. Mon Jérôme, mon ami, mon frère, combien je me désole de n'avoir pu lui donner avant sa mort le grand contentement qu'elle attendait. À présent, qu'elle me pardonne et que Dieu seul nous guide tous deux désormais dans la vie. Adieu, mon pauvre ami. Je suis, plus tendrement que jamais, ta [*inachevé*]

Ces paroles restaient assez vagues et je n'oserais encore y lire l'aveu que mon violent désir espérait si rien dans ses paroles et ses gestes n'avait su m'y encourager. Il semblait que se souvenant de la conversation qu'elle avait eue avec son père et qu'elle m'avait rapportée, elle eût à cœur de me montrer que je ne resterais pas sans appui. Son attitude était si neuve [*inachevé*]

Comment eussé-je souffert vraiment de mon deuil
Favorisait la charmante exagération de son amour.

Mon pauvre enfant, je ne sais ce que tu as l'intention de faire cet été, mais j'attendrai de connaître tes projets avant de décider ce que je ferai moi-même ; si je peux t'être utile…

Je n'y ai pas encore beaucoup pensé, lui répondis-je. Peut-être essaierai-je de voyager.

– Tu sais que chez moi comme à Fongueusemare tu seras toujours bien accueilli. Tu feras plaisir à ton oncle et à Juliette en y allant.

– Vous voulez dire à Gertrude, repris-je.

– C'est vrai ! Croirais-tu que je m'étais figuré que c'était Juliette que tu aimais, jusqu'à ce que ton oncle m'ait parlé, il n'y a pas un mois. Tu sais, moi, je vous aime bien, mais je ne vous connais pas beaucoup ; j'ai si peu l'occasion de vous voir ; et puis je ne suis guère observatrice ; je n'ai pas le temps de m'arrêter pour regarder ce qui ne me regarde pas. C'est toujours avec Juliette que je t'avais vu jouer… j'avais pensé… elle est si jolie, si gaie.

– Oui, je joue volontiers avec elle, mais c'est Gertrude que j'aime.

– Très bien, très bien ; moi, tu sais, autant dire que je ne la connais pas ; elle parle moins que sa sœur ; je pense que si tu l'as choisie, tu as eu quelque bonne raison pour cela.

– Mais ma tante je n'ai pas choisi de l'aimer et je ne me suis jamais demandé quelles raisons j'avais de…

– Ne te fâche pas Jérôme ; moi je te parle sans malice. Tu m'as fait oublier ce que je voulais te dire. Ah ! voici : je pense que tout cela finira par un mariage, bien entendu ; mais tu es encore bien jeune, et à cause de ton deuil tu ne peux pas déjà te fiancer. J'ai pensé que ce serait peut-être mal vu, ta présence à Fongueusemare sans ta mère.

Les considérations de ma tante me paraissaient injurieuses ou saugrenues, et je répondis assez sèchement :

– Ma tante, c'est pour cela précisément que je parlais de voyager.

– Oui ; eh bien mon enfant, j'ai pensé que ma présence pourrait faciliter les choses et je me suis arrangée de manière à être libre une partie de l'été.

– Miss Ashburton viendrait aussi, je suppose…

– Cela ne suffit pas. Je viendrai également. Oh ! Je n'ai pas la prétention de remplacer ta mère, ajouta-t-elle. J'aiderai les Bucolin à te recevoir, et ni toi, ni ton oncle, ni Gertrude n'aurez à vous sentir gênés.

Ma tante Plantier s'abusait sur l'efficacité de sa présence ; à vrai dire, cet été qui suivit, nous ne fûmes gênés que par elle. Ainsi qu'elle l'avait annoncé, elle s'installa dès juillet à Fongueusemare, où Miss Ashburton et moi ne tardâmes pas à la rejoindre. Sous prétexte d'aider Gertrude et de diriger le ménage, elle emplissait la maison si tranquille d'une sorte de bourdonnement confus. Le soin qu'elle mettait à nous être agréable et, comme elle disait, à nous faciliter les choses, était si épais, que nous restions contraints et quasi muets devant elle. Elle devait nous trouver bien froids, Gertrude et moi. Et quand nous ne nous serions pas tus, aurait-elle pu comprendre la nature de notre amour ?

Un matin, après l'arrivée du courrier, elle m'appelle :
« Mon pauvre Jérôme je suis absolument désolée, ma fille est souffrante et m'appelle ; je vais être forcée de partir. »

Gonflé de scrupules, j'allai trouver mon oncle, ne pensant pas qu'après le départ de ma tante il serait décent que je m'attarde à Fongueusemare.

Mais, dès mes premiers mots : « Eh ! pourquoi nous quitterais-tu, Jérôme, s'écria mon oncle. N'es-tu pas déjà presque mon enfant ? »

Ma tante n'était guère restée à Fongueusemare plus de quinze jours ; j'y passai le reste de mes vacances. Dès qu'elle fut partie, la maison parut se recueillir ; une sorte de sérénité l'habita, qui ressemblait beaucoup au bonheur. Mon deuil n'avait pas assombri mais comme aggravé notre amour. Une vie au monotone cours commença où comme en un milieu très sonore le moindre mouvement de nos cœurs s'entendait.

Quelques jours après le départ de ma tante, nous parlâmes d'elle, à table, je me souviens :

Quelle agitation, disions-nous ! Se peut-il que les flots de la vie ne laissent pas plus de répit à son âme ? Belle apparence de l'amour, que devient ici ton reflet !... Car nous nous souvenions du mot de Goethe qui, parlant de Mme de Stein, écrivait : « Il serait beau de voir se réfléchir le monde dans cette âme » – et nous établissions aussitôt je ne sais [*inachevé*]

L'été cette année fut splendide. L'avenir même semblait empli d'un inaltérable azur. Chaque matin notre ferveur avait triomphé de la tristesse et du deuil.

2e cahier

L'été fuyait si pur, si lisse, que de ces glissantes journées ma mémoire aujourd'hui ne peut presque rien retenir. Aucun fait du moins ; des propos, des lectures que je ne sais pourquoi je rappellerais ici. [Chaque soir avant de m'endormir je regardais sur le gazon la tache de clarté qu'y jetait la petite lampe de Gertrude ; elle ne s'éteignait que très tard dans la nuit. *Passage encerclé, avec la mention :* réserver.]
L'été fuyait. Déjà la plupart des champs étaient vides, où la vue plus inespérément s'étendait. Déjà nous parlions de l'hiver [*inachevé*]

J'ai fait un triste rêve cette nuit, me dit-elle. Je vivais et tu étais mort. Non, je ne te voyais pas mourir. Simplement il y avait ceci : tu étais mort ; c'était affreux ; c'était tellement impossible que j'obtenais que simplement tu sois absent. Nous étions séparés et je sentais qu'il y avait moyen de te rejoindre ; je cherchais comment, et pour y arriver j'ai fait un tel effort que cela m'a réveillée.

Ce matin je crois que je restais sous l'impression de ce rêve ; c'était comme si je le continuais. Il me semblait que j'étais séparée de toi, que j'allais rester séparée de toi longtemps, longtemps, et très bas elle ajouta : toute ma vie – et que toute la vie il faudrait faire un grand effort…

– Pourquoi ?

– Chacun, un grand effort, pour nous rejoindre.

Je ne prenais pas au sérieux, ou craignais de prendre au sérieux ses paroles. Mais comme pour y protester, en rougissant beaucoup, je lui dis :

– Eh bien moi, ce matin, j'ai rêvé que j'allais t'épouser si fort que rien, rien ne pourrait nous séparer – rien que la mort.

– Tu crois que la mort peut séparer.

– Je veux dire…

– Je crois qu'elle peut rapprocher, au contraire… oui, rapprocher ce qui a été séparé pendant la vie.

Tout cela entrait en nous si avant que j'entends encore jusqu'à l'intonation de nos paroles. En les transcrivant je vois bien qu'elles paraîtront peu enfantines à ceux qui ne savent pas combien des propos d'enfants peuvent être graves. Qu'y puis-je ? chercherai-je à les excuser. Si je les apprêtais dans mon récit sans doute elles paraîtraient plus naturelles ; je les rapporte simplement et avec la plus grande fidélité.

(Conversation avec le père.)

Ma mère qui d'abord s'était effrayée de la grande intimité – mariage – explication.

Mon pauvre enfant je m'en effrayais d'abord –
Je craignais que, [*mot illisible*] Seigneur
Je lui ai parlé
Mort de la mère

Intimité encore bien plus grande
Conversation avec l'oncle

Elle m'a supplié de n'exiger point d'elle de promesse ; elle m'a dit [*inachevé*]

mort
Lettre de Ger

Conversation avec l'oncle (un de ses enfants)
avec Gertrude
arrivée à la campagne de la tante
Conversation après son départ
Miss Ashburton

Je n'avais presque pas pu voir Abel Vauthier cette année. Devançant l'appel il s'était engagé tandis que je préparais ma licence en redoublant une rhétorique ; pour moi j'avais pu obtenir de remettre mon service à la sortie de Normale où nous devions entrer tous deux cette année.

Rentrant tous deux à Paris vers la fin d'octobre, nous nous vîmes avec plaisir. Au sortir de l'armée il avait voyagé plus d'un mois ; je craignais de le trouver gauchi, mais simplement il avait pris plus d'assurance sans perdre rien de sa séduction. Dans l'après-midi que nous passâmes au Luxembourg, je ne pus retenir ma confidence et lui parlai longuement de mon amour qu'il n'ignorait pas. Il avait cette dernière année acquis quelque connaissance des femmes ce qui lui permettait un air de supériorité un peu fate, dont au reste je ne m'offensais point. Il se montra peu satisfait que je n'eusse pas su poser le dernier mot comme il disait, émettant en axiome qu'il ne fallait jamais laisser une femme se reprendre. Je le laissais dire, en pensant que ses excellents arguments n'étaient bons ni pour moi ni pour elle et qu'il montrait tout simplement qu'il ne nous comprenait que bien peu.

Mon cher Jérôme,

J'ai beaucoup réfléchi à ce que tu me proposais (ce que je proposais ! appeler ainsi notre mariage !). J'ai peur d'être bien trop âgée pour toi. Cela ne te paraît peut-être pas encore parce que tu n'as pas encore eu l'occasion de voir d'autres femmes ; mais songe à ce que je souffrirais plus tard après m'être donnée à toi, si je vois que je ne peux plus te plaire. Tu vas t'indigner beaucoup sans doute en me lisant ; je crois entendre tes protestations ; mais pourtant je ne mets pas en doute ton amour : simplement je te demande d'attendre encore que tu sois un peu plus avancé dans la vie. Comprends que je ne parle ici que pour toi-même, car pour moi je crois bien que je ne pourrai jamais cesser de t'aimer.

Ta –

Cesser de nous aimer ! mais en est-il question Gertrude ! Tu parles comme si nous devions l'essayer.

(Il prend le train, etc.)

Le lendemain de notre arrivée, je reçus cette courte lettre de Geneviève. [*Un blanc, en face duquel :*]

Je t'écris ce que je n'ai pas pu te dire hier. Je prends la résolution de te parler, puis, près de toi, reste sans courage, et sens qu'il est au-dessus de mes forces de te peiner.

Cesser de nous aimer ! Mais pouvait-il être question de cela ! [Elle parlait comme si nous devions l'essayer. *Barré*]

J'étais encore plus étonné qu'attristé, mais si bouleversé que je courus montrer cette lettre à Abel.

Eh bien ! que comptes-tu faire ? dit celui-ci après avoir lu la lettre en hochant la tête et les lèvres serrées.

Je soulevai les bras, plein d'incertitude et de désolation.

J'espère au moins que tu ne vas pas répondre. Quand on commence à discuter avec une femme, on est perdu. Écoute : en couchant au Havre samedi soir, nous pouvons être à Fongueusemare dimanche matin et de retour pour lundi. Je n'ai pas revu tes parents depuis mon service ; c'est un prétexte suffisant et qui me fait honneur, et si Geneviève voit que ça n'est qu'un prétexte, tant mieux ! Je m'occuperai de Juliette pendant que tu causeras avec sa sœur. Tu tâcheras de ne pas faire l'enfant. À vrai dire il y a dans ton histoire quelque chose que [tu ne m'as pas bien raconté *barré*] je ne m'explique pas bien. Tu n'as pas dû tout me raconter. N'importe ; j'éclaircirai ça. Surtout n'annonce pas notre arrivée. Il faut surprendre ta cousine et ne pas lui laisser le temps de s'armer.

Le cœur me battait fort en poussant la barrière du jardin. Juliette aussitôt vint à notre rencontre en courant. Quant à Geneviève, occupée à la lingerie, elle ne se hâta pas de descendre. Nous causions avec mon oncle et Miss Ashburton quand enfin elle entra dans le salon. Si notre brusque arrivée la troubla, du moins sut-elle n'en laisser rien voir ; je pensais à ma conversation avec Abel et que c'était pour s'armer contre moi qu'elle était restée si longtemps sans paraître. L'extrême animation de Juliette faisait paraître plus froide encore sa réserve. Je sentis qu'elle désapprouvait mon brusque retour ; du moins cherchait-elle dans son air à exagérer une désapprobation derrière laquelle je n'osais trop chercher une secrète émotion plus vive. Assise assez loin de nous près d'une fenêtre, elle paraissait tout absorbée dans un ouvrage de broderie dont elle repérait les points en remuant les lèvres. Heureusement qu'Abel parlait, car pour moi je ne m'en sentais pas la force, et sans les récits qu'il faisait de son année de service et de son voyage, les premiers instants de ce revoir eussent été très mornes. Mon oncle lui-même semblait particulièrement absorbé. Juliette sans doute par pitié pour notre gêne, poussait Abel dans d'interminables récits et montrait l'intérêt le plus vif pour des histoires qu'il me semblait qu'Abel inventait à plaisir et qu'il ne racontait sans doute avec tant de [*mot illisible*] que pour couvrir le silence qui risquait de peser sur nous.

Après le déjeuner Juliette me prit à part et m'entraîna dans le jardin. « Figure-toi qu'on me demande en mariage ! s'écria-t-elle dès que nous sommes seuls. La tante Plantier a écrit hier à Papa pour lui faire part des avances d'un viticulteur de Bordeaux ; quelqu'un de très bien affirme-t-elle, qui s'est épris de moi paraît-il pour m'avoir rencontrée quelquefois chez ma tante ce printemps.

Tu l'as remarqué, ce Monsieur, interrogeai-je avec une involontaire hostilité pour le postulant.

Oui ; je vois bien qui c'est. Une espèce de Don Quichotte bon enfant, sans culture, très laid, très vulgaire, assez ridicule et devant qui ma tante ne pouvait pas garder son sérieux, [parce que dès qu'il me voyait il commençait à bégayer. *Barré*]

Est-ce qu'il a... des chances, dis-je sur un ton moqueur.

Voyons, Jérôme ! Tu plaisantes ! Un négociant ! Si tu l'avais vu tu ne me poserais pas la question.

Et... qu'est-ce que mon oncle a répondu ?

Ce que j'ai répondu moi-même ; que j'étais beaucoup trop jeune pour me marier... Malheureusement, ajouta-t-elle, ma tante avait prévu l'objection. Dans un post-scriptum de sa lettre elle dit que Monsieur Édouard Teissières, c'est son nom, consent à attendre, que simplement il désire « prendre rang ». C'est absurde. Mais qu'est-ce que tu veux que j'y fasse ? Je ne peux pourtant pas lui faire dire qu'il est trop laid.

Non, mais que tu ne veux pas épouser un viticulteur.

Elle haussa les épaules. Ce sont, dit-elle, des raisons qui n'ont pas cours pour ma tante.

Laissons cela. Geneviève t'a écrit ?

Elle parlait avec volubilité et semblait dans une grande agitation. Je lui tendis la lettre qu'elle lut en rougissant beaucoup. Il y avait presque un ton de colère dans sa voix quand elle me dit :

[Elle n'a pas le droit de te refuser…

Tu comprends pourquoi elle l'a fait, demandai-je craintivement.

Peut-être. Puis tout aussitôt : À présent tu persisterais, qu'elle ne ferait que s'entêter. [*Passage abandonné, remplacé par :*]

Alors qu'est-ce que tu vas faire ?

Je ne sais plus. À présent que je suis ici je sens que j'aurais plus facilement fait d'écrire, et je me reproche déjà d'être venu. Tu comprends ce qu'elle m'écrit.

Je comprends qu'elle veut te laisser libre.

Mais est-ce que j'y tiens à ma liberté ! Et tu comprends pourquoi elle m'écrit cela ?

Elle me répondit « Non » si sèchement que sans du tout pressentir la vérité, du moins me persuadai-je dès cet instant que Juliette n'en était pas tout ignorante. Puis brusquement tournant sur elle-même et se racheminant vers la maison :

« Maintenant laisse-moi. Ce n'est pas pour causer avec moi que tu es revenu. Nous sommes depuis bien trop longtemps ensemble. »

Elle s'enfuit plus qu'elle ne me quitta ; un instant après je l'entendis au piano. En était-ce donc fait de nos abandons enfantins, des libres conversations d'antan. Quand je rentrai dans le salon, sans arrêter de jouer elle causait avec Abel qui était venu la rejoindre.

J'errai quelques instants dans le jardin à la recherche de Geneviève. Elle était au fond du verger, cueillant au pied d'un mur bas les premiers chrysanthèmes qui mêlaient leur parfum à celui des dernières feuilles mortes de la hêtraie. L'air était saturé d'automne. Le soleil ne tiédissait plus qu'à peine les espaliers mais le ciel était orientalement pur. Geneviève avait le visage [*mot illisible*] et encadré d'un grand [*mot illisible*] de toile blanche. Il ne parut pas que Geneviève – mon approche. Au contraire elle fit vers moi quelques pas, souriant de ce sourire qui semblait me [*mot illisible*].

Tout me parut de nouveau, brusquement, comme éclairé par son regard, simple aisé, de sorte que sans aucun effort et de ma voix la plus naturelle je pus lui dire :

C'est ta lettre qui m'a fait revenir.

Je m'en suis bien doutée – puis, émoussant par l'inflexion de sa voix l'aiguillon de sa réprimande : et c'est bien là ce qui me fâche. Pourquoi as-tu mal pris ce que je disais. C'était pourtant bien simple. Et tout aussitôt il me parut qu'en effet ces difficultés n'existaient plus que dans mon esprit. Nous étions heureux ainsi ; pourquoi t'étonner que je refuse lorsque tu m'as proposé de changer ?

En effet, je me sentais heureux près d'elle, si parfaitement heureux que ma pensée devait chercher à ne différer plus en rien de la sienne, et je ne souhaitais plus rien au-delà de son sourire et que de marcher avec elle ainsi dans un tiède chemin bordé de fleurs en lui donnant la main.

Si tu le préfères lui dis-je gravement, cédant d'un coup tout autre espoir et m'abandonnant à ce parfait bonheur de l'instant, si tu le préfères, nous ne nous fiancerons pas.

[*Passage repris sur une autre page :*]

Son visage était encadré, caché presque au fond d'une grande coiffe zélandaise qu'Abel lui avait rapportée du voyage et qu'elle avait mise aussitôt. Elle ne se retourna pas d'abord à mon approche mais un léger tressaillement qu'elle ne put pas réprimer m'avertit qu'elle avait reconnu mon pas, et déjà je me raidissais, m'encourageais contre les reproches et la sévérité qu'allait faire peser sur moi son regard. Mais lorsque je fus assez près d'elle et que déjà, craintif, je ralentissais mon allure, sans d'abord tourner le front vers moi, mais le gardant baissé comme fait un enfant boudeur, elle tendit vers moi presque en arrière sa main qu'elle avait pleine de fleurs puis enfin, se retournant elle fit vers moi quelques pas et je vis son visage plein de sourire.

Si tu le préfères, nous ne nous fiancerons donc pas, lui dis-je, sentant défaillir en moi tout espoir. Quand j'ai reçu ta lettre j'ai bien compris en effet qu'auparavant j'étais heureux – que ce bonheur, j'allais le perdre, que je t'aimais assez pour t'attendre toute ma vie, mais que te voir douter de mon amour m'était absolument insupportable, plus encore je crois que si je devais douter du tien.

Quand j'ai reçu ta lettre, j'ai bien compris que j'étais heureux en effet et que j'allais cesser de l'être. Non Geneviève, rend-moi ce bonheur que j'avais. Je ne puis pas m'en passer. Je t'aime assez pour t'attendre toute ma vie mais que tu doives cesser de m'aimer ou que tu doutes de mon amour, cette pensée m'est insupportable.

Hélas ! Jérôme, je n'en puis pas douter. Et sa voix en me disant cela était à la fois calme et triste ; le sourire qui l'illuminait était si sereinement [tendre *barré*] beau que je prenais honte de mes protestations ; il me semblait que d'elles seules venait cet arrière son de tristesse que prenaient ses intonations, et qu'à le taire elle servait mieux son amour que moi le mien à l'exprimer. Sans aucune transition je commençai de parler de mes projets, de mes études, de cette nouvelle forme de vie dans laquelle je me promettais tant de profits. L'École Normale n'était pas alors ce qu'elle est devenue depuis peu ; une discipline assez rigoureuse ne pesait qu'aux esprits indolents ou rétifs, elle favorisait l'effort d'une volonté studieuse. Il me plaisait que cette habitude quasi monacale me préservât d'un monde qui du reste m'attirait peu, mais qu'il m'eût suffi que Geneviève eût pu craindre pour qu'il me fît horreur aussitôt. Miss Ashburton gardait à Paris l'appartement qu'elle occupait d'abord avec ma mère. Ne connaissant guère qu'elle à Paris, Abel et moi passerions quelques heures de chaque dimanche auprès d'elle ; chaque dimanche j'écrirais à Geneviève et ne la laisserais rien ignorer de ma vie.

Nous étions assis à présent sur le cadre des châssis ouverts qui laissaient déborder au hasard d'énormes tiges de pastèques dont les derniers fruits étaient cueillis. Geneviève m'écoutait, me questionnait, jamais je n'avais encore senti sa tendresse plus attentive ni son affection plus pressante. Crainte, souci, même le plus léger émoi s'évaporait sous son sourire, se résorbait dans cette intimité charmante comme les brumes dans le parfait azur du ciel. Assis sur un banc du jardin où Juliette et Abel étaient venus nous rejoindre, nous occupâmes la fin du jour à relire le Laus Veneris de Swinburne, chacun de nous en lisant tour à tour une strophe. Le soir vint.

Allons ! dit-elle, m'embrassant au moment de notre départ, plaisantant à demi mais pourtant avec cet air de sœur aînée que peut-être ma conduite inconsidérée l'incitait à prendre et qu'elle affectait volontiers – promets-moi maintenant de n'être plus si sot désormais.

Eh bien, es-tu fiancé ? me dit Abel dès que nous fûmes de nouveau seuls.

Mon cher, il n'en est plus question, répondis-je, ajoutant aussitôt d'un ton qui coupait court à toute nouvelle question – et cela vaut beaucoup mieux ainsi. Jamais je n'ai été plus heureux que ce soir.

Moi non plus s'écria Abel ; puis brusquement, en me sautant au cou : je m'en vais te dire quelque chose d'admirable, d'extraordinaire : Jérôme, je suis amoureux fou de Juliette. Déjà je m'en doutais un peu l'an dernier, mais j'ai vécu depuis et je n'avais rien voulu te dire avant de l'avoir revue.

À présent c'en est fait. Ma vie est prise. J'aime, que dis-je aimer, j'idolâtre Juliette. Depuis longtemps il me semblait bien que j'avais pour toi une espèce d'affection de beau-frère. Puis riant et jouant il m'embrassait encore à tour de bras et se roulait comme un enfant sur les banquettes du wagon qui nous ramenait à Paris. J'étais tout suffoqué par son aveu, et quelque peu gêné par l'appoint de littérature que je sentais s'y mêler ; mais le moyen de résister à tant de véhémence et de joie.

Enfin quoi ! t'es-tu déclaré, parvins-je enfin à lui demander entre deux effusions.

Mais non, mais non, s'écria-t-il, je ne veux pas brûler déjà le plus charmant chapitre de l'histoire.

Le meilleur moment des amours
N'est pas quand on a dit je t'aime.

Voyons, tu ne vas pas me reprocher ça, toi le maître de la lenteur.

Mais enfin, repris-je un peu agacé – penses-tu qu'elle, de son côté ?

Tu n'as donc pas vu son trouble en me revoyant ! et tout le temps de notre visite, cette agitation, ces rougeurs, cette profusion de paroles. Non ! tu n'as rien vu, naturellement, parce que tu es tout occupé de Geneviève. Et comme elle me questionnait, et comme elle buvait mes paroles ! Son intelligence s'est rudement développée depuis un an. Je ne sais pas où tu as pris qu'elle n'aimait pas la lecture ? Tu crois toujours qu'il n'y en a que pour Geneviève. Mais, mon cher, c'est étonnant tout ce qu'elle connaît ! Sais-tu à quoi nous nous sommes amusés avant le dîner ? À nous remémorer un Canzone du Dante, le plus long précisément ; chacun de nous récitait un vers – et elle me reprenait quand je me trompais. Tu sais bien : « *Amor che nella mente mi ragiona.* »

Tu ne m'avais pas dit qu'elle avait appris l'italien.

C'est que je ne le savais pas moi-même, dis-je assez surpris.

Comment ! au moment de commencer le Canzone elle m'a dit que c'était toi qui le lui avais fait connaître.

Elle m'aura sans doute entendu le lire à Geneviève, un jour qu'elle cousait ou brodait auprès de nous ; mais qu'elle comprenait, du diable si elle a laissé paraître.

Vrai ! Geneviève et toi vous êtes stupéfiants d'égoïsme. Vous voilà tout confits dans votre amour – et vous n'avez pas un regard pour l'éclosion de cette intelligence, de cette âme ! Ça n'est pas pour me faire un compliment, mais tout de même il était temps que j'arrive. Mais non, mais non, je ne t'en veux pas, tu vois bien. Seulement promets-moi : pas un mot de tout ça à Geneviève. Je prétends mener cette affaire tout seul. [Prise comme je la sens déjà, j'aurai le courage de la laisser jusqu'aux vacances du Nouvel An, de ne rien faire. Non, je ne lui écrirai même pas. Mais *barré*]

3e cahier

Porte étroite

– Je prétends mener cette affaire tout seul. Juliette est prise ; c'est certain, et assez pour que j'ose la laisser jusqu'aux prochaines vacances. Je ne pense même pas lui écrire. Mais, le congé du nouvel an, nous irons tous deux le passer au Havre, et alors –

Et alors ?

Eh bien ! Geneviève apprendra tout d'un coup nos fiançailles. Je compte mener ça rondement. Et tu sais ce qui va se passer ? Ce consentement de Geneviève, que tu n'es pas capable de décrocher, je te l'obtiendrai par la force de notre exemple. Nous lui dirons qu'on ne célébrera pas notre mariage avant le vôtre…

Il continuait, me submergeant sous un intarissable flux de paroles qui ne s'arrêta même pas avec l'arrivée du train à Paris, même pas avec notre rentrée à Normale car, bien que nous ayons fait à pied le chemin de la gare à l'École et malgré l'heure avancée de la nuit, il m'accompagna dans ma chambre où nous prolongeâmes la conversation jusqu'au matin.

L'enthousiasme d'Abel disposait du présent et de l'avenir. Il voyait, racontait déjà nos doubles noces, imaginait, peignait la surprise et la joie de chacun, s'éprenait de la beauté de notre histoire, de notre amitié, de son rôle dans mes amours. Je me défendais mal contre une si flatteuse chaleur, m'en sentais enfin pénétré et cédais doucement à l'attrait de ces propositions chimériques. À la faveur de notre amour se gonflait notre ambition et notre courage ; à peine au sortir de l'École, notre double mariage consommé, nous partions tous quatre en voyage, puis nous lancions dans d'énormes travaux ; où nos femmes devenaient volontiers nos collaboratrices. Abel que le professorat attirait peu et qui se croyait né pour écrire gagnait rapidement au moyen de quelque pièce à succès la fortune qui lui manquait. Pour moi, plus attiré par l'étude que par le profit qui peut en revenir je voulais… mais que sert de rapporter ici tant d'espoirs [d'une ambition sans *barré*]

Le lendemain nous nous plongeâmes dans le travail.

Le temps, jusqu'aux vacances du nouvel an, était si court, que tout exalté par mon dernier entretien avec Geneviève, ma foi put ne pas défaillir un instant. Ainsi que je [le lui avais *barré*] me l'étais promis, je lui écrivis très longuement chaque dimanche ; les autres jours, me tenant assez à l'écart de mes camarades dont le scepticisme m'offusquait et ne fréquentant guère qu'Abel, je vivais avec la pensée de Geneviève et couvrais mes livres favoris d'indications à son usage, soumettant à l'intérêt qu'elle y pourrait prendre l'intérêt que moi-même y cherchais. Ses lettres ne laissaient pas que de m'inquiéter ; encore qu'elle répondît assez régulièrement aux miennes, je croyais voir plutôt, dans son zèle à me suivre, un souci de m'encourager dans mon travail qu'un abandon de son esprit, et même il me semblait, tandis qu'appréciations, critiques, discussions ne m'étaient qu'un moyen d'exprimer ma pensée, qu'au contraire elle s'aidât de tout cela pour me cacher la sienne. Parfois même je doutais si elle ne s'en faisait pas comme un jeu. N'importe : j'étais bien résolu à ne me plaindre de rien, et chacune de mes lettres n'étaient colorées que de mon bonheur.

Vers la fin de décembre nous partîmes pour Le Havre Abel et moi. [Il descendit chez *barré*] [Son père nous attendait à la gare et l'emmena tout aussitôt ; il devait venir me retrouver le lendemain matin chez ma tante Plantier, comme aux vacances de Pâques dernières. *Barré*]

[Le soir de mon arrivée ma tante Plantier, chez qui j'étais descendu, se trouvant seule dans son salon lorsque j'y entrai, ne tarda pas à aborder le sujet qui me tenait au cœur. Pleine de bons vouloirs et incapable de détours, elle me demanda tout uniment *barré*]

Je descendis chez ma tante Plantier. Elle n'était pas dans la maison quand j'arrivai. Mais à peine avais-je eu le temps de m'installer dans ma chambre qu'un domestique vint m'avertir qu'elle était rentrée et m'attendait dans le salon.

À peine s'informa-t-elle d'abord et sommairement de ma santé, de mon installation à l'École, de mes études, puis abordant sans précautions oratoires un sujet qui lui tenait à cœur :

Eh bien mon enfant, commença-t-elle, es-tu content de ton séjour à Fongueusemare de cet été ? As-tu pu un peu avancer tes affaires ?

J'étais péniblement choqué par cette manière sommaire et péremptoire de parler de [*inachevé*]

Mais cela était dit sur un ton si cordial, mais elle me prenait les mains d'une manière si [*un blanc*] que j'avais plus envie de rire que de me fâcher ; néanmoins je me rebiffai quelque peu.

Moi personnellement je n'approuve pas beaucoup les longues fiançailles ; cela peut fatiguer la jeune fille mais c'est quelquefois bien touchant.

Ce n'est que vers la fin du jour qu'on devait illuminer l'arbre de Noël et qu'enfants, parents et amis devaient se réunir autour. Désœuvré, plein d'angoisse et d'impatience, après avoir accompagné Abel, pour tromper mon attente je me lançai dans une longue course sur la falaise de Sainte-Adresse, m'égarai, fis si bien que lorsque je rentrai chez ma tante Plantier, la fête était depuis quelque temps commencée.

Dès le vestibule j'aperçus Geneviève ; elle semblait m'attendre et vint aussitôt vers moi. Ses traits étaient tirés et l'expression de son visage douloureuse.

Pourquoi n'es-tu pas rentré plus tôt ? [J'aurais voulu te parler *barré*] me dit-elle d'une voix rapide.

Je me suis égaré sur la falaise. Mais tu sembles souffrante ; [qu'est-ce que tu as Geneviève ? *barré*]

J'ai mal à la tête simplement, les enfants font tant de bruit dans le salon, j'ai dû me réfugier ici. Ah ! j'aurais voulu te parler... Non maintenant il n'est déjà plus temps, ajouta-t-elle comme je lui disais que j'étais prêt à l'écouter.

[Qu'est-ce que tu faisais ? *barré*] Pourquoi viens-tu si tard ? me dit-elle d'une voix rapide et oppressée. J'aurais voulu te parler.

Je me suis perdu sur la falaise... Mais es-tu souffrante ? Oh ! Geneviève, qu'est-ce qu'il y a ?

– Je voulais te dire...

Elle resta devant moi un moment comme interdite et les lèvres tremblantes ; une telle angoisse m'étreignait que je n'osais l'interroger ; elle posa sa main sur mon cou comme pour attirer mon visage. Des invités circulaient non loin de nous... sa main, comme je croyais qu'elle allait parler, retomba.

– Il n'est déjà plus temps murmura-t-elle ; puis, voyant mes yeux s'emplir de larmes et comme si cette dérisoire explication eût pu suffire à me calmer, et comme répondant à l'interrogation de mon regard : Non, rassure-toi, simplement j'ai mal à la tête... ces enfants font un tel vacarme... j'ai dû me réfugier ici. Il est temps que je retourne auprès d'eux maintenant. Laisse-moi.

Elle me quitta brusquement ; des invités entrèrent précisément alors dans le vestibule et me séparèrent d'elle. Quand je voulus la rejoindre dans le salon, des enfants s'étaient emparés d'elle car elle organisait leurs jeux.

Comme pour la rejoindre je passais dans l'embrasure d'une fenêtre, Juliette qui s'y tenait presque cachée me saisit le bras.

Court entretien avec Juliette.

Elle court rejoindre un groupe où la tante et M. X causent.

Elle portait au cou, à demi disparue dans l'échancrure de son corsage clair, une ancienne petite croix d'améthyste que je lui avais donnée en souvenir de ma mère, mais que je ne lui avais pas encore vu mettre.

Ma chère tante,

Nous avons dû veiller Juliette toute la nuit. Après une grande agitation elle est tombée ce matin dans un état de prostration qui nous inquiète. Le Dr X affirme pourtant qu'il n'y a là qu'un trouble nerveux passager mais ordonne le plus grand calme. Veuillez en avertir Jérôme afin qu'il ne cherche pas à nous voir ; Juliette pourrait reconnaître son pas ou sa voix.

III. FEUILLETS PORTANT EN TÊTE LA MENTION : À DACTYL. EN 4 EX. (BLJD)

J'ai peine à continuer ce récit. J'eus peine à continuer à vivre. Je ne trouvais d'autre raison à ma vie que mon amour, me raccrochais désolement à lui, et n'attendais plus rien, et ne voulais plus rien attendre qui ne me vînt de mon amie.

Le lendemain, comme je m'apprêtais à aller la voir, ma tante m'arrêta et me tendit cette lettre qu'elle venait de recevoir :

« La grande agitation de Juliette n'a cédé que vers le matin aux potions prescrites par le docteur. Je supplie Jérôme de ne pas venir d'ici quelques jours ; Juliette pourrait reconnaître son pas ou sa voix et le plus grand calme lui est nécessaire…
Je crains que l'état de Juliette ne me retienne ici. Si peut-être je ne peux revoir Jérôme avant son départ, dis-lui, chère tante, que je lui écrirai… »

La consigne ne visait que moi. Libre à ma tante, libre à tout autre de sonner chez les Bucolin ; et ma tante ne me cachait pas qu'elle comptait y aller ce matin même. Le bruit que je pouvais faire ? Quel médiocre prétexte… N'importe :

– C'est bien. Je n'irai pas – dis-je à ma tante. Et peut-être m'en coûtait-il beaucoup de ne pas revoir Gertrude aussitôt ; mais pourtant je craignais ce revoir ; je craignais qu'elle ne me tînt pour responsable de l'état de sa sœur, et supportais plus aisément de ne pas la revoir que de la revoir irritée ; puis, s'il m'en coûtait ici de m'abstenir, ne me suffisait-il pas qu'elle l'eût demandé ?…

Du moins voulus-je revoir Abel. À sa porte, une bonne me remit un billet :

[Mon cher Jérôme *barré*]

Je laisse ce mot pour que tu ne t'inquiètes pas. Rester au Havre, si près de Juliette, et ne pouvoir la revoir, m'était intolérable. Je me suis embarqué pour Southampton hier soir, presque aussitôt après t'avoir quitté. C'est à Londres, chez S*** que j'achèverai ces vacances. Nous nous retrouverons à l'École [au jour de la rentrée *barré*].

… Tout secours humain m'échappait à la fois. Je ne prolongeai pas plus longtemps un séjour au Havre qui ne me réservait rien que de douloureux, et regagnai Paris, devançant la rentrée. C'est vers Dieu que je tournai mes regards, vers Celui de qui découle toute consolation réelle, toute grâce et tout don parfait. C'est à Lui que j'offris l'endolorissement de mon cœur. Je pensais que se réfugiait aussi vers Lui Gertrude et de penser qu'elle priait encourageait, exaltait ma prière. J'en vins à remercier Dieu d'exiger de moi cette attente où se fortifiât ma vertu.

Un long temps passa, de méditation religieuse et d'étude, sans autres événements que les lettres de Gertrude et celles que je lui écrivais. J'ai gardé toutes ses lettres ; hélas ! j'ai toutes les miennes aussi, maintenant. Mes souvenirs, dorénavant confus, s'y repèrent…

C'est par ma tante d'abord [et par elle seule longtemps *barré*] que j'eus des nouvelles du Havre ; j'appris par elle quelles inquiétudes le pénible état de Juliette avait donné les premiers jours. Douze jours après mon départ, enfin, je reçus ce billet :

« Pardonne-moi, mon cher Jérôme, si je ne t'ai pas écrit plus tôt. L'état de notre pauvre Juliette ne m'en a guère laissé le temps. Depuis ton départ je ne l'ai presque pas quittée. J'avais prié ma tante de te donner de mes nouvelles et je pense qu'elle l'aura fait. Tu sais donc que depuis trois jours Juliette va mieux. Je remercie Dieu déjà, mais n'ose encore me réjouir. »

Robert également, dont jusqu'à présent je ne vous ai qu'à peine parlé, avait pu, rentrant à Paris quelques jours après moi, me donner des nouvelles de ses sœurs. À cause d'elles je m'occupais de lui plus que la pente de mon cœur ne m'y eût naturellement porté ; chaque fois que l'école d'agriculture où il était entré le laissait libre, je me chargeais de lui et m'ingéniais à le distraire.

C'est par lui que j'avais appris ce que je n'osais demander ni à Gertrude ni à tante : M. Teissière était venu très assidûment prendre des nouvelles de Juliette, mais quand Robert avait quitté Le Havre, elle ne l'avait pas encore revu. J'appris aussi que Juliette, depuis mon départ avait gardé devant sa sœur un obstiné silence que rien n'avait pu vaincre.

Puis par ma tante, peu après, je sus que ces fiançailles de Juliette, que Gertrude, je le pressentais, espérait aussitôt rompues, Juliette elle-même avait demandé qu'on les rendît le plus tôt possible officielles.

Cette détermination contre laquelle conseils, injonctions, supplications se brisaient, barrait son front, bandait ses yeux et la murait dans son silence… Mais je ne veux pas, je vous l'ai dit, ajouter aucun commentaire, apporter aucun effort, aucun art, pour relier mes souvenirs ou les fragments de lettres qui y suppléent et que je vais copier ici.

Du temps passa ; je ne recevais de Gertrude, à qui du reste je ne savais qu'écrire, que les plus décevants billets. L'épais brouillard d'hiver m'enveloppait, et ma lampe d'étude, et toute la ferveur de mon amour et de ma foi écartaient mal, hélas ! la nuit et le froid de mon cœur. – Du temps passa.

Puis un matin de printemps subit, une lettre de Gertrude à ma tante – que ma tante, absente du Havre à ce moment, me communiqua – où je copie ce qui peut éclairer cette histoire.

… « Admire ma docilité. Ainsi que tu m'y invitais, j'ai reçu M. Teissière ; j'ai causé longuement avec lui. Je reconnais qu'il s'est montré parfait et j'en viens presque à croire, je l'avoue, que ce mariage pourra n'être pas si malheureux que je le craignais d'abord. Certainement Juliette ne l'aime pas ; mais lui me paraît de semaine en semaine moins indigne d'être aimé. Il parle de sa situation avec clairvoyance et ne se méprend pas au caractère de ma sœur ; mais il a grande confiance dans l'efficacité de son amour à lui, et se flatte qu'il n'y ait rien que sa constance ne pourra vaincre. C'est te dire qu'il est fort épris.

En effet, je suis extrêmement touchée de voir Jérôme s'occuper ainsi de mon frère. Je pense bien qu'il ne fait cela que par devoir, car le caractère de Robert a bien peu de rapports avec le sien – et peut-être un peu pour me plaire ; mais sans doute il a déjà pu reconnaître que plus le devoir qu'on assume est ardu, plus il éduque l'âme et l'élève. [Ta vieille nièce fait *barré*] Voilà des réflexions bien sublimes. Ne souris pas trop de ta grande nièce, car ce sont ces pensées qui me soutiennent et qui m'aident à tâcher d'envisager le mariage de Juliette comme un bien.

Que ton affectueuse sollicitude m'est douce, ma chère tante !… Mais ne crois pas que je sois malheureuse ; je puis presque dire : au contraire – car l'épreuve qui vient de secouer Juliette a eu son contrecoup en moi et m'a, je crois, rapprochée de Dieu. Ce mot de l'Écriture que je répétais sans trop le comprendre s'est éclairé pour moi : "Malheur à l'homme qui met sa confiance dans l'homme"… Bien avant de la retrouver dans la

Bible, j'avais lu cette parole, sais-tu où ? sur une petite image de Noël que Jérôme m'a envoyée lorsqu'il n'avait pas douze ans et que je venais d'en prendre quatorze. Il y avait, à côté d'une gerbe d'assez vilaines fleurs, qui nous paraissaient alors très jolies, ces vers d'une paraphrase de Corneille :

Quel charme vainqueur du monde
Vers Dieu m'élève aujourd'hui ?
Malheureux l'homme qui fonde
Sur les hommes son appui !

auxquels j'avoue que je préfère infiniment le simple verset de Jérémie. Sans doute Jérôme avait alors choisi cette carte sans faire grande attention au verset ; ou plutôt je pense que c'est Dieu qui la lui fit choisir… Mais, si j'en juge d'après ses lettres, ses dispositions aujourd'hui sont assez semblables aux miennes, [le voici tout occupé par son travail *barré*] et je remercie Dieu chaque jour de nous avoir du même coup rapprochés tous deux de Lui.

Me souvenant de notre conversation, je ne lui écris plus aussi longuement que par le passé, pour ne pas le troubler dans son travail. Tu vas trouver sans doute que je me dédommage en parlant de lui ; de peur de continuer, j'arrête vite ma lettre ; pour cette fois ne me gronde pas trop. »

Qu'ai-je affaire des réflexions que me suggéra cette lettre. Je maudis l'indiscrète intervention de ma tante (qu'était-ce que cette conversation à laquelle faisait allusion Gertrude, et qui me valait son silence ?), la maladroite attention qui la poussait à me communiquer ceci. Si déjà je supportais mal le silence de Gertrude, ah ! ne valait-il pas mieux mille fois me laisser ignorer que ce qu'elle ne me disait plus, elle l'écrivait à quelque autre ! – Tout m'irritait ici, et de l'entendre raconter si facilement à ma tante les menus secrets d'entre nous, et le ton naturel, et la tranquillité, le sérieux, l'enjouement…

– Mais non, mon pauvre ami ! rien ne t'irrite dans cette lettre que de savoir qu'elle ne t'est pas adressée – me dit Abel, mon compagnon quotidien, Abel à qui seul je pouvais parler et vers qui, dans ma solitude, me repenchait sans cesse faiblesse, besoin plaintif de sympathie, et dans mon embarras, défiance de moi, crédit que j'attachais à son conseil, malgré la différence de nos natures, ou à cause d'elle plutôt…

– Étudions ce papier, dit-il en étalant la lettre sur son bureau. Trois nuits avaient déjà passé sur mon dépit, que j'avais su garder par-devers moi quatre jours ! J'en venais presque naturellement à ce que mon ami sut me dire :

– La partie Juliette-Teissière, nous l'abandonnons au feu de l'amour, n'est-ce pas. Nous savons ce qu'en vaut la flamme ! Parbleu ! Teissière me paraît bien le papillon qu'il faut pour s'y brûler…

– Laissons cela, lui dis-je, offusqué comme souvent par les plaisanteries d'Abel. Venons au reste.

– Le reste ? fit-il… Tout le reste est pour toi ! Plains-toi donc ! Pas une ligne, pas un mot que ta pensée n'emplisse. Autant dire que la lettre entière t'est adressée ; la tante Félicie, en te la renvoyant n'a fait que la retourner à son [véritable *barré*] premier destinataire.

– N'empêche, repartis-je, que si Gertrude se doutait que ma tante…

– Aussi ne vas-tu pas le lui dire, je présume… Mais, tout de même, ce qu'elle dit là, elle avait besoin de l'écrire ; et c'est faute de toi qu'elle s'adresse à cette brave femme, comme au premier pis-aller ; qu'est-ce que peuvent bien lui faire, à ta tante, les vers de Corneille – qui, entre parenthèses, sont de Racine ; – c'est avec toi qu'elle cause, te dis-je ; c'est à toi qu'elle dit tout cela. Tu n'es qu'un sot si Gertrude, avant quinze jours ne t'écrit pas tout aussi longuement, aisément, agréablement… que dis-je : bien plus, et bien plus pathétiquement…

– Elle n'en prend guère le chemin !

– Mais, homme de peu de foi ! il ne tient qu'à toi qu'elle le prenne ! Parbleu ! tu lui fais peur !… Tu prends, sitôt qu'il s'agit d'elle, des airs éperdus et tu ne peux, je ne dis même pas lui parler, mais parler d'elle sans pousser d'énormes soupirs… Près d'elle, je t'ai vu ; tu n'es jamais naturel…

Tu veux mon conseil, reprit-il au bout d'un instant. Ne souffle plus mot, d'ici… longtemps, d'amour, ni de mariage entre vous ; ne vois-tu pas que, depuis l'accident de sa sœur, c'est à cela qu'elle en veut. Travaille sur la fibre fraternelle et parle-lui de Robert inlassablement – puisque tu trouves la patience de t'occuper de ce crétin. Continue simplement d'occuper son intelligence ; tout le reste suivra. Mais attardez-vous au premier chapitre : « Des ouvrages de l'esprit ». Elle est contre cela sans défense et n'entre en défiance que dès que tu te remets à soupirer… Nom d'un chien ! si c'était à moi de lui écrire !…

– Tu ne serais pas digne de l'aimer.

IV. VERSION DACTYLOGRAPHIÉE (BNF)

Dactylographie sur 154 feuillets 21 x 27 numérotés de 124 à 278 et renumérotés à la main par Gide.

Version quasi définitive, avec quelques corrections manuscrites : Gertrude est ainsi corrigée en Alyssa, puis en Alissa à partir de la p. 231 (à partir de la p. 233, au milieu du chapitre VII, *la dactylo donne Alissa ; en revanche, p. 254, la dactylo « Journal de Gertrude » n'est même pas corrigée), et Georges en Robert. Édouard Teissières habite d'abord Livourne, puis Nîmes. La croix d'améthyste se change en saphir.*

Par rapport aux cahiers précédents, ce texte se distingue essentiellement par des allègements. Deux seuls fragments, pour leur longueur, méritent d'être reproduits :

– le premier s'intercalait à l'origine au chapitre V, *entre deux lettres d'Alissa, la seconde évoquant la parution d'un livre d'Abel :*

Par une sorte de défi, prolongeant comme à plaisir notre attente – par crainte aussi d'un imparfait revoir, nous convînmes que je passerais à Paris près de Miss Ashburton mes quelques jours de permission aux approches du nouvel an. Abel était au Havre. Je reçus de lui, peu après, une longue lettre, la première qu'il m'écrivait depuis que nous ne nous étions vus. Il m'y annonçait la prochaine publication d'un petit volume de vers :

« Si je ne t'en ai pas parlé plus tôt, c'est qu'il est tombé tout à coup du ciel dans ma tête, puis de ma tête sur le papier sans que j'aie eu le temps d'y réfléchir.
... L'idée (si l'on ose ainsi dire) m'en est venue en même temps que le titre – un titre exquis ! et qui je l'espère te déplaira fort. J'ai pris tout aussitôt la plume – et en trois semaines tout était écrit. Douze cents vers ! que je n'ai relus que sur épreuves, et qui, ma foi ! m'ont paru furieusement mauvais. Mais qu'importe ! Je me suis convaincu que les premiers vers, fût-ce du plus grand génie, n'ont aucune importance (voir Hugo, Byron, etc.) et ne servent qu'à amorcer. Ce qui importe d'abord, ce n'est pas le grain que l'on sème, c'est, avant de semer, de bien préparer son terrain. Tu n'as pas idée du nombre de visites que j'ai faites depuis

trois mois ! Ça n'est pas toujours drôle mais, comme disait T. "ça peut servir". En ai-je débité et écouté des sentimentalités, des banalités, des subtilités, des platitudes et des indiscrétions ! De quoi remplir douze romans de Bourget. X, Y et Mme Z se piquent de m'avoir inventé, et je me suis maintenant assuré que quinze jeunes ou vieux critiques, professionnels ou d'occasion, (dont quatre très "influents") diront du bien de mon livre quel qu'il soit.

Quand tout a été bien chauffé pour l'accueillir, j'ai compris que le moment était venu de l'écrire. Je me suis mis au régime…

… Et je te dis : trois semaines plus tard, c'était fait.

Je laisse dire à présent que j'écris une pièce. Entre nous je n'en ai trouvé encore que le titre ; mais, en causant, peu à peu, je me rends compte de ce qu'on attend que j'y mette ; et j'annonce à chaque actrice que je rencontre (j'en ai vu pas mal ces derniers temps) qu'il y aura "un rôle pour elle". »

La lettre continuait ainsi sur un ton de badinage impertinent qu'il savait m'être insupportable.

« Allons, cher vieux, pardonne-moi, disait-il en terminant ; je ne t'écris que des sottises aujourd'hui – qu'est-ce que tu veux ? c'est plus fort que moi : c'est surtout quand il est "hindigné" que j'aime ton visage. Sois tout de même sûr que je ne suis ni si vil, ni si fat, ni si gâté, ni si prétentieux, – ni si épatant que "ce que dessus". »

– le second passage était situé au début du chapitre VIII *:*

Mon histoire est près de sa fin. Car du récit de ma propre vie qu'ai-je à faire ? Pourquoi raconterais-je ici l'effort que sous un nouveau ciel je tentai pour me reprendre enfin au bonheur… Parfois, tant je m'évertuais, oubliant brusquement mon but, il me semblait encore que je ne m'efforçais que vers elle – tant j'imaginais mal un acte de vertu qui ne me rapprochât pas d'Alissa. Hélas ! n'avais-je pas fait d'elle la forme même de ma vertu ? C'était contre ma vertu même que, pour m'écarter d'elle, il fallait enfin me tourner. Et je plongeais alors dans la plus absurde débauche, m'abandonnais jusqu'à l'illusion de supprimer en moi tout vouloir. Mais c'est vers le versant du souvenir qu'abandonnée retombait toujours ma pensée ; et je restais alors des heures, des journées, ne m'en pouvant plus ressaisir.

Puis un affreux sursaut de nouveau m'arrachait à ma léthargie. Je reprenais élan. J'appliquais mon esprit à ruiner en moi ce qui naguère avait été l'édifice de mon bonheur, à dévaster mon amour et ma foi. Je peinais.

Dans ce chaos que pouvait valoir mon travail ! Comme auparavant mon amour, le désespoir à présent semblait être l'unique lieu de mes pensées et je n'en reconnaissais aucune que ne me la présentât mon ennui. Aujourd'hui que je hais ce travail et sens que ma valeur s'est perdue, je doute si c'est par l'amour… non ! mais pour avoir douté de l'amour.

NOTICE

Gide aima toujours les brouillons, lui qui faisait dire à Angèle : « Des notes, […] ô lisez-les ! c'est le plus amusant ; on y voit ce que l'auteur veut dire bien mieux qu'il ne l'écrira dans la suite » (*Paludes*, RR1, p. 264), et qui, publiant Charles Blanchard, tint à donner les trois versions élaborées successivement par Charles-Louis Philippe, dont il voulait ainsi éclairer le travail. Il n'est pas étonnant alors que, de *La Porte étroite*, il ait conservé les ébauches, comme s'il n'excluait pas qu'un jour quelqu'un vienne lui rendre le même service. Il y pensait encore trente-cinq ans plus tard, lorsqu'il confiait à Jean Amrouche : « Je crois avoir gardé les "repentirs", comme dirait un peintre, les ratés de ces premières versions de *La Porte étroite*. Il sera peut-être intéressant de les retrouver plus tard. Il y a eu une suite de faux départs. Je ne suis arrivé à simplifier suffisamment mon récit que très lentement et très difficilement[1]. » De fait, entre Bibliothèque Nationale, Bibliothèque littéraire Jacques-Doucet et collection particulière, de longs fragments subsistent, qui ne constituent manifestement pas la totalité du travail préparatoire accompli par Gide, mais qui permettent tout de même de reconstituer approximativement la genèse de *La Porte étroite*.

Gide situe l'origine de ce roman dans un épisode de son adolescence : la mort, survenue le 14 mai 1884, d'Anna Shackleton, cette amie de sa mère, et dont l'influence sur sa vie semble avoir été considérable ; évoquant

1 Éric Marty, *André Gide. Qui êtes-vous ?*, Lyon, La Manufacture, 1987, p. 210.

la période consécutive à la parution, en 1891, des *Cahiers d'André Walter*, il ajoutait : « Je projetais aussi certain récit, inspiré par la mort d'Anna, qui devait s'appeler "l'essai de bien mourir" et qui devint plus tard *La Porte étroite*[2]. » C'est donc en partant de la fin, pensant d'abord à la mort de l'héroïne, que Gide aurait conçu son roman, et c'est à ce projet qu'il devait songer lorsqu'en novembre 1894, il évoquait pour Marcel Drouin ses projets : « Le roman que je vous racontais à La Roque et qui s'arrange épatamment, – la mort de ma vieille fille, qui se double de la mort d'un vieux garçon[3] !! » Projet auquel correspondent peut-être 26 feuillets manuscrits encore inaccessibles (collection particulière).

Cependant, une autre dimension dut venir s'ajouter à ce scénario, lorsqu'au printemps de 1894, en Algérie, Gide découvrit une autre façon d'adorer, celle qu'il allait célébrer dans ses *Nourritures terrestres* ; et c'est ainsi qu'en octobre 1894, l'héroïsme religieux inspiré par Anna Shackleton se transforma en angoisse, l'héroïne doutant peut-être si, adorant le créateur en négligeant la création, elle n'était pas passée à côté de l'essentiel ; en octobre 1894, il note : « Possibilité de détresse : l'âme qui croit avoir mal adoré. (*Mort de Mlle Claire**.) / *Devenu plus tard *La Porte étroite*[4]. »

Le projet ne fut pas mis aussitôt à exécution. Le principe d'alternance que Gide allait observer toute sa vie ne lui permettait pas d'enchaîner Alissa à André Walter, et de juxtaposer ainsi deux frères en la foi. Ce n'est qu'après avoir exploré les limites opposées qu'il put revenir à cet ancien projet. Un an après la parution de *L'Immoraliste*, il avait dû se mettre au travail, puisqu'il pouvait écrire à Raymond Bonheur, le 4 mai 1903 : « Mon roman commencé languit à son premier chapitre[5]. » Mais à partir de là, pendant deux ans au moins, rien ne se passe.

Il faut attendre le 13 juin 1905 pour qu'il puisse annoncer : « Chaque jour j'ai pu avancer de quelques lignes ma *Porte étroite*. Cette assiduité au travail m'est préférable aujourd'hui à la plus belle inspiration du monde[6]. » Et il ajoute quelques lignes plus loin qu'il lit la *Vita Nuova*, ce qui coïncide avec le fait que, au début de la première version, le héros en cite justement un passage. Le lendemain, l'hésitation relative au titre montre bien que le scénario définitif, dans lequel la porte, en tant

2 *Si le grain ne meurt*, *SV*, p. 244.
3 Yvonne Davet, *Autour des* Nourritures terrestres, Paris, Gallimard, 1948, p. 55.
4 *J1*, p. 184.
5 André Gide, *Le Retour*, Neuchâtel, Ides et Calendes, 1946, p. 74.
6 *J1*, p. 466.

qu'objet et en tant que symbole, joue un rôle essentiel, n'est pas encore établi : « Travaillé à *La Route étroite*, à la correction de *Paludes*. Repris Baudelaire avec le plus vif plaisir[7]. »

Cette première version nous paraît aujourd'hui bien pauvre par rapport à la rédaction finale. Reprenant le procédé de *L'Immoraliste*, Gide imagine un narrateur postiche, dont le rôle consiste seulement à rapporter le long récit que lui fait son ami ; celui-ci, nommé successivement Daniel, Bernard et Marcel, revient, après vingt ans d'éloignement, visiter le domaine où s'est passée son enfance, et où traîne encore le fantôme de son amour de jeunesse.

Ce manuscrit de trente-trois pages, probablement recopiées, qui nous reste aujourd'hui (BnF) semble donc bien être celui que Gide, de juin à octobre 1905, s'efforce de faire progresser, en deux périodes distinctes. Le 9 juillet, une lecture à Copeau semble suspendre son élan : « Hier, je lui [Copeau] ai lu ce que j'avais écrit de *La Porte étroite*. Cela m'a beaucoup déplu ; j'écrirai plus loin les remarques que j'ai pu faire. Peu s'en faut que je ne fiche tout au feu[8]. » Pourtant, il persévère, et le 24 août il écrit à Ghéon : « Je me suis remis au travail. J'avance un peu plus vite et ne désespère pas de pouvoir te lire les 50 premières pages de mon livre à la rentrée[9]. » Mais le 14 octobre, il écrit à Ruyters : « Je m'enlise dans un travail très terne et décevant[10]. » Et l'on voit bien, à comparer le premier et le dernier scénario, qu'il manque à celui-là un ressort romanesque qui serait aussi un enjeu : ce qui rapproche Geneviève et Daniel est purement événementiel ; la disparition d'une mère, par deux fois, provoquant la détresse de l'un et la tendresse de l'autre ; ce qui éloignerait Geneviève de Daniel serait une banale histoire de jalousie et de concurrence entre deux sœurs, et le refuge de Geneviève dans la religion serait alors un simple pis-aller. Enfin, le récit ne permettrait pas de pénétrer dans les pensées de Geneviève, qui sont en principe le sujet.

Quand il le reprend en mars 1906, c'est pour opérer un changement complet de stratégie, qui se lit dans les divers feuillets produits durant cette deuxième période. Gide note ce programme : « Arriver à la description des habitants après la description de la maison. Famille bourgeoise ; pas de pasteurs. Faire partir la tante beaucoup plus tard. »

7 *J1*, p. 467.
8 *J1*, p. 467-468.
9 Gide, Ghéon, *op. cit.*, p. 609.
10 Gide, Ruyters, *op. cit.*, p. 220.

L'ancrage géographique, à peine indiqué à l'origine, va désormais assurer la cohésion du récit ; la laïcisation du père retarde l'envahissement du religieux, et permet de développer d'abord le drame bourgeois dont la tante est le centre. Et pour mieux établir les influences réciproques entre les protagonistes, Gide adopte alors une narration impersonnelle et omnisciente. Sur un feuillet séparé est décrite l'entrée de Jérôme dans la chambre de Geneviève, avec cette note liminaire qui souligne le changement technique opéré par Gide : « Il faut éviter de se poser plutôt au point de vue de l'un que de l'autre. »

Une conséquence de cette réorientation est le recours de Gide aux éléments autobiographiques. Surtout, les trois feuillets où il ébauche un plan sont nourris d'extraits du journal tenu par Madeleine Gide en 1891-1892, c'est-à-dire que, pour mettre en scène l'éloignement définitif de Geneviève, il décide d'utiliser la période d'éloignement provisoire que Madeleine lui imposa après la parution des *Cahiers d'André Walter*.

C'est ainsi que Gide peut se relancer avec plus d'assurance. Le 3 mai, il note : « Après dîner, lu à Em. les quelques premières pages de *La Porte étroite*. Certainement la description du jardin est bonne ; – mais la suite[11]... ? » De fait, cette longue description de Fongueusemare (nommée La Mivoie sur un premier brouillon) sera le seul morceau que Gide reprendra à l'identique dans la version définitive. Début juin, il lit le premier chapitre à Copeau, qui le trouve « excellent ». Mais à nouveau, tout s'arrête. Dans un état moral et physique assez délabré, Gide part pour la Suisse jusqu'à la mi-août, et se repose encore en Bretagne à la fin de ce mois. Jusqu'à la fin de l'année, il se remet lentement, sans pouvoir recommencer à écrire.

Gide doit attendre la fin du mois de juin 1907 pour annoncer à Copeau la reprise de son chantier romanesque : « Pour la quatrième fois j'ai dû tout reprendre – non pas seulement réécrire, ce qui ne serait rien – mais tout recomposer, tout ressaisir sur un tout autre ton, avec une autre chronologie, et j'allais presque dire : un autre sens. Par curiosité je garde les deux versions précédentes – œuvres posthumes aussi, car il y a de quoi édifier les bûcheurs. Je ne suis pas trop mécontent de la tournure que ça prend aujourd'hui[12]. » Dans le compte de ses vains efforts, Gide apparemment dédouble la composition du premier manuscrit, commencé en 1903 et repris en 1905 ; le 7 décembre 1907,

11 *J1*, p. 521.
12 Gide, Copeau, *op. cit.*, p. 230.

une lettre à Maurice Denis confirmerait cette idée : « J'ai trois fois repris complètement la première partie[13]. » À moins qu'il ne tienne compte de sa toute première tentative, esquissée vers 1892.

Ce troisième départ a lieu à Cuverville, où Gide séjourne jusqu'à la mi-juillet ; sur de grandes feuilles identiques à celles qu'il a utilisées pour la version précédente, il reprend la description de la maison et du jardin – dont il remplacera finalement une partie par la version antérieure – en ajoutant deux éléments majeurs : la tante Bucolin est désormais posée comme l'ennemie, et apparaît pour la première fois la scène du salon au cours de laquelle la tante effleure son neveu, d'une manière encore assez discrète et que Gide dramatisera par la suite ; l'autre élément est le retour à la première personne, Jérôme étant désormais débarrassé de son interlocuteur pour raconter son histoire. Enfin, Geneviève se nomme désormais Gertrude.

C'est sans doute à la mi-juillet, lorsqu'il part pour le sud-ouest, puis à Jersey où il séjourne du 9 août au 15 septembre, qu'il continue son travail sur des cahiers de format plus commode, et sur lesquels il intercale des brouillons de lettres et même des notes destinées aux futures *Caves du Vatican*. C'est ainsi qu'à la suite du portrait de Gertrude, on trouve le brouillon d'une lettre envoyée à Ruyters le 12 août[14] dans laquelle Gide évoque la « vie forcenée, ardente, insoucieuse et sauvagement désordonnée » qu'il vient de mener à Bagnols en compagnie d'Eugène Rouart et qui a culminé avec l'aventure du « ramier » (voir Gide, *Le Ramier*, Paris, Gallimard, 2002).

Début novembre, Gide donne lecture à ses amis des deux premiers chapitres ; « lecture somme toute assez morne[15] », ce qui l'amène à les reprendre encore, comme il l'indique le 5 décembre à Ghéon : « Depuis notre dernière rencontre j'ai usé tout mon temps à mettre au point les deux premiers chapitres[16]. » Gide a enfin trouvé le ton et la matière qui lui permettent d'avancer son roman, sinon rapidement, du moins régulièrement. Tout en peaufinant les deux premiers chapitres, qui contiennent tous les éléments nécessaires au déroulement du drame, il a avancé son brouillon, car nous trouvons, insérée dans le premier jet du chapitre IV,

13 Gide, Denis, *Correspondance 1892-1945*, Paris, Gallimard, 2006, p. 266.
14 Voir Gide, Ruyters, *op. cit.*, t. II, p. 31.
15 *J1*, p. 581.
16 Gide, Ghéon, *op. cit.*, p. 679.

l'ébauche d'une lettre écrite en octobre 1907. Ce qui nous apprend qu'il est alors à Paris, et qu'il travaille donc précisément sur le « petit meuble d'Anna Shackleton », retrouvant « les sensations de s[on] enfance » au moment où il décrit la réunion familiale autour de l'arbre de Noël.

La suite du manuscrit fait défaut, peut-être en raison du fait que Gide, ayant acheté une machine à écrire, se contente de garder les copies que confectionne Pierre de Lanux à partir de novembre[17]. Jusqu'à l'été, Gide travaille à la seconde partie, celle où Alissa se réfugie dans le mysticisme, comme on peut le deviner au fait qu'il lit intensivement Pascal pour mieux comprendre son héroïne. Le 12 juillet 1908, il écrit à Maurice Denis : « Depuis deux mois, Pascal est ma presque unique nourriture (un peu sous l'influence du livre que vous savez que j'achève). C'est seulement à présent que je découvre le vrai Pascal et le comprends. Cela est aussi beau que n'importe quoi que je sache. Connaissez-vous les lettres à Mademoiselle de Roannez[18] ? »

C'est durant cette période que Gide dut trouver le nom définitif de son héroïne. Ce n'est en effet qu'au cours du dernier séjour de Jérôme à Fongueusemare avant son départ pour la Grèce qu'on voit apparaître dans la version dactylographiée (BnF) le nom d'Alissa, succédant à Gertrude, toutes les occurrences précédentes étant barrées et corrigées à la main en « Alyssa ». À la mi-août, il annonce à Ghéon : « J'en achevais la deuxième partie avant-hier. Il n'y a plus à présent que quelques pages de "journal" pour lesquelles l'astreinte est moins rigoureuse[19]. » Mais il ne pensait peut-être pas que ce journal allait prendre autant d'importance ; le 23 août, il écrit à Copeau : « Ce n'est pas si aisé que je pensais de revenir en arrière et de reprendre le soi-disant "journal" de cette femme après que je l'ai fait mourir[20]… » Le 12 octobre, il annonce à Christian Beck : « J'ai achevé mon livre. Ce roman, sur lequel je peine depuis des années, et qui littéralement m'obstruait le cerveau, ce livre à partir duquel je peux partir. / C'est ce que j'ai écrit, jusqu'à présent, de plus difficile, de plus important… et de meilleur[21]. » Et le 18, il peut noter triomphalement : « J'achève *La Porte étroite* le 15 – et le 16 rase mes moustaches[22]. »

17 Voir *J1*, p. 581.
18 Gide, Denis, *op. cit.*, p. 278.
19 Gide, Ghéon, *op. cit.*, p. 698.
20 Gide, Copeau, *op. cit.*, t. I, p. 273.
21 Gide, Beck, *op. cit.*, p. 211.
22 *J1*, p. 602.

Description des manuscrits

1re version (BnF)

– Trois feuilles non numérotées, puis pages de cahier numérotées de 92 à 122. Format 20 x 28.

Texte écrit avec une grande régularité, soigné, avec très peu de ratures.

Récit à la première personne, mais rapporté par un ami confident. Le narrateur se nomme Bernard, puis Daniel et Marcel ; ses cousines, filles d'un pasteur, sont Geneviève et Marguerite, qui devint Juliette. Il revient après 20 ans d'absence dans la maison de l'oncle.

2e version (BnF)

– Onze feuilles grand format (20 x 39,5), numérotées de 2 à 12.

Texte soigné, presque sans ratures, mais cinq feuillets séparés sont cinq brouillons successifs du même démarrage (« Jérôme Palissier était de santé délicate »). La maison s'appelle alors La Mivoie.
Narrateur omniscient, qui s'attache à Lucile comme à Jérôme.

Été, dans la maison des Palissier-Bucolin, à Fongueusemare, où arrive en visite le pasteur Vautiers, père adoptif de Lucile mariée à Alfred Bucolin, puis remplacé par Jérôme. Jérôme Palissier a perdu son père Jean. Vit avec sa mère et Miss Ashburton. Lucile a deux filles, Geneviève et Juliette.

Arrivée de Jérôme ; première soirée à Fongueusemare. – Quatre feuilles séparées, non numérotées (27 x 18, BLJD). Ébauche de plan, centré sur la psychologie du personnage féminin, nourrie de références au carnet de Madeleine de 1891-1892. Prévoit des modifications : « Famille bourgeoise ; pas de pasteur. Faire partir la tante beaucoup plus tard. »

Rédaction impersonnelle de la scène dans la chambre.

3e version

– 8 feuilles grand format (27 x 18), non numérotées (BLJD). Brouillon extrêmement travaillé (ratures, surcharges, déplacement, suppressions).

Début d'un récit à la première personne, qui correspond au début du roman définitif, jusqu'à la scène de « séduction » de la tante sur Jérôme.

– 3 cahiers aux pages de droite numérotées (BnF) ; seules celles-ci servent en principe à la rédaction, celles de gauche plutôt à des notations, mais pouvant devenir le lieu d'un développement autonome enchaînant sur la page de droite. Sur la droite de la page 73 est un brouillon d'une lettre de Gide à un ami qui est intervenu en faveur de Ruyters, ce qui date la lettre de juillet 1907 (*Correspondance*, t. II, p. 29). Brouillon très travaillé, d'une écriture hâtive, pas toujours lisible.

1er cahier : p. 50 à 83 (format 16,5 x 22,5). Du portrait de Lucile à l'été du bonheur (« l'été cette année-là fut splendide »). Manquent les pages relatives aux événements cruciaux : la chambre d'Alissa et le sermon du pasteur. Geneviève devient Gertrude p. 55. Juliette et elles ont un frère, Georges, puis Robert. Le fils du pasteur Vautiers se nomme d'abord Charles, puis Abel. Jérôme se nomme une fois André, et Bernard.

2e cahier : p. 31 à 46 (format 16,5 x 20,5). Suite : de l'été au retour de Fongueusemare en compagnie d'Abel (chap. II-chap. III).

3e cahier : p. 16 à 23 (format 16,5 x 21,5). Suite : Noël au Havre (début du chap. IV).

– 7 feuilles grand format (17,5 x 27) non numérotées (BLJD). Brouillon très travaillé, portant en suscription en 1re page : « à dactyl. en 4 ex. ». Suite (début du chap. V).

Pierre MASSON

PROJET DE CONTE

d'après un récit d'Edmond Jaloux[1]

[PROJET DE CONTE]

Il m'est advenu, il n'y a pas huit jours, une très singulière aventure ; je m'empresse de la raconter et comme l'on dit de la coucher par écrit, espérant qu'ainsi elle pourra dormir tranquille et cessera d'inquiéter insupportablement ma pensée.

Combien j'avais raison de me défier jusqu'à ce jour des tourneurs de tables, des spirites et, quelque nom qu'on leur donne, de ces dangereux charlatans. Par pure complaisance amicale je consentis néanmoins à accompagner mon ami T. chez une jeune voyante qui faisait fureur à Marseille durant le temps que…

Elle opérait de manière que mon ami estimait très particulière, mais que j'appris dans la suite être la plus banale du monde. On lui tendait une lettre, n'importe quel papier manuscrit ; elle s'en emparait et les yeux tout fermés, c'est-à-dire sans même s'inquiéter de l'écriture, elle se lançait dans les révélations les plus précises concernant la personne qui avait tracé les caractères dont ces papiers étaient couverts. Désireux de guérir mon ami de sa crédulité ridicule je m'étais prémuni d'une lettre de mon arrière-grand-mère à ma mère, que celle-ci venait de retrouver dans un secrétaire où elle traînait depuis quarante-quatre ans. Sans doute avait-elle perdu depuis ce temps tout son fluide ; mais la voyante, pensai-je, n'allait pas rester embarrassée pour si peu. Je mis cette lettre dans ma poche et sortis avec mon ami.

---

1 Publié dans le *BAAG* n° 36, octobre 1977.

La voyante était une personne massive, d'âge extraordinairement imprécis, de regard incertain, oh ! d'étrange, d'étrange regard. Elle semblait au premier abord complètement privée d'intelligence. Ses traits étaient presque beaux mais inanimés… et par instants, sans qu'aucun muscle de son visage eût bougé, ce visage, par la seule illumination inexplicable des yeux, s'emplissait, s'inondait d'une joie intense. Je crois que ce phénomène était dû à quelque différence subite de coloration…

Presque sitôt entré, je tendis la lettre de ma bisaïeule, et la voyante, après l'avoir flairée, commença ses divagations. Je retenais mal mon rire devant l'agacement de mon ami à qui, tout à l'instant, j'avais fait part de ma supercherie. Il voulait interrompre la voyante ; mais celle-ci semblait inattentive à tout et parlait, parlait d'une voix atone mais nette et qu'enfin il nous fallut bien écouter.

(Elle fait le portrait d'une jeune fille – portrait si exact qu'à la fin je ne puis m'empêcher d'y reconnaître X., qui venait de m'écrire et dont j'avais glissé la lettre, que la concierge m'avait remise à l'instant que je quittais la maison, dans la poche même où j'avais mis déjà la première. Mon ami triomphait. À mon tour je devenais nerveux, mais je ne pouvais plus regimber et lorsqu'on me proposa de m'asseoir devant une table parlante… etc. j'acceptai.)

L'esprit qui vient révèle :

Depuis si longtemps que je te cherche, pourquoi ne veux-tu pas m'écouter ? Je rôde autour de toi sans cesse. Rien ne pourra m'arrêter.

Ne te souviens-tu plus ? (Il apprend qu'il a été roi d'Égypte.) Cette femme et lui se sont passionnément aimés. Elle est morte la première et l'a attendu, depuis ce temps, pathétique. (*Désespoir* de lui à ne point se souvenir.) Il a donc été *heureux ROI* ! il ne s'en souvient pas. Il a été aimé (expression admirable de cet amour) (promesse dans le passé – la chose qui a eu lieu – si belle qu'elle est capable de désenchanter complètement l'heure présente) et à la fin l'esprit fait allusion à une toute petite sensation sans aucune importance – *dont il se souvient.* Mais il ne se souvient que de cela.

Dialogue entre eux deux…

NOTICE

Gide et Edmond Jaloux se sont vus plusieurs fois au cours de l'année 1909, et assez longuement pour que Jaloux ait eu le temps d'ébaucher ce récit. Ce ne fut pas à Marseille, où Gide passa sans s'arrêter, mais à Paris, où l'équipe de *La NRF* se constituait, à laquelle Gide tentait d'intégrer Jaloux, au moins comme collaborateur secondaire, pourvoyeur de notes. Il l'invita ainsi à déjeuner, fin mai, à la Villa Montmorency, et encore le 9 décembre, et le 21, *La NRF* organise un banquet au restaurant Marguery en l'honneur de Jaloux. Il n'est pas impossible, mais douteux, que ce soit à l'occasion de cette réunion de vingt-cinq convives, que Jaloux ait fait à Gide son récit.

Il est assez inattendu de voir Gide s'intéresser à une histoire de voyance et de réminiscence, et pourtant, le côté progressivement décousu du récit, les indications de développement possible entre parenthèses, semble bien indiquer qu'il était décidé à s'approprier le récit apporté par Jaloux.

Pierre Masson

LE ROI CANDAULE

Version pour un opéra[1]

ACTE PREMIER

La scène représente une partie d'un jardin très soigné disposé en salle des fêtes. Un peu sur la droite, une table couverte de tous les apprêts du festin.

PROLOGUE[2]

Scène I

Le rideau se lève tandis que Gygès achève son monologue et découvre cette partie des jardins du roi où la table du festin est dressée ; la scène vers le fond à gauche dévale et la vue s'étend jusqu'à la mer.
Sur le devant de la scène, vers la gauche, la table du festin est dominée par des terrasses sur lesquelles s'ouvre le devant du palais : un escalier les relie au plan de scène.
Des serviteurs chargés de plats et de corbeilles vont et viennent au rythme d'une musique légère, achevant d'orner la table du festin. Le Chef des cuisines les dirige à la manière d'un maître de ballet.
Gygès qui était entré par la gauche s'écarte vers le fond droit de la scène, regagnant un couloir qui s'ouvrira sous l'escalier de la terrasse. C'est également par là qu'entrent et sortent les serviteurs chargés de plats.

1 Publié dans le *BAAG* n° 161, janvier 2009.
2 Le prologue est conservé sans modifications. Nous ne le reproduisons pas.

LE CUISINIER

Des fruits un peu partout...
Hé ! Gygès ! tu t'en vas ?
Non ! plus loin ces salades !
Gygès ! reste avec nous.

Il continue de s'adresser à Gygès qui est dans la coulisse.

Le roi retient dans son palais tous ceux qui passent.
Moi, je t'invite au nom de toute la cuisine.
Le roi veut que ce soir tant de vin soit versé
Qu'il en ruisselle encor jusque sur nos tables
Et que le moindre serviteur soit grisé.

GYGÈS

qui repasse, chargé de ses filets.

Je ne suis pas un serviteur du roi.

LE CUISINIER

Et qu'importe ? – si la table est trop pleine et déborde : profite.

GYGÈS

Cela ne me plaît point de profiter du roi.

Il sort par la gauche.

LE CUISINIER

Quel rustre ! Heureusement que sa femme est plus facile.

Aux serviteurs :

Pressons-nous, pressons-nous.

Divers personnages sont entrés et circulent. À la manière d'un chef d'orchestre, il accélère le temps de la musique au rythme de laquelle dansent les serviteurs.

Sébas et Archélaüs entrent par le devant de la scène à droite et vont aussitôt vers la table.

SÉBAS

prend des figues, en mange et en passe à Archélaüs…

Ouvre ton appétit !
Mon cher Archélaüs, je suis au désespoir :
Elle repart.

ARCHÉLAÜS

Qui donc ?

SÉBAS

La cuisinière.

ARCHÉLAÜS

Ta goton d'hier soir ?

SÉBAS

Son mari la remmène après souper.

ARCHÉLAÜS

Tant pis pour toi.

SÉBAS

Tant pis pour elle !
Quant aux joueuses de flûte…

LE CUISINIER

Il n'y en aura pas.

SÉBAS ET ARCHÉLAÜS

Oh !

LE CUISINIER

La reine n'en veut pas.

ARCHÉLAÜS

Nous nous consolerons en regardant la reine.

SÉBAS

Elle est donc au festin ?

LE CUISINIER

C'est la première fois qu'on la voit en public.

SÉBAS

Pourquoi se cache-t-elle ? – Se croit-elle trop laide ?

ARCHÉLAÜS

Non : trop belle au contraire.

SÉBAS

Quoi ? de l'orgueil ?

ARCHÉLAÜS

De la pudeur.

Tous deux rient.
Nicomède, Syphax, Pharnace descendent
de la terrasse où depuis un instant on les voyait circuler.

NICOMÈDE

Eh bien ! mon cher Syphax, – voilà
Qui ne s'annonce pas trop mal.
Syphax s'écarte de Nicomède avec volubilité.
Je commence à croire
Que, si le roi nous retient ici dans les fêtes,
Ce n'est pas par politique ni par sottise
Mais par une sorte de générosité indécise !...
Nicomède fait le geste qui soulignerait : « C'est cela ».

PHARNACE

Quand je le croyais sot, j'acceptais ses cadeaux.
Je n'ose plus, si je l'estime...
Phèdre, Simmias et Philèbe entrent par le devant
de la scène à gauche.

PHÈDRE

Non, crois-moi, Simmias : Candaule
A plus de sagesse que tu ne lui en accordes.
C'est une grande sagesse de se considérer comme heureux.

Malgré tous ses trésors,
Il sait le prix de l'amitié,
Qui ne s'achète pas avec l'or.

PHILÈBE

Si quelque chose empêchait son bonheur,
C'est de sentir près de lui des courtisans – pas un ami.

SIMMIAS

Il a sa femme.

PHILÈBE

On dit qu'il l'aime tendrement.

SIMMIAS

On la dit extrêmement belle.

PHÈDRE

Mais personne n'a pu la voir.

SIMMIAS

On dit qu'elle paraît au festin ce soir.

PHILÈBE ET PHÈDRE

Qui dit cela ?

Cependant Candaule, accompagné de quelques seigneurs, paraît vers le fond gauche de la scène, à cet endroit où une balustrade se détache sur la toile de fond. Il entend les dernières paroles.

SIMMIAS

se tourne pour lui dire :

Mais Candaule lui-même.

Scène II

CANDAULE

S'approchant et qu'entourent aussitôt tous les seigneurs.

Oui, Candaule le dit. Oui, la reine Nyssia
Ornera le festin ce soir. – Soir splendide…
La beauté de ce jour s'était jusqu'à cette heure accrue
Comme un hymne de joie qui monterait
Jusqu'à quelque vibration aiguë
Que les sens ne perçoivent qu'à peine.
À présent, tout s'apaise, et l'hymne s'alanguit ;
Mais sur la petite terrasse où nous étions il n'y a pas une heure,
On se pâmait.
Vous eussiez dû venir avec nous doux Philèbe ;
Les lauriers là-bas sont en fleurs
Et font dans l'ombre un parfum…

SYPHAX, NICOMÈDE ET PHARNACE

… Délectable.

LE ROI CANDAULE

– Je jalouse ton amitié, beau Simmias.
– Sébas, pour toi j'ai fait cueillir au loin des figues blanches.
– Pharnace, ton esprit m'a charmé.
– Les vers que tu m'as dits, cher Syphax, sont plaisants ;
– Hélas ! Archélaüs,
Ce soir il n'y a pas de joueuses de flûtes…
La reine sera là…
Si tu la regardais comme tu fis hier,
Sa pudeur en serait gênée[3].
Messieurs, la reine sera là.
Gardez à vos propos la plus grande décence.
La reine sera là.
Dans un instant je reviens avec elle.

Il se dirige vers le portique du palais,
monte quelques marches, s'arrête.

---

3 Vers suivi d'un vers biffé au crayon : « J'ai honte à réclamer de vous cette obligeance. »

Quel soir splendide !...
– Ô plénitude de mon bonheur !
Comment aurais-je assez de sens pour l'épuiser ?
Grâces vous soient rendues, Messieurs, qui m'aiderez,
Exprimant, comme la liqueur d'une grappe,
De cette fin du jour tout ce qu'elle a d'ivresse encore et de bonheur !
Une joie qu'on partage avec vous est doublée.
– Demain nous redirons cette belle journée...

Il s'éloigne.
Ici commence à se faire entendre dans la coulisse la musique qui doit accompagner l'entrée de la reine au-devant de laquelle est allé Candaule.

SYPHAX

Candaule est merveilleux.

ARCHÉLAÜS

Il est beau.

SÉBAS

Il est grand.

NICOMÈDE

Sa façon de recevoir est magnifique.

PHARNACE

Oui vraiment.

SYPHAX

Nous boirons tout à l'heure au bonheur de Candaule.

PHARNACE

Est-il heureux vraiment ?
Ou veut-il le paraître ?

NICOMÈDE

Se croire heureux vaut mieux que de chercher à l'être.

Scène III

Le roi et la reine apparaissent sous le portique du palais. Candaule est plus somptueusement vêtu que tout à l'heure, c'est-à-dire qu'il a revêtu le manteau royal dont deux esclaves porteront la traîne. Son turban est orné du diadème. Il donne cérémonieusement la main à Nyssia. Elle est vêtue d'azur lamé d'argent : un voile semi transparent retombe devant sa face à la manière orientale. Des esclaves entourent le couple royal, d'autres le précèdent et étalent un tapis. Au son des instruments, ils descendent lentement l'escalier.

LE ROI CANDAULE

à la reine

Dépouillez votre voile : tous sont de mes amis.

Des servantes voilées accourent, s'empressent autour de la reine et soulevant le voile qui couvre son visage le disposent en manière de coiffure.

LA REINE

Tant d'amis, cher Seigneur ! Je vous savais très riche,
Mais pourtant pas ainsi.
Que tous soient les bienvenus auprès de moi
Puisque vous me voulez près d'eux à cette table.

Tous s'asseyent.

Une certaine gêne suit les paroles de la reine.

LA REINE

continuant

Eh quoi ! vous vous taisez ! – Est-ce à cause moi ? –
Quel que soit mon plaisir de complaire aux désirs de Candaule,
Si la joie du banquet doit en être gênée,
Je quitterais cette table à l'instant,
Car la joie est ici
Mieux à sa place que la reine.

NICOMÈDE

Trop de splendeur d'abord étonne.

Sur les lèvres la louange expire
Et chacun en silence admire.

LE ROI CANDAULE

Paix ! Messieurs,
Voilà ce que craignait la reine :
Qu'on la loue.
Nyssia ! de grâce répondez-leur ;
Que votre esprit vienne à leur aide
Et guérisse le mal que leur a fait votre beauté.

LA REINE

Si vraiment mon visage est coupable,
Il est aisé, Seigneur, de l'empêcher de nuire plus.

Elle fait signe à ses servantes qui s'empressent autour d'elle pour rabattre sur son visage le voile qu'elles avaient tout à l'heure relevé.

LE ROI CANDAULE

irrité

Non, Nyssia, non… Encore un peu,
Tout le plaisir du festin serait gâté.
Enlevez tout à fait ce voile – Nyssia.

Les servantes, suivant l'ordre de Candaule, au lieu de rabaisser le voile le relèvent de manière à ce que maintenant le visage de la reine apparaisse complètement découvert : et tout aussitôt, les servantes qui jusqu'à présent étaient restées voilées elles-mêmes, relèvent également leur voile à l'imitation de la reine.

Et nous, Messieurs, en hâte,
Offrons notre première coupe à la joie !
Celle de ce festin dort encore.
Que les danses et les chants la réveillent !

Il fait signe au cuisinier maître de ballet qui, d'un geste emphatique, transmet l'ordre du roi à un chœur *de musiciens groupés sur la terrasse, un peu au-dessus du festin, comme dans une loggia.*

Des serviteurs chargés d'amphores arrivent en dansant et remplissent les coupes que tendent vers eux les convives. La reine refuse de laisser remplir sa coupe.

Nyssia ! – buvez aussi, Nyssia !

Sur l'insistance de Candaule, un serviteur emplit la coupe de la reine que celle-ci, contrainte un peu, approche un instant de ses lèvres.

SYPHAX

Au nom des amis de Candaule
J'offre ma coupe à la beauté parfaite
De Nyssia, femme de Candaule…

LE ROI CANDAULE

Paix ! Syphax.

SYPHAX

Et à Candaule aussi, qui, possédant un bien si rare,
Au lieu de le cacher à tous[4],
Consent à ce que nos regards respectueux et charmés s'en enivrent.

PLUSIEURS

tendent leur coupe.

Bien dit ! bien dit, Syphax ! Vive Candaule !

Pendant le toast de Syphax, de nouveaux serviteurs sont entrés vêtus autrement que les échansons ; ils apportent sur un grand plateau un monstrueux poisson doré. Archélaüs profite de l'animation générale pour se servir aussitôt gloutonnement lorsque le plateau passe près de lui, au moment que les serviteurs vont le déposer sur la table.

LE ROI CANDAULE

Non, Messieurs, ne me sachez point gré
D'offrir à ce banquet la beauté de la reine.

---

4 Vers biffé au crayon.

Vraiment, je souffrais trop de la connaître seul.
Plus l'admiration que je sentais pour elle était grande,
Plus je sentais aussi de combien je vous privais tous[5].
Je me semblais comme un cupide accapareur
Qui détiendrait injustement de la lumière.

ARCHÉLAÜS
avec un cri parmi le chœur confus des voix.
Par l'enfer ! Qu'est ceci ?
J'ai failli manger une bague !

NICOMÈDE ET D'AUTRES
Une bague !

ARCHÉLAÜS
Et je m'y suis cassé deux dents.

SYPHAX
à demi-voix.
Quel vorace animal !

ARCHÉLAÜS
Elle était dans la chair de ce poisson cachée ;
Vous riez !?

SYPHAX, ET D'AUTRES
se récriant.
Non certes.

SÉBAS
Mais tu prends de trop grosses bouchées !...

ARCHÉLAÜS
J'aurais pu m'étrangler.

NICOMÈDE
Voyons un peu la bague. La pierre en est jolie.

5 Deux vers biffés au crayon.

PHÈDRE

qui a repris la bague pour la repasser au roi.

La musique du petit orchestre de la terrasse s'arrête.

Attendez ! – Quelque chose d'écrit !

NICOMÈDE

se penchant vers Phèdre pour regarder.

La dorade a parlé.

LE ROI CANDAULE ET NYSSIA

Ah ? que dit-elle ?

Le soir est venu lentement sur la scène. Des serviteurs cependant ont apporté des flambeaux qu'ils disposent de manière à éclairer la table du festin ; d'autres, porteurs de torches, restent derrière le roi et la reine.

PHARNACE

s'empare de la bague et s'approchant d'un des flambeaux lit :

« Je cache le bonheur ».

TOUS

Le bonheur ? – Quel bonheur ?...

La musique du petit orchestre de la terrasse à ce moment veut reprendre, mais dès les premières mesures Candaule l'arrête et c'est dans le silence général qu'on l'entend dire au cuisinier chef :

LE ROI CANDAULE

Cuisinier ! – D'où vient ce poisson ?

LE CUISINIER

Un homme l'apporta tantôt.
Le poisson me paraissant beau, je l'achetai[6].

6 Vers biffé au crayon.

LE ROI CANDAULE

Quel genre d'homme était-ce ?

LE CUISINIER

Un pauvre pêcheur sans histoire.

LE ROI CANDAULE

Et que lui donna-t-on ?

LE CUISINIER

Quatre pièces d'argent.

LE ROI CANDAULE

Il méritait de l'or.

LE CUISINIER

Il est si malheureux que l'argent a suffi.

LE ROI CANDAULE

sursautant

Il n'y a pas de malheureux dans mon royaume

puis soudain se ressaisissant

Ou alors c'est que je ne le connaissais pas.
Quel est son nom ?

LE CUISINIER

Gygès.

LE ROI CANDAULE

Qu'on le fasse chercher ! – je voudrais le connaître.

LE CUISINIER

qui donne des indications à un homme.

On y court aussitôt.

LE ROI CANDAULE

songeur – répétant à lui-même

« Je cache le bonheur. »

Le roi s'est détourné ostensiblement de la table du festin pour suivre des yeux le serviteur qui vient de s'éloigner dans la direction de la plage ; il tourne complètement le dos au banquet. Nyssia se penche vers lui légèrement inquiète. La grande symphonie naturelle de la nuit que ne repoussent plus l'éclat des voix ni l'orchestre de la terrasse, envahit à présent le jardin. Les seigneurs, à l'imitation du roi, regardent du côté de la mer où s'éteignent les dernières lueurs du couchant, tandis que de-ci de-là quelques feux isolés s'allument. Le croissant de la lune paraît au-dessus de la mer.

SÉBAS

Il fait plus d'air ici que dans la salle.

PHILÈBE

Et ce coin du jardin est admirable sous la nuit.

NICOMÈDE

Quelle vue !
J'aime qu'elle s'étende ainsi jusqu'à la mer.

NYSSIA

Quelle est cette lueur ?

PHILÈBE

Madame, c'est la lune
Qui verse un sommeil argenté sur les flots.

NYSSIA

Non, plus bas que les feux pacifiques du ciel
Je vois un feu plus rouge
Qui jette une lueur
Dont la mer est ensanglantée[7].

---

7 Première version de ces deux vers : « Qui jette sur la mer / Une lueur de sang ». La correction est de la main de Gide.

SYPHAX

On dirait une hutte qui brûle.

NYSSIA

De pauvres gens qui vont se trouver sans abri.

PHILÈBE

Candaule ne dit rien et semble soucieux.

LE ROI CANDAULE

semblant se réveiller en sursaut.

On n'y voit presque plus. – Apportez des lumières !

Des serviteurs s'empressent, apportant de nouvelles torches et de nouveaux flambeaux.

Ma coupe est vide !
La vôtre aussi, Philèbe ! Pharnace… Le vin tarit.

Philèbe, à qui l'on propose du vin, refuse.

Parle alors, – car je m'inquiète.
Ces deux mots de la bague…
Je n'en peux distraire mon esprit.

NICOMÈDE

Bah ! Nous ne sommes plus en état
De résoudre une énigme.

PHARNACE

se soulevant pour trinquer avec les autres.

Buvons à Candaule ! l'homme le plus heureux de la terre.

LE ROI CANDAULE

frappant violemment la table de son poing.

Ah ça ! de mon bonheur, qu'en savez-vous ?

PHÈDRE

très calme

Rien, Candaule.

LE ROI CANDAULE

surpris par la solennité de la voix de Phèdre, se retenant.

Messieurs, pardonnez-moi.
Je ne sais quelle inquiétude
A pu m'emporter ? – Et vous Nyssia
Qui vous taisez toujours[8],
Dites – que pensez-vous de mon bonheur ?

NYSSIA

Votre bonheur, Seigneur ?…
Craignez qu'il ne se fane à rester découvert…

LE ROI CANDAULE

que le vin commence d'éprouver. Brutalement :

Alors recouvrez-vous !
Peu m'importe maintenant que chacun vous a vue.

Nyssia fait un signe de triste étonnement.

Ô Nyssia ! pardon ! – Hélas ! qu'ai-je pu dire ?
Je ne voulais pas vous peiner…
Mais c'est que pour moi, tout au contraire,
Mon bonheur semble
Puiser sa force et sa violence en autrui.
Il me semble parfois qu'il n'existe
Que dans la connaissance qu'en ont les autres,
Et que je ne possède
Que lorsqu'on me sait posséder.
Messieurs, croyez-le bien, c'est surtout
Lorsque vous profitez de ma richesse,
Que je la sens.
Je suis très riche. – Aucune ivresse
Ne peut me faire exagérer.
Je suis très riche.

PHÈDRE

très grave

Non, pas à ta richesse,

---

8 Vers biffé : « Sitôt qu'on ne réclame plus vos paroles ».

Non ! c'est à ton bonheur que nous buvons.

LE ROI CANDAULE

se soulevant et s'exaltant

Eh ! c'est encore pis !
Que savez-vous de mon bonheur ?

en monologue

Et qu'en sais-je moi-même ?

À plusieurs reprises, il a passé sa main sur son front. Il arrache à présent un grand éventail de plumes des mains d'un serviteur et s'évente.

L'air est cette nuit d'une mollesse lassante…
Eh bien ! ce Gygès ! Il n'arrive donc pas ?

Le roi Candaule se lève et chancelle un peu, mais très peu.

Apportez-moi du vin ! Je veux qu'ici chacun soit ivre !

On lui verse à boire. Il s'approche de Phèdre.

Nous griserons Gygès quand il viendra !…

Ici, l'ordre des convives se défait. Certains se lèvent et circulent : d'autres tendent des coupes aux danseuses et les invitent à trinquer. Le désordre augmente sensiblement et le festin, achevé maintenant, tourne à l'orgie – lorsque le cuisinier tout à coup paraît sur le devant de la scène avec Gygès.

LE CUISINIER

Roi, voici le pêcheur.

LE ROI CANDAULE

de la partie droite de la table où il s'est rassis

Ah ! Ah ! c'est toi, Gygès ?

GYGÈS

Oui, c'est moi Gygès, roi Candaule.

LE ROI CANDAULE

qui, d'un geste autoritaire, obtient à peu près le silence des convives.

Approche-toi, Gygès.

Pourquoi n'étais-tu pas au festin des cuisines ?

Gygès ne répond rien.

LE ROI CANDAULE

Qu'on lui donne une coupe. – Bois-tu du vin parfois ?

GYGÈS

Autant dire jamais.

LE ROI CANDAULE

Goûte cela.

Voyant qu'un serviteur va lui verser du vin ordinaire, il lui en verse lui-même.

LE ROI CANDAULE

Est-il vrai que tu sois si malheureux, Gygès ?

GYGÈS

Non, pas malheureux – misérable.

LE ROI CANDAULE

étonné

Es-tu très pauvre ?

GYGÈS

J'ai ce qu'il me faut.

SYPHAX

Il n'est pas trop bête pour un pêcheur.

LE ROI CANDAULE

Qu'as-tu donc ?

GYGÈS

J'avais une petite maison ;
Mais, en revenant de tes cuisines, roi,
Ma femme, qui s'était un peu soûlée chez toi,
En voulant attiser notre âtre
Pour chauffer ma soupe du soir,

A mis le feu à de la paille.
Et je ne sais pas bien comment,
La hutte étant en choses sèches, Tout a brûlé.

LE ROI CANDAULE
avec émotion, dégrisé peu à peu
N'avais-tu rien d'autre, Gygès ?

GYGÈS
Si, j'avais mes filets.
Ils ont brûlé avec la hutte.

LE ROI CANDAULE
en monologue
Eh quoi ! sur cette même terre,
Comment, près d'un bonheur tel que le mien
Se pouvait une telle misère ?
Je voudrais voir ta femme, pauvre Gygès.

ARCHÉLAÜS
Et moi aussi…

GYGÈS
La voir ? C'est facile, Candaule. Elle est non loin d'ici.
Je craignais de la laisser seule, tant elle est soûle,
Je l'ai prise avec moi jusqu'au palais.
Gygès sort.

SÉBAS
poussant le coude d'Archélaüs – à demi-voix
Archélaüs ! on va bien rire.
C'est elle – la goton !

ARCHÉLAÜS
à Pharnace
Candaule a vraiment là une idée admirable.
à Sébas
Est-elle belle au moins ?

SÉBAS

Bah ! Que veux-tu que soit la femme d'un pêcheur[9] ?

PHÈDRE

voyant reparaître Gygès et sa femme ; celle-ci ivre, est comme une sauvage, les cheveux sur le front, mal vêtue. Gravement :

Oh ! roi, ce que tu fais est dangereux !
Prends garde !

GYGÈS

Voilà, Messieurs, la femme de Gygès.

ARCHÉLAÜS

Hé ! Hé !

LE ROI CANDAULE

Elle s'appelle ?

GYGÈS

insistant sur le : Je

Je l'appelle Trydo.

SÉBAS

Ah ! ah ! Si j'avais su – Trydo ! Trydo !

LE ROI CANDAULE

à présent complètement dégrisé

Paix donc, Messieurs !
Laissez-moi parler doucement à cet homme.
Alors – maintenant, pauvre Gygès, tu n'as plus rien.

GYGÈS

Il vaut mieux pour moi n'avoir que peu
Mais l'avoir seul.

---

9 Cette réplique est suivie d'une réplique de Pharnace qui est biffée « Eh ! Eh ! j'ai parfois vu des paysannes… »

SÉBAS
s'esclaffe – à Archélaüs
Écoute-le.

GYGÈS
Je n'avais, avant, que quatre choses. Je n'en ai plus que deux.

LE ROI CANDAULE
Et quelles sont ces deux, brave Gygès ?

GYGÈS
L'une est ma femme.

SÉBAS
n'y tenant plus
Ah ! Ah ! mon doux Gygès, pour celle-ci
Tu peux être bien sûr que tu ne l'as pas tout seul.

LE ROI CANDAULE
indigné
Sébas !

SÉBAS
Non, mais ce rustre ose faire l'important.

LE ROI CANDAULE
Sébas !!

SÉBAS
Quand, pendant qu'il péchait son poisson jaune,
Hier, dans la cuisine… hein ! Trydo ?…
Archélaüs se tord.

NYSSIA *à Candaule*
Mais, Seigneur, c'est affreux.

LE ROI CANDAULE
Assez !
Je ne souffrirai pas qu'on insulte cet homme.

GYGÈS

Merci, Candaule. – Et toi, Monsieur,
Dont je ne connais pas le nom
Et je me soucie peu, certes, de le savoir,
Tu peux beaucoup sur moi, moi sur toi, rien.
Mais je peux tout sur cette femme.
Elle est à moi, te dis-je.

Il a pris un couteau sur la table et l'en frappe.

Elle est à moi. Elle est à moi.

Agitation parmi les serviteurs, fuite de certains de ceux-ci.

LE ROI CANDAULE

Empêchez-le.

NICOMÈDE

Archélaüs ! Sébas ! empêchez-le, voyons !

Sébas, qui s'est levé, se prend les pieds dans sa robe et, complètement ivre, roule sous la table. Désordre général. Nyssia se lève et veut sortir ; Nicomède tente de la retenir.

PHARNACE

avec dégoût

Ah ! cet homme est abominable !...

LE ROI CANDAULE

Non, Pharnace, admirable plutôt !
Et plus noble que toi, Sébas ! – Sébas !
Où donc est-il ?

NICOMÈDE

Il a fui sous la table.

LE ROI CANDAULE

Laisse-le donc, Pharnace – il est mieux là qu'ailleurs.
Nyssia, vous partez ?

La reine entourée et comme enveloppée par le groupe de ses servantes s'écarte et remonte lentement les marches de l'escalier vers le portique du palais.

Gygès, après être resté un instant près de sa femme morte, veut s'écarter.

Reste, reste, Gygès.
Gygès !!

GYGÈS

qui se détourne de Candaule

Non, sire.

LE ROI CANDAULE

Gygès !

GYGÈS

obstinément

Non.
Je n'ai plus maintenant qu'une chose sur terre.
Mais celle-là, nul ne pourra me l'enlever.

LE ROI CANDAULE

Quoi donc ?

GYGÈS

C'est ma misère.

LE ROI CANDAULE

Si, Gygès ; et celui qui te l'enlèvera,
C'est ton maître : c'est moi.

GYGÈS

Je ne suis pas ton serviteur, ô roi.

LE ROI CANDAULE

Bien dit ;
Non, tu n'es pas mon serviteur, brave Gygès[10] !
Et moi, je ne suis pas ton maître,
Mais ton ami. Aux serviteurs :
Qu'on prépare au palais une chambre pour lui.

---

10 Vers biffé au crayon.

Adieu, messieurs. Vous pouvez continuer à boire.

Le roi se retire vers la droite, entraînant Gygès, tandis que l'orgie reprend.

ACTE DEUXIÈME

Scène I

La scène représente une chambre du palais, ouverte sur la gauche, et terminée par une sorte de terrasse où sont les musiciens, Candaule et Gygès sont attablés devant les restes d'un souper. Ils sont presque étendus sur des sièges bas. Gygès est splendidement vêtu. Des musiciens achèvent une symphonie.

LE ROI CANDAULE

Cette musique à présent m'importune.
Cessez ! Gygès a vu ce que vous pouviez faire.
Toute émotion n'a d'exquis que sa surprise ;
Notre joie est pareille à l'eau mobile des rivières
Qui ne doit sa fraîcheur qu'à sa constante mobilité.
Aux serviteurs
… Allez ! Et sur les terrasses en fleurs
Où mes invités vous attendent,
Que votre musique légère
Écarte longtemps le sommeil…
Les musiciens se retirent. Des serviteurs s'empressent.
Laissez ce vin sucré. Gygès peut-être en boira-t-il encore…
Tends ta coupe. – Il vient de Chypre.
L'aimes-tu ?

GYGÈS

Je m'y fais.

LE ROI CANDAULE

J'en ai de meilleur.

Tiens, prends ce collier.

Il détache un de ses colliers et veut le passer au col de Gygès qui résiste.

Si, je le veux.
Tu me crois très riche ?

GYGÈS

Oui.

LE ROI CANDAULE

Très riche ?

GYGÈS

Aussi loin que mon regard peut s'étendre,
Ton royaume, dit-on, s'étend vers l'horizon.

LE ROI CANDAULE

Ô Gygès, il dépasse beaucoup l'horizon.

GYGÈS

… On dit que sur la mer tu as des îles ?…

LE ROI CANDAULE

Mes vaisseaux chargés en reviennent,
Sans cesse augmentant mes trésors.
Imagines-tu ce qu'il y a d'or dans mes caves ?

GYGÈS

Sans doute, presque autant qu'il en manque aux pauvres.

LE ROI CANDAULE

Ne parle pas des pauvres, Gygès !…
Je peux les faire riches comme des rois
Sans diminuer ma fortune !…

Avec une exaltation croissante.

Demain, nous visiterons mes palais.
Il y a de grands entassements de bijoux dans ma cave,
Des pierres, des métaux sans nom…

Nous nous promènerons dans mes jardins,
Où d'étranges poissons nagent dans des bassins.
Tu verras de fabuleux oiseaux dans mes volières.

GYGÈS

Que m'importent ces trésors ?
Tout ce que je ne dois pas posséder…

LE ROI CANDAULE

l'interrompant

N'as-tu donc pas compris Gygès, tout ce que mon amitié t'en propose.

GYGÈS

On n'a pas d'amitié – on a de la pitié pour un pauvre !

LE ROI CANDAULE

Pauvre ! tu ne l'es plus.
Lève-toi ! Vois ta robe est changée !…
Ô splendide Gygès qui donc aurait pitié de toi maintenant ?

Gygès s'est levé ; il regarde sa robe splendide,
mais semble soucieux et se détourne de Candaule.

Laisse ton ironie, Gygès, et ne résiste plus au bonheur.
Qu'importe que l'un donne et que l'autre reçoive,
Où tous deux goûtent ensemble aux mêmes biens.
Gygès, je veux te faire goûter au bonheur.
Ô Gygès ! trop longtemps, malheureux Gygès !
Je veux que ton plaisir aujourd'hui
Soit plus grand que ta peine était grande.

Les serviteurs desservent la table.

LE ROI CANDAULE

À quoi songe mon ami Gygès ?…
À cette heure du soir, que faisait-il hier ?
Fatigué par la vague amère, triste pêcheur…

GYGÈS

Il regagnait sa hutte où l'attendait Trydo.

LE ROI CANDAULE

Trydo, – c'est vrai. – Tu regrettes Trydo ?
Tu l'aimais ? – dis…

GYGÈS

Les nuits d'hiver, elle était chaude dans mon lit.
Je lui disais : Trydo ; elle répondait : Maître.
Moi, je croyais qu'elle m'aimait, j'étais heureux.

LE ROI CANDAULE

Gygès ! Pourquoi l'as-tu tuée ?

GYGÈS

Parce que je ne pouvais tuer l'autre.

LE ROI CANDAULE

Ah ! faut-il posséder si peu de chose
Pour souhaiter les posséder tout seul !…
Mais… si l'autre eût été… ton ami…

GYGÈS

Mon ami… Me tromperait-il[11] ?…

LE ROI CANDAULE

Il s'est levé : soucieux il marche à grands pas
dans le fond de la salle ; à demi-voix :

Que me proposes-tu, inquiète pensée ?…

Il se rapproche de Gygès.

Mais… s'il eût fait cela sans te tromper ?…

GYGÈS

Je ne te comprends plus.

LE ROI CANDAULE

s'éloigne de nouveau vers le fond de la salle
et éteint un flambeau.

Plus haut ! parle plus haut !

---

11 En marge, d'une autre écriture : *trop court. La progression est insuffisante, et brusque.*

Ma plus jeune pensée… Où veux-tu me mener ?
Il se rapproche de nouveau de Gygès.
Gygès, tu n'as pas vu la reine[12].

GYGÈS
Un peu, si, mais sans la regarder.

LE ROI CANDAULE
Non, tu ne l'as pas vue…
On ne peut pas ne pas la regarder, quand on la voit.
Elle le sait ; elle ne veut plus qu'on la voie.
Elle m'a dit : Cette première fois où j'ai paru soit la dernière !…
Gygès, je veux te montrer Nyssia.

GYGÈS
Quoi !… Que dis-tu ?… Tu ne l'aimes donc pas ?

LE ROI CANDAULE
avec passion
Oh ! plus que moi-même !
Aussi ne faudrait-il pas qu'elle sache…
Et elle, elle m'aime tant !…
Ceci te dira sa beauté.
Jamais, je n'ai désiré d'autres femmes.
Gygès… veux-tu connaître Nyssia ?

GYGÈS
Ah ! Tu veux m'éprouver ? Je ne veux pas la voir, moi.

LE ROI CANDAULE
comme insoucieux
Laissons cela. Tant pis. Gygès, écoute,
Tu m'as donné aussi, toi, quelque chose…
Dans la chair du poisson que tu péchais hier

12 En marge, d'une autre écriture : *bien brusque.*

Se trouvait cet anneau qui d'abord paraît sans valeur…
Soudain, j'ai découvert sa magique vertu.

GYGÈS

Moi Gygès ! je t'aurais donné quelque chose !…

LE ROI CANDAULE

Essayons-la, veux-tu ? Vois, regarde-moi bien –

Il s'est levé. Très ostensiblement, il passe la bague à son doigt. À ce moment, un subit éblouissement l'enveloppe, qui puisse aveugler un instant le spectateur.

GYGÈS

Oh ! Comme un grain de sel, tu te fonds.
L'air se ferme sur toi… Où donc es-tu ?… Candaule…

Ostensiblement Candaule a retiré l'anneau. Il est complètement inutile, par quelque artifice que ce soit, que Candaule disparaisse aux yeux des spectateurs ; les paroles et les gestes de Gygès suffisent à indiquer que Gygès ne le voit plus. Dès que Candaule a retiré sa bague, Gygès, se jetant à ses pieds, montre qu'il le voit de nouveau.

GYGÈS

Tu disparais et tu reparais comme un dieu.

LE ROI CANDAULE

Non comme un dieu, Gygès,
Mais comme tu vas faire toi-même,
Si tu mets cette bague à ton doigt…

Gygès, craintif, regarde la bague, puis ose la passer à son doigt.

Prodige ! Un songe, aux yeux du dormeur qui s'éveille,
N'est pas plus prompt à fuir…
Miraculeux anneau, protège le bonheur[13].
Chut !! J'entends Nyssia ?

---

13 En marge, d'une autre écriture : *trop court ceci.*

Tourné au hasard vers la place où il avait laissé Gygès, et qui est vide, car Gygès, comme empli d'effroi, s'est reculé.

Pas un mot ! Pas un bruit !
Sois invisible comme l'air.

En gagnant la large porte par où Nyssia va entrer il passe devant l'alcôve et éteint encore un flambeau de manière que puisse être dans l'ombre et presque dans la nuit cette partie de la salle, à droite du lit et en contrebas (car le lit est surexhaussé [sic] de quelques marches) où s'est réfugié Gygès.

Est-ce vous, Nyssia ?

NYSSIA
du dehors

… Seigneur ?

LE ROI CANDAULE

Venez-vous ?

NYSSIA

Lentement
Cette nuit est si belle !… Candaule, venez voir !
Quelle douceur dehors !

LE ROI CANDAULE
Entendant ces paroles, reste comme tremblant de triste tendresse… C'est à part lui et comme sanglotant qu'il dit :

Nyssia, mon amour ! Nyssia bien-aimée !
Soutiens-toi ! soutiens-toi, chancelante pensée !…
Vite, du vin ! En reste-t-il encore assez ? Je faiblissais.

Il boit, – au hasard, dans le vide.

Cache-toi ! Je fais une chose insensée…

Scène II

Nyssia s'approche un peu, mais pourtant reste dans la partie de la chambre qui forme terrasse et qui n'est éclairée que par la lune ; à présent un seul flambeau éclaire faiblement l'intérieur de la chambre. Instinctivement, bien qu'invisible pour elle, Gygès a frémi en voyant s'avancer Nyssia ; il se recule à gauche et, durant toute la scène, reste à demi dissimulé, enveloppé dans le rideau de l'alcôve qui le sépare nettement du couple royal. Bien que dans l'obscurité, il est encore en vue du spectateur, mais on sent à sa mimique sa résolution de ne point regarder, de ne point voir Nyssia. Candaule s'est approché de Nyssia.

NYSSIA

Écoute ! Vos musiciens que l'on entend sur la terrasse…
Pourquoi les avoir renvoyés là-bas ?

LE ROI CANDAULE

Mais pour être seul avec vous, mon amie.

NYSSIA

De loin, ainsi, leur musique est charmante.
Au gré du vent du soir, elle s'approche ou disparaît.
… Oyez ! on n'entend plus à présent que le silence.

Au bras de Candaule et penchée de plus en plus tendrement.

Que ces nuits et ces jours sans vous m'ont paru longs !

LE ROI CANDAULE

Nyssia ! comme vous je suis las
Des chants et des rires et de tout ce qui m'éloignait de vous.

NYSSIA

Pendant que vous fuyez, mon amour jeûne.
Je souffre à n'être plus seule avec toi.

Vous m'avez tant accoutumée à être heureuse !
Cher amoureux ami qui fîtes tant pour moi…

LE ROI CANDAULE

Ma Nyssia ! pour toi je ferai davantage –
Davantage toujours.
Ah ! tout ce qui s'est fait d'amoureux sur la terre,
Je voudrais que cela fût inventé par moi.
Hélas ! que puis-je faire ?

NYSSIA

Cher Candaule, m'aimer

LE ROI CANDAULE

Nyssia, je t'adore.
Viens, rentrons.
Il détache des épaules de Nyssia un manteau royal.
Tu pourrais prendre froid.

NYSSIA

Semble d'abord s'abandonner puis soudain, comme se ravisant, fait un geste vers l'unique flambeau qu'elle veut éteindre.

LE ROI CANDAULE

retenant son geste

Laisse. – Je veux te voir.
Nyssia, tout en riant, lutte un instant contre Candaule, et se penche vers le flambeau.

LE ROI CANDAULE

s'irritant

Laisse ! – laisse, te dis-je.

NYSSIA

comme jouant

Alors je veux une promesse.

LE ROI CANDAULE
comme acceptant le jeu
Je promets…

NYSSIA
Quoi ?

LE ROI CANDAULE
défaisant un vêtement de Nyssia et tourné vers Gygès mystérieusement, semble ne pas faire attention à ce qu'il dit.
N'importe ? – J'ai promis ! – tout ce que tu veux ! – Quoi ?

NYSSIA
laissant tomber une première robe
Que plus jamais tu ne relèveras mon voile
Devant d'autres yeux que les tiens.
Candaule angoissé chancelle.
Qu'as-tu ?

LE ROI CANDAULE
s'est assis, comme étourdi.
Je ne sais quoi. Donne-moi, je te prie,
Un peu de vin de cette cruche… Ce n'est rien.
Nyssia s'est écartée pour lui donner à boire.
Oh ! Oh ! Oh ! Oh ! Qu'est-ce que je m'en vais oser faire ?
Je ne peux plus…
Il serre les poings.
Candaule, tu faiblis.
Qui donc ferait jamais cela, si ce n'était toi ?
Courage !

NYSSIA
lui tendant à boire
Vous vous sentez mieux, mon Seigneur ?
Candaule boit.
Sur un ton différent
Je n'aime pas Philèbe, il est hardi.

LE ROI CANDAULE

Et Phèdre, te plaît-il ?

NYSSIA

Je ne le vois plus bien. Quel était-il ?

LE ROI CANDAULE

N'importe. Et Nicomède ?

NYSSIA

Il m'ennuie.
Va ! ne parlons plus d'eux. J'ai sommeil.

Cependant elle s'est peu à peu dévêtue. Elle arrange sa coiffure ; puis s'assied sur le lit qui est au fond de la pièce pour enlever ses sandales.

LE ROI CANDAULE
agenouillé

Laisse-moi t'enlever moi-même tes sandales.

Les cheveux de Nyssia se défont et ruissellent sur Candaule agenouillé.

J'aime quand tes cheveux se répandent sur moi.

NYSSIA

Et ce pauvre pêcheur… qu'est-il devenu ?
Je pense que tu l'as guéri de sa misère.

LE ROI CANDAULE
gêné

Chut ! Tais-toi.

NYSSIA

Pourquoi me taire ?
Crois-tu que je ne connaisse pas ta bonté ?

LE ROI CANDAULE

Nyssia !…

NYSSIA

Comment l'appelles-tu ? – Réponds.

LE ROI CANDAULE

Je ne sais pas.

NYSSIA

Le malheureux ! ce qu'il a fait est terrible.
Je le plains.
Oh ! comment une femme peut-elle… ?
Il a bien fait de la tuer.
Appartenir à deux… Oh ! c'est horrible !

LE ROI CANDAULE

Parle donc plus bas, Nyssia.

NYSSIA

Plus bas ? Pourquoi ?

LE ROI CANDAULE

Ces mots me sont pénibles.

NYSSIA

Oh ! pardon. Je ne veux même plus y penser.
Oublions que jamais on pût être infidèle…
Candaule, mon amour.

LE ROI CANDAULE

Nyssia, bien-aimée.

NYSSIA

qui achève de s'apprêter pour la nuit.

Je ne peux dénouer cette boucle-là ; défais-la.

Une rumeur de chants lointains s'est élevée.

Entends-tu ces chants ?

LE ROI CANDAULE

Ce sont mes hôtes qui m'attendent

Et trouvent que la nuit avance ;
Je leur avais promis de les revoir ce soir.

NYSSIA

Si tu les laissais, dis ?

LE ROI CANDAULE

qui veut s'éloigner

Un instant seulement. – Repose, Nyssia ;
Je reviens aussitôt… Couche-toi, mon amie…
Que tu es belle, Nyssia !

Nyssia s'est presque complètement dévêtue.
Gygès, malgré lui, regarde et s'est avancé ;
on sent qu'il lutte, et voudrait ne pas voir ;
au moment où Nyssia va laisser tomber son dernier voile,
il s'élance vers le flambeau et le jette à terre.

LE ROI CANDAULE

Gygès !!

NYSSIA

très effrayée ramène sur elle rideau de lit ou robe.

Oh ! Qu'y a-t-il ?

LE ROI CANDAULE

exalté et grisé par ce qu'il veut faire

En passant j'ai heurté ce flambeau…
Rassure-toi ; je reviens vite.

Nyssia se couche.

VOIX DU DEHORS

Candaule ! Roi Candaule ! On t'attend : on se lasse…

LE ROI CANDAULE

criant

Amis ! Me voici ! Me voici…

Il se heurte à Gygès, qui veut sortir aussi,
complètement affolé et le manteau ramené sur le visage.

Impérieux

Toi ! Reste !

S'en allant

Et maintenant : que tout autour de moi soit heureux !

Il sort.

ACTE TROISIÈME

Même décor qu'au premier acte. Syphax, Nicodème et Pharnace s'entretiennent sur la droite.

Scène I

SYPHAX

Moi, que m'importe l'échanson !
Quand, sans paraître il verse son
Vin clair par-dessus mon épaule.
Moi ! sans regarder l'échanson,
J'offre ma coupe au roi Candaule.
Mais quand l'échanson c'est Candaule,
J'offre ma coupe à l'échanson.

NICOMÈDE

Oui, tes vers sont plaisants.

Entre Philèbe.

As-tu vu Candaule, Philèbe ? – Nous le cherchons partout.

PHILÈBE

dans une grande agitation

Je le quitte à l'instant.

SYPHAX

Où donc est-il ?

PHILÈBE
avec volubilité

Partout !
Partout et nulle part ; il fuit ; il rôde ; il erre.
Ah ! mes amis ! – Laissez-moi rire !
Ah ! l'admirable histoire, ah ! ah !
comme essoufflé d'avoir trop ri.

PHARNACE ET SÉBAS

Que veux-tu dire ?

PHILÈBE

Vous savez cet anneau.
Il rit.

ARCHÉLAÜS

C'est l'aventure la plus folle[14].

NICOMÈDE, PHARNACE ET SYPHAX

Va donc, nous t'écoutons.

PHILÈBE

Vous savez cet anneau qu'un de nous découvrit
Dans le poisson de l'autre soir…

PHARNACE

Qui faillit étrangler Sébas[15] ?

PHILÈBE

Ah ! mes amis ! Si vous saviez la suite…
Elle est si drôle…

LES SEIGNEURS

Raconte ! Allons !

14 Les répliques de Philèbe et d'Archélaüs sont biffées au crayon.
15 Distraction de Gide : c'est Archélaüs qui a failli s'étrangler.

PHILÈBE

Je ne sais comment la raconter.

LES SEIGNEURS

rumeurs d'impatience – Ils s'écartent.

PHILÈBE

Non ! mais si vous aviez pu voir Candaule !

LES SEIGNEURS

revenant

Que fait-il donc ?

PHILÈBE

Il cherche.

LES SEIGNEURS

Il cherche quoi ?

PHILÈBE

criant

L'anneau. Écoutez. Écoutez... C'est l'aventure la plus folle.

Les Seigneurs de nouveau dispersés
se rassemblent autour de lui.

Il paraît donc qu'hier matin...
Nul de nous ne pensait plus à cet anneau.
Sans y faire attention, le roi le passe au doigt.
Il était avec nous... Vous souvient-il – soudain
Que ne le voyant plus, nous le cherchâmes ?
Il n'était pas parti.

PHARNACE ET NICOMÈDE

impatientés

Raconte. Explique-toi.

PHILÈBE

Il paraît que l'anneau... Vous ne me croirez pas.

LES AUTRES
en chœur

Parle ! parle !

PHILÈBE

Et c'était là le sens des deux mots grecs…
Très sérieux
On ne voit plus qui met cette bague à son doigt :
L'anneau rend celui qui le porte invisible.

LES AUTRES
en chœur

L'histoire est fort jolie. Ah ! ah !

PHILÈBE

Attendez donc la fin !
Osant lui-même à peine y croire,
Le roi veut s'assurer du pouvoir de l'anneau sur quelqu'un.
Gygès se trouvait là : sans donc chercher plus loin
Il lui passe l'anneau ; Gygès le met… Plus rien !

SÉBAS ET ARCHÉLAÜS

Comment plus rien ?

PHILÈBE

Plus rien.
Gygès a-t-il compris sa soudaine puissance ?
Toujours est-il qu'il a pris la fuite en silence.
Gygès portant l'anneau, l'anneau cachant Gygès,
Disparu – disparu… Candaule peut chercher !
Gygès n'est pas si bête ; il est partout caché.
Gygès est entré cependant par la droite et, avançant lentement, vient, en sorte qu'à la fin du récit de Philèbe il soit en face du conteur, et comme au milieu des seigneurs qui l'entourent ; Gygès reste tournant le dos au public.
Qui sait trouver sans voir est bien habile.
Candaule erre, criant : Avez-vous vu Gygès ?
Mais qui donc à présent le verrait…

Candaule a bien trouvé son maître !
Où Gygès veut, partout, Gygès peut être.
Que peut quelqu'un, contre quelqu'un qu'on ne voit pas ?
Que ferions-nous, Messieurs, si tout à coup sa voix
Venait nous avertir qu'il est là…
Écoutant nos propos, et tout prêt à crier imbéciles.

GYGÈS
à voix haute

Imbéciles !

À la voix de Gygès, chacun des seigneurs s'enfuit où il peut.
Dans son effroi, Archélaüs heurte un arbre, et croyant avoir heurté Gygès :

ARCHÉLAÜS

Pardon…

La scène reste vide avec seulement Gygès.

Scène II

GYGÈS

Sitôt seul il s'est laissé rouler à terre contre le banc où était assis Philèbe, comme écrasé de honte ou de désespoir.

Mon anneau ! mon anneau !

Il le presse à ses lèvres.

Cache-moi ma pensée !…
Tu leur fais peur à tous, invisible Gygès.
Anneau ! Que ne peux-tu me cacher à moi-même ?
Car Gygès a peur de Gygès.

Il se prend la tête dans les mains et sanglote.

Sous mes embrassements trop durs t'ai-je blessée ?
Qu'ai-je fait ? qu'ai-je fait ?
Plein d'amour et d'effroi, j'ai fui, je l'ai laissée
Dormant encore et sur le lit posée…
J'ai couru dans la nuit ; j'ai fui comme un voleur.
Sur le gazon glacé, laver dans la rosée

La fièvre de mes mains, l'horreur de ma pensée,
La rougeur de mon front, le crime de mon cœur…
J'entends venir… Où me cacher ?… C'est elle…
Il reste à terre, appuyé un peu contre le banc.

Scène III

Candaule entre suivi de Nyssia. Candaule est taciturne et soucieux ; son visage se détourne, il regarde çà et là vers le fond du jardin ; sans précisément repousser Nyssia, il s'écarte d'elle et lui retire sa main.

NYSSIA
tendre et pressante
Candaule, cher époux ! C'est là votre souci ?
Qu'avait donc cet anneau
Pour que sa perte à ce point vous tourmente ?
C'est là ce qui vous fit me quitter si tôt ce matin ?
Dès l'aube, tiède encore, éveillée à demi,
Mes mains sur le lit vous cherchèrent,
Hélas ! et ne trouvèrent qu'une place glacée.
M'avez-vous pu quitter quand je vous aimais encore ?
Ah ! si vous ne savez pas ce que vous gardait mon éveil…
– Je vous suis à travers le palais, le jardin,
Cher époux inquiet ! C'est moi que vous fuyez ?
De cet anneau perdu je vais être jalouse.
Il va vous occuper plus que moi, votre épouse.
Vous ne me dites rien ? Votre bouche est ingrate.
Qu'importe cet anneau ? Vous avez tant de biens !…
Vous qui donnez toujours,
Imaginez que simplement vous le donnâtes.

LE ROI CANDAULE
s'assied sur le banc derrière lequel était caché Gygès.
Ah ! Je voudrais le revoir seulement.

NYSSIA

sans s'approcher de lui.

En attendant, chassez de votre front ces rides.
Ce matin est si beau ! – Voyez ! dans l'air limpide
Tout paraît amoureux comme nous, et riant…
De cette nuit, Seigneur, je me sens presque lasse.
Ah ! Candaule, votre amour m'est plus beau que le jour,
Et cette nuit m'était…

Elle s'approche de Candaule, se penche sur lui.

LE ROI CANDAULE

l'interrompant brutalement

Ne parlez plus de cette nuit, ma femme.

NYSSIA

Seigneur, je ne puis me taire…
Mais votre Nyssia se souvient tout entière,
Et se redit encore, un à un, vos baisers.
Ah ! de toutes nos nuits, nuit d'amour la plus belle !

LE ROI CANDAULE

Tais-toi ! tais-toi, te dis-je.

NYSSIA

Seigneur, – vous étonnai-je ?… Qu'ai-je dit ? Qu'avez-vous ?
Pourquoi vous levez-vous ? – Vous partez ?

LE ROI CANDAULE

Toi, Candaule, jaloux. Ah ! fi !
Mauvaise passion, tu te tairas.

Il fait le geste de se dompter.

Nyssia veut l'attirer sur le banc, saisit un pan de sa robe.

Non ne me suivez pas. Laissez-moi, Nyssia.

Il se dégage et sort.

Gygès durant cette scène s'est peu à peu relevé.

Scène IV

GYGÈS
à demi-voix
La plus belle des nuits !... Assez ! – assez !
Il arrache l'anneau de son doigt.
Ah ! dussé-je en mourir – il faut que je lui parle !
Il arrange ses vêtements défaits et s'approche.
Madame !

NYSSIA
surprise, rabaisse son voile.
Ah ! vous m'avez surprise !
Je n'entendais personne approcher.

GYGÈS
incliné vers elle
Ah ! Madame...

NYSSIA
Que voulez-vous ?

GYGÈS
lui tend la bague.
Cet anneau que Candaule cherche, – le voici.

NYSSIA
Cet anneau !... Pourquoi
Ne l'avez-vous pas remis à lui-même ?

GYGÈS
C'est à vous que je veux le remettre d'abord.

NYSSIA
Mais comment l'avez-vous ?

GYGÈS
Le roi me l'a donné.

NYSSIA

Mais qui donc êtes-vous ?
Vous n'étiez pas, je crois, au festin l'autre soir.

GYGÈS

Si… mais je n'y arrivai qu'à la fin du festin…
Je suis Gygès – Vous souvient-il, Madame,
De Gygès, le pêcheur ? après lequel vous demandiez
Hier soir, à Candaule :
« Et ce pauvre pêcheur, – qu'est-il devenu ? »
Le voilà.

NYSSIA

un peu déconcertée d'abord.

Sous ces riches habits, comment te reconnaître, pêcheur,
C'est la bonté du roi qui t'a donné cela ?

GYGÈS

confusément

Oui, reine ; il m'a donné tout cela… tout cela
Et l'anneau que voici.

Il s'incline et le lui tend.

NYSSIA

Je vais le lui remettre.

GYGÈS

De grâce… un mot encore, Madame… cet anneau…

La reine regarde la bague et va la mettre au doigt.

Ah ! ne le passez pas à votre doigt !

NYSSIA

Pourquoi ?

GYGÈS

anxieux à la pensée de ce qu'il va dire.

L'anneau…

NYSSIA

Parle, pêcheur.

GYGÈS

Rend celui qui le porte invisible.

NYSSIA

Mais dis : Pourquoi le roi t'avait-il donné cet anneau ?

GYGÈS

Pour voir sans être vu.

NYSSIA

Et qu'est-ce que le roi
Pouvait ainsi montrer ?

GYGÈS

tombant à genoux aux pieds de Nyssia.

Vous, Nyssia !

Il tend aussitôt vers elle un poignard,
qu'elle prend machinalement.

Frappez-moi ! Frappez-moi !... c'est moi qui, cette nuit...
C'est moi qui vous laissais ce matin endormie...
Ah ! j'aurais pu me taire et vous n'eussiez rien su.
Que cette nuit d'amour...

NYSSIA

dont la confusion augmente à chaque parole de Gygès
et qui commence seulement à comprendre,
jette un cri et l'interrompt.

Candaule ! – Horreur ! Horreur ! Je croyais être aimée.

GYGÈS

qui se redresse un peu.

Mais vous l'étiez, Madame...

NYSSIA
emportée

Tu dis ?

GYGÈS
tendrement

Vous l'êtes, Nyssia.

NYSSIA
comme prenant brusquement son parti à ces mots, lui mettant le poignard dans la main.

Va le frapper.

GYGÈS
hagard

Qui ?... Lui ?...

NYSSIA

Va le frapper.

GYGÈS
laisse tomber le poignard à terre.

Je ne peux pas.
Mon ami !... mon ami...

NYSSIA

C'est bien mon époux ! Tue-le.

GYGÈS

Je ne peux pas... C'est lui qui m'a donné...

NYSSIA

C'est lui qui m'a trahie.
Elle déchire son voile.
Il revient. – L'un de vous deux doit mourir.
Vite... reprends l'anneau... Frappe-le ! Frappe-le !

GYGÈS

éperdu

Eh quoi ! sans me montrer ?

NYSSIA

Pour moi tu t'étais bien caché !

GYGÈS

Il m'a donné l'anneau.

NYSSIA

exaspérée par cette résistance.

Oh ! mais il faut pourtant que l'un de vous deux soit jaloux !

Elle saisit Gygès et l'embrasse
furieusement sur les lèvres.

Oh ! tu le frapperas, Gygès… oh ! tu le frapperas !
L'anneau ! Mets donc l'anneau.

Elle lui met l'anneau au doigt.

Cache-toi !… Le voilà.

Candaule entre avec Phèdre, il lui parle ;
Nyssia et Gygès se reculent dans le fond de la scène.

Scène v

LE ROI CANDAULE

à Phèdre, à demi-voix

Non, Phèdre, si tu m'aimes
Reste encore jusqu'à ce banquet,
C'est le dernier, te dis-je ; le dernier…
Ils n'auront pas encore fini de boire
Que je leur dirai : maintenant, laissez-moi ;
Ces palais, ces festins
Me doivent maintenant appartenir à moi tout seul,
Et Nyssia…
Et Nyssia, tu sais : maintenant je l'enferme
Dans l'ombre, loin de tous, pour moi tout seul ;
Comme un parfum subtil, indiscret, qui s'évente…

Laisse, n'en parlons plus à présent ; la voilà.
Tu seras du festin ?

PHÈDRE

J'y serai.

LE ROI CANDAULE

Laisse-moi !

Phèdre sort.
À Nyssia

Le banquet est tout prêt… Il est bientôt midi.
C'est l'heure où les Seigneurs mes hôtes vont venir.
Nyssia, jusqu'à votre chambre je vous accompagne.

Il s'approche d'elle qui recule.
Gygès est un peu derrière eux.

NYSSIA

Non. – J'assiste au banquet.

LE ROI CANDAULE

Quoi ! vous voulez…

Il s'aperçoit du trouble de la reine.

Qu'avez-vous, Nyssia ?

NYSSIA

se recule encore et, tournée vers l'invisible :

Frappe ! Frappe ! Gygès ! – Prenez garde, Candaule…

Anxieusement :

Frappe ! – Mais frappe donc… Ah !

Gygès frappe Candaule au moment
où celui-ci commence à s'inquiéter.

LE ROI CANDAULE

tombé à terre, vers la gauche de la scène.

Quoi ! c'est toi, mon Gygès !?
Pourquoi m'as-tu frappé ?
Je ne sentais en moi rien que de la bonté.
Enlève ton anneau…

Je voudrais te revoir.

Gygès un instant hésite, puis jette la bague loin de lui.

GYGÈS

épouvanté et désolé, s'agenouille vers Candaule et, penché vers lui :

Candaule, mon ami…

Candaule meurt.

NYSSIA

le tirant par la robe.

Levez-vous, roi Gygès !

GYGÈS

hagard

Moi, Gygès !… Roi ?

NYSSIA

Vous êtes mon époux, je suis la reine.
Voici vos invités. Levez-vous ! – tenez-vous !

Elle enlève le diadème du turban de Candaule.

Mettez cette couronne. – Ah ! ce voile m'étouffe.

Elle l'arrache complètement.

LES SEIGNEURS

s'approchant un peu – rumeur.

Candaule !
Oh !
C'est affreux.

NYSSIA

royalement, au bras de Gygès.

Chers Seigneurs, venez-vous ? Le banquet vous attend.

Impudiquement

Archélaüs ! – ce soir nous aurons des danseuses.

Phèdre sort, entraînant Simmias.

GYGÈS

qui s'est remis un peu.

Asseyez-vous, Messieurs.

Hostilement vers Nyssia

Ce visage si beau, Madame,
Je croyais qu'il devait rester voilé.

NYSSIA

méprisante

Voilé pour vous, Gygès. Candaule a déchiré mon voile.

GYGÈS

très brutalement lui ramène un pan de son vêtement sur le visage.

Eh bien ! recousez-le.

SYPHAX

au milieu de la rumeur que ce mouvement provoque.

Allons, Messieurs, buvons au bonheur de Gygès.

Toasts – Joie cynique – entrée des serviteurs.

NOTICE

Plusieurs années après la représentation du *Roi Candaule* par Lugné-Poe, après les péripéties que l'œuvre avait connues en Allemagne, Gide est revenu encore une fois à son drame mais pour une tout autre destination, à savoir répondre à la demande du compositeur Henry Février de lui fournir un livret d'opéra. Il sera question de ce projet entre 1913 et 1919 mais il n'aboutira pas[16]. Une trace en est pourtant gardée, à savoir un manuscrit dactylographié de 63 feuillets conservé à la Bibliothèque littéraire Jacques-Doucet[17]. On a pu croire

16 Sur cette collaboration manquée, voir Jean Claude, *André Gide et le théâtre*, *op. cit.*, t. I, p. 98-99.

17 Sont conservées également à la Bibliothèque littéraire Jacques-Doucet quatre pages autographes qui sont un fragment du manuscrit dactylographié (fragment de l'acte II, scène I).

que ce manuscrit constituait une série de variantes par rapport à la version théâtrale[18]. En réalité, il s'agit bien d'une nouvelle version, indépendante du drame, qui a sa propre cohérence, qui représente un texte original.

Le manuscrit porte l'indication « Remaniements en vue de l'Opéra[19] ». Mais davantage qu'un texte remanié, on est bien en présence d'un texte réécrit. Que sa rédaction ait été influencée par les suggestions du compositeur ne fait aucun doute. Il suffit de se rapporter au récit qu'en fait Roger Martin du Gard à son ami Marcel de Coppet[1]. On devine cependant la méthode que Gide s'est imposée. S'il a gardé bon nombre de fragments du texte initial, il en a supprimé maints passages et il en a récrit d'autres, obtenant ainsi un texte plus resserré, plus dense sur le plan dramatique, où sont davantage soulignés les effets scéniques. L'action est concentrée sur les trois personnages principaux, Candaule, Gygès et la Reine, la présence des courtisans étant quelque peu estompée. Plus spectaculaire, ce nouveau texte est plus riche en indications sur les décors et les costumes, accentuant ainsi le luxe qui entoure Candaule. Certains ajouts concernent les déplacements ou les groupements des personnages, ou encore les intonations, souvent d'ordre psychologique. Quelques notations soulignent la présence de la musique ou suggèrent des mouvements chorégraphiques. On peut considérer ce livret moins riche que le texte original, mais ce qui se perd des dialogues nuancés et subtils gagne en efficacité dramatique. À noter que ce manuscrit dactylographié comporte des corrections. L'une est à l'encre de la main de Gide. D'autres indications concernent la suppression de certains vers ou le rythme. Elles sont au crayon d'une écriture autre que celle de Gide. On aurait pu penser à Henry Février mais, vérification faite, ce n'est pas son écriture. Risquons l'hypothèse qu'elles pourraient être de la main d'un collaborateur du compositeur.

Ce document que nous reproduisons ici présente un intérêt particulier. Il est le signe de la disponibilité de Gide pour de nouvelles expériences, même si elles n'aboutissent pas comme il en va de cette version, et de sa faculté d'adaptation, des qualités que l'on retrouve tout au long de sa

18 C'est l'hypothèse retenue par Patrick Pollard dans l'édition critique qu'il a donnée du *Roi Candaule* (Centre d'études gidiennes, 2000).

19 L'écriture ne paraît pas être celle de Gide. Il n'est guère possible de l'identifier.

carrière d'écrivain, qu'il écrive ou projette d'écrire pour un compositeur, qu'il adapte une œuvre pour le théâtre comme le *Post-Office* de Tagore ou *Le Procès* de Kafka, ou qu'il traduise Shakespeare.

Jean CLAUDE

UN FRAGMENT INÉDIT DES *FAUX-MONNAYEURS*

Édouard en face des Dadas[1]

[ÉDOUARD EN FACE DES DADAS]

Mais laissez-les donc se méprendre. Il m'a toujours plu de passer pour ce que je ne suis pas, et l'opinion fausse que certains se font de moi, j'ai toujours tenu pour maladroit de chercher à la redresser. C'est affaire aux critiques futurs. Ils me croient un esprit prudent, timoré ; certains même vont jusqu'à prétendre que mes derniers écrits marquent un secret souci d'obtenir je ne sais quels honneurs. Ils ne peuvent s'élever jusqu'à comprendre que j'éprouve à leur déplaire aujourd'hui, le même plaisir que j'éprouvais, en leur plaisant hier, à déplaire à d'autres classes de lecteurs. Je prétends que mes écrits soient aimés pour leur valeur profonde – qui est la beauté de l'apparence ; et je leur défends d'avoir d'autre secret que celui même de leur beauté.

Eux ne s'inquiètent jamais que de savoir si la pensée d'un auteur incline vers la droite ou vers la gauche. Ils ne parviennent pas à comprendre que tel de mes poèmes se repose sur le flanc droit, comme Le Jour de Michel Ange, tel autre sur le gauche, comme sa Nuit[2].

Ils me font penser à de petits enfants qui sont très épatés par ce qu'un de leur camarade a osé dire merde au curé. Ne vous paraît-il pas que c'est un peu puéril que de trépigner devant le camp ennemi, de traverser la rue, vite, devant une auto, ou de faire des ks ! ks ! devant un fauve en cage. Il y a des choses que je hais autant qu'eux,

1 Publié dans le *BAAG* n° 189-190, printemps 2016.

2 Il s'agit de sculptures allégoriques ornant le tombeau des Médicis, dans l'église San Lorenzo de Florence.

je vous assure ; mais c'est d'une manière plus sournoise et plus courageuse à la fois. C'est au centre du camp, non sur les bords que je veux porter l'incendie. Parce que j'ai pris la livrée de l'ennemi ils me croient transfuge… qu'ils attendent. Laissez-les se méprendre ; ce n'est pas pour être applaudi par eux, que j'agis ; ce n'est pas pour être applaudi de personne. Au contraire, j'ai besoin d'être méconnu pour agir.

*

Il leur reprochait l'enfantillage de leur droiture ; et je ne compris pas d'abord ce qu'il voulait dire par là ; mais il s'expliquait en disant que ceux qui mettent vraiment les feux aux poudres ne sont pas ceux qui disent : nous allons mettre le feu aux poudres, que rien n'est moins perfide qu'un éloge de la perfidie – et que déjà ceci le prévenait contre eux, de les voir, entre eux, si bien s'entendre – car ce n'est jamais que le moins exquis de soi que l'on pourrait mettre en commun. Il leur reprochait enfin de jouer gros et de s'en tenir aux apparences. Il leur reprochait de n'inventer que des poncifs.

NOTICE

Gide avait d'abord semblé faire bon ménage avec les dadaïstes, en particulier avec Aragon et Breton. Tandis que ceux-ci reconnaissaient en Lafcadio un héros selon leur cœur, il publiait dans *La NRF* d'avril 1920 un article qui se voulait compréhensif à l'égard de leur radicalisme. Cependant, leurs conceptions respectives de l'art étaient trop antinomiques pour que ce compagnonnage fût durable. La rupture fut consommée lorsque Breton publia dans *Littérature* de mars 1922 sa fausse interview « André Gide nous parle de ses *Morceaux choisis* » où, à la manière d'Arthur Cravan dix ans auparavant, il lui reprochait notamment une tendance à pontifier et un manque d'audace.

C'est peut-être à partir de là que Gide, qui songeait à la future parution de *Corydon* et de ses Mémoires, conçut cette riposte en la plaçant dans la bouche d'Édouard. Mais il dut ensuite juger secondaire cette polémique, le personnage de Strouvilhou étant pour lui l'occasion d'interrogations beaucoup plus générales.

Pierre MASSON

ROBERT OU L'INTÉRÊT GÉNÉRAL[1] (VERSION DE 1936)

ACTE II

Chez Boris Orlov.

Scène I[2]

BORIS, IVAN, VERA, *puis* MICHEL

BORIS

Mes enfants, vous aurez beau dire, c'était à moi d'aller chez lui[3]. Vos conseils sont les meilleurs du monde et je sais parfaitement que je n'ai pas su me conduire dans la vie. Mais il importe de pouvoir aller jusqu'au bout de son geste et vous me mettez ici dans une position que je ne saurai pas maintenir. Depuis que je lui ai téléphoné… d'abord c'est un mensonge que vous m'avez fait lui dire : j'étais parfaitement en état de sortir. Est-ce que j'ai l'air d'un infirme ? ou vais-je devoir jouer la comédie ?

VERA

Mais papa, c'est lui qui a besoin de ton invention ; il est juste que ce soit lui qui vienne te trouver.

---

1 Publié dans le *BAAG* n° 163, juillet 2009.

2 Cette scène regroupe, avec un certain nombre de variantes, les deux premières scènes de la version définitive : *RR2*, p. 930-933.

3 C'est-à-dire chez Monsieur Robert Dormoy. S'il a peu hésité sur le prénom, désireux de lui donner celui du héros de sa trilogie *L'École des femmes*, Gide en revanche a beaucoup hésité sur le patronyme. Antérieurement, on trouve Monsieur de Dorville, Monsieur Dorfeuil et même Monsieur Duprofit.

BORIS

Il a besoin de mon invention… et moi j'ai besoin de la vendre. Je travaille sans songer à l'argent, c'est vrai. Mais sans argent, je ne pourrais plus travailler. Je ne suis pas un rentier et je n'accepte pas de vivre à votre charge. Il n'est que juste de… C'était à moi de me déplacer…

VERA

Il a son auto. Un déplacement lui coûte moins qu'à toi…

BORIS

Et quand il va entrer, je vais d'abord m'excuser de…

VERA

Tu n'auras pas à t'excuser du tout. Penses-tu qu'il t'aurait remercié d'être venu ?

BORIS

Même si je ne m'excuse pas, je vais me sentir devant lui mal à l'aise.

VERA

Tu serais bien plus mal à ton aise chez lui. Ici, c'est lui qui va se sentir gêné.

IVAN

Plût au ciel !…

BORIS

Je ne tiens à gêner personne…

IVAN

Rassure-toi… Ça doit être un de ces genres de types à ne se sentir gêné nulle part. Ici, du moins, je pourrai assister à votre entretien.

BORIS

Tu n'as pas, j'espère, l'intention d'intervenir…

IVAN

J'interviendrai pour t'aider, s'il le faut !

VERA

Déjà de sentir Ivan près de toi, cela devra te donner de l'assurance.

IVAN

Faudra voir à ne pas causer trop longtemps, parce que je te préviens, j'attends Rabot…

BORIS

Ah ! ça, c'est le comble ! Tu as demandé à Rabot de venir ?

IVAN

Non !… C'est lui qui me l'a proposé. Mais il ne doit s'amener qu'un peu plus tard. D'ici là, le patron et toi, vous aurez tout le temps de causer, vous n'avez pas tant à vous dire.

BORIS

Je tiens à ne rien brusquer…

Coup de sonnette.

BORIS

sursautant

Eh là !… Je ne suis pas prêt. Vera, va lui ouvrir. Dis-lui que j'arrive dans un instant. Viens, Ivan…

VERA

Mais papa… ça ne peut pas être déjà lui.

Boris et Ivan sortent.

Entre Michel.

VERA

Michel !

Elle l'embrasse.

MICHEL

Je peux déjeuner avec vous ?

VERA

Naturellement. Mais, c'est un mauvais jour. Ton père va venir. Nous l'attendons d'un moment à l'autre.

MICHEL

Mon père !…

VERA

Quand on a entendu ton coup de sonnette, nous avons d'abord cru que c'était lui. Papa vient de lui téléphoner.

MICHEL

Non ?…

VERA

Au sujet d'une invention dont ton père veut acheter le brevet.

MICHEL

Et mon oncle Boris consent à le lui vendre ? Où est-il ?

VERA

Dans sa chambre.

MICHEL

bondissant à la porte de la chambre

Oncle Boris, méfiez-vous de papa. Vous n'êtes pas de force, oncle Boris. Il va vous entortiller !…

IVAN

à Michel

Mieux vaut qu'il ne te voie pas ici…

MICHEL

Faut-il que je m'en aille ?

IVAN

Tu risquerais de le rencontrer dans l'escalier…

MICHEL

Au premier coup de sonnette, je cours me cacher dans ta chambre.

VERA

Viens plutôt dans la cuisine. Tu m'aideras à préparer le déjeuner comme quand nous étions à Berlin…

MICHEL

Oncle Boris, vous avez l'air ennuyé. Fâché que je sois venu ?

BORIS

Mon petit, je suis toujours très content de te voir. Je suis enchanté que tu viennes. Ce qui me fâche, c'est que ton père n'en sache rien. Tant que je ne connaissais pas ton père, ça allait encore. Mais, à présent, je n'aime pas me sentir des torts envers lui…

MICHEL

Oh !… si vous voulez, je lui parlerai.

VERA

Il te défendra de venir.

MICHEL

Et je ne lui obéirai pas…

BORIS

Et moi j'aurai l'air de protéger tout cela ; d'approuver ton insubordination, ta révolte contre ton père. Non, n'attends pas cela de moi, mon petit…

MICHEL

Oncle Boris, vous me désapprouverez moins quand vous connaîtrez mon père. Ne me repoussez pas. Je me fais tant de bien près de vous. Ici, je respire. Si vous saviez, comme il fait étouffant chez nous…

BORIS

Les parents, ça vous étouffe toujours un peu. Hein, Vera ?

VERA

Oh ! papa !… Comment peux-tu dire cela ?

BORIS

N'empêche qu'à ton âge, j'aurais bien voulu étouffer un peu plus…

Coup de sonnette.

Michel embrasse Boris et court se cacher dans la cuisine.

Porte à droite.

Entre Robert.

Scène II[4]

ROBERT, BORIS, IVAN, VERA

BORIS

Monsieur Dormoy, très honoré…

ROBERT

Tout l'honneur est pour moi, Monsieur Orlov.

BORIS

Permettez-moi de vous présenter mon fils Ivan et ma fille Vera.

ROBERT

Que de noms russes !

BORIS

Ma mère était russe.

ROBERT

C'est vrai, l'abbé Tronchet m'avait averti… Très heureux… Je ne… Vous ne préférez pas que nous soyons seuls.

BORIS

Pourquoi ? Mes enfants sont au courant de la situation. Vous pouvez parler devant eux librement.

---

4 Si l'on excepte quelques variantes et l'ajout de quelques didascalies, Gide gardera presque intacte cette scène dans la version définitive, *RR2*, p. 933-939. Il est vrai que sa ligne principale et son déroulement en plusieurs séquences quasi cinématographiques sont bien venus. Ne serait-ce pas à cette scène que fait allusion la Petite Dame quand elle note le 22 octobre 1934 : « La première partie de II reste la meilleure » (*CPD*, I, p. 139) ?

ROBERT

Vous êtes venu à moi au cimetière. Cette fois c'est moi qui viens à vous.

BORIS

Vous voulez dire que nous ne nous sommes pas quittés.

ROBERT

Non, mais je vous sais gré de m'avoir demandé de venir.

BORIS

C'était pourtant à moi de me déranger, ne trouvez-vous pas ?

ROBERT

Je vous en prie, ne faites pas intervenir ici des questions de préséances. Persuadez-vous que je serais venu vous voir beaucoup plus tôt si j'avais pu connaître plus tôt votre existence. Vous qui connaissiez la mienne, la discrétion devait vous retenir. Il est tout naturel que je fasse le premier pas. Je sais grand gré à l'excellent abbé Tronchet de m'avoir parlé. Vous le connaissez depuis longtemps ?

BORIS

Depuis longtemps. Et il m'a plus d'une fois aidé, car la vie n'a pas toujours été facile. Je n'avais que seize ans lorsque ma mère est morte et j'ai perdu… l'autre soutien, du même coup. Mais il y a trente ans de cela.

ROBERT

Quel âge a ce superbe garçon ?

IVAN

très froid

J'ai vingt-cinq ans pour vous servir.

BORIS

Oui, je me suis marié à vingt ans. Après sept ans de mariage, ma femme est morte en mettant au monde mon second enfant.

ROBERT

Ce qui veut dire que Mademoiselle Vera va sur ses dix-huit ans, si je calcule bien.

VERA

En effet, Monsieur, j'aurai dix-huit ans dans quelque mois.

ROBERT

Comme le temps passe…

VERA

Excusez-moi, Monsieur, je dois préparer le déjeuner.

ROBERT

Je vous en prie, Mademoiselle… Ne vous dérangez pas pour moi…

Vera sort, Ivan s'écarte.

Tiens !… Vous avez une photographie de mon père que je ne connaissais pas… Elle est excellente.

BORIS

Je crois en effet que ma mère était seule à l'avoir. Il était comme cela quand je l'ai perdu.

Devant un geste de Robert :

Je veux dire quand j'ai cessé de le voir.

ROBERT

Vous l'aviez vu souvent ?

BORIS

Jusqu'à la mort de ma mère, il déjeunait chaque jour avec nous.

ROBERT

Tiens !

BORIS

Cela vous surprend…

ROBERT

Ce n'est pas tout à fait ce que je croyais. Mais, du moins, à la mort de Madame votre mère, si j'ai bien compris ce que vous disiez, mon père a cessé de vous connaître.

BORIS

C'est moi qui suis parti sans laisser d'adresse. Soucieux de liberté, d'indépendance, et désireux de voir du pays, j'ai gagné l'Allemagne où un préceptorat m'a permis de vivre en continuant mes études. Puis, j'ai travaillé chez Zeiss[5], à Iéna ; je me suis marié ; à mon retour en France, avec ma femme et nos deux enfants, si je n'ai pas revu... votre père, du moins j'ai pu penser qu'il ne m'avait pas oublié, et que c'est à lui que je devais les quelques secours que parfois l'abbé Tronchet me faisait parvenir. Je fus bien forcé de les accepter, aussi longtemps que mes enfants n'ont pas été d'âge à se suffire, car mon travail...

ROBERT

N'était pas très rémunérateur, je m'en doute.

BORIS

C'est-à-dire que, depuis mon retour en France, il consistait surtout en recherches, que je poursuis dans les laboratoires ; recherches qui m'intéressent, mais qui ne rapportent guère. Pourtant les dernières ont été remarquées, appréciées et c'est ainsi que Monsieur Rabot, le contremaître de votre fabrique, pour l'impression de vos tissus, a su reconnaître la supériorité de certaines formules de colorants que je...

ROBERT

Tiens !...

BORIS

Vous ne le saviez pas ?

ROBERT

Je l'ignorais. Vous savez, je ne m'occupe guère du côté technique. Mais maintenant que vous me le dites, je m'explique mieux que Rabot ait eu connaissance avant moi de cette nouvelle invention dont il m'a fait part. Je ne la prenais, du reste, que comme un prétexte pour entrer en rapport avec vous. De toute manière, j'avais résolu de vous aider. Entre nous, ces colorants dont vous parliez n'ont pas dû vous apporter bien lourd.

---

5 Fabrique d'instruments d'optique créée au milieu du XIXe siècle et qui porte le nom de son fondateur, Carl Zeiss.

BORIS

Nous avons connu, mes enfants et moi, des heures très dures.

ROBERT

Monsieur Orlov, je ne voudrais ni paraître diminuer vos mérites, ni chercher à me faire valoir, mais je crois très juste, très profond, le mot de La Rochefoucauld : Il faut de plus grandes vertus pour soutenir la bonne fortune que la mauvaise.

BORIS

sourit

Du reste, aujourd'hui, je ne suis plus seul à travailler. Mes enfants m'aident.

Ivan se rapproche.

ROBERT

Mais il me semble que je connais déjà votre fils. Ne travaille-t-il pas à la fabrique ?

IVAN

J'y suis chef d'atelier, pour vous servir, Monsieur Dormoy…

ROBERT

Une raison de plus pour moi de m'intéresser à vous. Mais parlons de la nouvelle invention de votre père.

BORIS

À vrai dire, comme elle n'a rien à faire avec votre usine, je ne pensais pas qu'elle pût attirer votre attention, et quand j'en ai parlé à Rabot, c'était sans aucune arrière-pensée de vous atteindre. Si j'avais su qu'il vous en parlerait…

ROBERT

Dites ?…

BORIS

Je me serais sans doute retenu de lui en faire part.

ROBERT

Tiens !

Après un court silence :

Écoutez, Monsieur Orlov, ceci doit précisément vous marquer mon désir de vous obliger. Je n'ai, en effet, aucune raison de m'intéresser à votre invention qui, comme vous le disiez très justement, n'a rien à faire avec mon usine, aucune autre raison que celle-ci, que cette invention est de vous, et si je viens vous proposer de l'acheter c'est que je voudrais vous aider.

Ivan tousse pour avertir son père.

BORIS

Monsieur Dormoy, permettez-moi de parler franc. Il est vrai que j'ai besoin de vendre les résultats de mes recherches pour vivre, mais, vous me le dites : cette invention ne peut vous être utile et… je préfère ne pas être aidé par vous.

ROBERT

Voyons ! Voyons ! Vous ne savez même pas combien j'allais vous en offrir…

BORIS

Je préfère ne pas le savoir. Ainsi vous ne pourrez point croire que, si je refuse, c'est parce que je trouve votre offre insuffisante.

ROBERT

Monsieur Orlov, vous apportez ici une fierté qui, vraiment, ne semble pas de mise et qui n'est guère faite pour faciliter nos rapports.

BORIS

Comprenez-moi bien, Monsieur Dormoy. Jusqu'à présent, j'ai pu vivre dans une complète indépendance. Je veux que cela continue. Notre situation l'un vis-à-vis de l'autre, est un peu… délicate. Je n'ai jamais rien reçu de vous. Cela vaut mieux. Votre fabrique a pu profiter parfois de mes travaux. C'était à votre insu, paraît-il. N'importe, je me félicite d'avoir pu vous rendre service. Mais accepter de vous quoi que ce soit qui pourrait vous laisser penser que nous vous devons, mon fils et moi, de la reconnaissance… Il vaut mieux pas.

ROBERT

Monsieur Orlov, vraiment, vous me mettez dans un grand, un très grand embarras. Je m'approchais de vous dans les intentions les meilleures, les plus cordiales, je vous assure… Voyons ! permettez-moi de vous présenter la chose différemment. Je voudrais tant que nous arrivions à nous entendre. Vous me disiez à l'instant que vous étiez heureux de m'avoir rendu service. Eh bien ! mettons, si vous le voulez, que ce soit un service de plus que vous me rendiez.

Boris sourit.

Ivan s'est rapproché de lui.

Vous allez comprendre tout de suite. Il me faut vous dire que j'ai parlé de votre invention avec quelques amis, nous nous sommes réunis, nous avons constitué un petit groupe, dans le désir d'examiner si on ne pourrait point tirer parti de…

IVAN

Mais, Monsieur Dormoy… Excusez-moi de vous interrompre. Si ce petit groupe désire exploiter l'invention de mon père, n'est-il pas beaucoup plus simple que mon père apporte lui-même son brevet à ce… petit groupe, sans recourir à votre trop aimable entremise ?

ROBERT

Pourquoi ne laissez-vous pas votre père parler ?

IVAN

Mon père est un homme de laboratoire. Il n'entend rien aux questions d'argent Mais nous pensons de même ; et sur ce point en particulier. Nous voulons, lui et moi, rester libres et ne pas vous devoir obligation. Constituez une société pour l'exploitation du brevet. De cette société, nous n'aurons même pas à savoir si vous faites vous-même partie. Elle s'adressera directement à mon père, anonymement, et traitera légalement avec lui.

ROBERT

Permettez…

IVAN

Oui ; cela ne fait plus votre affaire.

ROBERT

Est-ce bien là votre pensée, Monsieur Orlov ?

BORIS

Excusez-moi, Monsieur Dormoy, pour ce genre de négociations, je m'en remets toujours à mon fils.

ROBERT

Croyez-moi vraiment désolé du tour qu'a pris cette conversation. Je venais vous parler d'une manière tout amicale.

IVAN

Monsieur Dormoy, je regrette de devoir vous le dire : il ne peut être question d'amitié entre nous. Nous devrions être des amis, puisque je travaille à votre fabrique. Malheureusement, il se fait que vos intérêts propres et ceux de vos ouvriers, au lieu de se confondre, ainsi qu'il serait souhaitable, s'opposent.

ROBERT

Ça, c'est vous qui le dites. Votre bien-être, celui de tous les employés, dépend de la prospérité de l'usine. J'ai appris avec grand regret – un grand regret pour vous, comprenez-moi – que vous aviez décidé, hier soir, de vous mettre en grève… Je dis : vous, puisque je vois que vous faites cause commune avec les ouvriers syndiqués.

IVAN

Au point d'être leur délégué.

ROBERT

Parfait !… Eh bien, puisque vous transportez la question sur ce terrain, laissez-moi vous dire à mon tour qu'en cherchant à nuire à l'usine, c'est vous d'abord que vous ruinez.

IVAN

II aurait fallu que la contrepartie fût vraie et que la prospérité de l'usine eût amené la nôtre. Mais la fortune de votre fabrique s'est faite sur la misère de vos ouvriers. Voyez-vous, Monsieur Dormoy, c'est là notre seule force : vous avez besoin de notre misère pour être riche. Nous n'avons pas besoin de faire votre richesse pour être... malheureux.

ROBERT

Monsieur Ivan Orlov, laissons de côté pour l'instant, je vous prie, des questions qui risqueraient d'aigrir nos rapports. Je sais que vous attendez Rabot. S'il vous amuse de discuter avec lui, libre à vous. Mais je tiens à vous dire qu'il vient à titre particulier, non en tant que directeur de mon personnel et chargé d'aucune instruction ni recommandation de ma part. Pour ce qui est de vous et de moi, j'estime qu'il est bon de maintenir dans nos rapports quelque forme et quelque distance.

IVAN

Beaucoup de distance, Monsieur Dormoy, n'ayez crainte...

BORIS

Ivan, je t'en prie...

ROBERT

Je tiens à ce que tout se fasse selon les règles et suivant l'usage.

IVAN

On n'y manquera pas, Monsieur Dormoy.

ROBERT

En tant que délégué des grévistes, vous aurez donc à me présenter le cahier de leurs revendications. J'examinerai ces revendications à tête reposée... si je puis dire, et, en tant que directeur, j'y répondrai sans devoir tenir compte que celui qui me les présente est le fils de quelqu'un pour qui je n'ai que les sentiments les meilleurs.

BORIS

Oh ! Croyez-moi bien, Monsieur Dormoy...

ROBERT

Je me défends toujours de laisser intervenir dans les questions d'ordre général mes sentiments particuliers.

On sonne. Entre Rabot.

Ah ! Rabot, vous arrivez bien. J'étais venu trouver Monsieur Orlov animé des intentions les plus conciliantes et, je puis dire, les plus cordiales. Et j'allais, je crois, m'entendre avec lui au sujet de son invention, lorsque Monsieur Ivan est intervenu, enlevant la parole à son père, et transportant la discussion sur un terrain où tout accommodement devienne impossible.

BORIS

Ne vous faites pas d'illusions, Monsieur Dormoy, l'accommodement dont vous parlez, même sans l'intervention de mon fils, vous ne l'auriez point obtenu.

ROBERT

Monsieur Orlov, je déplore le tour qu'a pris la conversation et vous quitte fort attristé que nous n'ayons pas pu mieux nous entendre. J'étais venu à vous, je vous l'ai dit et je ne crains pas de le répéter, dans les intentions les meilleures. Vous savez, moi, je suis un être tout simple et tout franc et, je le dis sans honte : un sentimental. Oh ! je sais bien qu'aujourd'hui cela fait sourire. Mais que voulez-vous ? Dès qu'il ne s'agit plus de sentiments, mais d'intérêts… je préfère me retirer.

IVAN

Nous ne sommes pas assez riches pour lutter de noblesse avec vous, Monsieur Dormoy. Nous devons nous contenter d'être honnêtes.

BORIS

Ivan, je t'en prie… Permettez que je descende avec vous, Monsieur Dormoy. Mon fils et Monsieur Rabot causeront mieux sans nous.

IVAN

tandis que sortent Boris et Robert

Papa, fais attention, ne prends pas froid.

Scène III[6]

IVAN, RABOT, *puis* VERA

IVAN

Quel pitre ! Pourquoi tu ne m'avais jamais dit qu'il est si rigolo, le patron ? Mais, dangereux ; dis donc… Ma parole ! Il venait pour entôler papa ! Ça m'a fait du bien de le remoucher un peu. Si j'avais été seul avec lui, je lui en aurais dit bien davantage. Mais papa reste sensible aux bonnes manières, et devant lui je ne voulais pas que son fils parût grossier[7].

RABOT

Tu as fini ?

IVAN

Non, mais je garde le reste pour plus tard… Quant aux affaires de grève, le patron avait raison de ne pas vouloir en parler. Ça doit se traiter correctement, et pas dans des conversations particulières. Faut mettre entre nous de la distance et des formes, comme il dit, pour éviter de se bouffer le nez. Maintenant, entre nous deux, mon vieux Rabot, qu'est-ce que tu penses des instructions du syndicat ? Résistance passive, c'est facile à dire mais nous enverront-ils assez de fonds pour nous permettre de durer ?

RABOT

Ta sœur est ici ?

IVAN

Dans la cuisine, elle prépare le déjeuner. Mais parle, qu'est ce que tu sais des intentions du patron ?

RABOT

Je voudrais parler d'abord à Vera.

---

6 Cette scène correspond à la scène IV de la version définitive, *RR2*, p. 939. Elle est beaucoup plus développée car Ivan s'arrange pour que Rabot dévoile, mais d'une manière plutôt confuse, son double jeu. Elle anticipe d'une manière moins habile le contenu de la scène V, *ibid.*, p. 939-941.

7 Exemple de réplique où Gide a gommé le registre trop argotique qu'il avait d'abord donné à Ivan. À comparer avec *RR2*, p. 939.

IVAN

À ton aise.

Il va à la porte de la cuisine et appelle :

Vera ! Et sans doute, je dois vous laisser seuls. C'est bien, mon vieux. Je n'aime pas gêner, parce que je n'aime pas qu'on me gêne. Mais écoute : ne mêlons pas les choses. La grève et ton mariage avec ma sœur, ça fait deux. Cause d'abord avec Vera si tu veux ; mais ensuite nous parlerons de la grève sans plus tenir compte de ce que tous deux vous aurez dit.

RABOT

Mon cher Ivan, ce n'est pas tout à fait comme ça que je vois les choses. Pour moi, je ne peux pas dissocier : et je te le dis tout net : du consentement de Vera dépendent les décisions que nous prendrons au sujet de la grève. Quand je dis : nous, c'est une façon de parler. Mais il faut pourtant que tu comprennes… Écoute-moi : le patron connaît bien les anciens ouvriers, mais n'a pas grand contact avec les nouveaux, ceux qui précisément mènent la grève et qui sont en majorité. C'est sur moi qu'il compte pour les tenir, et pour le renseigner. De plus, s'il doit embaucher de nouveaux venus, c'est sur moi qu'il devra compter pour assurer la bonne qualité du travail. Son fils, lui, Directeur technique, ne veut connaître que les machines, et se refuse à comprendre que le meilleur des outils ne fait que du mauvais travail, quand il est entre de mauvaises mains. Le patron, lui, comprend ça fort bien. Il s'en remet donc à moi, aujourd'hui, chef du personnel, mais qui, hier encore, étais des leurs, des vôtres, mon vieil Ivan, et qui le suis resté de cœur. Il écoutera mon conseil et inclinera ses décisions d'après mon avis.

IVAN

Et alors… suivant que Vera te dise non ou oui…

RABOT

J'ai pensé que je ne pouvais pas lui donner un meilleur gage de… mettons ce que tu voudras… d'amour, d'estime… que de lui dire : Vera, le sort des ouvriers de l'usine est entre tes mains.

IVAN

Tu présentes cela très joliment, et Vera va se trouver très flattée. Mais dis donc, Rabot : il ne te vient pas à l'esprit que ça s'appelle du chantage ce que tu fais là ?

RABOT

N'emploie donc pas de gros mots…

IVAN

Trouves-en d'autres… Alors tout ce que tu proposes de tenter contre nous au nom du patron, tu voudrais en faire Vera responsable.

RABOT

Pourquoi me présentes-tu, de ce que je viens lui proposer, que le revers ?

IVAN

Explique-toi…

RABOT

Eh bien, je pensais que Vera pourrait être heureuse, en associant son sort au mien, d'apporter du même coup une amélioration du sort de tous nos camarades.

IVAN

À laquelle consentira le patron ?

RABOT

À laquelle il ne tient qu'à moi qu'il consente.

IVAN

Mais que tu tiens en réserve comme une récompense, comme une prime attachée au consentement de Véra. Et même vis-à-vis du patron, tu crois que c'est honnête ce que tu fais là ? Vois-tu, je n'aime pas les compromis. Il s'agit de savoir si tu es avec le patron ou avec nous. Si tu veux épouser ma sœur, c'est pour venir de notre côté. Alors, tu cesses de servir les intérêts du patron. C'est bien, mais qu'il le sache. Ne cherche pas à miser à la fois sur les deux tableaux.

RABOT

Ne fais donc pas l'idiot. Tu sais bien que tant que je garde la confiance du patron, je suis à même de…

IVAN

… de le trahir. J'ai bien compris. Vraiment curieux de savoir ce que Vera va penser de ça.

RABOT

J'espère que tu vas la laisser libre.

IVAN

Parfaitement libre. Mais si elle accepte ce marché, quand bien même il nous serait profitable… ç'a beau être ma sœur…

Il va à la porte de la cuisine et l'ouvre.

Vera ! viens donc écouter ce que te propose Rabot.

Entre Vera.

VERA

Bonjour, Rabot.

RABOT

à Ivan

Tu venais de dire que tu ne voulais pas nous gêner !

IVAN

Ah ! tu voudrais que je me retire. C'est bien. Je vais vous laisser causer. Mais laisse-moi d'abord embrasser Vera. C'est peut-être un adieu que je lui dis.

Ivan étreint sa sœur, puis sort.

Scène IV[8]

VERA, RABOT, *puis* MICHEL

VERA

De quoi s'agit-il, Rabot ?

---

8 Cette scène regroupe les scènes V et VI de la version définitive, *RR2*, p. 939-941. Gide ne gommera pas les clichés sentimentaux que débite Rabot mais il donnera à Vera des répliques plus étoffées et plus ironiquement offensives. L'irruption de Michel garde la même valeur dramatique.

RABOT

Ton frère a si mal pris ce que je viens de lui dire… Je ne sais plus comment m'exprimer. Vera, comprends-moi. Sans toi, je suis un malheureux. Vera, je ne peux pas me passer de toi. La vie sans toi me paraît vide. C'est pour toi que je travaille, c'est pour toi que je me suis élevé à mon poste et voudrais m'élever plus encore. Je crois que si je ne t'avais pas rencontrée, je serais resté simple ouvrier comme ton frère et continuerais à travailler avec lui.

VERA

Et tu serais resté des nôtres.

RABOT

Mais, Vera, comprends-moi ; je n'ai jamais cessé d'être des vôtres ; et, si j'ai accepté mes fonctions de contremaître, si j'ai assumé la direction de la main d'œuvre, c'est que j'espère ainsi vous servir. Le patron m'écoute. Il fera ce que je lui conseillerai de faire. Mais je voudrais que tu me comprennes, Vera. En m'occupant des intérêts du patron, j'ai dû me placer à son point de vue. Ma situation est devenue très délicate. Je sais que la situation de la fabrique n'est pas brillante. La marge des profits est très limitée. Une augmentation de salaires nous forcerait de vendre à perte ou d'élever nos prix. Et déjà, nous pouvons difficilement lutter contre la concurrence.

VERA

Alors ?

RABOT

Alors, tu comprendras, Vera, que devant la grève, si je prends votre parti, je veux dire : si je conseille au patron de céder, je veux être sûr du moins que tu sauras le reconnaître. Je voudrais que tu comprennes que c'est pour toi. Et je ne le ferai que si tu me dis…

VERA

Que si je te dis quoi ?

RABOT

Que tu veux bien de moi, Vera. Réfléchis que si tu refuses tu vas plonger les douze cents camarades de la fabrique dans la misère.

VERA

Comment cela ?

RABOT

Parce qu'alors nous les remplacerons par d'autres qui accepteront ces tarifs que vous refusez.

VERA

J'ai compris… Écoute, Rabot, tu me connais assez pour savoir que je suis prête à me sacrifier pour ces camarades dont tu dis que le sort est entre tes mains. Mais toi tu accepterais donc un mariage qui, tu le sens, serait pour toi un sacrifice… Ivan me disait adieu tout à l'heure. Je comprends maintenant pourquoi…

Michel est entré doucement sans être vu par Rabot,
et a entendu les dernières répliques.
Il s'élance en avant et :

MICHEL

Ne te sacrifie pas, Vera. Ce que propose Rabot est monstrueux. N'accepte pas… Ne crois donc pas qu'il ait de l'influence sur mon père. Il se vante. Il sait bien que tu ne l'aimes pas. Il cherche le moyen de t'avoir quand même, comme un lâche…

RABOT

Tiens, tiens !… Monsieur Michel Dormoy. Je ne m'attendais guère à vous trouver ici. Ah ! oui… c'est en Allemagne que vous avez fait connaissance… Vous auriez peut-être mieux fait de rester à Berlin. Monsieur votre père est-il au courant de vos relations avec…

MICHEL

Il n'a que faire de les connaître.

RABOT

Mais il les connaîtra bientôt…

MICHEL

Cafard !

RABOT

C'est bon.

À Vera :

Maintenant, Vera, je m'explique mieux tes résistances. Évidemment, le fils du patron, c'est un peu plus reluisant qu'un contremaître, et je comprends dans ce cas-là que la cause des ouvriers…

MICHEL

Mais, mets-le donc à la porte, Vera.

VERA

Rabot, la cause des ouvriers n'est plus la vôtre. Vous n'avez plus le droit d'en parler. Sortez… Vite. Allez défendre les intérêts du patron.

RABOT

C'est bien. Je sais ce qui me reste à faire.

VERA

Nous aussi…

RABOT

Et c'est toi qui l'auras voulu…

Scène V[9]

VERA, MICHEL

MICHEL

Fils de patron ! Comme il a choisi son insulte ! Oh ! je sais bien que tous les riches ne ressemblent pas à mon père. Mais je crois, je te le dis vraiment, que je supporterais plus facilement la misère que le mensonge, et tout cet égoïste confort que mes parents appellent : le bonheur.

---

9 Cette scène correspond à la scène VII de l'édition définitive, *RR2*, p. 941-942. Gide atténuera le couplet de Vera sur la misère mais expliquera plus efficacement la situation de Michel.

VERA
qui s'est penchée vers lui qui s'est assis

Mon petit Michel, tu ne sais pas ce que c'est que la misère… Tu crois peut-être qu'elle n'est faite que de privations. Mais les humiliations, Michel… Tu as entendu ce que me proposait Rabot ?

MICHEL

Oh ! celui-là…

Il serre les poings.

VERA

Je ne t'ai jamais dit ce que mon père, et mon frère, et moi-même, nous avons souffert. La vraie misère, Michel, c'est de ne plus pouvoir se défendre d'un tas de pensées inavouables, de jalousies, de haines, de mépris, d'un tas d'intrus sans nom qu'on voudrait repousser, qui circulent comme chez eux dans ce taudis sans clef que devient le cœur du pauvre. Près de mon père et d'Ivan, lorsque j'étais enfant, j'ai connu tout cela, Michel. Avec la grève, nous pouvons le connaître encore.

MICHEL
redressé

Et tu crois que pendant ce temps, je supporterais de rester aux côtés de Rabot, de mon père, de ceux qui… Vera, j'ai tout appris, près de toi : le travail, l'espérance, la joie… Ma place est près de toi, près de vous, Vera… Où est Ivan ?

VERA

À côté. Dis-lui de venir…

Michel va vers la porte.

Scène VI[10]

IVAN, VERA, MICHEL, *puis* BORIS

IVAN

Je peux rentrer ? J'entendais parler.

À Vera :

Je croyais que tu causais encore avec Rabot.

VERA

Il est parti… pour toujours, j'espère.

IVAN

embrassant sa sœur

C'est bien, mon honnête Vera… Alors, c'est le combat… Mon petit Michel, c'est à toi qu'il faut dire adieu.

MICHEL

Adieu ? Mais, je reste avec vous. En peux-tu douter, frère Ivan ?

IVAN

lui met tendrement la main sur l'épaule

Mon petit, fais attention. Vera, mon père et moi, nous te connaissons, mais, parmi les ouvriers révoltés, le fils du patron sera regardé comme un traître. Rentre chez toi. Tu ne peux pas, maintenant du moins, nous être utile.

MICHEL

En es-tu sûr ? D'après toi, que va-t-il se passer ?

IVAN

C'est simple. Rabot va recruter des nouveaux, qui lui feront un travail exécrable parce qu'ils ne connaissent pas le métier, mais qui tiendront la place ; et, parmi les nôtres, des jeunes ; je les connais déjà ; et ceux que j'appelle les radis.

---

10 Cette scène correspond à la scène VIII de l'édition définitive, *RR2*, p. 942-946. Le travail de Gide a consisté à étoffer les caractères de Michel et d'Ivan. Ivan se montrera plus agressif et plus dogmatique. Curieusement, ses répliques comportent davantage de slogans politiques que dans la version de 1936. Quant à Michel, il livrera avec plus de passion la source et les raisons de sa révolte. Son comportement sera ainsi mieux motivé. La fin de la scène, à partir de l'arrivée de Boris, sera identique.

MICHEL
riant

Les radis ? Pourquoi ?

IVAN

Parce qu'ils ne sont rouges qu'à la surface.
Vera cependant s'occupe à préparer la table pour le déjeuner.

MICHEL

Ah ! Je comprends. Et alors ?

IVAN

Comme cet enrôlement risque de faire avorter la grève, et que nous jouons là-dedans notre gagne-pain, notre vie, nous nous opposerons par tous les moyens à cette reprise, sans nous, du travail.

MICHEL

Et eux ?

IVAN

Comme notre résistance risque de faire réussir la grève, ils appelleront à la rescousse, contre nous, toutes les forces dont ils disposent.

MICHEL

C'est-à-dire… ?

IVAN

Celles de l'armée… Alors, tu comprends, mon petit, mieux vaut que tu retournes à présent chez ton père et que tu…

MICHEL

Après ce que tu m'as dit, tu veux que je vous abandonne ?

VERA

Pourquoi papa ne rentre-t-il pas ? Le déjeuner va être trop cuit.

MICHEL

Écoute, Ivan, j'ai beaucoup réfléchi : je crois que celui qui peut, vous, ouvriers, le mieux vous servir, ce serait quelqu'un qui n'aurait aucun intérêt à le faire. Je crois qu'il y a, dans tout désintéressement, une vertu extraordinaire, capable de triompher de la routine, de la bêtise, de l'inertie. Les gens, je sais, ne font jamais, presque jamais, que ce qu'ils ont intérêt à faire. L'intérêt, même à leur insu, fausse leurs pensées, leurs convictions et tous les mouvements de leur cœur. C'est là ce qui fait de l'humanité presque entière quelque chose de si tristement abject, une masse inerte et vautrée que le levain de l'esprit ne soulève plus qu'à grand' peine.

IVAN

Arrête un peu, Michel. C'est pour toi qu'il parle. Mon petit, ton levain de l'esprit, je m'en fiche pas mal. Ce qu'il nous faut, c'est une organisation solide.

MICHEL

La plus belle organisation du monde ne pourra rien, sans une flamme qui l'anime.

IVAN

Et tu serais la flamme. Je vois ça : je te conseille de te tenir tranquille. On n'a que faire des francs-tireurs, des turbulents, des impulsifs. Si tu veux nous être utile, rentre dans le rang et commence par te soumettre à nos directives. C'est bien le fait d'un artiste de chercher à se distinguer...

MICHEL

Ne te moque pas de moi, frère Ivan. Il y a des choses, vois-tu, qui me rendent malade.

IVAN

N'exagère donc pas !...

MICHEL

Je veux dire que je ressens alors une espèce de détresse et que s'en va de moi, soudain, tout plaisir, tout désir de vivre. L'humanité me paraît abjecte ; mais c'est pour me laisser admirer d'autant plus le petit acte de... ah ! je ne sais comment dire... de désintéressement, de sacrifice, d'amour[11]...

IVAN

Tu l'entends, Vera, c'est pour toi qu'il dit ça...

MICHEL

Non, Ivan. Comprends-moi, Vera... Je parle d'un amour, non point pour quelqu'un, mais pour l'humanité tout entière.

IVAN

Tu viens de dire que tu la trouves abjecte.

MICHEL

Pour une humanité, non point telle qu'elle est à présent, composée d'êtres cupides, avides, hideux, misérables ; mais telle qu'elle pourrait être, telle qu'elle deviendra un jour où ces actes généreux prévaudront, où la fortune ne tiendra pas lieu de mérite et où seront tenus pour honteux des êtres comme mon père et mon frère.

VERA

Enfin !... J'entends papa...

IVAN

Quel dommage ! Il arrive après le feu d'artifice.

Entre Boris.

BORIS

Mes enfants, je suis pressé. Vous déjeunerez sans moi.

VERA

Oh ! papa ! Moi qui t'ai préparé une crème au café...

---

11 À associer à l'idée de progrès de l'humanité qui tenaille Gide dans ces années-là et que l'on retrouve dans *Œdipe* ou dans *Les Nouvelles Nourritures.*

BORIS

Michel mangera ma part. Ne me retenez pas. Monsieur Dormoy m'attend en bas, il m'invite. Vous comprenez, après ce qu'Ivan lui a dit, je n'ai pas pu faire autrement que d'accepter.

VERA

Oh ! papa…

IVAN

Au moins, tu n'as pas promis le brevet, j'espère ?

BORIS

Non, non… rassure-toi. Nous n'en avons même plus parlé. Mais je vous assure qu'il y a certaines amabilités contre lesquelles il est très difficile de se défendre… surtout quand on s'est mis dans son tort.

IVAN

Tu es incorrigible.

BORIS

Mes enfants, nous reparlerons de cela plus tard. Je vous en prie, ne me retardez pas. Je ne veux pas le faire attendre.

IVAN

devant la porte

Papa, tu ne sortiras pas d'ici sans m'avoir fait une promesse.

BORIS

Oui, je te vois venir… De ne pas lui céder mon brevet. C'est promis.

Il embrasse Vera et sort.

MICHEL

J'avais bien dit qu'il se laisserait entortiller.

ACTE III

Sur la terrasse.

Scène I[12]

L'ABBÉ *rentre avec* LAURE, *puis* MICHEL *et* GUSTAVE

L'ABBÉ

continuant la conversation

Non Madame, permettez-moi de ne pas être d'accord avec vous sur ce point. La déclaration de l'Écriture est formelle : il y aura toujours des pauvres parmi nous.

LAURE

qui verse le café

Un morceau ? Deux morceaux ?...

L'ABBÉ

Deux morceaux. Merci... Oh ! certes, je comprends du reste votre vœu, votre prière... C'est celle de tout cœur bienveillant : mon Dieu, vous qui pouvez tout, supprimez de ce monde la misère ! Eh ! bien, Madame, c'est une erreur ; quelques minutes de réflexions et nous admirerons plus encore l'ordre divin.

Il boit son café.

La misère est nécessaire à cet ordre, vous allez aussitôt comprendre pourquoi.

Il achève sa tasse.

Plus de misère, c'est dire du même coup plus de charité.

LAURE

Encore un peu de café ?

---

12 Il manque les scènes I et II de la version définitive, *RR2*, p. 946-948. Cette première scène correspond aux scènes III et IV du premier tableau de la version définitive, *RR2*, p. 949-953. Gide développera quelque peu les répliques de Laure dans le dialogue entre elle et l'Abbé ainsi que celles de l'Abbé dans sa discussion avec Michel. L'entrée de Robert sera supprimée pour laisser place au monologue de Gustave.

L'ABBÉ

Une goutte... Merci... Or, souvenez-vous de ce que l'apôtre saint Paul nous dit de la charité : qu'elle est la plus précieuse chose de ce monde. Pour qu'il y ait des âmes charitables, il est nécessaire qu'il y ait toujours des pauvres. C'est là, pour qui se penche avec dévotion sur cette insondable misère, la signification secrète, et rassurante, Madame, – et j'ose le dire, rassurante – de cette parole divine : « Il y aura toujours des pauvres parmi vous. »

Pause

C'est bien pourquoi j'oserai dire que, si le propre d'une âme chrétienne est de chercher à soulager la misère, il est imprudent, il est impie, de prétendre à la supprimer.

LAURE

Monsieur l'Abbé, je vous remercie de me parler ainsi. Je sentais chez mon second fils une telle ardeur, une telle conviction... J'avoue que ses propos m'avaient troublée.

L'ABBÉ

Ah ! Madame, défiez-vous des sophismes de l'éloquence !

LAURE

Mais maintenant, grâce à vous, je vois très bien ce que je devrai lui répondre.

L'ABBÉ

Permettez-moi de vous demander : c'est d'Allemagne qu'il a rapporté ces idées ?

LAURE

Oh ! vous savez, il a toujours été un révolté, plus ou moins. J'ai commencé de m'en rendre compte un jour que je lui demandais de me rendre un petit service, en l'entendant me répondre : M... enfin : le mot de Gambetta... Oh ! c'était bien avant son départ pour l'étranger. Mais sinon, vous savez, je le crois plus intelligent et plus sensible que son frère.

L'ABBÉ

Plus il a reçu de dons, plus il lui sera demandé.

LAURE

Le voici.

L'ABBÉ

Sans doute, vaut-il mieux que je vous laisse.

Entre Michel.

MICHEL

Dérangez pas pour moi, Monsieur l'Abbé.

À sa mère :

Ton mari n'est pas rentré ?

LAURE

Michel, tu sais bien que je ne veux pas que tu appelles ainsi ton père…

MICHEL

C'est vrai, j'oublie toujours…

L'ABBÉ

Mon enfant, pourquoi tourmentez-vous votre mère ?

MICHEL

Monsieur l'Abbé, pourquoi rassurez-vous ma mère ?… Vous savez bien qu'il y a de quoi se tourmenter, quand on est riche, de ne pouvoir entrer dans le royaume de Dieu.

L'ABBÉ

Il y a riche et riche. Le mauvais riche dont parle l'Évangile est celui qui préfère sa richesse à la charité. C'est ce que j'expliquais à votre mère tout à l'heure. La fortune de votre mère lui permet de faire beaucoup de bien.

MICHEL

Oui, je sais que ma mère est bonne et qu'elle prend plaisir à donner. Car c'est un plaisir de donner, n'est-ce pas ?

L'ABBÉ

Notre Seigneur lui-même a dit qu'il y a plus de plaisir à donner qu'à recevoir.

MICHEL

C'est peut-être aussi ce que pensent ceux qui reçoivent. Ceux qui n'ont rien à donner sont bien malheureux, je suppose.

L'ABBÉ

Mon enfant, le plus pauvre a toujours quelque chose à donner.

MICHEL

On peut toujours donner sa vie. C'est bien là, n'est-ce pas, ce que vous voulez dire ? Je pense quelquefois que ça doit être bon de donner sa vie.

L'ABBÉ

Sans aller aussi loin, vous êtes à même, vous aussi, ayant beaucoup reçu, de donner beaucoup. Vous devriez vous occuper de bonnes œuvres. Mais je crains qu'au lieu de cela, vous nourrissiez des idées égalitaires ; que vous rêviez d'un monde où il n'y aurait plus de misère du tout, à ce que me dit votre mère.

MICHEL

Je ne pensais pas qu'elle vous répéterait mes paroles.

L'ABBÉ

Avez-vous honte de vos pensées ?

MICHEL

Non, mais peut-être de les avoir exprimées.

L'ABBÉ

Et ne craignez-vous pas que soit bien appauvri un monde où la charité ne serait plus de mise ?

LAURE

Mon petit, c'est pourtant bien simple : le jour où je n'aurais plus de domestiques, je ne pourrais plus tricoter pour les pauvres.

MICHEL

C'est que c'est vrai ! Je n'y pensais pas.

LAURE

Tu vois bien, mon petit ; tu parles souvent sans réfléchir. Tout est plus compliqué que tu ne le crois. Tu n'écoutes jamais que ton cœur.

Entre Gustave.

GUSTAVE

Ne vous dérangez pas... Je cherche Rabot. Vous ne l'avez pas vu ?

LAURE

Non.

GUSTAVE

Je cours jusqu'à la fabrique... Excusez-moi...

Gustave descend l'escalier et sort.

MICHEL

Monsieur l'Abbé, permettez-moi de vous demander. Est-ce que vous jouez aux échecs ?

L'ABBÉ

Non, mon ami. Vous auriez voulu faire une partie ?

MICHEL

Je ne joue que contre mon père. C'est vrai, dites, que quand vous jouez avec le Bon Dieu, c'est à qui perd gagne.

L'ABBÉ

Qu'entendez-vous par là ?

MICHEL

N'est-il pas dit dans vos Écritures : qui veut gagner la partie la perdra ?

L'ABBÉ

Qui veut sauver sa vie la perdra, voulez-vous dire. Mon enfant, ne plaisantez pas avec ces paroles divines.

MICHEL

Ah ! Monsieur l'Abbé, je ne songe guère à plaisanter. C'est une sauvage partie qui s'engage. Croyez-vous que mon père va la gagner ?

LAURE

Michel, cesse donc de parler par énigmes. De quelle partie veux-tu parler ?

MICHEL

Ne le savez-vous pas ? De celle que Rabot prépare avec mon père et Gustave. Une riche partie, Monsieur l'Abbé… Car, cette fois, ce ne sont pas des morceaux de bois qu'on pousse en avant, mais des hommes. Oh ! papa gagnera, sans doute. Songez donc : il dispose de cavaliers, de fous, de tours, de gendarmes… Je veux dire : de soldats armés. Que peuvent contre cela des misérables pions qui n'auront pour eux que leur nombre ? S'il s'en fait tuer quelques-uns, tant pis pour eux, n'est-ce pas ? Ils n'avaient qu'à se soumettre… Mais ne pensez-vous pas, Monsieur l'Abbé, que cette partie, si mon père la gagne aux yeux du monde, il va la perdre aux yeux de Dieu ? Et qu'il y a là de quoi tourmenter ma mère, ne trouvez-vous pas ?

L'ABBÉ

Comme vous vous exaltez mon enfant. Votre imagination vous entraîne. Voyez : vous faites pleurer votre mère.

MICHEL

embrassant Laure

Oh ! Maman, il est encore trop tôt pour pleurer…

L'ABBÉ

Vous vous préoccupez de choses qui échappent à votre compétence. Cette partie dont vous parlez, vous êtes trop jeune encore pour la suivre. Vous dites que c'est votre père qui la joue ; c'est cela qui m'inquiète. Pour retrouver le calme, vous n'auriez qu'à vous dire : quoi qu'il advienne, Dieu l'a voulu…

Gustave remonte l'escalier.

GUSTAVE

Toujours pas vu Rabot ?…

LAURE

Mais, Gustave, tu vois bien qu'il n'est pas ici… Pourquoi viens-tu nous déranger sans cesse ?

GUSTAVE

Parce que j'ai à lui parler. Parce qu'il doit passer par ici. Et le mieux est que je l'attende sur la terrasse, d'où l'on surveille à la fois l'entrée de la maison et de la fabrique.

MICHEL

C'est bien, c'est bien !... On va te céder la place.

L'ABBÉ

Du reste, chère Madame, il va être temps que je vous quitte. On m'attend au dispensaire.

LAURE

Dans ce cas, vous sortirez par le perron. Je vais m'étendre un peu. Je me sens plus ou moins brisée. Viens, Michel...

MICHEL

Maman, vous oubliez votre tricot.

Gustave reste seul.

Scène II[13]

GUSTAVE

seul

J'ai sur moi la liste de Rabot. Il s'agit de ne pas se laisser déborder. Voyons : cent vingt Bulgares, deux cent trente Serbes, trois cents Polonais, quatre-vingts Russes, plus une cinquantaine de nationalités diverses. Cela ne fait pas huit-cents hommes, alors qu'il nous en faudrait douze cents. Cette racaille étrangère acceptera les plus bas salaires. Mais elle est difficilement gouvernable et fera du mauvais travail. Il s'agit de savoir sur combien d'anciens ouvriers l'on peut compter pour encadrer et éduquer les recrues nouvelles. Dieu merci !... tous n'ont pas accepté la grève ; l'esprit de révolte n'entraîne que les mécréants. Ne sont à redouter vraiment que ceux sur qui la religion n'a plus de prise. Et dire que, quand j'étais jeune, je tirais la langue aux curés ! Le militaire

13 Monologue supprimé dans la version définitive. Plutôt maladroit au début, plutôt verbeux, il correspondait toutefois, en plus accentué, au cynisme que Gide prête à Gustave.

et le curé, tant que nous les aurons pour nous, rien à craindre. Et la meilleure façon de les avoir pour soi, c'est de demeurer avec eux. Mon père est épatant dans tout ça. Il fait des professions de foi si belles, qu'il finit ma foi par y croire. C'est un idéologue. Moi je ne suis qu'un esprit pratique. Ce que j'appelle ma propriété, il l'appelle fort joliment : mon patrimoine. Ce qui fait qu'à la défense de nos intérêts particuliers, il intéresse tous les bien-pensants et que les autres sont les ennemis de la France. Belle invention que la Patrie ! Tout à fait digne de mon père.

Il rit

Or donc, pour la défendre, je viens de téléphoner à la Sous-Préfecture et j'attends l'arrivée des gendarmes et de la troupe. Celle-ci, c'est sur cette terrasse qu'il convient de la placer. On est en droit de tout craindre avec les énergumènes. Je ne me méfie pas de Rabot ; mais je ne voudrais pas lui laisser trop d'importance. Il doit rester en bas et veiller à ce que le travail soit protégé. Moi, mon poste est d'où je pourrai tout surveiller et, s'il le faut, donner des ordres. Papa défend le patrimoine ; moi je protège mon héritage. Ah ! les voilà…

Entrent Robert et Rabot.

Scène III[14]

ROBERT, RABOT, GUSTAVE

ROBERT

As-tu téléphoné à la Sous-Préfecture ?

GUSTAVE

C'est fait. Vous penserez aussi, sans doute, que le mieux serait de poster la troupe sur cette terrasse, d'où elle peut à la fois tout voir et protéger la maison. Mon intention est de rester ici avec elle, car je pense qu'il vaut mieux que vous-même ne paraissiez pas. Vous resterez près de maman. Entre vous et la force armée, je ferai la liaison pour les ordres que vous auriez à donner. À moins que vous n'ayez assez de confiance en moi pour me permettre de donner des ordres à votre place en cas d'urgence ; car il pourrait arriver qu'on soit pris de court. Quant

14 Les deux scènes qui suivent ne figurent pas dans la version définitive. Sans doute Gide a-t-il voulu en supprimer l'aspect trop technique, et surtout retarder l'annonce à Gustave de la liaison entre Michel et Vera.

à Rabot, ne serait-il pas bon qu'il restât près de la fabrique, à surveiller l'embauchage et à assurer avec les gendarmes la rentrée des ouvriers et la protection du travail ? Qu'en pensez-vous ?

ROBERT

Oui. Tout cela me paraît assez bien combiné. Qu'en pensez-vous Rabot ?

GUSTAVE

J'ai la liste des embauchages. Ils ne seront suffisants que s'il n'y a pas trop de défections parmi les anciens. C'est à vous, Rabot, de vous en assurer.

ROBERT

Je te crois toi-même assez raisonnable et assez conscient de la situation pour ne prendre de l'initiative qu'à bon escient. Je n'ai sans doute pas besoin de te dire qu'il ne faut recourir à la force qu'en dernier ressort ; mais ne pas craindre d'y recourir. De toute manière, nous avons pour nous le bon droit. Nous défendons l'ordre. Eux n'avaient qu'à le respecter. Rabot, ne restez pas trop longtemps loin de la fabrique. Il importe que les recrues se sentent surveillées. Ne tolérez aucun flottement.

Rabot s'en va.

Scène IV

GUSTAVE, ROBERT

ROBERT

Autre chose. Rabot vient de m'apprendre ce dont je ne [me] doutais guère. Ton frère, durant son malencontreux séjour en Allemagne, est entré en relations étroites avec la sœur du chef meneur de mes grévistes, un certain Ivan Orlov, forte tête dont il y a lieu de se méfier. Il s'est lié intimement à Michel. Je m'explique à présent d'où lui viennent ses idées d'insubordination et de révolte.

GUSTAVE

Michel a toujours été un révolté…

ROBERT

Oui, mon ami, c'est-à-dire qu'il est de caractère difficile. Nous savons ce que c'est. Ni toi, ni moi, nous n'étions commodes dans notre première jeunesse, et nous avons mis quelque temps l'un et l'autre à reconnaître, par exemple les bienfaits de la religion. Mais ces velléités mauvaises s'apaisent d'elles-mêmes avec l'âge, quand elles ne sont pas entretenues. Ivan fournit à Michel un tas de mauvaises raisons pour s'entêter et persévérer dans l'erreur. Tu ne t'y prends pas comme il faut avec ton frère. Tu le heurtes ; tu prétends le faire céder, alors qu'il s'agirait de le convaincre. Je vais tâcher de lui parler tranquillement seul à seul. Il est auprès de ta mère. Dis-lui de venir. Je l'attends.

Sitôt seul, il s'approche de la balustrade
et s'essaie à une harangue devant le vide.

Scène v[15]

ROBERT

Messieurs...

se reprenant

Non : travailleurs... Nous ne nous laisserons intimider ni par vos cris, ni par vos gestes. C'est votre propre bien-être que je voudrais protéger ; oui, protéger contre vous-mêmes. Il ne s'agit ici ni d'ouvriers, ni de patrons. Nous sommes tous embarqués sur un même navire. Une révolte contre le capitaine met tout l'équipage en péril. Travailleurs...

se reprenant

Non ! Mes amis...unissez-vous avec le patron.

Entre Michel.

Savoir si je pourrai me faire entendre de ceux qui ne voudront pas m'écouter...

15 Ce monologue de Robert ne figure pas dans la version définitive. Gide n'a pas manqué de prendre conscience du côté artificiel voire ridicule de cet essai de harangue aux ouvriers.

Scène VI[16]

ROBERT, MICHEL

ROBERT

Ah ! c'est toi, mon petit Michel. J'étais très désireux de te parler… en ami. Te sens-tu capable de m'écouter sans méfiance ? Mon cher enfant, je voudrais te mettre en garde contre toi-même ; et contre ceux dont tu écoutes un peu naïvement les conseils… Je sais… Je sais… Moi aussi, mon petit, j'ai été jeune. Moi aussi, je me suis laissé griser par de belles théories humanitaires. Qu'il y ait là-dedans une part de vérité, je ne le nie pas. Mais que d'exagération !… Un peu à prendre et beaucoup à laisser. Persuade-toi, mon enfant, que la vérité n'est jamais dans les extrêmes et qu'il est toujours imprudent de mettre, comme on dit, tous ses œufs dans le même panier. Comprends, mon petit, que ce que je t'en dis, c'est pour ton bien. Je voudrais te faire profiter de mon expérience. Tu es né parmi ceux qu'on appelle les heureux de ce monde. Quelle ironie dans ces seuls mots !… Ceux qui nous appellent ainsi ne se rendent pas compte qu'avec les privilèges que Dieu nous octroie, nous incombent de lourdes charges et d'impérieux devoirs. Oui, mon petit, tout homme qui possède a, vis-à-vis de Dieu et des autres, l'impérieux devoir de défendre et de transmettre ce qu'il possède ; ce que Dieu lui permet de posséder. Et parbleu !… je ne parle pas seulement des biens matériels ! Je ne suis pas de ceux qui ne songent qu'à boire et qu'à manger. Nous sommes les dépositaires responsables de tout un passé de tradition et de culture, d'un passé, je le répète, qui fait la gloire de la France et contre lequel doit venir se briser l'hydre de l'anarchie. C'est pour ce patrimoine sacré que je lutte ; c'est pour pouvoir le transmettre à mes fils, à Gustave et à toi qui n'as pas l'air de comprendre la difficulté de cette tâche, de ma tâche, de notre tâche. Tout homme qui possède se doit d'être conservateur. Tu regardes ta montre ?

MICHEL

Oui… Je voudrais savoir si vous en avez encore pour longtemps car je dois rejoindre mes amis les grévistes.

---

16 Ce tête-à-tête entre Robert et son fils correspond dans la version définitive à la scène v de l'acte III, *RR2*, p. 953-955. Le discours de Robert se fera plus sentencieux et plus grandiloquent. Michel gardera la même attitude méprisante.

ROBERT

Alors, c'est vrai, ce que je refusais de croire ?... Tu as trouvé le moyen de te lier avec les pires éléments réfractaires ? Avec ceux qui nous menacent et que tu devrais considérer, malheureux enfant, comme tes propres ennemis. Dans ce cas, je comprends qu'il est bien inutile que je parle, et cherche à te faire entendre la voix de la raison. Mais écoute bien maintenant ce que je vais te dire, Michel, et que je ne te répéterai pas : si tu franchis cette porte pour aller retrouver ceux que tu ne crains pas d'appeler tes amis, je la fermerai derrière toi, définitivement, cette porte, et tu ne la repasseras pas. Compris ?

MICHEL

J'ai déjà dit adieu à Maman.

ROBERT

Pas de traître dans la famille...

Il regarde Michel s'éloigner.

ROBERT

Les imbéciles !... avoir placé un banc, juste là !... comme pour faciliter l'escalade...

Robert descend et on l'entend donner un tour de clef à la porte[17].

---

17 Dans la version définitive, cette scène est suivie d'une scène entre Robert et Arthur que nous ne reproduisons pas car elle est exactement identique. Il est vrai qu'il s'agit de l'intrigue secondaire qui tourne autour de la somme que Robert veut extorquer à son cousin pour payer le brevet de Boris qu'il convoite. À cette intrigue, Gide n'a pas apporté de modifications. Par ailleurs, Gide étoffera l'acte III en y ajoutant d'abord une scène entre Robert, Gustave et Laure, *RR2*, p. 957, puis un second tableau qui se passe chez les Orlov, *RR2*, p. 958-963. Ces trois scènes feront le point sur les relations familiales chez les Orlov et la place à accorder à Michel que chacun, à sa manière, repousse. On y repère notamment le changement d'attitude d'Ivan à l'égard de Michel, l'un des facteurs qui renforce la détermination de ce dernier.

ACTE IV

Le salon des Dormoy comme au premier acte.

Scène I[18]

GUSTAVE, ROBERT

ROBERT

Non, de ce côté-là rien à craindre. Mon entente avec les autres patrons est parfaite. Ils savent fort bien que tout ce que j'accorderais à mes ouvriers aujourd'hui, demain ils seraient contraints de l'accorder aux leurs. Ils m'ont offert leur aide pour parer au plus pressé des commandes et je sais que je peux compter sur eux. Ils sentent que, contre les revendications prolétariennes les intérêts de tous les directeurs d'usines et de fabriques, et les banques et les représentants de l'ordre sont solidaires et se doivent de s'entraider, de se prêter main-forte au besoin. Les ouvriers, avec leur vue courte, ne voient que leur intérêt particulier. Mais nous avons, je le répète, l'intérêt général ; je veux dire celui de la France à défendre, à quoi s'emploie la protection des tarifs douaniers. Il ne faut pourtant pas que la hausse des salaires dans notre pays permette à la production étrangère de nous faire une concurrence trop redoutable. Nous devons résister.

GUSTAVE

Oui, mon père. De tout cela, je suis convaincu. Mais depuis plus de quinze jours que dure la grève, nous n'avons pas avancé d'un pas…

ROBERT

Que veux-tu ? C'est la guerre des tranchées, la guerre d'usure… Chacun se cramponne à sa position. Ah !… dans le temps, c'était plus facile, on avait affaire à des braillards, des énergumènes qui se mettaient aussitôt dans leur tort, de sorte que l'emploi de la force devenait légitime, et qu'on avait tôt fait de les réduire. Mais aujourd'hui qu'ils sont disciplinés…

18 Gide déplacera au début de l'acte la courte scène entre Robert et Laure, *RR2*, p. 963-964 ; elle figure ici comme scène IV. Les trois scènes qui suivent sont reprises dans l'édition définitive, *RR2*, p. 963-968, avec relativement peu de variantes. Les considérations sur le déroulement de la grève s'y trouveront nettement atténuées, surtout dans la scène entre Dormoy et son fils aîné. Les allusions à la liaison entre Michel et Vera et à la rivalité amoureuse qui a conduit Rabot à dénoncer Michel auprès de son père prendront plus de place.

Ils ne savent que trop le tort qu'ils se feraient à commettre la moindre imprudence et l'avantage que cela nous laisserait prendre sur eux…

GUSTAVE

La caisse des syndicats ?…

ROBERT

A ses limites : mais leur permet encore de durer, dit Rabot qui doit être bien renseigné.

GUSTAVE

Sans doute, mais il n'est également que trop renseigné sur notre situation à nous, sur la situation de la fabrique. Il sait que, depuis la déclaration de la guerre, la fabrique ne vit plus qu'en veilleuse. Le recrutement des remplaçants dont il s'occupe a été fort insuffisant et près de la moitié des machines a dû cesser de fonctionner. De plus, les nouvelles recrues qu'il prétend former travaillent mal.

ROBERT

Je sais… je sais… Chaque jour nous coûte…

GUSTAVE

Alors je voulais vous demander… Peut-on se fier à Rabot ?

ROBERT

Se fier à Rabot ?… Mais, mon enfant, que veux-tu que je te dise ?… Rabot, jusqu'à ce jour, semble nous avoir fidèlement servis. Il me doit sa situation, sa fortune. Ce n'était d'abord, tu le sais, qu'un simple ouvrier…

GUSTAVE

Précisément. Je me méfie des parvenus. Voulez-vous toute ma pensée ?… Rabot ne fera jamais un maître et je crains qu'il n'aspire à le devenir. Les événements d'aujourd'hui, le rôle qu'il y assume, gonflent son importance, à l'excès… Pour n'avoir pas à l'y remettre, tâchez de le maintenir à sa place. Né subalterne, il doit le rester. Je suis trop soucieux de vos intérêts pour le laisser faire. Bien que ne m'intéressant qu'aux machines, ce que je dis vous paraît-il exact ?…

ROBERT

Parfaitement exact et sensé ; je le reconnais et commence à croire que je te méjugeais un peu…

GUSTAVE

Et puis ces dénonciations de Rabot au sujet de Michel ne me plaisent guère…

ROBERT

Il était bon que nous fussions renseignés…

GUSTAVE

Sans doute, mais je soupçonne chez lui quelque mauvaise joie de culbuter un de vos fils dans votre estime. Ce qu'il disait pouvait être exact, mais ce qui ne me plaît pas, c'est l'avantage qu'il en peut tirer. Je n'aime pas les délateurs…

ROBERT

On a parfois besoin d'eux…

GUSTAVE

Mais, après s'être servi de ce qu'ils disent, il importe de les boucler. Je soupçonne derrière tout cela quelque histoire de femme. Michel se croit révolutionnaire ; je le crois surtout amoureux. Et voulez-vous que je vous dise ? Rabot est jaloux de Michel. Vous permettriez que je lui parle seul à seul ?

ROBERT

Pourquoi pas ?… Mais surtout, ce que tu penses de lui, garde-toi de le lui laisser voir.

GUSTAVE

Vous me prenez toujours pour un enfant…

ROBERT

Non, mon petit. Si déjà tu te méfies de lui, tu ne commettras pas d'imprudence. L'imprudence, c'est aux grévistes de la commettre, pas à nous ?

GUSTAVE

Précisément, je voudrais voir avec Rabot le moyen d'y aider un peu…

ROBERT

Rabot doit venir ce matin. Je te laisserai donc avec lui. Je resterai dans mon bureau et tu m'appelleras lorsque vous aurez fini de causer. J'ai confiance en toi, Gustave, et je me plais à reconnaître que tu fais preuve en tout ceci de plus de sagesse que je n'en espérais de ton âge…

GUSTAVE

Cette confiance, je saurai la mériter.

Justin entre.

JUSTIN

C'est Monsieur Rabot qui demande à parler à Monsieur.

GUSTAVE

Faites-le venir…

Robert sort avant que ne soit entré Rabot.

Scène II

RABOT, GUSTAVE

GUSTAVE

Entrez, Rabot. Mon père nous rejoindra dans un instant. Mais précisément, je voulais causer avec vous.

RABOT

Tout à vos ordres, Monsieur Gustave.

GUSTAVE

Oui… Causer avec vous sans mon père, bien qu'avec son assentiment. Causer avec vous de Michel, ce qui, en raison de son amour paternel, pourrait lui être douloureux. Il lui est extrêmement pénible de voir mon frère entretenir d'étroites relations avec les grévistes et particulièrement avec certains d'entre eux. Il m'a dit que vous lui aviez parlé d'une liaison qu'aurait mon frère avec la fille de Monsieur Orlov… Je voudrais quelques précisions sur ce point. Que savez-vous ?…

RABOT

Mon Dieu, Monsieur Gustave, ce que je puis dire c'est que Monsieur Michel a fait la connaissance de Mlle Orlov à Berlin et que, depuis ce moment ils n'ont pas cessé de se fréquenter…

GUSTAVE

Vous soupçonnez la nature de leurs rapports.

RABOT

Je tiens Mlle Orlov pour une honnête fille et, à vous parler franc, je crois que c'est plutôt le mariage qu'elle aurait en vue…

GUSTAVE

Vous-même, Rabot, n'aviez-vous pas des vues sur Mlle Vera Orlov ?

RABOT

Oh !… peut-être bien, mais quand j'ai vu que Monsieur Michel occupait la place, je me suis honnêtement retiré…

GUSTAVE

Mon frère habite chez les Orlov, n'est-ce pas ?

RABOT

Je vois, Monsieur Gustave, que je n'ai rien à vous apprendre…

GUSTAVE

Et vous le croyez, n'est-ce pas, fort épris ?

RABOT

À son âge, on ne l'est jamais à moitié.

GUSTAVE

Oui, l'on s'éprend inconsidérément de la première femme agréable qu'on rencontre et pour elle on est prêt à gâcher sa vie. Écoutez Rabot, je considère ces relations de mon frère avec les Orlov comme déplorables et je ferai tout pour empêcher son mariage avec cette jeune Vera. C'est à vous bien plus qu'à lui qu'elle convient, et je voudrais vous aider à la ravoir. Il est à mon avis très regrettable que vous ayez si vite cédé la place comme vous dites…

RABOT

D'autre part, Monsieur Gustave devrait comprendre que représentant les intérêts du patron, je ne pouvais pas décemment continuer de frayer avec les grévistes…

GUSTAVE

Mais si… mais si…Vous êtes un ancien ouvrier et vous pouviez, en continuant à fréquenter vos camarades, nous rendre service et aider à nous renseigner…

RABOT

Oh ! Monsieur Gustave…

GUSTAVE

Vous m'entendez fort bien. Cette grève se prolonge déplorablement : il faudrait tâcher de trouver le moyen d'en finir. Michel est passionné, ce qu'on appelle un impulsif. Si vous aviez continué de fréquenter chez les Orlov, vous auriez peut-être pu le pousser à bout. Puisqu'il s'est mis du côté des grévistes, eux et lui doivent supporter les conséquences de sa trahison.

RABOT

Oh ! Monsieur Gustave est sévère…

GUSTAVE

C'est le mot qu'employait mon père. Si l'on pouvait amener Michel à commettre une imprudence, cela pourrait amener de notre part un prétexte à décision ; cela vous débarrasserait de lui.

RABOT

Une imprudence, il la commettra peut-être bien de lui-même. En tout cas, je ne peux plus l'y aider.

GUSTAVE

Aussi, je ne voulais vous dire qu'une chose, Rabot, c'est, s'il la commet, d'oublier que c'est mon frère et que c'est le fils du patron. Voulez-vous appeler mon père… il est à son bureau.

Rabot va vers la porte de droite
qu'il ouvre pour avertir Robert.

L'imprudence, mon vieux Rabot, c'est toi qui la commettras, je parie.
Ah !... je ne connais pas les hommes !... On verra bien.

Entre Robert.

Scène III

ROBERT, GUSTAVE, RABOT

ROBERT

Alors, mon cher Rabot, rien de neuf ?...

RABOT

Toujours rien de neuf, Monsieur Dormoy. Les anciens continuent à répondre à l'appel et, jusqu'à présent j'ai pu maintenir dans la fabrique, à l'abri des mauvais conseils, les nouvelles recrues. Si seulement elles étaient plus nombreuses !... Mais tous ces gens ont peur les uns des autres. Quand ils ne se dénoncent pas, ils se soutiennent et, malgré tous mes efforts, je n'ai pu obtenir plus de deux cents engagements...

GUSTAVE

Pour huit cents vacances...

ROBERT

Et de la part des grévistes, toujours pas de rébellion ?...

RABOT

Doux comme des moutons et obstinés comme des chèvres...

ROBERT

Ah !... de mon temps, on était plus courageux. On incendiait les édifices...

RABOT

Ils savent trop ce qu'il en coûte de mettre les torts de son côté. Tous sont soumis au syndicat dont les instructions sont formelles : résistance passive : éviter soigneusement tout conflit.

ROBERT

Nous nous demandions, Gustave et moi, s'il n'y avait aucun moyen de le faire naître ?

RABOT

Oh !… Les réserves vont bientôt se trouver à sec… et quand ils auront assez jeûné, possible que quelques-uns s'émancipent et fassent les cavaliers seuls. Il en est parmi eux de hardis qu'ils auront peine à maintenir…

ROBERT

Mais en attendant, selon vous, il n'y a plus à compter que sur ce qu'on appelle : les impondérables.

GUSTAVE

Et faire en sorte qu'ils ne se tournent pas contre nous…

ROBERT

Gustave, laisse-nous, j'ai deux mots à dire à Rabot…

Gustave sort.

ROBERT

Oh !… simplement ceci, que je ne voulais pas vous dire devant lui, à cause des sentiments fraternels : si le petit fait des bêtises…

RABOT

Vous voulez dire : Monsieur Michel ?

ROBERT

Oubliez que c'est le fils du patron…

RABOT

Entendu, Monsieur Dormoy.

En s'en allant. À part.

Ils sont faux comme des jetons tous les deux.

Rabot sort.

ROBERT

seul

Éliminer les éléments tarés, c'est le premier devoir de l'État et de la famille.

Entre Laure.

Scène IV[19]

ROBERT, LAURE

LAURE

J'attendais que tu sois seul.

Robert fait un geste d'impatience comme s'il allait se retirer.

Accorde-moi quelques instants, Robert. Écoute-moi. Depuis quinze jours qu'il est parti, je ne vis plus. Mon ami, ne sois pas cruel. Oh !... je sais que tu es juste. Il a sans doute mérité que tu le chasses, que tu lui fermes la maison. Je ne te demande pas qu'il y revienne. Mais permets-moi de le voir seulement.

ROBERT

Non...

LAURE

Tu sais pourtant que je ne lui donnerai pas raison contre toi, pour ainsi dire. Mais je saurais peut-être lui faire comprendre...

ROBERT

Il n'y a rien à lui faire comprendre du tout. Je lui ai parlé le plus doucement et le plus raisonnablement que j'ai pu. À présent, c'est fini. Il est rayé de la famille.

LAURE

Oh ! Robert !...

ROBERT

Il n'y a pas de « Oh ! Robert ! » qui tienne. Je connais mon devoir et ne me laisserai pas attendrir. Et maintenant, suffit, il faut que je sorte. Si tu n'as rien d'autre à me dire, adieu...

Il sort.

Laure tombe dans un fauteuil en pleurant.

Sonnette.

19 Cette scène, dans la version définitive, figure au début de l'acte IV.

Scène v[20]

Chez Boris Orlov.

VERA, MICHEL

MICHEL

Mais non, Vera, tu le vois bien. Malgré tout ce qu'en dit Ivan, l'obéissance ne suffit pas. À quoi nous mène cette résistance passive ? À une excessive misère. Chaque jour nous affaiblit et diminue un peu nos ressources. Dès la seconde semaine, la caisse du Syndicat a diminué les subsides ; elle les diminuera plus encore. Mal nourris, nous devenons de jour en jour moins résistants. Et la force morale elle aussi, Vera, va diminuant de jour en jour, et nos compagnons, je le sais, écoutent de plus en plus volontiers les conseils de résignation, de soumission que l'abbé Tronchet va prodiguant de plus en plus. Tu le sais comme moi, Vera. Encore quelques jours, et les plus faibles se rendront. Ce sont déjà les plus nombreux, ils compromettront, ils entraîneront les plus forts et notre résistance d'hier sera vaine. Vain tout ce qu'on aura souffert…

VERA

Je sais, Michel ; je sais. Tout ce que tu me dis, Ivan le sait aussi. Il a du mal à rester ferme.

MICHEL

Et puis voir autour de soi des femmes et des enfants souffrir de la faim, c'est cela, vois-tu, qui m'emplit le cœur d'indignation, de révolte.

VERA

Mais, Ivan te l'as dit, une imprudence peut tout compromettre.

MICHEL

Vera, j'ai beaucoup réfléchi. Une imprudence…mais cela dépend de laquelle. Si, poussés à bout par la faim, les grévistes cherchent à envahir l'usine, à briser les machines, ou même seulement les carreaux… Ivan

20 Les deux scènes qui suivent sont supprimées dans la version définitive. Peut-être Gide s'est-il aperçu que la mise au point sur la tactique à adopter ôtait à la scène suivante son caractère dramatique et l'effet de surprise. Par ailleurs, la scène VI n'était plus conforme au changement d'attitude d'Ivan.

a raison, c'est donner prétexte à une répression qui, elle, mettrait fin, et le plus fâcheusement du monde, à la grève.

VERA

Tu vois bien…

MICHEL

Non, Vera. Écoute, la fabrique souffre aussi de la grève. Mais elle ne souffre pas assez. Pour remplacer les huit cents grévistes, Rabot n'a pu recruter que deux cents étrangers. C'est encore deux cents de trop. Et il n'a pu les embaucher que par ruse et en leur laissant ignorer la situation et le rôle de briseurs de grève qu'il cherchait à leur faire jouer. Aussi les maintient-il sous une étroite surveillance et ne nous laisse-t-il pas communiquer avec eux. Car sinon…

VERA

Tu crois que l'on pourrait…

MICHEL

Mais Vera, même les quatre cents anciens sur lesquels mon père compte et qui lui permettent de maintenir au ralenti le travail, mais Vera – si l'on pouvait les convaincre du préjudice qu'ils nous causent, qu'ils se causent à eux-mêmes, Vera –. Ils espèrent que mon père leur saura gré de leur soumission. C'est par là qu'il les tient.

VERA

Les malheureux ! S'ils se rendaient mieux compte qu'ils nous trahissent ! Malgré tout, ce sont des ouvriers eux aussi.

MICHEL

Vois-tu, Vera, un arrêt complet du travail, c'est là ce qui porterait un coup mortel à la fabrique et à mon père. Je crois qu'il suffirait de convaincre les étrangers, ils entraîneraient les anciens à leur suite.

Entre Ivan.

Scène VI

IVAN, VERA, MICHEL

VERA

Si sombre, Ivan…

IVAN

Je reviens du bureau. Mauvaises nouvelles. L'on nous annonce que la caisse du Syndicat va devoir cesser ses envois. On nous conseille de transiger.

VERA

Alors, que vas-tu faire, Ivan…

IVAN

Obéir, parbleu. Nous ne sommes pas de force. Ah ! si seulement tous les travailleurs s'entendaient. Mais même ici, tu le vois bien, à la fabrique…

VERA

Michel pense qu'on pourrait entraîner les étrangers.

IVAN

Michel est toujours pour prendre de l'initiative. Les étrangers… on ne peut pas seulement les approcher.

VERA

Sais-tu ce que Michel proposait ?

IVAN

Quoi donc ?

VERA

De forcer le barrage et de parler aux ouvriers.

IVAN

Mon petit, tu ne peux forcer le barrage qu'en tant que Michel Dormoy. Et si tu parles aux jaunes ensuite, ce sera en tant que gréviste. Ça te force à jouer double jeu.

MICHEL

Pour une fois, ça me servira d'être le fils du patron.

IVAN

Que pense de cela Vera ?

VERA

Je pense que Michel a raison…

IVAN

Oh ! alors, si vous vous entendez !…

MICHEL

Mais, Ivan, tu vois bien que la situation est désespérée. Transiger, cela veut dire : se rendre. Je te le dis depuis le début et tu vois bien maintenant que j'ai raison. Demain, il sera trop tard ; Ivan, laisse-moi risquer le coup.

IVAN

Te rends-tu compte de ce que tu risques ?

MICHEL

Pleinement.

IVAN

Et tu auras le cran ?

MICHEL

Oui, si je sens Vera près de moi…

VERA

Je serai là…

MICHEL

Vera, je saurai me montrer digne de toi.

IVAN

Forcer le barrage… si Rabot n'est pas là, ce sera peut-être possible. Mais s'il est là… Te rends-tu compte qu'il te hait ?

MICHEL

Je le hais plus encore, et de toute la force de mon amour pour toi, Vera.

IVAN

Eh bien, mes petits, dans ce cas, il ne faut pas tarder. Allez-y. Mais que le père n'en sache rien. Passez devant. Mais je vous accompagne…

Ils sortent.

Scène VII[21]

Même décor qu'au troisième acte.

ROBERT, LAURE

Robert est sur la terrasse. Laure assise devant la table où Jules vient de servir le café.

ROBERT

Jules, allez donc prévenir Monsieur Gustave. Il est dans mon bureau. Dites-lui de venir…

LAURE

Tu vois quelque chose, mon ami…

ROBERT

Non, je contemple…

LAURE

Ton café va refroidir.

ROBERT

Tant pis.

Un temps.

Tiens, si tu veux voir ton fils…

LAURE

dans un grand sursaut

Michel ?

21 Cette scène correspond, à quelques variantes près, à la scène I du deuxième tableau de la version définitive, *RR2*, p. 968-970.

ROBERT

Et puis non, ça ne doit pas être lui… Prends ton café, tranquillement.

LAURE

qui a bondi vers la terrasse

Mais si, c'est lui, je reconnais son chandail vert. Mais qu'est-ce qu'il fait là ? Avec qui est-il ?

ROBERT

Avec les grévistes, parbleu…

LAURE

Quelle est cette femme auprès de lui ?

ROBERT

Tu le demandes ? C'est sa maîtresse.

LAURE

Oh ! Robert, c'est mal à toi de le salir.

ROBERT

Ce n'est pas moi qui le salis, c'est lui-même. Tu comprends maintenant pourquoi il nous a quittés ?

LAURE

Ce n'est pas vrai. Tu mens, Robert… Je ne puis pas croire ce que tu dis…

Gustave entre.

ROBERT

Tiens, viens voir la petite Orlov avec ton frère ? Oh ! et voici Ivan Orlov derrière eux, avec d'autres qui les rejoignent.

GUSTAVE

Mais qu'est-ce qu'ils peuvent bien faire là ?

LAURE

Robert, je t'en supplie, je t'en conjure, laisse-moi courir auprès de lui…

ROBERT

Tu n'as pas à t'approcher de ces gens-là…

LAURE

Mais Michel est seul à présent. Oh ! qu'est-ce qu'il va faire ? Avec qui parle-t-il maintenant ?

ROBERT

Avec les gardes.

GUSTAVE

Tiens ! Tiens ! Voudrait-il forcer la consigne ? Je vois des gardes qui courent. Sans doute vont-ils alerter Rabot.

ROBERT

Et voici Rabot qui vient…

Laure descend brusquement de la terrasse.

ROBERT

Inutile, la porte est fermée…

LAURE

Ouvre-moi, Robert, pour l'amour du ciel. Laisse-moi sortir, plus ou moins, je veux y aller…

Elle secoue en vain la porte de ses deux mains.

ROBERT

Gustave, surveille ta mère, je t'en prie. Michel cherche à entrer quand même.

À Gustave :

Retiens ta mère. Voyons Rabot ! Du calme !

LAURE

Que fait-il ? Il prend le pistolet d'un des gardes.

ROBERT

Il va se passer du vilain…

On entend un lointain coup de revolver.
Laure pousse un grand cri et s'évanouit.

ROBERT

se précipite vers sa femme pour la soutenir

Cours chercher Jules. Non, reste ici… Surveille-les…

GUSTAVE

bas

Michel ?

ROBERT

bas

Oui…

Il emporte Laure dans ses bras, péniblement.

Les voilà bien, les impondérables…

Scène VIII[22]

GUSTAVE

C'était couru. Tant pis pour toi, Rabot ; tu t'es perdu. Mais tu ferais mieux de te réfugier dans la fabrique. À présent, c'est trop tard. La barrière des grévistes s'est refermée. Mais tous sont auprès de mon frère. La petite Orlov se penche, s'agenouille devant lui. Quelques-uns s'en vont ; pour chercher une civière sans doute. Rabot court comme un fou de ce côté. La petite Orlov se relève, elle court après lui maintenant ; d'autres la suivent. Rabot a pu prendre de l'avance, mais il sera vite rattrapé. Ah ! voilà les gendarmes maintenant qui courent après les grévistes. Rabot garde l'avance. Ma parole, il court bien. Pense-t-il se réfugier chez nous ? Non, Rabot… non. Inutile. La porte est close. Je n'y peux rien. Et je dois être sans pitié pour le meurtrier de mon frère.

Rabot accourt, essoufflé, hagard.
Il se précipite vers la porte qu'il heurte de ses poings.

---

22 Gide reprendra cette scène dans la version définitive, *RR2*, p. 970. Mais il atténuera le long commentaire didascalique traité à la manière naturaliste. La scène définitive n'en est que plus habile. Déjà, comme la précédente, elle renseigne le spectateur par le dialogue sur ce qui se passe hors champ, trop violent pour être traité sur scène. Mais, étant moins explicite, elle laisse planer un certain mystère que le cinquième acte éclaircira. Un détail de mauvais goût sera éliminé : le corps de Michel ramené sur la scène.

RABOT

Mais ouvrez donc la porte, nom de Dieu !...

Il se recule un peu et aperçoit Gustave sur la terrasse.

Monsieur Gustave, ouvrez la porte...

GUSTAVE

Je n'ai pas la clef...

RABOT

Ils me poursuivent. Ils seront là dans un instant... Ah ! tenez, je crois qu'en montant sur ce banc, je pourrais, si vous vous penchiez un peu...

GUSTAVE

sans complaisance

Je suis trop haut.

RABOT

Monsieur Gustave, tendez-moi la main. Sauvez-moi.

GUSTAVE

Je ne peux pas me pencher assez.

Cependant, une rumeur grandissante,
où l'on distingue des cris : « Au Château ! »...
annonce l'arrivée des grévistes.
Ils entrent en scène, précédés d'Ivan et de Vera.

VERA

à Gustave

Vous n'allez pas l'aider à se sauver, j'espère... Il vient de tuer Michel votre frère.

IVAN

Il est aux trois quarts mort de peur. Achevons-le...

VERA

Non, laisse. Tu es plus utile que moi. Mieux vaut que ce soit moi qu'on arrête.

Elle décharge le pistolet sur Rabot qui tombe du banc.
Ivan protège le corps contre la fureur de la foule.
Cependant, sur la terrasse, Gustave, d'un coup de sifflet,
a appelé la brigade mobile qui vient se ranger le long
de la balustrade. Un mouvement dans la foule et,
escorté par les gendarmes, entre en scène un brancard
où gît le corps de Michel. Tous les émeutiers se découvrent.
Du haut de la terrasse :

GUSTAVE
criant

Non, pas par là… Faites le tour…

NOTICE

On sait que la très longue genèse de *Robert ou l'Intérêt général*, œuvre dramatique dont on a l'habitude de souligner la faiblesse, ne manque pas de surprendre[23]. Les réécritures successives, les nombreux remaniements ne sont pas tous connus. Bien des versions, intermédiaires, antérieures à la publication à Alger dans la revue *L'Arche* entre août 1944 et août 1945, ont été perdues, à moins que Gide ait supprimé au fur et à mesure ce qu'il écrivait, jugeant ses essais de rédaction insuffisants. Bien qu'il ait affirmé qu'une première version « n'a[it] pas été conservée[24] », nous disposons cependant d'au moins trois versions antérieures à la version définitive : deux manuscrits conservés au Harry Ransom Research Center de l'Université du Texas à Austin, ainsi qu'une copie Compère[25], dactylographiée, qui appartient au Fonds Jouvet du Département des Arts du spectacle de la Bibliothèque nationale de France. Cette dernière version nous paraît

23 On pourra se reporter à la nouvelle édition de *Robert ou l'Intérêt général*, *RR2*, p. 909-981, et pour la notice aux pages 1353-1365. On peut également consulter Claude Martin, « Histoire d'une pièce mal fichue. La Petite Dame et *Robert ou l'Intérêt général* », *Revue des Lettres Modernes*, n°s 374-379 : *André Gide 4*, 1974, p. 133-158 ; ou Jean Claude, *op. cit.*, t. I, p. 167-195.

24 *Littérature engagée*, Paris, Gallimard, 1950, p. 221.

25 Du nom de l'agence chargée de préparer des copies dactylographiées pour les artistes dramatiques.

capitale. Faute d'avoir pu en joindre en appendice de larges extraits dans la récente édition donnée par la Bibliothèque de la Pléiade, il nous est apparu intéressant de l'offrir à la curiosité de nos amis gidiens. Pourquoi capitale ? Elle reproduit d'abord, pour une bonne part, l'une des versions conservées à Austin. Elle représente l'état du texte tel que Louis Jouvet a failli le jouer et tel qu'il l'a distribué le 12 août 1936 à ses comédiens, dont Pierre Renoir et Romain Bouquet, Jouvet lui-même devant tenir le rôle de Robert Dormoy, « le Tartuffe laïque », comme le caractérisait Roger Martin du Gard dès une première lecture[26]. Ce document permet de mesurer combien Gide a enrichi sa pièce, à laquelle il tenait tant, combien il l'a mieux structurée, combien il lui a donné plus de corps, de consistance, combien une éventuelle représentation n'était jamais perdue de vue, combien les caractères se sont développés et nuancés, combien enfin l'aspect social, contrairement à ce qui a souvent été dit, est loin d'avoir été négligé. On ne peut que saluer l'intuition du regretté Daniel Moutote qui, alors qu'il ne connaissait aucun des états antérieurs du texte, écrivait : « Gide prétend avoir transformé la pièce engagée en cette "comédie de caractères". On ne l'en croira guère, [...] parce que cette nouvelle pièce n'est guère une comédie et que c'est une pièce passablement engagée. » Et de définir cette sorte d'engagement : « Elle est engagée, surtout en ce sens qu'elle est conforme au réalisme socialiste tel que l'entend Gide, c'est-à-dire régie par le principe de situations conditionnant les caractères[27]. »

La version de 1936, plus dépouillée, plus schématique, répond encore mieux que la version définitive à ce jugement.

On sait que Jouvet renonça finalement à mettre en scène cette version de *Robert ou l'Intérêt général* et que Gide la lui redemanda le 14 novembre 1936. À la suite de cette déception, il va laisser sa pièce en sommeil un temps assez long. Mais la comparaison entre la version Compère et la version définitive donne une idée de l'ampleur du travail accompli par lui à partir de mars 1939, aussi bien Égypte qu'en France, puis à Tunis et à Alger. Il y mettra un point final au cours de l'année 1943. Le point de repère pourrait être la lecture faite à Anne et Jacques Heurgon en août 1943 et ce qu'il en dit dans son *Journal*[28]. Tous ses proches ont parlé, en général

26 Roger Martin du Gard à Louis Jouvet, 4 octobre 1934, lettre inédite, Département des Arts du spectacle de la BNF.

27 Daniel Moutote, *André Gide et l'engagement : 1926-1939*, Paris, SEDES, 1991, p. 186.

28 *J2*, p. 969.

pour la blâmer, de son incompréhensible obstination. C'est pourtant au cours de cette période qu'il a donné à *Robert ou l'Intérêt général* sa forme définitive. Certes, certaines scènes n'ont pas été modifiées. Mais d'autres ont été supprimées, d'autres ont été ajoutées ou déplacées. On sent que Gide a réfléchi à un meilleur agencement entre elles. Il a gommé des traits trop dissonants comme le registre argotique qu'il avait d'abord utilisé pour Ivan. Il a multiplié les ajouts, pour l'essentiel d'ordre psychologique, et ajouté plus de didascalies, preuve que l'idée d'une représentation ne l'abandonnait pas. Autrement dit, entre 1939 et 1943, il n'a pas cessé de « se martyriser » avec sa pièce, pour reprendre un jugement de Martin du Gard dans une lettre à Copeau[29]. Et l'on sait qu'il donnera à Jean Amrouche l'une des raisons qui expliquent son entêtement : « Chaque fois que je voulais faire autre chose, j'avais un vieux fonds de protestantisme, de conscience protestante, qui me disait : "C'est de la lâcheté ; tu as d'abord, avant tout, à mettre au point et à achever ceci[30]". »

La version 1936 de *Robert ou l'Intérêt général*, que nous reproduisons ici, étant une copie d'agence, rien ne dit que Gide ait revu ce texte. Il se pourrait aussi que Jouvet lui-même ait retranché quelques répliques. Mais la conformité avec l'une des versions d'Austin corrige ces restrictions. En revanche, nous avons dû rétablir une ponctuation parfois incertaine. Par ailleurs, nous n'avons reproduit ni l'acte I, ni l'acte V, presque conformes l'un et l'autre, exception faite de quelques variantes, à la version définitive[31]. Sans surcharger l'annotation, nous avons cependant donné les correspondances avec le texte de l'édition de La Pléiade, édition à laquelle on pourra également se reporter pour les allusions littéraires ou bibliques que contiennent les répliques de Dormoy ou de l'Abbé.

Jean CLAUDE

29 Jacques Copeau, Roger Martin du Gard, *Correspondance*, Paris, Gallimard, 1972, t. II, p. 617.

30 Éric Marty, *op. cit.*, p. 300.

31 On trouve également cette version définitive au t. VI du *Théâtre complet*, Neuchâtel, Ides & Calendes, 1949 et dans *Littérature engagée.*

INDEX

TABLE DES MATIÈRES

DEUXIÈME PARTIE

ENGAGEMENTS

TROISIÈME PARTIE

ESSAIS : LITTÉRATURE, PEINTURE, CINÉMA

LITTÉRATURE

PEINTURE

CINÉMA

QUATRIÈME PARTIE

FICTIONS

Achevé d'imprimer par Corlet Numéric,
Z.A. Charles Tellier, Condé-en-Normandie (Calvados), en août 2018
N° d'impression : 150528 – Dépôt légal : août 2018
Imprimé en France